U0819265

权威·前沿·原创

皮书系列为
“十二五”国家重点图书出版规划项目

中国社会科学院创新工程学术出版资助项目

新媒体蓝皮书
BLUE BOOK OF NEW MEDIA

中国新媒体发展报告

No.7（2016）

ANNUAL REPORT ON DEVELOPMENT OF NEW MEDIA IN CHINA (2016)

中国社会科学院新闻与传播研究所
主　编／唐绪军
副主编／吴信训　黄楚新

社会科学文献出版社
SOCIAL SCIENCES ACADEMIC PRESS (CHINA)

图书在版编目（CIP）数据

中国新媒体发展报告. No.7，2016 / 唐绪军主编
. --北京：社会科学文献出版社，2016.6
（新媒体蓝皮书）
ISBN 978-7-5097-9182-0

Ⅰ. ①中… Ⅱ. ①唐… Ⅲ. ①传播媒介-发展-研究
报告-中国-2016 Ⅳ. ①G219.2

中国版本图书馆 CIP 数据核字（2016）第108899号

新媒体蓝皮书
中国新媒体发展报告 No.7（2016）

主　　编 / 唐绪军
副 主 编 / 吴信训　黄楚新

出 版 人 / 谢寿光
项目统筹 / 邓泳红　郑庆寰
责任编辑 / 郑庆寰

出　　版 / 社会科学文献出版社 · 皮书出版分社（010）59367127
地址：北京市北三环中路甲29号院华龙大厦　邮编：100029
网址：www.ssap.com.cn
发　　行 / 市场营销中心（010）59367081　59367018
印　　装 / 北京季蜂印刷有限公司

规　　格 / 开 本：787mm × 1092mm　1/16
印 张：27.75　字 数：465千字
版　　次 / 2016年6月第1版　2016年6月第1次印刷
书　　号 / ISBN 978-7-5097-9182-0
定　　价 / 79.00元

皮书序列号 / B-2010-145

新媒体蓝皮书编委会

欲了解中国新媒体发展最新动态，请关注“新媒体蓝皮书”微信公众号，以及新媒体蓝皮书的官方微博新浪微博“@中国新媒体发展报告蓝皮书”。

主要编撰者简介

唐绪军 中国社会科学院新闻与传播研究所所长，研究员，所学术委员会主任，兼任中国社会科学院研究生院教授、教授委员会委员、新闻学与传播学系主任、博士生导师、系学位评定委员会主任，《新闻与传播研究》主编，中国社会科学院新媒体研究中心主任，中国记协第八届理事会常务理事、国家新闻出版广电总局新闻报刊司改革发展管理专家咨询委员会成员、人民网舆情智库专家顾问、全国新闻出版行业领军人才，享受政府特殊津贴。

吴信训 上海大学中国艺术产业研究院院长，教授，博士生导师。上海市社会科学创新研究基地（文化繁荣与新媒体发展研究方向）及上海发展战略研究所吴信训工作室首席专家，全国“十佳”广播电视理论工作者，享受政府特殊津贴，中国传媒经济与管理学会常务副会长兼秘书长。

黄楚新 中国社会科学院新闻与传播研究所新闻学研究室主任，传媒发展研究中心主任，中国社会科学院新媒体研究中心副主任兼秘书长，博士。首都互联网协会新闻评议专业委员会评议员，《中国报业》杂志学术顾问，《中国青年社会科学》杂志特约作者。

摘　要

《中国新媒体发展报告 No. 7（2016）》是由中国社会科学院新闻与传播研究所主持编撰的关于新媒体发展的最新年度报告，分为总报告、热点篇、调查篇、传播篇和产业篇等五部分，全面分析中国新媒体发展现状，解读新媒体发展趋势，探析新媒体的深刻影响。

2015 年，新媒体进一步深度嵌入我国社会经济和民生生活，成为影响中国未来发展的重要因素。互联网平台成为经济发展新动能，“互联网 +”成为媒体深化融合新引擎，网络舆论影响政府决策和中国政治进程，中国新媒体战略传播力量在全球传播变局中凸显。

本书总报告全面概括了中国新媒体的发展态势，盘点了移动互联网、互联网经济、网络信息安全、“两微一端”、媒体融合、“互联网 +”行动计划、报业新媒体与资本市场、政务新媒体、互联网巨头公司与传统媒体等新技术、新应用和新形态；深入分析了“互联网 +”行动计划的顶层设计以及国家对媒体融合、网络信息安全、网络舆论的高度重视，新媒体版权发展与管理，大数据与隐私保护，互联网治理，电子商务，新媒体产业，新媒体的国际传播影响等全社会关注的热点和焦点；重点解析了新媒体的高速发展对中国政治、经济、文化、社会等方面的深刻影响；展望了中国新媒体未来发展趋势。

本书收入全国研究新媒体的数十位著名专家学者撰写的分报告，深入探讨了中国网络空间安全、云传播、媒体融合、大数据与隐私保护、微信谣言传播、互联网治理、互联网国际舆情、传统媒体转型、网络视频、网络助政、电子商务、搜索引擎网站、新媒体版权、自组网等重要问题。同时，还分析了中外数字报纸、电视融媒体、移动阅读、手机视频等新媒体产业的发展状况。

本书认为，2015 年，国家战略持续助推新媒体发展，传统媒体与新兴媒体通过优势互补、“一体化”发展深度影响中国社会各层面发展，新媒体影响力不断深入与扩大。在我国大力推动网络和信息化事业发展的顶层设计强化下，新媒体连接多行业多领域发展，成为中国社会转型新阶段的关键因素。各种新技术、新理念、新形态、新模式的竞相呈现，推动中国成为网络强国。

目 录

Ⅰ 总报告

B.1 “互联网+”：中国新媒体发展新契机
…………………………………………… 唐绪军 黄楚新 王 丹 / 001
一 总体概况与发展态势 …………………………………………… / 002
二 热门盘点与焦点透视 …………………………………………… / 011
三 传播分析与影响解读 …………………………………………… / 020
四 未来展望与政策建议 …………………………………………… / 033

Ⅱ 热点篇

B.2 网络空间新型犯罪特点及趋势 ………………………… 李慧君 / 037
B.3 个人信息安全与隐私保护研究报告
——基于大数据应用视角 …………………… 匡文波 童文杰 / 050
B.4 2015年中国媒体融合发展报告 ……… 黄楚新 王 丹 彭韵佳 / 068
B.5 2015年中国互联网国际舆论研究报告
…………………………………………… 刘鹏飞 张 力 周亚琼 / 085
B.6 微信谣言传播特征与受众心理机制分析
…………………………… 何凌南 胡灵舒 余丽君 张志安 / 102
B.7 2015年中国电子商务发展报告 ……………… 欧阳日辉 刘洋雪 / 119

B.8 2015 年基于新媒体平台的中国新闻传播：
用户行为及发展状况 …………………………… 殷　乐　于晓敏 / 140
B.9 中国搜索引擎网站的现实图景与责任反思 …… 钟　瑛　李秋华 / 158
B.10 2015 年中国新媒体版权保护年度报告 ………… 朱鸿军　季诚浩 / 176

Ⅲ　调查篇

B.11 互联网治理与舆情管理：现状与趋势 ………… 刘志明　殷　乐 / 191
B.12 2015 年政务新媒体发展报告 ………… 阳美燕　刘　厚　李　婷 / 204
B.13 自组网/网状网络技术的应用发展报告
……………………………………… 姜　飞　禹卫华　吴湛微 / 218
B.14 “互联网 +” 行动：2015 年媒体深度融合新趋势 ……… 孟　威 / 235
B.15 2015 年中国电视媒体融合发展报告 …………………… 于　烜 / 246
B.16 2015 年报业新媒体新三板挂牌企业竞争格局研究 ……… 夏　涌 / 259
B.17 2015 年从 “+互联网” 到 “互联网 +” 传媒
转型研究报告 …………………………… 刘友芝　王　蕾 / 270

Ⅳ　传播篇

B.18 中国云传播发展报告 …………………………… 李卫东　陈文泰 / 282
B.19 2015 年微视频现状与变革走向
——以新华网、秒拍、YY、微视为例 ………………… 刘　君 / 298
B.20 中国企业海外主流社交平台舆论生态研究
…………………………… 郭　悦　黄　妍　范克妙　计利红 / 307
B.21 基于影响力指数相关性分析的政务微信优化实证研究
——以浙江省为例 ……………………………………… 王　井 / 320
B.22 网络空间精神文明建设研究
——以河北省为例 ……………………………………… 梁跃民 / 330
B.23 2015 年中国网络信息安全状况、问题及对策 ………… 王　颖 / 339

V 产业篇

B.24 2015 年新媒体产业发展报告 …………………… 郭全中 郭凤娟 / 347
B.25 2015 年中国移动阅读产业发展报告 …………… 吴信训 吴小坤 / 358
B.26 2015 年中国电视融媒体产业创新发展报告 ……………… 高红波 / 368
B.27 媒体融合背景下的视听竞争格局与发展态势报告 ……… 王建磊 / 378
B.28 变量聚合，快速崛起：2015 年我国手机视频
行业发展报告 ………………………………………………… 江 凌 / 388
B.29 2015 年度中外数字报纸发展报告 ………………………… 李 珠 / 398

Abstract …………………………………………………………………… / 414
Contents …………………………………………………………………… / 416

皮书数据库阅读使用指南

总 报 告

General Report

B.1

“互联网+”：中国新媒体发展新契机

唐绪军　黄楚新　王 丹*

摘 要： 2015年以来，新媒体进一步深度嵌入我国政治经济和社会民生，成为影响中国未来发展的重要因素。“互联网+”成为媒体深化融合新引擎，互联网平台成为经济发展新动能，互联网巨头向传统媒体渗透，政务新媒体向社群化发展，网络舆论影响政府决策和中国政治进程，中国新媒体战略传播力量在全球传播变局中凸显。新媒体在快速发展中也出现了一些亟待正视的问题：全球网络空间犯罪日益突出，新媒体版权保护严重滞后，大数据中的用户数据安全与隐私保护的重要性日益显现。

关键词： 新媒体　“互联网+”　媒体融合　互联网治理　新媒体产业

* 唐绪军，中国社会科学院新闻与传播研究所所长，研究员，所学术委员会主任，博士生导师；黄楚新，中国社会科学院新媒体研究中心副主任兼秘书长，中国社会科学院新闻与传播研究所新闻学研究室主任，博士；王丹，中国社会科学院研究生院新闻学与传播学硕士研究生。

一 总体概况与发展态势

当今，中国社会转型正在进入一个新阶段，其变化的速度、广度、深度、难度均前所未有。与此同时，伴随互联网与数字媒体的迅速普及，新的信息技术颠覆了传统的线性、单一的传播结构和形态。作为新兴的传播平台，新媒体给政治生活、社会治理、企业经营、人际关系等带来巨大而深远影响，成为影响中国当今以及未来发展的重要因素。

2015 年，国家“互联网 +”行动计划的政策推动，为中国媒体的融合发展注入了新的动力。传统媒体与新兴媒体优势互补“一体化”发展，通过新技术、新理念、新形态、新模式推动媒体深度融合，并促进产业活力的焕发。移动社交网络应用普及，大数据拓展加速，以云计算、H5 等新技术为创新点的新闻客户端表现更具个性化，跨行业合作创造新机遇，“中央厨房”、多端互动成为热点……

这一年，我国大力推动网络和信息化事业发展。截至 2015 年底，网民规模达 6.88 亿人，手机网民达 6.20 亿人，网站达 423 万家，中国国家顶级域名“.cn”注册保有量居全球第一位，网民中使用手机上网的人群占比提升至 90.1%，电子商务交易额突破 20 万亿元，网络经济以 30% 以上的速度发展。①互联网新媒体日益成为各行业创新驱动发展的先导力量。

1. 中国互联网深度嵌入社会民生经济各层面

互联网对个人生活方式的影响进一步深化，搜索引擎、网络新闻作为互联网的基础应用，使用率均在 80% 以上。由于移动端即时、便捷的特性更好地契合了网民的信息需求，伴随着手机网民的快速增长，移动商务类应用成为拉动网络经济增长的新引擎。从基于信息获取和沟通娱乐需求的个性化应用，发展到与医疗、教育、交通等公用服务深度融合的民生服务，② 互联网正逐步发展成为我国社会经济民生生活的基础设施。

---

① 中国互联网络信息中心：第 37 次《中国互联网络发展状况统计报告》，2016 年 1 月 22 日。

② 资料来源：中国互联网络信息中心第 36 次《中国互联网络发展状况统计报告》，http://j.news.163.com/docs/99/2015072401/AV8FSSH19001SSH2.htm。

随着手机终端的大屏化和手机应用体验好感的不断提升，手机作为网民主要上网终端的趋势进一步明显。移动互联网的快速发展掀起了用户由传统媒体向新媒体迁徙的浪潮。根据路透社发布的《2015 年路透社数字新闻报告》，在其所调查的 12 个国家中，平均每周使用智能手机获取新闻的用户达到 46%，在一年内上涨了 10%。①

2015 年我国互联网广告市场规模达到 2097 亿元，同比增长 36.1%，占中国广告市场份额近 50%。② 其中，移动广告是我国互联网广告增幅最快的部分，移动广告的市场规模增长 80%，达到 147.7 亿美元。网络广告、在线视频、在线教育、泛娱乐、社交网络、互联网金融、在线医疗、智能硬件、电商与 O2O、二手车电商 & 在线养护和在线旅游成为 2015 年中国互联网年度热点应用。③

总体来看，2015 年互联网尤其是移动互联网进一步深度嵌入我国政治经济和社会民生，对各行业产生了更加深刻的革命性影响。

2. 互联网平台增强经济发展新动能

2015 年，互联网平台经济飞速发展，受到经济社会各界广泛关注。从现象看，互联网平台已形成巨大经济规模，展现了极强的拉动就业的能力，促进了共享经济的蓬勃发展，对经济格局产生重大影响。

我国政府高度重视互联网平台经济，连续出台政策推动其快速、健康发展。从作用上看，互联网平台将数据作为新的生产要素，革新了商业组织模式，大幅降低了创新、创业成本，并成为促进经济发展的新动能。

近年来，电商、App 商店、租房、打车、P2P 网贷等各类型互联网平台大量涌现。互联网平台基于信息技术构建形成了连接多个参与方的虚拟空间，成为提供交易撮合、信息汇聚和能力开放的互联网信息服务中介。④ 互联网平台通过吸引参与方之间产生信息交换或物品、服务交易，而收取佣金或开展增值服务。平台经济的这种商业模式已成为互联网经济的主要表现形式，我国大力

---

① 《路透社：2015 年数字新闻报告完整版》，http://www.useit.com.cn/thread-10116-1-1.html。

② 艾瑞咨询：《2015 年中国互联网年度热点洞察报告》，http://www.199it.com/archives/428979.html。

③ 艾瑞咨询：《2015 年中国互联网年度热点洞察报告》，http://www.199it.com/archives/428979.html。

④ 王思博、陈才：《发展互联网平台经济，培育经济增长新动力》，中国信息通信研究院网站。

发展互联网平台经济，对于推动产业转型升级、促进经济稳健增长，具有重大战略意义。

互联网平台的发展给大众生活的方方面面带来颠覆性影响，推动了生产和消费方式的重大变革，有力地驱动了经济增长，成为备受瞩目的经济、社会现象。互联网经济总量在近20年经历了爆炸式增长。据“互联网女皇”玛丽·米克尔的《2015年互联网趋势报告》，1995年前15大互联网公司的市值总和为170亿美元，而2015年则达到2.4万亿美元。包括阿里巴巴、百度、腾讯和京东在内，全球15大互联网公司均基于平台模式运营。根据普华永道报告，全球分享型经济公司的营收目前约为150亿美元，而到2025年将增长至3350亿美元。

3. “两微一端”的新媒体传播平台正在形成

移动互联网对新闻业的影响日渐深远，技术演进和民众媒介消费习惯的改变，不仅改变了新闻生产、传播流程，同时改变了新闻的语言、叙事和理念。微信、微博和客户端正成为新媒体传播尤其是移动媒体传播的新选择。如何做好信息传播的移动化、社交化和视觉化，正成为基于新媒体平台的新闻传播的重要议题。

以“微博”、“微信”和“新闻客户端”为主体的“两微一端”正成为中央和地方传统媒体积极适应移动互联网趋势，向新媒体进军的主要手段，也为各媒体类门户、资讯网站和平台紧跟时代大潮进一步开拓发展提供了契机。微博、微信普及率提高，用户端蓬勃发展。调查显示，截至2015年8月，经认证的媒体类微博为26259个，其中传统媒体微博为17323个。在传统媒体微博中，报纸类为3571个，约占21%；电视类为7312个，约占42%；电台类为3002个，约占17%；杂志类为3359个，约占19%；通讯社类为79个，占比不到1%。[①] 媒体类微博已经形成大规模的集群。

据最新《微信数据化报告》，截至2016年2月，微信公众号已超过1000万个，其中泛媒体类公众号所占比例最高，超过1/4。[②] 数量众多的媒体公众号发挥着巨大的传播力。新媒体指数监测数据显示，2015年1月1日至11月

① 《“两微一端”的点与面》，中国新闻出版广电网，http：//data. chinaxwcb. com/epaper2015/epaper/d6167/d6b/201512/63351. html。

② 腾讯企鹅智酷：《微信数据化报告》，http：//b2b. toocle. com/detail－－6319893. html。

30日，每周WCI（微信传播力指数）排名前1000的微信公众号共发布文章212万余篇，总阅读量超过814亿人次，点赞总数达到5.1亿次。①

媒体类微信公众号是"媒体+社交网络"的产物，这种组合带来了一种新的传播格局，即新闻借助强社交链广泛传播，文章价值、趣味性和给人以情感触动等因素加上基于朋友之间相互信任的背书使相应的新闻得到大量转发。微信成为网民获取新闻资讯的重要来源，新闻广度（新闻App）+新闻过滤（微信等社交平台）成为网民获取新闻的左右手。②

Trustdata市场调查机构的数据表明，中国移动新闻客户端在2015年达到5.2亿个。2015年用户覆盖率1~10位的多属互联网公司，可视为新闻客户端的第一列方阵。传统媒体新闻客户端在用户中覆盖率较大，占据10~20位的第二列方阵。截至2015年底，传统主流媒体新闻客户端在360手机助手、安智等8大应用中的总下载量超过8000万次，平均下载量高达367061次。继2014年7月22日"澎湃新闻"上线后，2015年广东"并读新闻"（4月15日）、北京"无界新闻"（9月16日）、武汉"九派新闻"（9月23日）和重庆"上游新闻"（11月18日）也接续上线，形成了"东澎湃、西上游、南并读、北无界、中九派"的新闻客户端局面。

调查数据还显示，"两微一端"的发展水平与地区经济水平呈正相关。在新闻网站前50强分榜中，北京有16家，广东有4家；商业网站前50强分榜中北京更是占据了42家；杂志前100强分榜中，北京有67家，上海有11家，广东有9家；在报纸中情况相对均衡，但北京媒体也占到两成，其次是上海、广东、浙江等地。③ 由此看来，在"两微一端"的变革时代，北、上、广等东部一线城市引领着发展的大潮，中部、东北地区的表现总体上比较平淡，部分媒体"两微一端"的发展可圈可点，而广大西部地区则发展欠佳。④

① 《"两微一端"的点与面》，中国新闻出版广电网，http://data.chinaxwcb.com/epaper2015/epaper/d6167/d6b/201512/63351.html。

② 腾讯企鹅智酷：《微信数据化报告》，http://b2b.toocle.com/detail--6319893.html。

③ 人民网舆情监测室与中国社会科学院新媒体研究中心：《媒体"两微一端"融合传播排行榜》，2015年11月25日。

④ 人民网舆情监测室与中国社会科学院新媒体研究中心：《媒体"两微一端"融合传播排行榜》，2015年11月25日。

4. 全球网络空间犯罪日益突出

随着信息技术的飞速发展，网络空间已成为陆海空天之外的第五空间，网络安全关系国家安全，已成为国家战略。在复杂的全球网络安全形势下，网络犯罪呈现组织化、规模化、跨国化、移动社交化趋势。全球范围内国际协作、联合打击网络空间犯罪的模式基本形成。我国也通过出台法律法规和政策性文件，并启动各类专项治理行动，打击网络空间犯罪。

网络犯罪已成为全球各国不得不面对的严峻问题。2015 年，英国因网络犯罪而蒙受 210 亿英镑损失，网络犯罪数量较 2014 年飙升 20%，接近 2/3 的企业对于政府处理网络犯罪的执法能力感到担忧。据保险经纪公司 Lloyd's 预测，网络犯罪每年让全球企业损失 4000 亿美元，其中，金融业是网络攻击的主要对象。

网络犯罪不仅侵害个人、企业等主体的利益，而且成为威胁国家安全、社会稳定的重要问题。一方面，网络犯罪波及的影响面越来越广，潜在的网络漏洞与安全威胁几乎覆盖所有连接互联网的用户。另一方面，非法倒卖信息、通过网络贩卖违禁品、提供色情服务等网络犯罪行为已经严重扰乱社会治安。2015 年，P2P 平台欺诈、非法吸存等事件频频曝光，网贷平台诈骗成为一种新型网络犯罪行为暴露在公众面前。截至 2015 年 11 月底，互联网金融领域问题平台涉及的投资人数约为 15.7 万人，涉及贷款余额为 82.7 亿元。2016 年 1 月，e 租宝涉嫌非法吸存近 400 亿元，牵涉投资人近 80 万人。

跨境网络犯罪现象越来越普遍，网络犯罪形式翻新，治理难度日益加大。打击网络犯罪需要国际联合，实现线索共享、信息互通。同时，完善法律法规，开展专项治理行动也是打击网络犯罪的有效措施。随着跨国、跨境网络犯罪案件日趋频繁，共享资源、联合打击网络空间犯罪已成为全球网络空间治理的新态势。德、法等国已在打击网络犯罪交易平台、网络恐怖主义等方面建立了跨国合作。目前，中国已与美、英、澳、韩以及中国香港、中国澳门、中国台湾等 70 余个国家和地区建立了联合治理机制，与美、英等多国政府签署网络犯罪治理相关协议、文件，重点打击黑客、电信网络诈骗、网络商业窃密等违法犯罪行为，并在打击网络恐怖主义、网络赌博以及互联网应急响应机制等领域建立合作机制。

5. "互联网 +" 成为媒体深化融合新引擎

2015 年 3 月，在十二届全国人大三次会议上，国务院《政府工作报告》

提出制订“互联网＋”行动计划。7月，《国务院关于积极推进“互联网＋”行动的指导意见》正式发布。10月，党的第十八届中央委员会第五次全体会议强调指出，实施网络强国战略，实施“互联网＋”行动计划。“互联网＋”激发新技术环境下新的生产生活方式和商业产业模式，成为推动媒体融合发展的新引擎。

“互联网＋”行动计划指出，“推动移动互联网、云计算、大数据、物联网等与现代制造业结合，促进电子商务、工业互联网和互联网金融健康发展，引导互联网企业拓展国际市场”。就传媒而言，这意味着借助于互联网向传统媒体产业输出优势功能，在生产、互动、营销、管理等各个环节充分体现互联网思维，推动产业升级，从组织建构、生产模式、产品流通、产业体系等各方面全方位实现融合发展的创新变革。

“互联网＋”计划是传统媒体转型的必要途径，互联网可以激发用户的信息需求，提升传统媒体业务水平，促进传统媒体业整体业态升级。① 2015年，我国传统媒体顺应新环境，积极探索发展规律，“互联网＋”融合实践创新变革有声有色，经济“双引擎”之下的传媒产业新态势正在形成。以人民日报社、新华社、中央电视台为代表的主流传统媒体，大胆探索“中央厨房”“全媒体平台”“智慧融媒体”等，主导深度融合发展格局。目前，人民日报社已拥有44家网站、118个微博机构账号，142个微信公众号和31个手机客户端，用户总计扩展到3亿个，正在推动用户的全方位覆盖、传播的全天候延伸和服务的多领域拓展。新华社客户端总下载量超过6500万次，新版新华网通过集成文字图片、视音频等多种主观形式，聚焦发生在全球各地的重大新闻，以多媒体形态、立体化表达为网民推出全新沉浸式体验。中央电视台新闻微博、微信、微视频及客户端“三微一端”用户达到2.3亿个，央视网月度独立访问用户5.15亿个。

2015年，在媒体融合技术创新方面，主流传统媒体继续发挥主动性，积极抢占技术应用高点，以可视化、数据化、智能化为重点，融合传播领域得到了突破性进展，一些新技术应用堪与新兴媒体比肩而立。无人机新闻报道，成

① 黄楚新、王丹：《“互联网＋”意味着什么——对“互联网＋”的深层认识》，《新闻与写作》2015年第5期。

为新闻机构最先进的报道方式之一。2015 年 6 月 15 日，新华网新闻无人机编队成立，采用先进的国产大疆“小型一体化多旋翼航拍飞行器”，实现“全天候、多地形、全媒体的新闻航拍”，成为首个全国性无人机新闻项目。2015 年 8 月，天津滨海新区发生爆炸事故，央视新闻频道、新华社、财新网等多家媒体均采用无人机航拍技术，快速、精确报道事故现场，充分满足了受众对新闻场景真实性、直观性的需求。

6. 报业新媒体纷纷在新三板挂牌

媒体融合是一项艰巨而长久的任务，完善的资金链能为媒体转型与融合发展提供强力保障。2015 年，一些传统媒体选择多元化战略，纷纷登陆资本市场，借助新媒体资源整合重组、投资收购、融资上市，拓宽募集资本渠道，完善资金链。

传统报业集团借助新媒体转型产品或机构积极进军资本市场。2015 年 1 月，杭州日报报业集团所属的“华媒控股”在深圳交易所上市；6 月，辽宁报业传媒集团旗下的新媒体公司“北国传媒”在新三板正式挂牌；7 月，江西日报传媒集团所属的“大江传媒”在新三板上市；10 月，由天津广播电视台、《今晚报》、《天津日报》共同组建的天津北方网新媒体集团登陆新三板。

据不完全统计，截至 2015 年已正式挂牌新三板上市的报业新媒体企业包括舜网传媒（430658）、荆楚网（830836）、龙虎网（831599）、北国传媒（832647）、大江传媒（833072）等 5 家。报业新媒体在新三板上市大有加速的趋势，但相对其他行业而言，报业新媒体进入新三板市场的时间比较晚；从隶属关系来看，省级报业集团 3 家、市级报业集团 2 家，说明省级报业集团在推动整合资源方面有一定的优势。

除了报业新媒体外，2015 年，广电传媒集团在资本市场上发展也较为显著。2015 年 6 月，湖南广电旗下新媒体芒果 TV 完成 A 轮融资，估值超 70 亿元，并完成对国内最大音频原创内容平台荔枝 FM 的投资，推动广播与互联网融合。

随着新媒体技术的日新月异，虚拟现实（Virtual Reality，VR）、数据可视化、Wi-Fi 等技术应用不断渗透到新闻宣传和产业经营中，可以预计在未来两三年，新三板市场由于其定位清晰准确、交易制度简便、挂牌成本较低等优势，将会吸引越来越多的新媒体登陆，新三板市场可壮大传媒的力量。

7. 政务新媒体向社群化发展

2015 年，政务新媒体总体上朝覆盖式增长的方向发展，覆盖面进一步扩大。政务微博增速趋于平缓，进入务实运营期；政务微信公众号仍处于快速增长期，同时兴起的用户社群化倾向，为政务新媒体发展注入新的活力。

政务微博账号增速趋于平缓，并进入激发活性的务实运营期。截至 2015 年 12 月 31 日，新浪微博平台认证的政务机构微博数量达 152390 个，而全国政务微博账号一共有近 28 万个，新浪政务微博占比超过 50%（见图 1）。

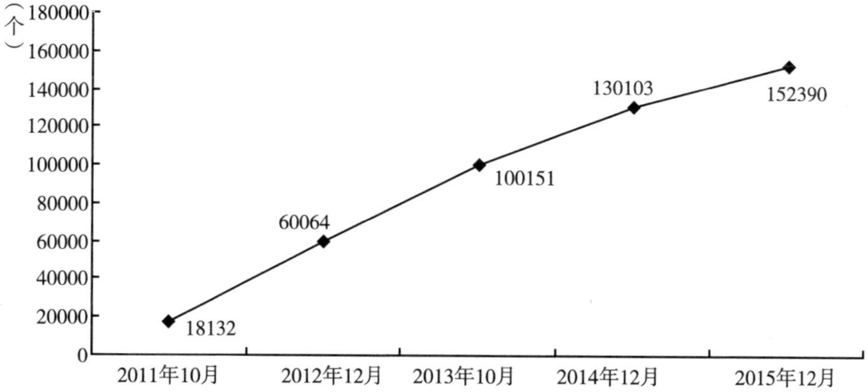

图 1　2011 年 10 月至 2015 年 12 月新浪平台认证政务微博增长趋势

从图 1 可以看到，2011 ~ 2015 年新浪政务微博账号数量的增长率依次为 231.3%、66.7%、29.9%、17.1%，2015 年，政务微博总体仍然延续前几年的增长势头，即增速持续减半，不过，仍然保持两位数的增长。在账号增速趋缓过程中，我国政务微博的铺设式覆盖，继续沿着纵、横两向及中央、省、市三级常规矩阵构架进行。纵向方面，在共青团、法院、气象 3 个系统实现中央与省级机构微博矩阵全覆盖后，2015 年 2 月 28 日，公安部消防局携 31 个省级和地市级公安消防部门开通新浪微博，形成三级机构矩阵，以“一键关注”实现消防系统的“纵向到底”，其微博粉丝总数达 1600 余万个。横向方面，大多以省级机构官方微博为龙头组建，形成省、厅、市三级不同职能部门间的政务微博系统。这种省级龙头的“横向”微博矩阵铺设比中央级龙头的“纵向”微博矩阵铺设范围更广，进程更快，应该说前者目前已基本完成。

在做矩阵式铺设、成为全国最大政务信息发布新媒体平台之后，政务微博进入务实运营期，即着力于服务社会民生和政务信息公开，切实提升应用水平，提高账号活性。全国政务微博全年共发博文约2.5亿条、总阅读量超过1117亿次、千万粉丝超级账号“国家队”与“地方队”同时崛起，各账号的传播力、互动力明显增强，这些都是政务微博进入活性激发的务实运营期之例证。

政务微信仍处增量覆盖期，用户社群化建设逐渐兴起。在微信公众号增长方面，截至2015年8月底，政务民生微信公众号快速增长，达83641个。至2016年1月，政务微信公众号达到10万个。

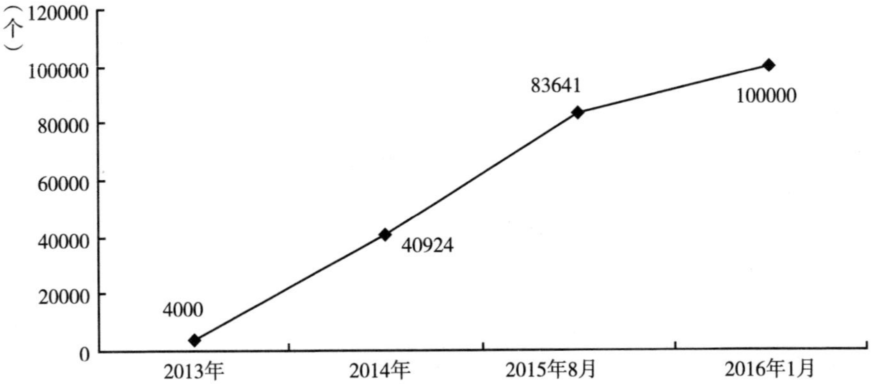

图2　2013年至2016年1月政务微信公众号数量变化

图2表明，政务微信公众号从2013年兴起以来一路高速增长，三年来涨幅分别为923.1%、104.4%和19.6%。

政务微信的覆盖情况，可从腾讯出品的《2015微信政务民生白皮书》窥见一斑。全国有31个省级行政区拥有政务微信公众号，而各层级的政务微信覆盖率情况则为：约40%的部委政府（至2015年8月）、45.3%的省级部门、50%的县乡级机构开通了微信公众号。以政务公众号总量领跑全国的杭州市为例，其地级行政部门政务公众号拥有率为60.0%，下辖的乡级公众号占比超过1/3（至2015年12月）。这就是说，从中央部委至基层县乡，各级政务微信公众号的普及率在30%～60%，政务微信公众号已经形成广范围、多层级的发展态势。

在覆盖式增量过程中，政务微信开始探索“政务+社交”的新路子。少数粉丝规模巨大的政务微信公众号开始建立微信群，逐渐朝政务社群化方向发展。如国资委的“意见对话群”，由国资委负责主持维护，拉入社会各界人士进行意见对话；中纪委自建的微信群也能实现快速与媒体零距离交流。除部委、省市级政府部门外，基层政务微信社群也开始兴建起来，基层县区公安局邀请辖区居民建立不同主题微信群，排解纠纷、通报典型案例。而“朝阳群众”这一政务网红，则成为首都社区一道独特的风景，“@平安北京”解读中国特色的群防群治政策，发布“朝阳群众”和首都警方携手亮相晒恩爱的卡通形象。种种迹象表明，政府部门的政务处理开始呈现社群化倾向。

8. 互联网巨头向传统媒体渗透

以BAT（百度、阿里巴巴、腾讯）为代表的互联网公司，加大对传统媒体业务的渗透，影响着传统媒体新闻传播格局。这些巨头公司与影响力强大的媒体机构、管理机构合作，推进这些机构与新技术的融合，发挥互联网企业竞争优势。

2015年，以阿里巴巴为首的互联网巨头加快了整合传统媒体甚至大传媒业的“互联网+媒体”传媒转型之道。作为互联网三大巨头之一的阿里巴巴集团对传媒业包括传统媒体进行了较为密集的倒整合的一系列参股投资行为：2015年5月，投资《北青社区报》；6月，投资12亿元成为第一财经传媒的第二大股东；10月，联手四川日报报业集团下属的《华西都市报》成立“封面传媒”；12月，收购香港及东南亚地区最重要的英文报纸《南华早报》。

阿里巴巴之前的业务离媒体最远，但其布局媒体最深、最广。而本身就是巨型媒体的腾讯也采取各种方式投资传统媒体。一是借助自身庞大的用户基础，积极实施区域化媒体合作战略，与当地媒体合作的大渝网、大粤网、大申网、大楚网、大浙网、大辽网、大苏网、大燕网都由腾讯控股，其本质是腾讯基于从网尽天下事到网尽身边的需要而对当地传统媒体资源的拓展和整合；二是腾讯除了入股财新之外，还间接参股了《成都商报》及其旗下的《每日经济新闻》。此外，百度、奇虎360和小米等互联网巨头也纷纷布局媒体。

二　热门盘点与焦点透视

1. 新媒体版权发展和管理成为热门

随着新媒体的日新月异，版权保护问题日益突出。新媒体版权的侵权行为一再发生，这倒逼着版权保护的管理制度不断完善，同时版权交易也进入了新阶段。2015 年，新媒体版权发展和管理成为一个热门社会议题。

当前，版权侵犯已成为制约新媒体发展的瓶颈。近年来，手机 App 成为人们获取各种资讯的重要途径，且诞生了诸多新闻资讯的聚合平台。其中，标榜“不做新闻生产者，只做新闻搬运工”的移动客户端“今日头条”就是一个成功的代表。但是在 2015 年 8 月，新闻资讯聚合平台“今日头条”遭遇湖北日报传媒集团所属《楚天都市报》、江西日报社主办《江南都市报》的起诉。同时，这些报刊都在其版面的显著位置对起诉“今日头条”的缘由进行公开发布，从而引发社会广泛关注。

2015 年 11 月 4 日，北京一点网聚科技有限公司（简称“一点资讯”）也被新京报社下属派博在线科技有限责任公司提起诉讼，由北京市东城区人民法院受理。派博在线向法院提出，“一点资讯”涉嫌侵犯其报纸文章 17 篇、网络资讯类文章 14 篇以及旗下两个微信公众号共 19 篇文章。派博在线要求“一点资讯”赔偿其损失 100 万元。

以微信为代表的社交网络平台也成了滋生侵犯版权的土壤。2016 年 1 月 11 日，微信首次发布《2015 微信知识产权保护白皮书》（以下简称《白皮书》）。腾讯公司公布了微信平台内部的版权侵权行为统计数据。《白皮书》显示：微信收到针对微信公众账号的投诉超过 2.2 万件，其中涉及知识产权的投诉超过 1.3 万件，占比约 60%；针对微信个人账号的投诉超过 1.2 万件，涉及知识产权的投诉有 200 多件，比例仅为 2%。在著作权侵权投诉的细分领域中，针对公众账号的投诉内容主要为文字类，约占 61%，而针对个人账号的投诉内容，则以摄影作品为主，约占 67%，二者之间差异源于产品本身的特点。

2015 年度大热的电视剧《花千骨》、《琅琊榜》和《芈月传》都改编自网络文学。不过，改编景象背后，网络文学侵权也愈演愈烈。据《中国网络文学版权保护白皮书》显示，2014 年网络文学盗版侵权共造成 77.7 亿元的付费阅读损失。

因此，加强版权保护成为新媒体领域的主流共识。2015 年 6 月，“剑网 2015”专项行动正式启动。从 6 月开始至 11 月，国家版权局联合国家互联网信息办公室、工信部、公安部严查网络音乐、云存储、应用 App、网络广告联盟等领域的侵权盗版行为。其中，"剑网2015"专项行动将加大对网络侵权盗版案件的行政处罚力度，确定一批网络侵权盗版重点案件，集中力量快速查办，提高办案的数量和质量；对侵权事实严重、社会影响大的侵权盗版网站，要依法从严查处，对涉嫌构成犯罪的，要根据"两法衔接"机制及时移交公安部门立案查办。

2. 大数据的快速发展与隐私保护成为关注热点

随着信息技术、通信技术、网络技术的高速发展，以Web2.0为代表的微博、微信等社交产品和互联网电商平台得到前所未有的发展，各类平台在业务运营中不断积累大量数据资源。云计算为数据的智能化分析、数据深度挖掘提供了可能，云存储为数据资源的全方位、大容量存储提供了可能。基于云计算和云存储的大数据及其应用，已成为当前学术界和商业界共同研究的热点。"十三五"规划纲要已将大数据作为重大战略实施。大数据为政府把握产业发展走向、优化社会资源配置、调整经济结构、优化监管能力和提高监管水平，以及在管理社会经济活动方面提供决策依据等发挥了积极的作用。

大数据在技术的不断优化、完善中快速发展，各类新兴互联网企业尤其是电商平台、社交平台争相建立大数据中心，全面采集各类用户行为信息资源，并基于所获得的大数据开展各种模式的商业运营。与此同时，各类骚扰电话、网络诈骗、账户被盗等基于互联网的个人信息安全问题和隐私侵犯行为频发。在大数据应用的过程中，大数据开发者是否考虑了基础数据的贡献者——用户的权益？是否对用户的个人信息安全保护尽到了足够的注意义务？是否对用户隐私进行了合理考量？个体用户对于大数据的应用有怎样的感知？大数据应用过程中，如何对个人信息安全和隐私进行保护？

大数据的应用与良性健康发展，必须尊重人性、以人为本，直面当前商业活动运行背后的各类用户数据与隐私泄露的危害，应用新的技术手段和方法，积极调动全社会力量，共同献力于加强个人的数据信息安全与隐私保护，建立起完善的用户信任机制，只有这样才能营造大数据发展良好、有序的新型市场环境，助力于各种商业价值和利益的最终实现，推进大数据全行业的健康发展，乃至整个社会的信任水平提高与文明进程。

3. 互联网治理"刚""柔"并济

2015年，中国的互联网治理力度达到前所未有的程度，在网络立法、行政监管、技术控制等领域采取了多项新的举措，推动中国互联网治理进入一个新的发展阶段。中国互联网历经 20 多年的发展和探索，通过正确处理好自由与秩序、安全与发展、开放与自主的关系，正探索一条具有中国特色的治网之道。

首先，通过“约谈”这种新的监管“柔性”举措加强对互联网的管理。

国家互联网信息办公室于 2015 年 4 月 28 日发布《互联网新闻信息服务单位约谈工作规定》（以下简称“约谈十条”）。“约谈十条”对约谈的行政主体、行政相对人、实施条件、方式、程序等做了明确规定。依照“约谈十条”，对存在问题的互联网新闻信息服务单位，约谈之后未按要求整改，或经综合评估未达到整改要求的，将依照《互联网信息服务管理办法》《互联网新闻信息服务管理规定》的有关要求给予警告、罚款、责令停业整顿、吊销许可证等处罚，被多次约谈仍然存在违法行为的，依法从重处罚。

其次，通过行业自律强化网络伦理建设。

互联网在推动经济、社会发展进步的同时，也带来了很多负面影响，其中，很多是仅靠法律难以约束的伦理道德问题。如网络谣言问题、侵犯隐私问题、暴力色情等信息污染问题、青少年网络欺凌问题、网络欺诈等问题。这些都需要通过强化行业自律和加强伦理道德建设予以解决。

最后，通过网络立法“刚性”规定确保安全。

在 2015 年涉互联网立法的“刚性”规定中，“安全”成为关键词。这其中，既包括国家主权层面的网络空间安全，也包括公民个人层面上的信息安全；同时，把打击网络犯罪、打击网络恐怖主义和净化网络空间作为立法的重点。

2015 年 7 月 1 日，十二届全国人大常委会第十五次会议表决通过了新的《国家安全法》。对政治安全、国土安全、军事安全、文化安全、科技安全等 11 个领域的国家安全任务进行了明确。首次以法律形式提出“维护国家网络空间主权”。与此同时，人大常委会还初次审议了《中华人民共和国网络安全法（草案)》，草案总则中将“维护网络空间主权”作为该法的立法宗旨之一。该法草案共七章六十八条，主要内容包括总则，网络安全战略、规划与促进，网络运行安全，网络信息安全，监测预警与应急处置和法律责任，附则等七个方面。其详细说明了各级政府、网络运营者、关键信息基础设施运营者和公民个人所享有的权利和应承担的义务、责任。

4. 电子商务发展依然火热

在“互联网+”和“大众创业，万众创新”的环境下，2015年中国电子商务呈现电商渠道下沉，向2.0版升级，并购活跃，电子商务移动化、农村化、国际化，O2O冰火交融，利好政策频出等特点。同时，消费者权益保护、电子商务与监管体制、电子商务与实体经济、电子商务与国际贸易规则等相应的矛盾也逐渐凸显，制约了中国电子商务长足发展。

经过二十年的发展，中国已经与美国成为全球互联网经济体中最耀眼的“双子星”。中国网络零售交易额跃居全球第一，互联网相关上市公司企业达328家，其中阿里巴巴、腾讯、百度、京东位列全球互联网公司10强，10强中另外6家公司均为美国企业。2015年，中国电子商务继续保持良好的发展势头，并掀起了农村电子商务和跨境电子商务的热潮。在这股热潮中，也存在消费者权益受损、物流配送“最后一公里”缺失等制约电子商务发展的问题。

电子商务交易额持续快速增长。电子商务正在成为我国经济增长的新动力、经济转型升级的加速器、提质增效的突破口。在“互联网+”的大势下，“互联网+电子商务”正快速发展。中国互联网络信息中心（CNNIC）发布的第37次《中国互联网络发展状况统计报告》显示，截至2015年12月，我国网络购物的网民规模突破4亿人，达到41325万人，增长率为14.3%，网民使用率为60%，较2014年提升了4.3%；手机网络购物的网民规模为33967万人，增长率为43.9%，网民使用率为54.8%。

2015年，中国电子商务交易继续保持强劲的增长态势，成为新常态下经济增长的新动力。全国商务工作会议的数据显示，“十二五”期间，全国电子商务交易额年均增长超过35%，2015年达到20.8万亿元。

2015年是农村电子商务元年，在这一年里农村电商呈现爆发式的增长。2015年，电商巨头纷纷下乡，布局农村市场。2014年10月阿里巴巴推出“千县万村”计划，2015年是该计划全面落地之年，截至2015年12月底，覆盖200多个县的1万个农村淘宝服务站被建立起来。经过多年的发展，电商在一、二线城市的市场已基本被瓜分完毕，电商巨头面临着开辟新市场、探索新模式的问题，相比之下，农村电子商务渗透率不高，再加上农村互联网和智能手机的普及，农村市场走进电商巨头的视野，并迅速成为电商争夺的新阵地。

2015 年是中国电子商务发展的一个重要转折点。电子商务增长势头强劲，电商行业不断向纵深发展，三线以下城市和农村市场成为电商巨头争夺的主阵地，电商巨头还纷纷开拓国际市场，推动电子商务国际化。生活服务 O2O 行业风起云涌，电子商务向上游侵入成为必然之势。电商市场的兼并活跃，阿里系和腾讯 - 京东系电商寡头竞争加剧，政府适时出台多项政策，其中多为支持性政策，监管政策有待加强。

5. 媒体融合不断深入

随着对新媒体认知的逐步深化以及媒介技术的快速更新，全世界范围内的媒体行业正加紧融合发展的步伐，各种新的探索模式不断改变着新闻传播格局与媒介生态环境。2015 年，媒体融合发展已经演化为全球传媒领域的未来发展方向。

在传媒转型实践中，为了找到互联网转型的切入点，以实现深度融合，达到“提纲挈领”的转型效果，诸多传统媒体探索了符合自身特点的途径。其中，浙报传媒集团、上海报业集团和湖南广电集团成为典型，呈现了独特的转型特点和亮点。

浙报传媒集团以资本和服务为两大抓手，探索集团整体“互联网 +”转型之道。集团从顶层入手，秉承“传媒控制资本，资本壮大传媒”的发展理念，以资本战略要素作为集团整体转型的首要突破口，快速建构互联网新媒体的资本、技术、用户三大基础平台，弥补了互联网新媒体转型的短板；在此基础上，以服务为互联网新媒体商业模式入口，探索和实践“新闻 + 服务”新商业模式，探索构建以互联网为主导的新闻传媒、智慧服务、数字娱乐和文化产业投资“3 +1 平台”的大传媒转型格局，形成了以资本和服务为两大抓手的“互联网 +”集团整体转型之道。

上海报业集团从内部创业机制入手，自建互联网思维新媒体内容产品平台。为了推动媒体融合，上海报业集团制定了基于平台化建设的总体新媒体发展战略，设立了“新媒体中心”，报业集团则承担集中进行资产运作的责任，提供资金支撑。在上海报业集团的新媒体布局中，上海观察、澎湃、界面被集团称为“现象级”的新媒体项目，该集团还准备打造“平台级”的互联网产品，以期最终实现集团整体向“互联网 +”转型。

从整体态势看，在国家战略部署下，中国传统媒体的各种路径的市场化探索，开始从局部渠道拓展向整体产业融合转变。湖南广电的“芒果 TV 生态圈”，上海广电的“BesTV”，浙江广电的“中国蓝 TV”等一批整合后的新媒体平台和品牌集中亮相，表明了中国电视互联网转型的新态势。电视娱乐内容的 IP 化和电视新闻的数据化是 2015 年广电内容融合最突出的表现。电视节目 IP 化，简单说就是把单一电视节目转变为知识产权、版权资源，进行产业延伸开发，通过版权经营实现内容资源的多次“变现”。湖南广电是国内内容 IP 模式的开创者，湖南卫视在内容 IP 的生产之后，由芒果传媒负责 IP 运营，基于 IP 不同的产品形态，芒果传媒向旗下子公司授权并开展相应的业务。《爸爸去哪儿》就是将优质内容变为 IP 资源进行全版权运作的典范。在电视节目《爸爸去哪儿》热播后，芒果 TV 推出点播及衍生栏目，此外同名电影、动画片、手游、图书以及可穿戴设备也被相继开发。《爸爸去哪儿》第一季电影收获了超过 7 亿元的票房，手游创下了 1.2 亿次下载量，此外节目还带动了“亲子生态游”等旅游产业以及同款服装的销售。

6. 新媒体产业发展强劲

2015 年，在消费升级和政策利好的推动下，我国新媒体产业继续高歌猛进，互联网广告、网络游戏、电影、大数据、VR 等产业都快速发展，且互联网内容创业者迎来春天。媒体业投资和并购金额超过 2200 亿元，BAT 等互联网巨头的生态系统更加完善。在未来，“互联网 +”与“大数据 +”将促进产业快速融合，移动化、智能化媒体产业将成为主流。

外部环境鼓励新媒体产业发展，国家频繁出台利好政策。2015 年，国家加大对新媒体产业的扶持力度，出台了一系列力度较大的利好政策，主要如下：一是国家新闻出版广电总局、财政部以新广发〔2015〕32 号印发《关于推动传统出版和新兴出版融合发展的指导意见》，对新闻出版企业的转型升级提供了“真金白银”的支持；二是文化部办公厅印发《2015 年扶持成长型小微文化企业工作方案》，对内容创业者这些成长性好的小微文化企业有较大的帮助；三是国务院印发《关于大力推进大众创业万众创新若干政策措施的意见》，在财税、融资和平台建设等多个方面出台利好政策；四是国务院发布《关于积极推进“互联网 +”行动的指导意见》，助推互联网从消费互联网向产业互联网转型；五是国务院以国发〔2015〕50 号印发《促进大数据发展行动纲要》，对于大数据产业的发展是重大利好；六是国务院通过《中华人民共和国电影产业促进法（草案）》，以提升文化产业水平、促进电影产业健康发展；七是国务院办公厅印发《三网融合推广方案》，加快在全国全面推进三网融合，推动信息网络基础设施互联互通和资源共享。

2015 年，也被称为 VR 元年。VR 被认为是下一代互联网和下一代移动计算平台。目前，在用户、技术、硬件、内容、开发者、渠道、资本等七大力量的推动下，资本投资青睐，创业团队激增，越来越多的创业者和内容团队开始进入 VR 领域，分发渠道和线下渠道正在逐步建立，VR 产业进入快速发展期。目前，VR 设备主要有 VR 头盔、VR 一体机和 VR 眼镜三大类，综合多个市场调研结果，中国 VR 浅层用户有 1700 万，重度用户近百万，潜在用户有 2.86 亿，基于上述分析，VR 产业的发展潜力巨大。

移动化能力强的互联网媒体高速增长。2015 年，百度、阿里巴巴、腾讯乐视网和猎豹移动等移动能力强的互联网媒体依然保持较高的增长速度，并且带动整个互联网媒体广告市场快速发展。根据已经披露的财报，2015 年百度、阿里巴巴、腾讯、搜狐、新浪、网易、搜房网、乐视网等 11 家互联网上市公司的销售收入为 3321.16 亿元；净利润为 1400.17 亿元，同比增长 93.59%；广告收入为 1641.12 亿元，同比增长 45.37%，市值为 4979.73 亿美元。阿里巴巴的净利润超过 600 亿元，有较大部分来自财务投资等收益，百度的净利润也在 300 亿元以上，腾讯的净利润也近 300 亿元；在广告方面，百度的收入最高，为 640.37 亿元；阿里巴巴次之，为 541 亿元；广告收入增长率最高的是猎豹移动，同比增长 145.3%，腾讯同比增长 110%。

7. 新媒体的国际传播影响力加强

2015 年，国际舆论对中国关注度明显上升，国内、国外两大舆论场的连接互通性不断增强。2015 年是全球治理变革的重要一年，国际秩序和规则深度调整，全球地缘政治经济格局加速演变，世界经济弱复苏势头仍在延续。党的十八届五中全会提出了“十三五”规划建议，经济发展进入新常态，各领域改革持续深入推进，处于上升期和转型阶段的中国受到全球瞩目。

全球网络技术和信息流通进一步改变国际舆论格局。微博、微信、客户端、微视频等移动新媒介加速发展，促进了国内外信息互联互通，形成议程设置、升级和转移的现象。国内外话题促使我国网上国际舆论场的成型与茁壮成长。我们看到，国内国外舆论相互渗透的现象愈发明显。新媒体不仅扩展了国际舆论信息流通的“带宽”，也在不断开拓新的传播路径。国内网民在关注国际新闻的同时，也更加关注国外如何看待中国。

在国际互联网时代，新媒体在做好对外传播、探索与创新方式和手段、“讲好中国故事”、提升国际传播能力和国际话语权等领域都有较好表现。

一是外事活动，社交媒体互动传播效果良好。比如，习近平主席访美、奥巴马访华，“庄园会晤”“瀛台夜话”“Facebook 主页”等在网上受到关注。习近平主席访英期间与英国首相卡梅伦在酒吧小聚。李克强总理发起“高铁外交”，也和“乒乓外交”“熊猫外交”一样在民间受到关注。据人民网新媒体智库统计，2015 年习近平主席出访屡次占据微博话题榜首，微博话题“#跟着习大大去美国#”阅读量高达 5.3 亿次，“#习近平出访英国#”阅读量超 1.8 亿次。“丽媛 style”是舆论追踪焦点，时尚、公益类话题占主导，在着装风格与搭配、赠送礼物、国家软实力得以提升等方面，吸引了大量评论。

二是有担当、有底气，共建大国形象。2015 年 3 月底至 4 月初，“也门撤侨行动”引起海内外极大关注。“@《人民日报》”从“中国价值”着眼，将“讲信义、重情义、救危难、树道义”的撤侨行动提升到价值观层面。“@《中国日报》”极具国际视野，将各国对中国撤侨行动的评价在微博中传播。相比之下，“@军报记者”以更加专业负责的态度，用 3 个关键数据解读海军第二批撤侨行动。同时，来自网民的关注也推高了“也门撤侨”的舆论热度，将有担当、有底气的大国形象传播出去。

三是“微话题”议程设置效果显著，引导网民参与互动。2015 年习近平主席出访的相关话题屡次占据新浪微博话题榜榜首。一方面，由“@央视新闻”“@《人民日报》”等相关微话题及时发布新闻，不断跟进出访热点，在议题上下足功夫，力求全面、广涵盖、多样化，吸引网民眼球。另一方面，微博互动性、大众化、草根化等特点，在领导人出访讨论中也有呈现，网民积极发声，形成多角度、多层面、多维度的讨论和关注。

四是社交媒体的力量对国际议题形成和舆论走向均发挥着重要作用。2015 年巴黎暴恐事件发生后，路透社国际版文章《中国展示其不寻常的反恐行动照片》称“中国媒体利用巴黎恐怖袭击煽动国内民族情绪”，立即引起我国网友的批评。有网友反问，当世界上一些地方发生危险后，希望第一时间看到政府表态和防暴部队行动的呼声并无错误，并对路透社新闻采访“客观性”“平衡性”原则提出质疑。大量网友对路透社在反恐问题上的双重标准表达不满，微信上出现“一名中国网友致路透社的公开信”等多种方式的抗议。

“三微一端”边界打通，多元解读汇聚信息观点。2015年微视频突破了PC端的束缚，借助各种客户端独立出来，并通过微直播、打赏以及弹幕等方式形成影响力，加入“两微一端”，从而形成了“三微一端”新格局。难以抵挡的强大人际关系网络，使社交媒体信息观点相互流通、交换和扩展，加速扩散。2015年5月9日，习近平出席俄罗斯纪念卫国战争70周年庆典和红场阅兵活动。网友对此关注度也极高，尤其是对出席阅兵活动的解放军三军仪仗队的飒爽英姿拍手称赞，称其为“中国第一天团”。早在正式阅兵前，彩排视频通过“三微一端”被热转，部分媒体对这支解放军仪仗方队如何训练、他们如何拉近中俄民众感情等做了详细介绍。该现象也被诸多境外媒体发现和放大。美国《纽约时报》网站报道称，在出席阅兵式的世界领导人中，中国国家主席习近平“地位最为突出”，“军事强国”的形象在境内外媒体表述中被突出。

三　传播分析与影响解读

2015年，互联网和移动互联网持续保持强劲发展势头，影响全球媒体生态。国际电信联盟（ITU）发布的年度互联网调查报告显示，目前全球已有32亿人使用互联网。全球手机用户数达到71亿，手机信号已覆盖了全球超过95%的人口。[①] 新传播技术的发展带来全球新媒体格局的变化，诸如《纽约时报》、路透社、英国BBC等国外大型媒体集团也相继开启了数字化和移动化发展之路。在国内，中国新媒体领域的发展呈现别样的生机与活力。在“互联网+”政策的推动下，新媒体推动中国产业转型和经济发展，增强国际话语权、提高国家文化软实力，新媒体法治化进程精准提速。新媒体发展影响治国理政和国家的安定稳固。

1. 中国新媒体战略传播力量在全球传播变局中凸显

2016年3月发布的《微信社会经济影响力研究报告》显示，截至2015

① 《ITU：数据显示全球移动宽带用户比例超固网》，http：//www.cctime.com/html/2015－12－10/1113259.htm。

年底，微信及WeChat合并，月活跃用户数达6.97亿。微信凭借庞大的用户数量和会话数量，成为全球社交应用软件的领先者。市场研究机构Strategy Analytics发布的有关中国智能手机的年度报告显示，2015年，中国智能手机市场出货量同比增长3%，突破4.38亿部。① 其中，中国手机厂商小米、华为分别列市场份额第一、二位。以上这些数据和事实表明，在全球互联网发展浪潮中，中国新媒体行业显示了强大的竞争力与影响力。中国新媒体在世界新媒体格局中的强势表现与中国新媒体传播国家政策与战略息息相关。

第一，国家战略持续助推新媒体发展。中国新媒体行业的发展离不开国家宏观政策的引导。党和政府持续关注新媒体领域动态，通过推出国家战略层面的新媒体规划方案等推动行业快速有序发展。继2014年《关于推动传统媒体和新兴媒体融合发展的指导意见》通过以来，媒体融合再次作为发展规划被纳入国家战略发展体系。2016年3月5日，李克强总理在《政府工作报告》中提出，要发展文学艺术、新闻出版、广播影视、档案等事业，促进传统媒体与新兴媒体融合发展，培育健康网络文化，深化中外人文交流，加强国际传播能力建设。传统媒体与新媒体融合是新时期媒体转型发展的方向，在国家政策引导下，国内传统媒体纷纷通过融合新兴媒体、发展新兴媒体的方式进军新媒体市场。

2015年10月，党的十八届五中全会审议通过《中共中央关于制定国民经济和社会发展第十三个五年规划的建议》，其中提出，实施网络强国战略，实施国家大数据战略。网络强国战略从基础设备设施、网络核心技术、网络安全与信息化等方面保障新媒体发展。在此之前，国务院办公厅印发了《关于加快高速宽带网络建设推进网络提速降费的指导意见》，提出了加快高速宽带网络建设的举措，为网络强国战略保驾护航。国家大数据战略的实施则革新了信息生产方式，加快了信息的个性化与精准化推送，推进了信息数据资源的开放共享。2015年12月，在第二届世界互联网大会上，习近平主席在开幕式演讲中指出：中国正在实施“宽带中国”战

---

① 《Strategy Analytics：2015年中国智能手机市场出货量突破4.38亿部　同比增长3%》，http：//www.199it.com/archives/435493.html。

略，预计到2020年，中国宽带网络将基本覆盖农村，打通网络基础设施“最后一公里”，让更多人用上互联网。这为打通信息传播渠道奠定了基础。新媒体发展被纳入国家发展战略规划，使新媒体发展有了更多的政策支持与保证。

新技术是传播方式革新的直接推动力，国家对先进科技的关注成为技术快速更迭发展的助推器。2015年6月，习近平主席调研贵阳市大数据应用展示中心，指出要推动信息化和工业化深入融合，必须在信息化方面多动脑筋、多用实招。2015年11月，在二十国集团领导人第十次峰会第一阶段会议上，习近平就世界经济形势发言指出：新一轮科技和产业革命正在创造历史性机遇，用新技术改造传统产业的潜力也是巨大的。2015年11月，习近平致信祝贺2015世界机器人大会开幕，他明确指出技术创新的重要性：随着信息化、工业化不断融合，以机器人科技为代表的智能产业蓬勃兴起，成为现时代科技创新的一个重要标志。中国将机器人和智能制造纳入国家科技创新的优先重点领域。新技术深刻影响新媒体生产和运作，技术创新引领新媒体理念、手段、方式、管理创新。此外，2015年5月，习近平总书记在中央统战工作会议上首次提出“要加强和改善对新媒体中的代表性人士的工作”，通过强调新媒体建设的重要性，在一定程度上吸引了更多媒体人才加入新媒体行业。

第二，新媒体成为提升中国国际竞争力与影响力的新途径。2015年是中国全面参与国际信息传播新秩序重组的一年，也是中国深度参与全球治理与构建世界新秩序的一年。在新一轮国际秩序建立过程中，新媒体显示了强大威力，成为中国在全球舆论场发声、打破霸权格局、表达国家政治立场与观点、树立国家形象与权威、进行国际交流的桥梁与平台。借助第二届世界互联网大会平台，习近平主席提出了推进全球互联网治理体系变革的四项原则、共同构建网络空间命运共同体的五项主张，清晰表达了国际互联网治理的中国立场，给出了中国方案，赢得了国际社会热烈反响。2015年9月，在美国微软公司总部举行的第八届中美互联网论坛上，习近平指出中国倡导和平安全开放合作的网络空间，并倡导与美国等世界各国合作，展示了共享共治的大国情怀。2016年2月，在党的新闻舆论工作座谈会上，习近平总书记进一步提出，要加强国际传播能力建设，增强国际话语权，集中讲好中国故事，同时优化战略布局，着力打造具有较强国际影响力的外宣旗舰媒体。2016 年博鳌亚洲论坛上，中外媒体共同发起了“亚洲媒体合作组织”，这为亚洲地区媒体合作提供了契机，有利于向国际社会传达中国声音和亚洲声音。

以新媒体为框架扩展政治空间，以信息话语权为途径保障国家利益，是推进中国特色大国外交的有效方式。2015 年，在习近平主席出访美国期间，西方主流媒体如《华盛顿邮报》、《西雅图时报》、美联社、《赫芬顿邮报》等的新闻网站持续滚动播出相关消息，《纽约时报》等媒体记者通过社交媒体第一时间更新直播新闻资讯，Twitter、Facebook 等成为媒体和网友交流的主流平台。与此同时，人民日报社、新华社等国内主流媒体也通过新媒体扩展传播范围，提升传播影响力。其中，人民日报社制作了英语视频《谁是习大大》并投放在视频网站 YouTube 上，通过网络视频的形式勾勒出国家领导人亲切的形象，得到了国际网友和国际媒体的认可点赞。网络媒体及社交媒体的报道成功引发了国际社会和舆论的高度关注。新媒体参与国际传播，提升了中国媒体的海外传播力，成为国家形象的最佳展示器。

2. 跨界与合作，新媒体成为拉动中国经济增长新引擎

中国新媒体行业发展迅速，成为中国经济增长新的驱动要素。一方面，新媒体行业成为优质资本“强磁场”，互联网企业跨界媒体业，通过收购、兼并搅动媒体固有生态格局。另一方面，新媒体则通过多元化运营创新发展，媒体行业生产关系得到优化，行业整体生产力有所上升，推动了中国经济向前发展。

国内互联网企业呈现媒体化发展趋势，通过技术、资本、运营等优势向媒体业强势跨界。以互联网巨头 BAT 为代表的科技公司以“资本＋媒体”等形式快速在传媒版图上扩张。2015 年，阿里巴巴集团连同旗下公司加速了在传媒领域的投资与布局，相继投资《北青社区报》、第一财经、36 氪，入股光线传媒，收购视频网站优酷土豆，与财讯集团、新疆网信办创办了“无界新闻”，与四川日报集团联手成立了“封面传媒”。此外，阿里巴巴集团还将触角伸至海外媒体《南华早报》。百度公司入股传统院线公司星美控股，投资商业 Wi-Fi 公司华视传媒与 16Wi-Fi，收购日本原生广告公司 popIn，从互联网影视、移动互联网入口、互联网广告等多层面切入新媒体领域。腾讯公司则最早

与各地方报业集团合作，开设地方综合门户网站。2015 年，腾讯分别投资信息分享型社区知乎、加拿大聊天应用 Kik、智能电视服务商欢网科技等，主打内容与“连接”。互联网科技公司除了向传统媒体和新媒体扩展外，同时兼顾广播电视、影视文化公司、电子商务、社交等多类型传播渠道发展，它们通过投资、入股、收购等资本运作形式涉足媒体领域，为媒体行业，特别是新媒体的发展提供了资金支持和经验保障，促进了媒体业的转型升级，培育新媒体行业成为中国经济新增长点。

2015 年，“合并”成为中国互联网发展一大关键词。从对手到“联姻”，同类型企业通过合并有利于人员精干、成本减少，避免恶性竞争，从而集中资源，提高市场支配力，增加规模效益。2015 年 2 月，互联网市场打车巨头滴滴和快的正式战略合并。同年 10 月，滴滴快的获得了国内首张专车平台资质许可证。主打网络团购业务的美团网和大众点评网宣布合并，以打造多功能服务平台，促进行业发展。也是在 2015 年，分类信息网站 58 同城网和赶集网、在线旅游网站携程网与去哪儿网、网络婚恋平台世纪佳缘和百合网均通过合并推动产业整合。

在互联网企业以新媒体为突破口进军媒体界的同时，新媒体本身也创造出可观经济效益。以广告为例，随着 PC 端和移动端媒体的快速发展，人们在电子屏幕前花费的时间变长，由此带来了互联网广告收入的增加。Analysys 易观智库发布的《中国互联网广告市场季度监测报告 2015 年第 4 季度》数据显示，2015 年第 4 季度中国互联网广告运营商市场规模为 621 亿元人民币，同比增长 32.1%，环比增长 6.5%。① 根据腾讯公布的截至 2015 年 12 月 31 日未经审核的第 4 季度综合业绩及经审核的全年综合业绩数据，2015 年，腾讯的网络广告业务收入同比增长 110%。② 2015 年，网络综艺节目《奇葩说》第 2 季吸引广告商总投放额度超过亿元。③ 据全球领先的媒介传播代理商凯络观点，数字

① 《易观智库：2015 年第 4 季度中国互联网广告运营商市场规模达 621 亿元人民币》，http://www.analysys.cn/yjgd/16805.shtml。

② 《腾讯 2015 年全年总收入 1028.63 亿元　同比增长 30%》，http://tech.qq.com/a/20160317/046952.htm。

③ 《〈奇葩说 2〉广告收入破亿成“风口”标杆　创新互联网综艺纪录》，http://science.china.com.cn/2015-06/15/content_7991193.htm。

媒体依然是全球广告媒体增长中的佼佼者。①

同时，新媒体也带动了互联网创业。2015 年，“推动大众创业、万众创新”写进两会《政府工作报告》。随后，国务院印发《关于大力推进大众创业万众创新若干政策措施的意见》，其中提出了依托“互联网 +”、大数据等，推动各行业创新商业模式的总体思路。新媒体与互联网、大数据行业密切相关，因此在新媒体领域进行互联网创业大有可为。同时，一些新媒体机构也为创业提供了资金和平台。“今日头条”便为内容提供者提供了创业条件。2016 年 3 月，“今日头条”宣布成立 2 亿人民币规模的内容创业投资基金，同时启动旗下孵化空间“头条号创作空间”，② 为新媒体项目和内容提供者提供了发展机遇。

中国工商银行推出的“工银 e 校园”是国有商业银行推出的唯一面向在校大学生的综合化互联网金融服务平台，不仅为大学生提供丰富多样的金融与非金融专业服务，更是大学生的“校园金融神器和生活掌中宝”。“工银 e 校园”App 在 2015 年 9 月同时推出了 iOS 版本和安卓版本。截至 2016 年 1 月，累计下载量突破百万次，覆盖全国近 400 所大专院校的 1200 万高校学子，贷款发放突破 1 亿元，在时下最热门的互联网金融领域，“工银 e 校园”以黑马态势引起广泛关注。“工银 e 校园”App 产品的上线和成功推出，将互联网思维与金融机构的独特性充分结合，主要体现在用户至上、众包模式和金融 O2O 这三点上，为商业银行的互联网转型提供了有益的借鉴。

3. 技术与融合创造微传播新生态

在新传播技术快速更新与媒体融合深入发展的形势下，以微视频、微直播为发展热点的微传播使传播生态焕然一新。

第一，新传播技术改变传播生态。无人机、人工智能技术、可穿戴设备等新技术在媒体行业的运用，给信息传播方式、信息产品生产、信息产品形态与媒体商业模式带来了深刻变化。

首先，在信息产品形态上，新技术的使用增加了信息产品的多样性，丰富

---

① 《凯络：预测 2017 年全球广告支出将强势增长 4.5%》，http：//www.199it.com/archives/457782.html。

② 《今日头条成立 2 亿内容投资基金，旗下孵化器“头条号创作空间”启动》，http：//36kr.com/p/5044375.html。

了新闻呈现的内容与视角。在2015年天津港“8·12”爆炸事故的报道中，无人机功能凸显。新华社新媒体、财新网、澎湃新闻、无界新闻等新媒体利用无人机深入爆炸核心现场，通过航拍以图片和视频的形式发送爆炸现场新闻画面。新闻画面角度更加多样化，爆炸现场的全景画面和核心区图像更具有视觉冲击力和影响力。新京报记者陈杰凭借爆炸现场航拍作品《天津爆炸》在第59届世界新闻摄影大赛上获奖。

其次，在信息生产上，机器人参与新闻生产流程，成了新闻稿件的撰写者，使新闻生产主体由单一转向多元。2015年9月10日，腾讯财经发表《8月CPI同比上涨2.0%创12个月新高》一文，文末注明：“本文来源：Dreamwriter，腾讯财经开发的自动化新闻写作机器人，根据算法在第一时间自动生成稿件，瞬时输出分析和研判，一分钟内将重要资讯和解读送达用户。”新华社也推出了“快笔小新”机器人写稿项目。机器人通过数据采集与加工完成自动写稿，其在体育赛事中英文稿件和财经信息稿件等数据较多的稿件处理上具有优势。机器人参与新闻生产，使新闻工作者避免了繁杂重复的数据处理工作，从而能够拥有更充裕的时间与精力投入深度报道等稿件的采写中。

最后，在信息呈现方式上，虚拟现实技术、场景与数据的使用使可视化新闻成为媒体新宠。图表、3D新闻、动新闻、H5页面等新闻形式使繁杂内容简单化、枯燥内容生动化，符合新媒体传播规律，迎合用户需求。在2015年“9·3阅兵”报道中，人民日报全媒体平台、新华社客户端等主流媒体分别通过制作全景VR视频、H5页面等全方位展示阅兵现场。随着智能设备与技术体系日益成熟，新技术在新媒体行业的应用将日益广泛。

第二，媒体融合发展成为行业自觉，微视频、微直播等热门信息传播形式改变媒介环境。2015年，中国媒体融合进入深度发展新阶段。媒体机构以转型发展战略为指导，进行全方位融合发展。融合发展不仅是中央主流媒体的发展规划，也深入地方，成为《苏州日报》《恩施日报》《衢州日报》等全国各地市级媒体的主要工作指导思想和战略布局。新媒体组织机构是融合发展的前提，传统媒体通过组建、整合、重构内部组织等方式在空间上为融合发展提供便利。光明日报社融媒体中心，人民日报社新媒体中心、“中央厨房”，北京电视台新媒体演播中心等均提供了范例。同时，传统媒体和新媒体等通过

"媒体+电商"等方式多元化经营，基于互联网寻求商业模式创新，将媒体影响力及媒体品牌等资源"变现"。自媒体平台"罗辑思维""吴晓波频道"便是其中的典型案例。媒体融合领域同样吸引资本流入，传统媒体也通过上市挂牌与收购等资本运作方式进行融合发展。2016年3月，广东首只媒体融合投资基金成立。这只由南方报业传媒集团、羊城报业传媒集团、南方广播影视传媒集团、广东省出版集团等媒体单位共同发起设立的基金，致力于为媒体转型和新媒体发展提供资本支持和保障。

大力推进融合发展进程，媒体业呈现新发展面貌。2015年，新闻资讯门户和传统网络媒体总覆盖人群总体呈下降趋势。如表1和表2所示，2014年下半年，主流新闻网站排在前三名的人民网、新华网、央视网，其覆盖人数均在1.9亿人左右，而2015年下降至1.5亿人以内；商业新闻网站排名第一的QQ新闻在2014年下半年的总覆盖人数为2.31亿人，2015年则下降到1.76亿人。与此同时，"两微一端"依然在新媒体产品中处于引领地位，微视频和微直播发展火爆。艾媒咨询发布的《2015～2016中国手机新闻客户端市场研究报告》数据显示，2015年中国手机新闻客户端在手机网民中的渗透率达77.8%。[①]"两微一端"成为公众获取信息的主流渠道。人民网舆情监测室对2015年1月1日至2015年10月31日500件社会热点事件的统计表明，其中44.4%的事件由"两微一端"等互联网渠道披露而引发公众关注。[②]

2016年初，Facebook公布的2015年第4季度财报显示，用户日均视频播放时长总量为1亿小时，移动端日活跃用户数为9.34亿个。[③]微视频快速发展为全球性趋势。相较图文，微视频带来较大流量，短小的视频符合移动传播规律，视频同时兼具声画，传播形式多样，用户体验好。另外，中国移动、中国联通、中国电信三家运营商"提速降费"方案的落实，也在一定程度上

① 《艾媒咨询：2015～2016中国手机新闻客户端市场研究报告》，http://www.iimedia.cn/40593.html。

② 《2015中国媒体移动传播指数报告发布》，http://yuqing.people.com.cn/n1/2016/0324/c209043-28223363.html。

③ 《FB日均视频观看时长1亿小时移动端活跃用户达9亿》，http://www.techweb.com.cn/world/2016-01-28/2269731.shtml。

表 1　2015 年下半年中国主流新闻网站基本数据

序号	网址	总覆盖人数（万人）	总覆盖人数比例（%）	总访问次数（万次）	总访问次数比例（%）	总页面浏览量（万次）	总页面浏览量比例（%）	总访问时长（小时）	总访问时长比例（%）
1	新华网	14826. 6	49. 88	107767. 5	13. 36	249612	12. 38	59495673	7. 67
2	中国网络电视台	14471. 8	48. 69	112861. 1	13. 99	229153. 3	11. 36	327243196	42. 16
3	人民网	13471. 2	45. 32	84347. 5	10. 46	185904. 3	9. 22	53191704	6. 85
4	中国网	13201. 8	44. 42	99229. 6	12. 3	269309. 8	13. 36	28271851	3. 64
5	环球网	11829. 8	39. 8	115816. 5	14. 36	260583. 2	12. 92	134368113	17. 31
6	中国国际广播电台	11320. 9	38. 09	41391. 9	5. 13	147196. 4	7. 3	28539904	3. 68
7	中央人民广播电台	10373. 9	34. 9	44673. 7	5. 54	122409. 4	6. 07	34771302	4. 48
8	中国日报网	8465. 6	28. 48	26778. 3	3. 32	76578. 6	3. 8	7305596	0. 94
9	中国新闻网	5766. 3	19. 4	14544. 9	1. 8	26052	1. 29	5283913	0. 68
10	东方网	5126. 4	17. 25	18270. 8	2. 27	40287. 6	2. 0	11071170	1. 43
11	南方网	3791. 9	12. 76	8753. 2	1. 09	15533. 3	0. 77	2049994	0. 26
12	大河网	2284. 7	7. 69	6559. 4	0. 81	20773. 7	1. 03	4710492	0. 61
13	大洋网	1180. 2	3. 97	2157	0. 27	4160. 4	0. 21	1844451	0. 24
14	千龙网	804. 5	2. 71	1231	0. 15	1549. 3	0. 08	276740	0. 04
15	中国文明网	666. 5	2. 24	1538. 8	0. 19	2981. 9	0. 15	1142147	0. 15

资料来源：中国互联网数据平台。

表 2　2015 年下半年中国主流商业新闻网站基本数据

序号	网站	总覆盖人数（万人）	总覆盖人数比例（%）	总访问次数（万次）	总访问次数比例（%）	总页面浏览量（万次）	总页面浏览量比例（%）	总访问时长（小时）	总访问时长比例（%）
1	QQ 新闻	17556.6	57.5	226996.3	19.07	888177.9	21.36	204107894	20.22
2	网易新闻	16388	53.67	215262.5	18.08	744949.4	17.92	141026705	13.97
3	凤凰网资讯	16064.3	52.61	286796	24.09	1368042.2	32.91	316323157	31.33
4	新浪新闻	11242.5	36.82	146346.8	12.29	437037.6	10.51	144073112	14.27
5	搜狐新闻	10730	35.14	188909.1	15.87	447597	10.77	111844389	11.08
6	百度新闻	6960.3	22.8	66384.3	5.58	88432.5	2.13	64637976	6.4
7	中华网新闻	6453.8	21.14	22374.3	1.88	89894.2	2.16	9441456	0.94
8	21CN 新闻	5168.6	16.93	15149.7	1.27	30364.2	0.73	6421557	0.64
9	新民网	2292.8	7.51	3140.6	0.26	7525.7	0.18	743721	0.07
10	搜狗新闻	1345.7	4.41	1982.6	0.17	2902.6	0.07	428679	0.04
11	青岛新闻网	1322.1	4.33	3621	0.3	10840	0.26	1587853	0.16
12	北青网新闻	884.7	2.9	1087.6	0.09	4370.3	0.11	464314	0.05
13	奥一网	784.6	2.57	2024	0.17	5996.4	0.14	1080109	0.11
14	MSN 中国资讯	773.4	2.53	2202.5	0.19	12938.1	0.31	1212883	0.12
15	大燕网	695.2	2.28	4233.4	0.36	11913.6	0.29	2320648	0.23
16	法制网	579.2	1.9	1119.9	0.09	2015.1	0.05	1269537	0.13
17	南方周末	563.2	1.84	974.4	0.08	1757.4	0.04	740127	0.07
18	优酷资讯	365.4	1.2	646	0.05	772.9	0.02	945861	0.09
19	中国警察网	356.6	1.17	389.2	0.03	589.6	0.01	90625	0.01
20	新京报	303.1	0.99	404.6	0.03	912.7	0.02	264692	0.03

资料来源：中国互联网数据平台。

为微视频发展提供了保障。中国网络视听节目服务协会发布的《2015 年中国网络视听发展研究报告》数据显示，2015 年，网络视频用户规模继续保持增长，手机视频用户规模在过去三年上升 27.3%，达到 3.54 亿个，76.7% 的视频用户选择用手机看网络视频，手机已经成为网络视频的第一终端。[①] 2016 年 3 月，通过秒拍、小咖秀、美拍等网络平台上传搞笑短视频的 Papi 酱获 1200 万元投资，其网络短视频累计播放量过亿次，截至 2016 年 4 月 3 日，个人新浪认证微博粉丝超 900 万个，受到用户追捧。同时，短视频应用小咖秀、趣拍、啪啪奇等也发展迅速。2016 年 3 月 28 日，新浪微博视频更是发布了《微博短视频作者扶持计划第一弹》，为微博短视频作者提供扶持资源。此外，视频直播平台也成为 2015 年的一个新媒体发展热点，例如乐视体育以 3 亿元人民币收购直播平台章鱼 TV、腾讯领投斗鱼 TV 等均为直播领域发展注入活力。

4. 新媒体法治化加速规范网络秩序

在新媒体法治精准化阶段，“依法治网”成为 2015 年新媒体发展主旋律。网络法治化治理呈现速度快、力度大、动作准的特点，网络空间法治化治理成为常态。多管齐下净化互联网空间，网络环境逐渐清朗。

2015 年，国家版权局、国家互联网信息办公室、工业和信息化部、公安部联合开展“剑网 2015”专项行动，专项行动共查处行政案件 383 件，移送司法机关刑事处理 59 件，关闭网站 113 家，重点打击了网络侵权。[②] 全国“扫黄打非”办在“净网 2015”专项行动中，特别深入“微领域”，对微博、微信、微视等新媒体平台进行专项治理。中国广告协会制定了我国首部《移动互联网广告标准》，并于 2015 年 3 月 15 日正式执行，为我国互联网广告行业提供标准。国家版权局发布《关于规范网络转载版权秩序的通知》，表明新媒体知识产权保护工作进入了新阶段。2016 年 3 月 10 日，国家新闻出版广电总局与工业和信息化部共同发布的《网络出版服务管理规定》开始施行，网络内容监管得到进一步加强。互联网领域的一些基金会和社会组织，如中国互

① 《报告：2015 年 76.7% 的视频用户选择用手机观看网络视频》，http://www.ce.cn/culture/whcyk/cysj/201601/27/t20160127_8581975.shtml。

② 《“剑网 2015”专项行动取得显著成效》，http://www.sipo.gov.cn/mtjj/2015/201512/t20151230_1223423.html。

联网发展基金会、中国文化网络传播研究会的成立为互联网发展起到引领作用。

作为全国互联网信息内容管理和监督管理执法部门，国家互联网信息办公室采取了一系列行动，通过发布《互联网用户账号名称管理规定》《互联网新闻信息服务单位约谈工作规定》《关于进一步加强对网上未成年人犯罪和欺凌事件报道管理的通知》，部署2015年网上“扫黄打非”五个专项行动，开展“护苗2015·网上行动”等全方位贯彻落实“依法治网”。2015年，国家互联网信息办公室、工业和信息化部、公安部、国家新闻出版广电总局在全国范围内联合启动“网络敲诈和有偿删帖”专项整治工作，截至2015年8月治理成果显示，专项整治行动共关闭“中国新闻热线网”等违法违规网站近300家，关闭违法违规社交网络账号超115万个。①

与此同时，新媒体平台管理企业作为治理主体，也参与了打击网络侵权、网络谣言等行动，规范了网络行为。据中国互联网违法和不良信息举报中心数据，2015年，新浪、腾讯等228家影响力大、网民访问多的网站签署了《积极开展网络举报工作承诺书》。社交媒体腾讯微信管理方公布公众号抄袭处罚规则，通过永久封号等措施保护网络版权；发布《微信朋友圈使用规范》，对微信朋友圈内容规范、行为规范、数据使用规范、支付规范、商标与商业外观、举报申诉机制等进行了具体说明。2015年，国内首起公众号抄袭案立案，微信维权案件进入司法程序。

在法律层面，2015年11月1日起正式施行的《刑法修正案（九）》，在第291条中增加一条规定：“编造虚假的险情、疫情、灾情、警情，在信息网络或者其他媒体上传播，或者明知是上述虚假信息，故意在信息网络或者其他媒体上传播，严重扰乱社会秩序的，处三年以下有期徒刑、拘役或者管制；造成严重后果的，处三年以上七年以下有期徒刑。”这是以法律强制力对网络传播虚假信息行为进行规范。2016年，《互联网新闻信息服务管理规定》的修订及网络安全法制定的推进均将为互联网信息安全、公民隐私保护等提供保障，互联网管理将进一步透明化。

---

① 《“中国新闻热线网”等近300家违法违规网站被关》，http：//www.chinanews.com/cj/2015/08－26/7489096.shtml。

5. 新媒体彰显政治功能，影响政府决策与国家治理

2016 年 2 月 19 日，在党的新闻舆论工作座谈会上，习近平总书记指出："党的新闻舆论工作是党的一项重要工作，是治国理政、立国安邦的大事"。网络舆论成了影响政府决策和中国政治进程的一个极其重要的因素。在社会转型期，网络舆论场和移动舆论场呈现多元话语并存的现状。因此，利用新媒体助政，科学分析舆情，还原社会真实意见构成，使新媒体成为党和政府与人民沟通的有效平台，拉近党和政府与人民的距离，增强社会共识和凝聚力，更好地为人民服务，就成为国家治理体系和治理能力现代化的题中应有之义。

第一，通过新媒体进行治国理政是掌握意识形态工作管理权和话语权的创新举措。"读者在哪里，宣传报道的触角就要伸向哪里。"新媒体的发展改变了用户阅读习惯、信息获取方式和生活方式，因此掌握网络舆论主动权，占领信息制高点，正确引导社会舆论，才能推动社会进步与发展，激发全社会团结奋进。在新时期，党和政府充分发挥新媒体的作用，一方面，借助媒体与政务新媒体账号及时发布权威官方信息，传达官方声音，疏导网民情绪，传播正能量；另一方面，通过微平台与网民深度互动，有利于听取人民声音，通达社情民意，解决问题，维护和保障人民的各项权利。2016 年 1 月 11 日，中央深改组第二十次会议审议通过了《关于全面推进政务公开工作的意见》，会议提出依法依规明确政务公开内容、标准、方式。在国家顶层设计指导下，我国政务新媒体立体化信息体系逐步建成。腾讯网发布的《2015 年度全国政务新媒体报告》显示，目前全国开设的政务民生公众号已经超过了 83000 多个，2015 年政务公众号的阅读数突破"10 万 +"成为常态。[①] 在全国各级广泛增加微政务和智慧政务应用的数量的同时，国家通过对现有微政务账号和平台进行评估，以确保新媒体政务平台的真正功用。2015 年 3 月，国务院办公厅便发布《关于开展第一次全国政府网站普查的通知》，对"僵尸"、"睡眠"账号和网站进行"关、停、并、转"。

第二，新媒体是党和政府与群众沟通的桥梁与纽带。新媒体为国家领导人与普通网民交流提供了新的方式与途径，拉近了国家领导人与人民的距离，创

① 《腾讯发布〈2015 年度全国政务新媒体报告〉》，http://www.bj.xinhuanet.com/bjyw/2016-01/19/c_1117826546.htm。

新了践行群众路线的方式方法。在视察解放军报社时，习近平通过自己发布微博的方式发送祝福；在人民日报社新媒体中心调研时，习近平通过微语音向全国人民致以元宵节问候；在调研新华社、中央电视台时，习近平通过视频连线分别与福建宁德赤溪村的干部群众和央视北美分台工作人员在线交流。通过文字、语音、视频画面等网民喜闻乐见的形式与网民在线交流，可以提升领导人的亲切感，使领导人的形象更加生活化，维护党和国家领导人在人民心中的形象和地位。

顺应网络文化发展潮流，尊重并规范网络文化发展，从网民需求和媒介接触习惯出发，择取优秀网络文化与政务工作结合也是新媒体时代微政务的创新之一。例如通过网络热门词语和用语与网民交流。2015 年新春贺词中，习近平指出：“为了做好这些工作，我们的各级干部也是蛮拼的。当然，没有人民支持，这些工作是难以做好的，我要为我们伟大的人民点赞。”2016 年新年贺词中，习近平指出：“中国将永远向世界敞开怀抱，也将尽己所能向面临困境的人们伸出援手，让我们的‘朋友圈’越来越大。”其中，“蛮拼的”“点赞”“朋友圈”都是近年来随着新媒体广泛应用形成的网络新词语。《十三五之歌》利用网络流行的歌曲形式，将严肃内容进行通俗化表达，进一步创新了政治传播模式。

四　未来展望与政策建议

1. 十大未来展望

（1）“互联网+”效应持续显现，将成为全产业发展经济驱动因素。

“互联网+”政策促进产业升级与经济转型，新媒体全产业化发展形成新的经济形态。新媒体跨行业带动更多传统产业转型，互联网金融、互联网医疗、互联网教育等多行业实现高速发展。同时，互联网和大数据应用对供给侧结构性改革具有促进作用。

（2）移动互联领域成为新媒体发展主战场，移动化发展热潮不减。

据工信部发布的 2015 年全年及第 4 季度电信服务有关情况通告，截至 2015 年底，全国移动宽带用户数达 7.85 亿个，其中 4G 用户全年新增 2.89 亿个，总数达到 3.86 亿个。随着 4G 移动通信技术的进一步推广和基础网络设备的不断完善，移动互联网发展浪潮将持续推进。同时，5G 技术的研发也将致力于为移动互联网用户带来更佳的使用体验，技术牵引用户转移，进一步为移动互联网提供动力。

（3）媒体融合发展成为行业自觉。

媒体融合上升为国家战略发展规划，以传统主流媒体为首，在各方力量的推动下，媒体融合成为媒体业全行业发展自觉。媒体融合步入深度融合发展阶段。媒体分离新闻生产业务与媒体经营，改革新闻生产方式，优化人才和组织机构构成，构建现代传播体系。

（4）新的媒体生态圈和媒体生态系统逐步成形。

2016 年，基于跨屏互动的发展趋势，新媒体发展将更为强调场景化、个性化和垂直化，为用户提供专属信息服务。媒体生态圈的建立以用户为核心，通过媒体与其他产业抱团和合作，满足用户多种需求，各方参与者从中获益。

（5）视频直播、微视频、移动视频进入赢利阶段，移动广告成为新的发力点。

2015 年，互联网视频业呈现强劲发展势头，通过资本运作引进投资，掌握发展资源。2016 年，随着移动宽带的发展和基础网络环境的进一步优化，移动视频、视频直播产业的市场前景将更为广阔，具有巨大的商业价值。适逢赛事年，里约奥运会、欧洲杯、美洲杯等大型体育赛事的开展也将推动视频直播发展。移动应用和平台快速发展，移动广告业也将伴生发展，市场规模扩大。

（6）智能技术向跨行业渗透，逐步进入相对理性发展时期。

智能技术将继续改变媒体生态，写稿机器人、传感器、虚拟现实硬件等智能设备将在信息生产中被更广泛应用。同时，智能技术将被运用到诸如安防行业、家居行业、餐饮行业等传统行业中，应用范围扩大，实现跨行业技术应用与发展。在经历了爆发期之后，智能产业的发展将更趋理性化。

（7）网络文化产业发展进一步推进，提质增效是重点。

2016 年，网络文化产业的发展在扩增量的同时，提升网络文化作品的质量是行业发展导向。国家对网络文化产业发展提供了政策支持和资金保障。财政部下达 2015 年度文化产业发展专项资金 50 亿元，共支持项目 850 个，项目数较 2014 年增长 6.25%。利用专项资金，网络文化产业可以通过创新管理模式、更新文化产品信息生产理念与流程、与互联网融合发展等措施助推文化产业成为国民经济支柱性产业。

（8）微政务精细化发展，网络舆论影响政府决策和中国政治进程。

政务新媒体发展不断深入，在现有存量的基础上，进行精细化管理，提供精准服务是下一步的发展方向。通过提升政务新媒体运营水准和管理水平，切实发挥平台的信息发布功能和沟通“连接”作用。

（9）自媒体“变现”热潮涌现。

自媒体发展呈现两极化发展趋势。2016 年，具有较强传播力、影响力与品牌价值的一批自媒体凭借其用户积累，将有可能以广告、电商、增值服务等多元模式实现商业价值。

（10）新媒体资本市场合作与竞争并存。

在 2016 年两会，李克强总理在《政府工作报告》中提出：“支持分享经济发展，提高资源利用效率，让更多人参与进来、富裕起来。”分享经济和共享经济将在新媒体领域大力发展，新媒体平台合作成为发展趋势。同时，新媒体向全产业渗透发展，也必将带来激烈竞争。

2. 八大政策建议

2016 年是我国国家层面的新媒体发展战略持续深入推进的一年。中国作为一个网络大国需要逐步向网络强国迈进。在新媒体时代，我国应利用已有技术和战略资源优势，把握网络发展机遇，在全球新媒体竞争中掌握主动权。因此，我们提出以下政策建议。

（1）高度重视传统媒体与新兴媒体融合发展问题，切实落实现有国家层面网络和新媒体发展战略，加强顶层设计与梯级战略规划，创新媒体体制机制，构建现代传播体系。当前，尤其重要的是如何统筹传统媒体与新兴媒体的管理，把它们置于同等地位，这需要基础理论的创新。

（2）直面移动互联网发展浪潮，把握新媒体时代发展机遇和挑战，以自主创新为核心，在关键领域的关键技术和关键产品方面有所突破，发挥网络对新媒体行业生产力的提升作用。

（3）抓住“互联网 +”行动计划发展时机，带动新媒体与传统行业产业升级，大力发展大数据产业、发展分享经济，积极推进媒体行业供给侧结构性改革。

（4）加大对人工智能、物联网、云计算、大数据等核心技术的支持力度，着力推进互联网和移动互联网关键领域的业务、运营和商业模式创新。

（5）重视网络新闻传播版权保护，优化媒体人才和组织机构构成，探索新媒体资本市场发展新路径。

（6）进一步推进5G技术研发试验工作，加快落实“宽带中国”战略，高度重视网络安全，加强互联网经济的监管。

（7）发挥新媒体治国理政作用，通过新方法、新手段科学治网、依法治网，掌握意识形态工作的管理权、话语权；重视网络舆情监测和研判，及时引导舆论，提升国家治理能力现代化水平。

（8）培育健康网络文化，把新媒介素养提升到战略发展高度，进行媒体智库建设，加强国际传播能力建设，建立多边国际互联网治理体系。

热 点 篇

Hot Topics

B.2

网络空间新型犯罪特点及趋势

李慧君*

摘 要： 目前全球网络安全形势十分复杂，网络安全面临诸多挑战，网络犯罪呈现明显的组织化、规模化、跨国化、跨平台趋势，网络犯罪行为往往线上线下交织互推，新型网络犯罪如网贷投资平台诈骗、网络虚拟信用套现等现象层出不穷。在此背景下，报告将对网络中的多种新型犯罪行为、趋势及产业链情况进行分类分析和深度调查研究，以求对查处打击网络犯罪提出针对性建议。

关键词： 网络犯罪 跨境 移动化

* 李慧君，艾利艾智库/中国传媒大学互联网信息研究院研究员，分析师，主要研究方向为互联网信息与安全、互联网新技术与新应用管理。

一 网络空间犯罪的社会影响

随着信息技术的飞速发展，网络空间已成为陆海空天之外的第五空间，网络安全关系国家安全，已成为国家战略。在复杂的全球网络安全形势下，网络犯罪呈现组织化、规模化、跨国化、移动社交化趋势。全球范围内国际协作、联合打击的模式基本形成。我国也通过出台法律法规和政策性文件，以及启动各类专项治理行动，打击网络空间犯罪。

（一）全球范围内网络犯罪日益突出

网络犯罪已成为全球各国不得不面对的严峻问题。2015 年，英国因网络犯罪而蒙受的损失高达 210 亿英镑，网络犯罪数量较 2014 年飙升 20%，接近 2/3 的企业对于政府处理网络犯罪的执法能力感到担忧。① 据保险经纪公司 Lloyd's 预计，网络犯罪每年让全球企业损失 4000 亿美元。其中，金融业是网络攻击的主要对象，美国金融巨头摩根大通在 2016 年将投入 5 亿美元对抗网络犯罪问题。②

（二）网络犯罪影响涉及个人、企业、国家各层面

网络犯罪不仅侵害个人、企业等主体利益，也已成为威胁国家安全、社会稳定的重要问题。一方面，网络犯罪的影响面越来越广，潜在的网络漏洞与安全威胁几乎覆盖所有互联网用户。另一方面，非法倒卖信息、通过网络贩卖违禁品等网络犯罪行为已经严重扰乱社会治安。

此外，网络暴恐、黑客攻击等行为甚至威胁到国家安全。网络空间安全已上升为国家战略层面问题，由此可见网络犯罪不仅造成个别企业或个人的损失，其对网络空间安全造成的冲击将影响社会乃至国家安全。

---

① 普华永道：《2016 年全球经济犯罪调查》，http://www.pwccn.com/webmedia/doc/635924487856580651_forensic_economic_crime_survey_2016_chi.pdf。

② 《信息安全“矛与盾之争”将继续上演》，搜狐网，http://mt.sohu.com/20160229/n438797978.shtml。

（三）网络犯罪新形态增加打击治理难度

跨境网络犯罪现象越来越普遍，网络犯罪形式不断翻新，治理难度日益加大。打击网络犯罪需要国际联合，实现线索共享、信息共通。同时，完善法律法规，开展专项治理行动也是打击网络犯罪的有效措施。

1. 国际联合打击、跨境治理增多

随着跨国、跨境网络犯罪案件日趋增多，共享资源、联合打击网络空间犯罪已成为全球网络空间治理的新常态。德、法等国已在打击网络犯罪交易平台、网络恐怖主义等方面建立了跨国合作。目前，我国内地已与美、英、澳、韩以及香港、澳门、台湾等70余国家和地区建立联合治理机制，与美、英等多国政府签署网络犯罪治理相关协议、文件，重点打击黑客、电信网络诈骗、网络商业窃密等违法犯罪行为，并在打击网络恐怖主义、网络赌博以及互联网应急响应机制等领域建立合作机制。国际合作有利于打击跨境网络犯罪的信息共享，提高重大网络案件的追查效率，遏制网络犯罪全球化趋势（见表1）。

表1　国际联合打击网络犯罪成果一览

国内/外	国家	领域	时间	详情
国外	德国	武器、毒品交易，非法劳务交易和数据间谍活动	2016年3月	德国等欧洲七国联手打击网络犯罪交易平台
	法国	网络恐怖主义	2015年	11月巴黎遭受恐怖袭击后，与多国共享反恐情报
中国	中印、中柬	电信网络诈骗	2015年11月	我国公安侦破涉及内地20多个省（区、市）及香港的4000余起特大跨国跨境电信诈骗案，254名犯罪嫌疑人从印、柬被押解回国
	中英	黑客、商业窃密	2015年10月	中英签订打击网络犯罪"高级别安全对话"协议，旨在防止以盗窃知识产权或瘫痪系统为目的的对两国企业的网络攻击
	中国－东盟	网络诈骗、网络赌博、网络恐怖主义	2015年9月	中国－东盟信息港论坛在广西南宁召开，中国和东盟国家表示将继续合力打击网络犯罪

续表

国内/外	国家	领域	时间	详情
中国	中国与其他国家	黑客、电信网络诈骗、商业窃密、网络赌博	2015年9月	2012年以来，公安部受理通报美国、英国、法国、澳大利亚、韩国以及香港、台湾、澳门等70余国家和地区1000多次协查请求，联合查办一批黑客、网络诈骗、网络商业窃密、网络赌博等违法犯罪案件，抓获境内外违法犯罪嫌疑人580多名，从泰国、越南、柬埔寨等国家遣返中国籍违法犯罪嫌疑人50多名
	中美	网络商业窃密，对政府网络发起的黑客攻击	2015年9月	达成《打击网络犯罪及相关事项指导原则》，决定建立热线机制，就网络安全个案、网络反恐合作、执法培训等达成广泛共识
	中越	电信网络诈骗	2015年	中越抓获特大跨境电信诈骗团伙
	中韩	侵犯财产权	2015年初	吉林延边公安联合韩国执法机关侦破网银木马盗窃资金案
	中日韩	网络恐怖主义、互联网应急响应	2014年10月	在中日韩网络安全事务磋商机制会议中，三方交流了网络政策和相关机制架构，拟就打击网络犯罪和网络恐怖主义、互联网应急响应展开合作
	中、美、印、罗马尼亚	盗窃信息、黑客	2014年3月	四国联合侦办系列网络邮箱黑客攻击案，摧毁提供入侵电子邮箱服务的网站9个，抓获非法开办网站嫌疑人7名、非法窃取个人信息的嫌疑人7名，涉及被入侵电子邮箱超10万个
	中越、中缅	网络赌博	2014年	中国与越南、缅甸联合开展打击网络赌博执法行动，抓获犯罪嫌疑人119人，冻结赌资人民币6400余万元

资料来源：艾利艾智库/中国传媒大学互联网信息研究院。

2. 法规政策与治理行动双管齐下

2013年以来，我国在网络空间治理领域共发布相关法律文件11部，打击范围覆盖盗窃传播虚假信息、侵犯人身财产权、涉爆涉毒、网络恐怖主义等多个网络违法犯罪领域。其中，《网络安全法（草案）》弥补了网络安全立法方面的空白；《刑法修正案（九）》的出台，明确了网络服务提供者履行信息网络安全管理的义务，加大了对信息网络犯罪的刑罚力度，进一步加强了对公民个人信息的保护；最高人民法院、最高人民检察院以及公安部针对网络犯罪定罪量刑中的实体问题、程序问题和取证问题，以及编造、故意传播虚假恐怖信息，敲诈勒索，非法经营等多种网络违法犯罪行为进行了解释，让查处、侦办此类网络犯罪案件切实有法可依（见表2）。

表2　2013年以来中国打击网络犯罪相关法律法规文件

发布日期	法律法规与政策性文件	针对领域
2015年7月6日	《中华人民共和国网络安全法(草案)》公开征集意见	打击网络违法犯罪国际合作
2015年12月27日	《中华人民共和国反恐怖主义法》	网络恐怖主义
2015年8月29日	《中华人民共和国刑法修正案(九)》	盗窃、传播虚假信息
2015年7月1日	《中华人民共和国国家安全法》	盗窃、传播有害信息
2015年4月9日	《2015年全国打击侵犯知识产权和制售假冒伪劣商品工作要点》	侵犯人身权、财产权
2015年4月14日	《关于加强互联网禁毒工作的意见》	网络涉毒
2015年4月3日	《关于制止擅自利用互联网销售彩票的公告》	网络赌博
2015年2月5日	《互联网危险物品信息发布管理规定》	涉枪涉爆等网络信息
2014年5月6日	《最高人民法院、最高人民检察院、公安部关于办理网络犯罪案件适用刑事诉讼程序若干问题的意见》	全行业
2013年9月18日	《最高人民法院关于审理编造、故意传播虚假恐怖信息刑事案件适用法律若干问题的解释》	编造、故意传播虚假恐怖信息
2013年9月5日	《最高人民法院、最高人民检察院关于办理利用信息网络实施诽谤等刑事案件适用法律若干问题的解释》	诽谤、寻衅滋事、敲诈勒索、非法经营等

资料来源：艾利艾智库/中国传媒大学互联网信息研究院。

此外，2015年，我国还在多个网络犯罪领域发起20余项专项行动，对打击电信诈骗、网络色情、赌博等各类网络黑产起到积极作用（见表3）。

表3　2015年整治网络黑产行动一览

专项行动名称	时间	领域
打击整治网络黑客犯罪专项行动	2015年7月至12月	盗窃信息、黑客
春雷行动	2014年末至2015年2月	盗窃信息、电信诈骗
“扫黄打非·秋风2015”专项行动	2015年5月至10月	电信诈骗
打击治理电信网络新型违法犯罪专项行动	2015年11月1日开始，原定半年，现将延长至2016年底	电信诈骗
打击整治网络违法犯罪“净网行动”	2015年7月至12月	电信诈骗、盗窃信息
国家网信办依法关闭50家违法违规网站及公众账号	2015年1月初至2月底	电信诈骗、网络色情、赌博
中央文明委专项治理网络有害信息	2015年	电信诈骗、网络色情、赌博
“断链”行动	2015年3月	网络色情、赌博、暴恐
“护苗2015·网上行动”	2015年5月至6月	网络色情、赌博等
“扫黄打非·净网2015”专项行动	2015年3月至11月	网络色情
禁售违规互联网彩票	2015年2月至12月	网络赌博
“婚恋网站严重违规失信”专项整治工作	2015年2月至7月	妨害社会管理秩序
网络敲诈和有偿删帖专项整治行动	2015年1月底至7月	侵犯财产
网络音乐版权专项整治	2015年7月至12月底	侵犯财产、侵犯著作权
打击网络侵权盗版“剑网2015”专项行动	2015年6月至12月底	侵犯财产、侵犯著作权
2015红盾网剑专项行动	2015年7月至11月	扰乱市场秩序
互联网领域侵权假冒专项整治	2014年、2015年	扰乱市场秩序
网络扫毒专项行动	2015年4月至7月	网络毒品犯罪
互联网网络安全威胁治理行动	2015年7月至10月	网络信息安全
网络谣言专项打击整治行动	2015年8月	网络谣言

资料来源：艾利艾智库/中国传媒大学互联网信息研究院。

二　网络空间五大突出犯罪类型

（一）作为黑产链条源头的盗窃信息犯罪

如图1数据显示，盗窃信息、电信网络诈骗这两类犯罪形式占历年网络犯罪总数的90%以上，且所占比例呈逐年上升趋势。一方面，网络漏洞、黑客攻击、信息泄露等事件频繁发生，盗窃信息案件数量增多；另一方面，盗窃的信息成为网络诈骗、赌博、色情等网络犯罪的信息源，黑客攻击网站盗取信息已成为黑产链条的重要一环。

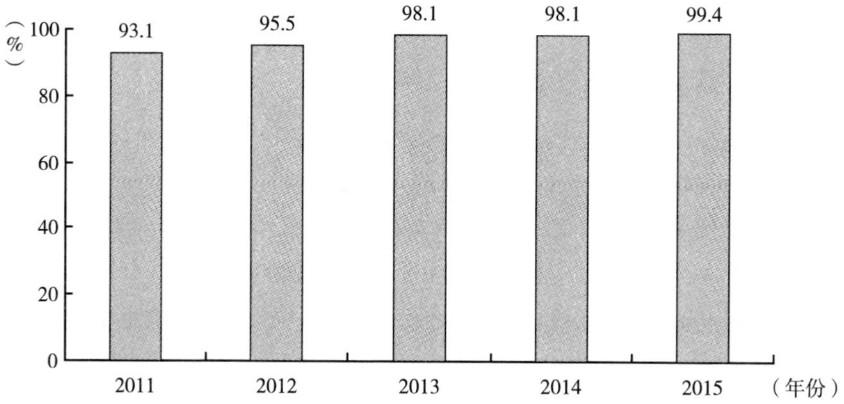

图1　2011～2015年盗窃信息、电信网络诈骗占网络犯罪的比例

资料来源："北大法宝"司法案例库中"网络犯罪"裁判案件，2016年3月8日，http：//www. pkulaw. cn/。艾利艾智库分析制图。

此外，盗窃信息、电信网络诈骗已成为重点关注和打击的网络犯罪类型。2013年9月，《最高人民法院、最高人民检察院关于办理利用信息网络实施诽谤等刑事案件适用法律若干问题的解释》出台，对基于信息网络的犯罪行为做了明确解释。2016年3月4日，最高人民法院发布了2015年以来审结的9起电信网络诈骗犯罪典型案例，据艾利艾智库统计，其涉案金额合计达2808.7万元。

（二）针对智能硬件、物联网的网络攻击

黑客攻击已不仅限于传统互联网，各种智能硬件正将我们带入万物互联时代，智能家居、可穿戴设备等智能硬件也隐藏着不可忽视的安全风险。2016年的"3·15"晚会上，央视曝光了无人机被黑客劫持的画面，及黑客在住宅外面成功入侵了该住宅的Wi-Fi，并控制了该家庭的所有智能设备，包括智能洗衣机、烤箱和智能摄像头等。在2016年安全分析师峰会上，卡巴斯基实验室和Exigent系统曾展示了一项技术：在特定的时间和地点，通过破解住户的空调可以让附近地区停电。

此外，智能电视日益普及，并与商业行为越来越紧密地联系在一起，如网

络会议、网络支付等，而远程攻击者可以控制一台智能电视并在上面播放任何他想播放的内容，甚至任意安装恶意应用。种种迹象表明，智能硬件的安全漏洞已成为不得不关注的问题。但目前针对新领域的管理办法及信息治理的方法还未有明确的标准，这也将为治理增加难度。一方面是信息变异及取证问题，另一方面管理手段跟不上技术发展也是制约因素。

（三）潜藏在深网、暗网的非法交易

利用网络贩毒、贩枪及传播其他非法信息已成为突出问题，在暗网中的非法内容更远甚于此。一些专业的搜索引擎能帮助用户更简单地找到贩卖违禁药品、枪支、被窃信用卡账号、假币或者伪造的身份证的非法网站，如整合了 Tor 匿名浏览器的 Grams，诸如此类的搜索工具还有 Onion. City、Memex 等。不法分子利用这些搜索引擎通过深度挖掘完全匿名的暗网（Dark Web），获取信息并进行非法交易，比如泄露敏感信息、洗钱、身份盗用和信用卡欺诈等，或用暗网对抗政府的审查。这些隐藏在暗网中的非法信息、非法交易，随时有形成大规模网络犯罪的可能。

（四）基于虚拟信用的互联网金融犯罪

2015 年，P2P 平台欺诈、非法吸存等事件频频曝光，网贷平台诈骗成为一种新型网络犯罪暴露在公众面前。至 2015 年 11 月底，互联网金融领域问题平台涉及的投资人数约为 15. 7 万人，涉及贷款余额为 82. 7 亿元。① 2016 年 1 月，e 租宝涉嫌非法吸存近 400 亿元，牵涉投资人近 80 万人。② 除涉嫌非法集资外，利用互联网金融平台实施网络诈骗也是互联网金融领域的另一犯罪类型。

此外，部分互联网平台推出的虚拟信用赊购服务，如“先消费，后付款”的模式成为不法分子利用网络虚拟信用非法套现的工具。不法中介机构通过网络渠道如论坛、贴吧以及专业网站发布套现攻略，吸纳需求方加入 QQ 群或微信群组，并组织在蚂蚁花呗、京东白条等平台通过盗取账号、冒名申请、转借他人账号、自己刷单、引导买家等方式，进行虚构交易从而实现套现。

---

① 网贷之家：《P2P 网贷行业 11 月月报》。

② 《e 租宝涉嫌非法吸存近 400 亿　牵涉投资人近 80 万人》，搜狐网，http：//news. sohu. com/20160114/n434477875. shtml。

（五）借助移动社交手段衍变的网络黑产

网络犯罪还通过设置精准场景，将触角延伸至移动互联网，并利用新的互联网产品功能演变出新的犯罪模式。网络色情“居于云端”，借助社交网络跨平台传播：不法分子利用网络云盘存储色情信息，通过买卖账号，并借助即时通信工具传播淫秽色情信息，钱物分离、社交传播的方式增加了取证、留证的难度。

网络赌博移动化使得参与规模越来越大，侦破案件更加困难。一方面移动互联网不受地域限制，隐蔽性强、支付方便、取证难，助长了参与者的侥幸心理；另一方面网络赌博演变出“红包接龙”等多种形式，将网络游戏发展为赌博活动，涉及网络游戏服务、虚拟货币、第三方交易平台等，具有传播快、范围广、变化快、用户多的特点。2015 年 4 月，广东警方公布破获的一起特大网络赌博案中每月网上投注额超过 4000 亿元，[①] 参赌人员使用网络单线联系，并通过地下钱庄流转结算资金。

三　网络犯罪的特点与趋势

（一）网络犯罪人员呈低龄化趋势

网络犯罪主体呈现低龄化特征，参与网络犯罪的未成年人增长迅速。2014 年，参与网络犯罪的主体中，14 岁未成年人的比例已上升至 20.1%，而 2010 年这一比例为 12.3%。[②] 2015 年 2 月，一名 17 岁少年借助黑客技术，破译掌握了全国 19 万个银行账户的资料，再利用网络支付漏洞盗刷他人银行卡，牟利近 15 亿元。[③] 此外，网络语言的情绪化、暴力化趋势对青少年的影响也必

① 《广东破获史上最大网络彩票赌博案　月投注额超 4000 亿》，中国青年网，http：//news.youth.cn/gn/201504/t20150401_ 6557936.htm。

② 《中国青少年网络使用与保护（2015）》，新浪网，http：//news.sina.com.cn/c/2016 - 01 - 07/doc - ifxnkmaw2123294.shtml。

③ 《17 岁黑客少年震惊警察　破译 19 万个银行账户》，腾讯新闻，http：//tech.qq.com/a/20150208/009312.htm。

须高度警惕。随着社交平台、贴吧、论坛用户逐步低龄化，在网络语言暴力的感染下，引发群体行为，甚至会引发大规模的网络事件，如山东威海市文登区发生的“纳年纳兔纳些事吧”冲突引发的线下械斗等。同时，校园暴力现象越来越普遍，在压力和同伴影响的共同作用下，青少年参与网络犯罪的“暴力化”倾向愈加明显。

（二）刑事案件中网络犯罪比例陡增

如图 2 所示，我国网络犯罪比例近两年显著提升。一方面，随着互联网的普及，传统线下犯罪借助网络传播、实施的数量不断增加；另一方面，网络犯罪立法不断完善，有效推动了公安机关、人民法院对于网络犯罪案件的办理。2015 年，公安部公布全年全国公安机关已经侦办网络违法犯罪案件 173 万起，抓获犯罪嫌疑人 29.8 万人，网民总体损失约为 805 亿元。① 中国当前利用互联网实施诈骗、盗窃、非法经营等犯罪行为的网络黑色产业从业者超过 40 万人。②

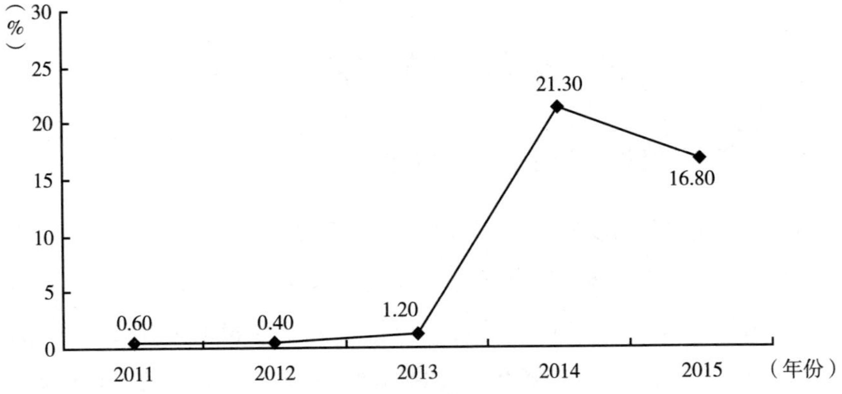

图 2　2011～2015 年网络犯罪占刑事案件的比例

资料来源：艾利艾智库/中国传媒大学互联网信息研究院。

① 中国互联网协会：《中国网民权益保护调查报告（2015）》，http：//www.miit.gov.cn/n11293472/n11295293/n11633884/16766090.html。

② 《中国网络“黑产”从业者超 40 万》，环球网，http：//tech.huanqiu.com/news/2015－11/7916117.html。

（三）建立组织化分工链条扩大规模

淫秽色情、网络谣言、网络诈骗、网络赌博是2015年网民举报最多的违法不良信息类型。其中，网络诈骗、网络赌博和网络色情服务已形成三大网络黑产链条，并向组织化、规模化发展。同时，网络炒信也已形成从人员招募到操作流程规范，各环节专业分工、层层利益分配的灰色“产业”链条。从搜索引擎网站排名到移动客户端App排行榜，“购买流量”已是普遍现象，网络炒信不仅扰乱了市场秩序，还成为传销、诈骗的诱饵。

此外，黑客攻击、病毒、木马等恶意行为已不再是单纯的网络安全漏洞问题，其背后是完整的黑产供需链条。一方面，安全漏洞为黑客攻击、木马程序提供了可乘之机，以此盗取的信息为黑产利益链提供了源源不断的侵害对象；另一方面，大量的非法信息购买需求，催生了勾连上游的网络攻击与需求方的非法信息中介。

（四）跨平台操作隐藏网络犯罪证据

网络犯罪借助不同平台，甚至不同网络形式实施跨网络平台犯罪，以逃避追查。部分网络犯罪行为通过伪装以掩盖犯罪事实，如通过某平台实现信息共享，再从其他平台实施付款，或通过虚拟货币隐藏交易数据。此外，大部分网络平台并不需要实名认证，这也为犯罪分子的网络身份提供了“安全”的保护罩。

跨平台的网络犯罪极大地提升了查处的难度。一方面，犯罪分子在不同平台上使用不同身份账号，增加比对关联的时间；另一方面，犯罪信息和交易付款不在同一时空发生，也给网络犯罪取证带来巨大挑战。

（五）跨境网络犯罪全球化趋势明显

通过跨境合作、架设境外服务器、注册为海外网站逃避追查的跨境犯罪现象越来越普遍。据公安部统计，境内90%以上的诈骗网站、钓鱼网站、赌博网站的服务器位于境外，利用境外服务器、VPN等网络资源向境内网民实施网络犯罪。[①]

---

① 《公安部：90%以上诈骗、钓鱼、赌博网站服务器在境外》，中国互联网违法和不良信息举报中心网站，http：//net. china. com. cn/txt/2015 -09/15/content_ 8236336. htm。

2013 年 7 月，台湾居民吴金龙等人前往老挝万象通过网络电话向中国大陆进行电信诈骗活动；2015 年 4～10 月，陈建辉等 29 名犯罪嫌疑人被境外人员招募，在印度尼西亚租用房屋，安装网络、网关设备实施电信诈骗。[①] 各类跨国实施网络犯罪的案例屡见不鲜，一方面，各国及地区的法律差异成为网络犯罪分子利用的空间；另一方面，管辖权问题也使得跨境、跨国网络案件侦办困难。此外，跨境网络犯罪还面临侦查取证困难、电子证据收集固定难度较大等问题。

（六）网络社交媒体将成“网络战场”

当前，恐怖分子已熟练掌握了利用网络社交媒体传播恐怖主义的技巧，甚至已形成完整的社交传播策略。虽然恐怖分子在网络攻击领域投入的力量较为孱弱，远低于国家资助型攻击活动与网络犯罪组织，但未来在网络恐怖主义宣传和网络攻击方面与恐怖组织的对抗将越来越常见。2015 年 12 月，Facebook、谷歌和 Twitter 表示正在采取措施，在“网络战场”上对抗伊斯兰武装分子的宣传和招募活动，ISIS 支持者就曾扬言要灭掉 Facebook 和 Twitter 及其创始人。[②]

此外，“网络战”也将成为国家之间未来战争的一种形态。2010 年，美国和以色列就曾使用名为“震网”的高级蠕虫病毒，摧毁了伊朗纳坦兹（Natanz）核设施的上千台离心机。[③] 随着互联网的利用率越来越高，网络空间在国家安全中的地位越来越显著，国家之间爆发“网络战”的可能性将高于实地战争。

四　打击网络空间犯罪的对策与建议

（一）政企多方协作切断黑产链条，提升互联网安全等级

借助互联网实施跨平台网络犯罪的案例越来越多，网络黑产线上线下交

---

① 《美曾谋秘密“网攻”伊朗》，凤凰网，http：//news. ifeng. com/a/20160218/47474110_0. shtml。

② 《社交媒体巨头开辟打击恐怖主义宣传网络战场》，新浪网，http：//tech. sina. com. cn/i/2015－12－06/doc－ifxmihae9080857. shtml。

③ 《检察机关 2015 年起诉涉嫌电信网络犯罪 329 人》，新华网，http：//news. xinhuanet. com/legal/2016－03/22/c_ 128821809. htm。

织，打击网络犯罪难度进一步加大。切断黑产链条，彻底打击网络犯罪需要多方协助，从基础信息保护到对抗网络攻击，从线索追踪到证据收集，都需要各环节企业积极配合。此外，整治不良信息、打击网络犯罪还需提升网络生态防御能力。一方面，需要通过政企协作，带动互联网企业不断加强自身社会责任意识，提升行业网络安全水准；另一方面，通过政府主导宣传、企业配合引导，实现增强网民安全意识，才能提高互联网环境安全等级。

（二）移动网络犯罪潜在风险高，新兴领域亟待联合共治

网络犯罪利用移动互联网的便利性、隐蔽性蔓延至移动端。在移动社交平台私密性的保护下，网络色情、赌博等信息越发猖獗，移动互联网犯罪现象日益突出。同时，短视频等越来越多样的传播方式，加大了查处的难度。再者，随着应用内搜索等技术的广泛运用，移动互联网的信息孤岛已被打通，恶意信息跨平台传播的现象更为普遍。此外，智能硬件的发展运用将实现“万物互联”的网络环境，其潜在的安全风险也不容忽视。

加强移动端管理成为不可避免的问题。一方面，可持续完善相关领域立法，尤其是智能硬件等新兴领域的立法；另一方面，积极推动成立行业组织、协会，通过行业联合与自律，共同应对网络犯罪问题带来的挑战。

（三）网络反恐、打击网络犯罪还需发挥联合国作用

在打击网络犯罪方面早已达成国际共识。2001 年 11 月，由欧洲委员会的 26 个欧盟成员国以及美国、加拿大、日本和南非等 30 个国家的政府官员在布达佩斯共同签署的《网络犯罪公约》，是全世界第一部针对网络犯罪行为所制定的国际公约。2006 年 9 月 8 日，联合国大会一致通过了有关在全球范围内打击恐怖主义的《联合国全球反恐战略》，这是国际一致反恐的开端，但实际打击结果收效有限。各国对网络管理的方法有所不同，在司法领域要真正实现国际协作，还需要联合国发挥协调及推动作用，在阻止恐怖分子跨境流动、切断秘密恐怖融资、网络反恐等领域加强各国间的合作。

B.3
个人信息安全与隐私保护研究报告
——基于大数据应用视角

匡文波　童文杰*

摘　要：　本研究以创新扩散理论为指导，通过对七大重要学术期刊库和《人民日报》图文数据库进行数据统计，解析大数据这一创新应用的扩散轨迹和发展阶段。针对当前大数据的发展与应用现状，本研究选取了北京、上海、深圳、武汉 30 名不同年龄、行业、学历的受访者进行非结构化深度访谈，对当前个人信息安全与隐私保护进行研究。为进一步验证假设，本研究随机抽样调查 500 人，回收有效问卷 431 份。通过研究证实，通过媒介“劝服”，人们已基本接受大数据这一创新应用，但大数据的良性发展，需高度重视人文关怀，不断优化和提升个人数据信息安全与隐私保护机制。本文最后对当前存在的问题提出了一些对策和解决方案。

关键词：　大数据　创新扩散理论　信息安全　隐私保护

一　研究的背景和现状

（一）研究的背景

随着信息技术、通信技术、网络技术的高速发展，以 Web 2.0 为代表的微

* 匡文波，博士，中国人民大学新闻学院教授，博士生导师，中国人民大学新闻与社会发展研究中心研究员，中国科技新闻学会常务理事，主要研究方向为大众传播、新媒体；童文杰，中国人民大学新闻学院博士研究生。

博、微信等社交产品和互联网电商平台得到前所未有的发展，各类平台在业务运营中不断积累了大量数据资源。云计算为数据的智能化分析、数据深度挖掘提供了可能，云存储为并发数据资源的全方位、大容量存储提供了可能。基于云计算和云存储的大数据及其应用，已成为当前学术界和商业界共同研究的热点。“十三五”规划纲要更是将大数据作为重大战略实施。大数据在政府把握产业发展走向、优化社会资源配置、调整经济结构、优化监管能力和提高监管水平，以及为政府管理社会经济活动提供决策依据等方面将发挥积极的作用。大数据在一定程度上代表着一个时代的特征。

大数据在技术的不断优化、完善中快速发展，各类新兴互联网企业尤其电商平台、社交平台争相建立大数据中心，全面采集各类用户行为信息资源，并基于所获得的大数据开展各种模式的商业运营。与此同时，各类骚扰电话、网络诈骗、账户被盗等基于互联网的个人信息安全问题和隐私侵犯行为频发。在大数据应用的过程中，大数据开发者是否考虑了基础数据的贡献者——用户的权益？是否将用户的个人信息安全纳入了保护？是否对用户隐私进行了合理考量？个体用户对于大数据的应用有怎样的感知？在大数据应用过程中，如何对个人信息安全和隐私进行保护？本研究将从这些方面入手，对当前个人信息安全与隐私保护情况进行调查研究。

（二）研究的现状

当前，大数据作为一种创新应用，对其进行的各类研究，成果主要集中在信息技术和计算机科学领域的技术性研究，以及大数据在行业应用中的方向探索。在各类研究中，也有少量从隐私权角度开展研究的法学领域的学术成果，但很少有学者、研究人员从传播领域，尤其从受众（用户）的视角对大数据这一创新应用的扩散过程及应用进行深入研究。关于大数据与隐私保护的研究，中国知网数据库中不足200篇，且主要是发表于信息安全、信息技术、计算机与通信技术一类杂志，大都是从技术层面研究数据安全。基本没有公开发表的研究成果是基于用户对大数据的态度进行的调查研究。

虽然面向用户的个人隐私保护研究成果较少，但不乏一些真知灼见，例如匡文波提出，国家应该立法确权——个人网络数据属于个人所有，互联网企业必须告知用户其个人数据被采集情况，未经授权使用和出售数据的企业被纳入终身黑名单，泄露用户数据甚至牟利，应视为非法行为。① 陈昌凤提出，大数据环境下保护个人隐私应更着重于数据使用者为其行为承担责任。隐私保护也需创新途径，如将数据模糊处理，使之不能精确显示个人的隐私信息。② 这些观点对本研究具有一定的启发性。

二　研究假设

本文以创新扩散理论为依据，提出研究假设：大数据的发展符合创新扩散理论模型，在其未来的进一步发展过程中，应提升大数据应用过程中的人文关怀，提升用户个人权益的关照水平，加强对个人信息安全与隐私进行保护。

创新扩散理论是美国学者埃弗雷特·罗杰斯（E. M. Rogers）提出的一个关于通过媒介劝服人们接受新观念、新事物、新产品的理论。罗杰斯认为，创新扩散是一个过程，在这个过程中，一项创新经过一段时间，通过特定的渠道，在某一社会系统的成员中传播。创新扩散的四个主要因素是创新、传播渠道、时间以及社会系统。

（一）创新

大数据正是一种技术创新，其目的正是对减少达成数据分析理想结果过程中的因果关系的不确定性有所帮助，包括硬件和软件的创新。硬件的创新是云计算、云存储与各类云服务的硬件设备，软件的创新是各类智能化数据分析的处理软件、模型、指令等。目前，大数据应用的技术与硬件已逐渐趋向成熟。

（二）传播渠道

创新扩散的实质，是通过信息交换将一种新方法传播给另一个或多个他人。传播渠道是信息从一个个体传向另一个体的手段。大众传媒是目前最快、最有效的手段，他们能使作为潜在接受者的广大受众获取关于一项创新的各类

① 匡文波：《大数据时代的个人隐私保护》，《中国广播》2015 年第 6 期。

② 陈昌凤、虞鑫：《大数据时代的个人隐私保护问题》，《新闻与写作》2014 年第 6 期。

信息。以《人民日报》为代表的主流媒体对大数据的传播情况是本研究的一个重要方面。

（三）时间

时间是创新扩散研究中的一个变量，不同个体对创新的接触感知、采用还是拒绝的决策过程、决策的快慢早晚各不相同，但大众媒体的传播频次可以一定程度上反映创新扩散的过程。大数据从 2011 年开始被媒体和研究者提出后，至今已经历了近 6 年的扩散与发展。

（四）社会系统

创新扩散往往发生在一个社会系统中，任何一个社会系统不仅包括创新观念的引领者，也包括反对创新者。社会系统的结构可以促进，也可以阻碍创新在这个社会系统中的扩散。大数据创新扩散的社会系统包括官方组织、企业团体、个体用户。扩散过程是一个非常社会化的过程。社会系统中的个体对创新的了解和知识、经验阅历、教育程度等因素相关。同时，大数据这一创新应用的数据也往往来自个体。“个体用户”是大数据扩散最重要的参与者，也是数据源的最大贡献者，更是大数据最终形成产品/服务的应用者。

根据创新扩散理论，创新发展的初期，即引入期，社会系统中通常只有极少数具有冒险精神的创新者能够接受，随着创新者在社会上的活动和影响初步呈现，更多最能把握舆论导向的组织、群体成为早期采纳者，当创新在扩散过程中影响越来越大时，大多数经过深思熟虑的组织、群体成为早期追随者，后期，持怀疑态度的群体逐渐成为创新扩散中的晚期追随者，而墨守成规的落后者最终成为创新的局外人（见图 1）。

大数据形成于用户网络浏览的各种“痕迹”，发展于用户数据的深度挖掘、分析与应用。先驱者、早期采纳者和早期追随者往往是大数据研发、大数据服务提供的企业、社会组织机构。普通的个体用户可能成为大数据的晚期追随者或者抗拒者。成熟期，晚期追随者的决策尤为重要。大数据时代“得用户者得天下”的同时，个体用户往往难以直接感知、使用大数据，因而在整个过程中显得后知后觉，但大数据取之于用户用之于用户，如果用户对大数据

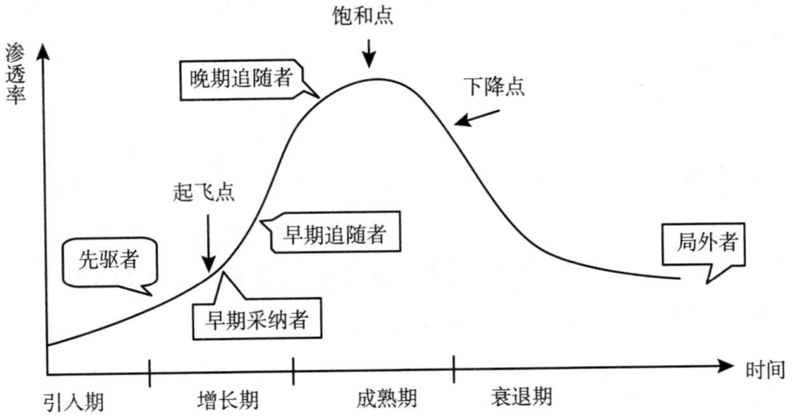

图1　创新扩散理论模型

持否定、抗拒态度，将极其不利于大数据的发展与应用。个人信息安全与隐私保护，最可能成为个体用户对于大数据应用最大的顾虑与困扰。

三　研究方法

(一) 数据统计分析

大数据一词自2011年开始为我国媒体所关注并进入学界研究的视野。本文首先开展定量研究，通过分类数据统计与分析，对大数据一词在主流媒体、核心学术期刊发表文章标题中出现的频次进行研究，观察大数据的整体发展趋势。本研究选定的主流媒体为国家级纸媒《人民日报》图文数据库，选定的核心学术期刊库包括以下七种国内学术界公认的重要期刊库：统计源期刊（中信所）、中文核心期刊（北大）、CSCD中国科学引文库（中科院）、CSSCI中文社科引文索引（南大）、EI工程索引（美国）、SCI科学引文索引（美国）、SSCI社科引文索引（美国）。数据统计的时间跨度为2011年1月1日至2015年12月31日。

2011年以来，大数据一词在《人民日报》和中国重要报纸全文数据库文章标题中出现的频次越来越高，这一数据体现了《人民日报》对大数据的关注程度。在通过的传播渠道因素中，传播渠道广泛参与了创新扩散活动。社会系统（包括官方组织、企业团体）也逐步作用于大数据的创新扩散活动。五年频次数据走向如图 2。

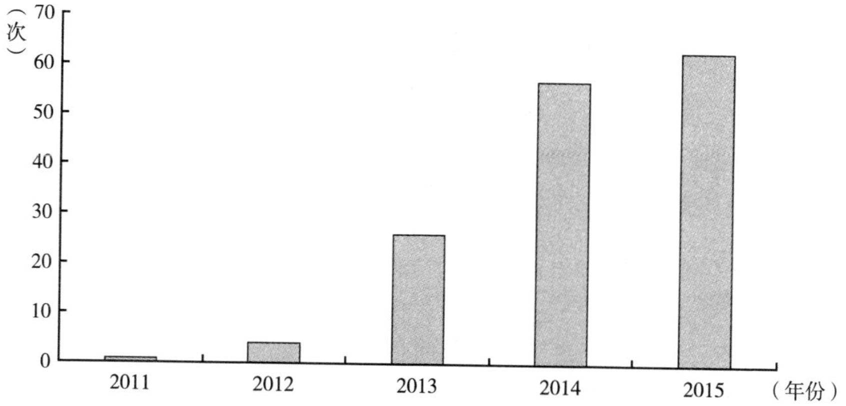

图 2　2011～2015 年大数据在《人民日报》文章标题中出现频次

大数据在各类重要报纸中出现的频次逐年递增，一方面反映了报纸这一大众传播媒介对大数据关注的发展趋势，并从一定侧面反映了大众传媒对于大数据关注情况的发展趋势；另一方面，大众媒介的报道驱动力一般来自官方组织和企业团体，图 3 的信息也反映了大数据扩散活动的社会系统要素中，官方组织和企业团体对大数据的关注逐年递增。2014～2015 年增幅最为明显。

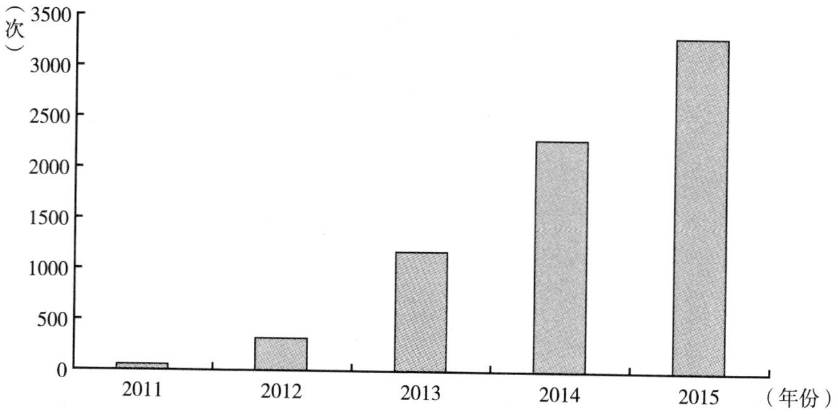

图 3　2011～2015 年大数据在中国重要报纸全文数据库文章标题中出现频次

笔者以大数据为关键词检索了2011～2016年以下七种国内学术界公认的重要期刊库——统计源期刊（中信所）、中文核心期刊（北大）、CSCD中国科学引文库（中科院）、CSSCI中文社科引文索引（南大）、EI工程索引（美国）、SCI科学引文索引（美国）、SSCI社科引文索引（美国）的所有学术文章，将所有标题中含大数据的文章进行了统计分析，得到大数据在学术领域的发展趋势（见图4）。

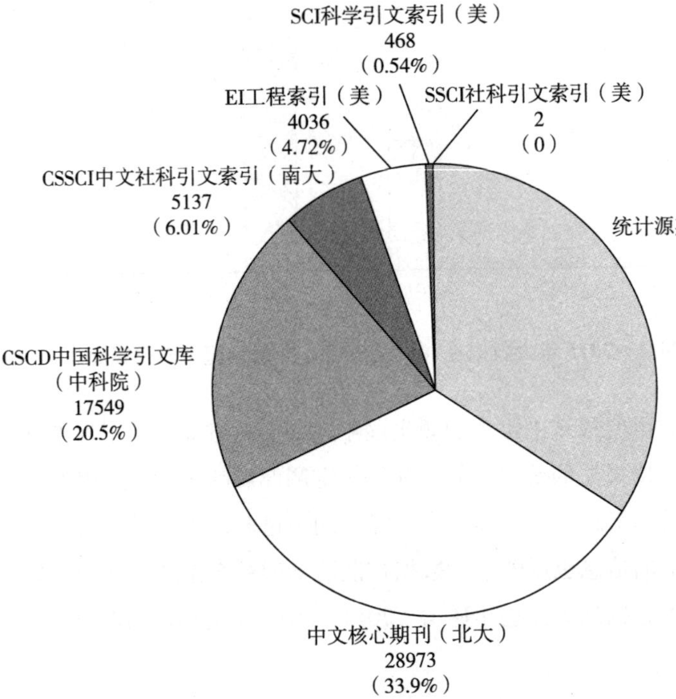

图4　2011～2016年大数据在7大期刊库分布情况

大数据自2011年以来呈上升趋势，并在2013年开始快速上升，期刊类型的研究继续快速上升，而会议论文和学位论文类型的研究总量从2014年开始呈下降趋势。图5也从研究的角度呈现了大数据创新扩散的发展趋势，与创新扩散理论模型较为一致，因此，大数据符合创新扩散理论模型，并逐渐进入创新扩散的成熟期。

国内外主要刊物上有关大数据研究的文章，主要集中在计算机、通信、信息管理、金融领域（见图6、图7）。在大数据扩散的过程中，计算机技术领域

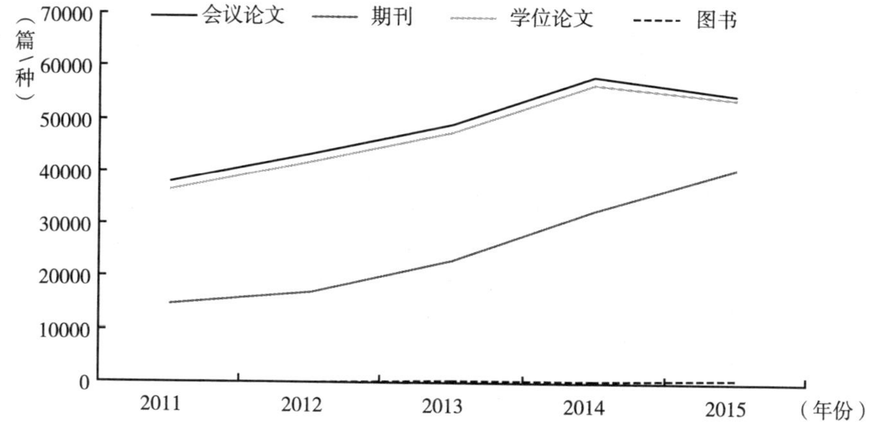

图 5　2011～2015 年大数据在各类型学术研究中发展趋势曲线

的研究人员通常最先了解、认知、分析、接受大数据，然后是商业、金融类大数据应用领域，他们作为大数据相关技术的先导，引领相关研究和应用尝试，较之其他领域的研究人员更早涉足大数据领域。

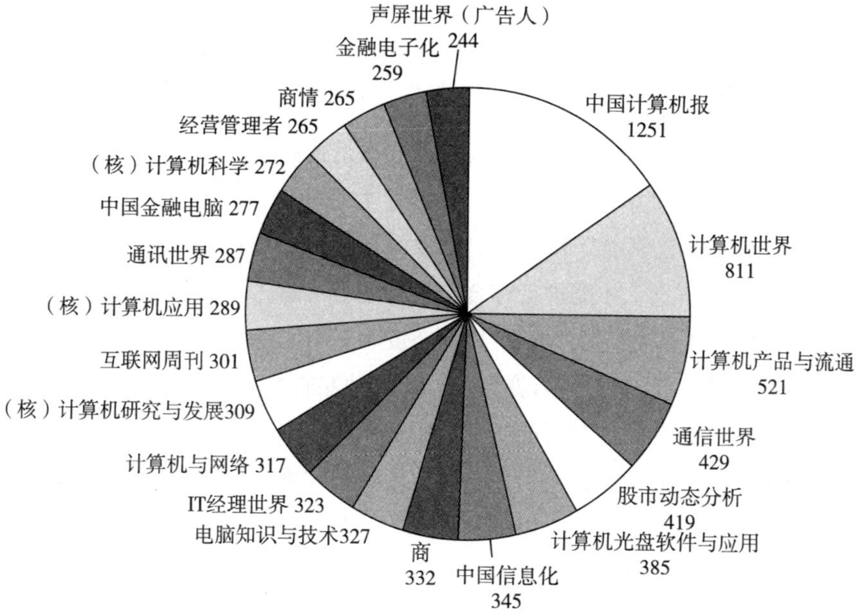

图 6　2011～2016 年大数据的刊物种类统计情况

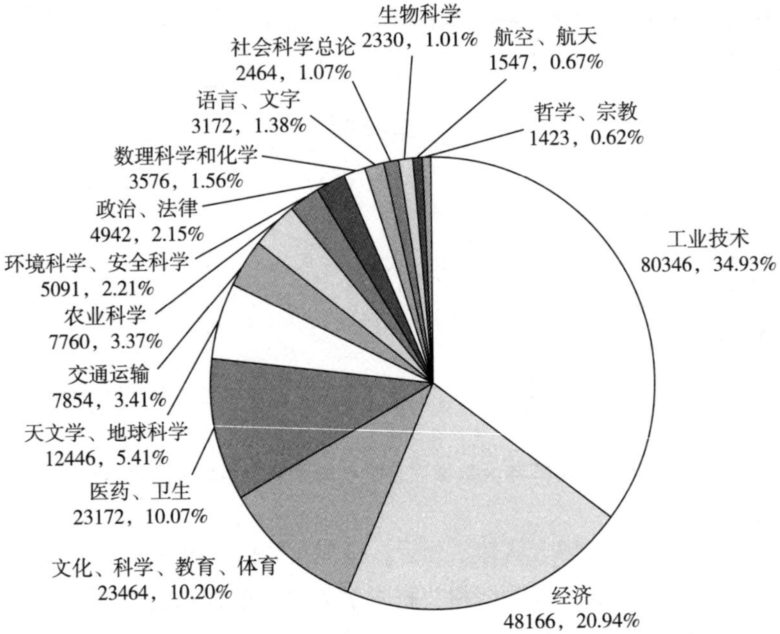

图7　2011～2016年大数据的中文学科分类统计情况

（二）深度访谈法

大数据的应用是一个复杂的过程，且往往是企业和组织行为，个人对于大数据应用的真实感知并不明显，对大数据过度应用带来的感知也各不相同。本文认为，深度访谈法适合了解复杂、抽象的现状，只有通过深度交流，获取与主题相关的各类信息，才能进行综合概括与分析汇总。因此，为了进行深入研究，尽可能了解个人对于大数据应用的态度、对个人隐私安全现状的认识，本文采取深度访谈法，对每个被访者进行15分钟左右的半开放式访谈。

为了消除被访者被访时可能受到的心理压力，本文采取无结构的一对一深度访谈。这种方法的优点在于消除被访者的各种顾虑，便于受访者更自由、真实地表达自己的想法。另外，以一种客观的、对等的访问态度，与受访者进行平等的交流、充分的情感互动，这样能保障访谈所获取信息的真实性和深刻性。对比问卷调查和小组座谈法，深度访谈能更好地帮受访者做到所想与所表达信息的一致性。

本文选择了中国比较有代表性的四个城市——北京、上海、广州、武汉，选取了30名不同年龄、行业、学历、专业、性别的受访者。访谈时间为2016年2月18日至3月18日。

任何一项创新产品的成功应用与推广，都是以满足人的需求为核心，都应充分体现其人文关怀。创新的宗旨往往是优化现状，增强便捷性，它们或以更方便的方式满足人的需求，或将人们从高成本、低效率的运行现状中解放出来。通过本研究的深度访谈可知，大数据这一创新的扩散与应用过程，离不开对人的尊重和人性需求的满足。

深度访谈的结果表明，当前，大部分受访者对于大数据的认知已逐渐形成，但对大数据应用在个人信息安全与隐私保护方面的现状十分担忧。

四　进一步验证式研究

上述数据分析和深度访谈研究，初步验证了本研究的假设。为了弥补深度访谈样本量低可能存在的不足与误差，进一步验证研究假设的科学性和有效性，本研究通过互联网渠道进行了随机的抽样调查。

本项目抽样调查的样本规模设计为500人，调查时间为2015年3月10～15日，有效回收样本为431人。调查对象按照年龄、性别、职业、学历等条件进行划分。问卷设计的目的是分析用户对大数据这一创新应用的态度、困惑与建议。

在本研究的调查问卷中，针对以下具体问题进行了调查统计：①用户上网过程中最大的担忧；②用户曾遇到过的网络安全威胁；③对网站采集用户数据的行为的态度；④对大数据应用的态度；⑤个人信息安全性最差的互联网应用；⑥对加强互联网个人信息安全的建议。随机抽样调查的结果如下。

用户上网过程中最担心账户被盗和隐私泄露（见图8）。

电脑系统被病毒侵袭最多，其次是社交账号被盗、网络隐私行为被泄露，然后是游戏账号被盗、银行账户信息被盗等（见图9）。

被随机调查的人群中，68%的人反对在上网过程中采集用户数据信息（见图10）。

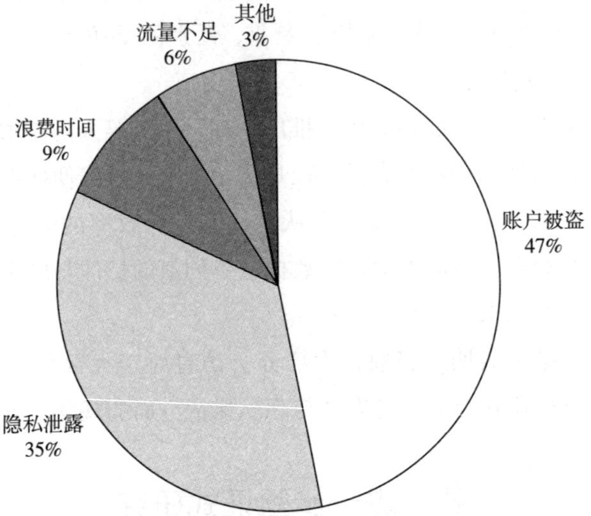

图8 用户上网过程中最大的担忧

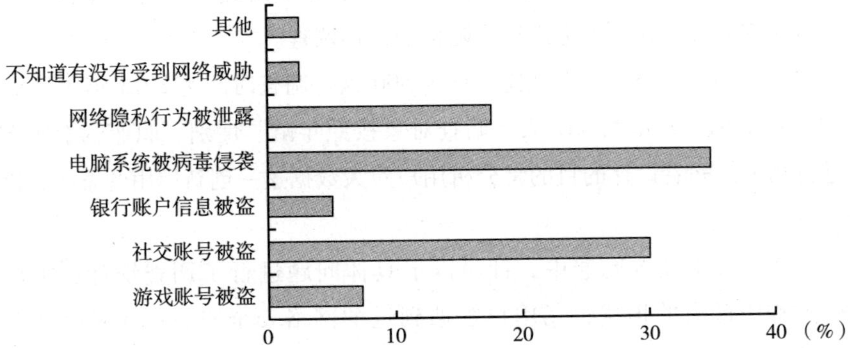

图9 用户曾遇到过的网络安全威胁

对于当前的大数据应用，在被随机调查的人群中，42.9%表示讨厌，33.3%觉得无所谓，14.3%很享受当前大数据带来的个性化服务，9.5%表示并不了解大数据（见图11）。

抽样调查结果显示，在各类互联网应用中，大部分人认为社交应用安全性最差，其次是购物、娱乐、互联网金融及游戏类应用（见图12）。

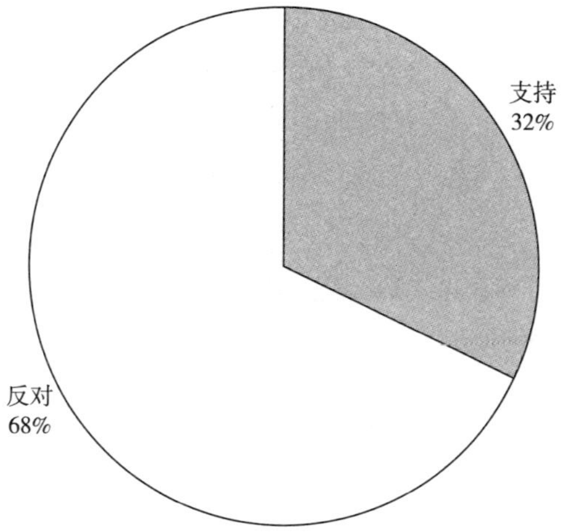

图 10　对网站采集用户数据的行为的态度

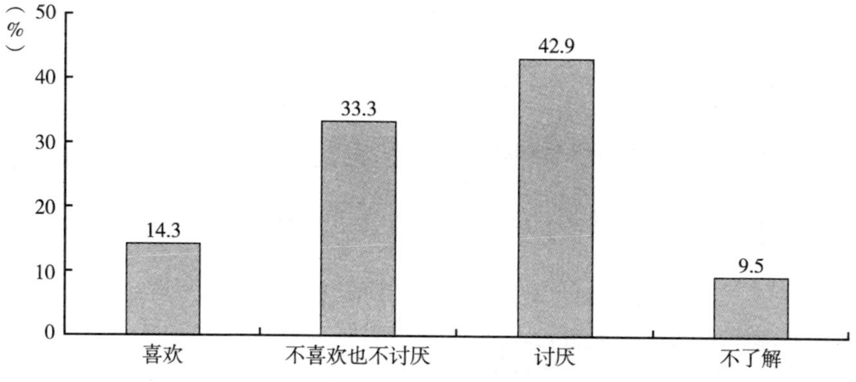

图 11　对大数据应用的态度

在被调查的人群中，36.5%的人认为应该由政府加强相关法律法规、制度建设与监管，24.2%的人认为应该由行业加强网络服务提供商数据采集、应用的监督与道德自律，22.6%的人认为互联网服务平台应采取技术和管理手段加强信息安全性建设，16.1%的人认为应该由个人努力提高自身信息安全意识和相关技能（见图 13）。

上述数据支持了本研究的研究假设，即在大数据的扩散与应用过程中，应提升对社会系统中用户这一群体个人权益的关照水平，尤其体现在对个人数据信

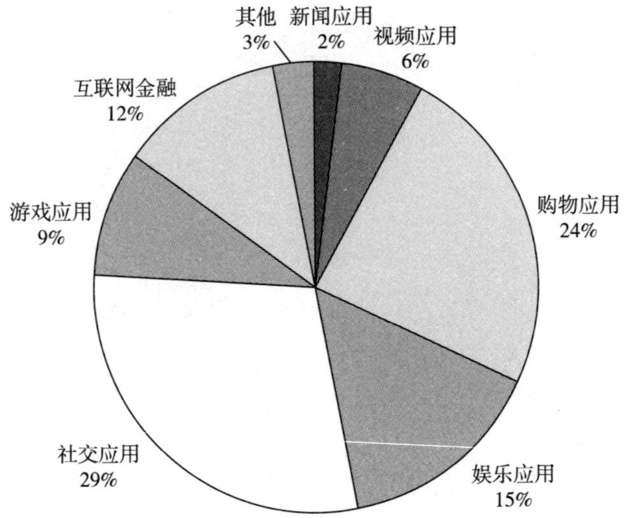

图 12　个人信息安全性最差的互联网应用

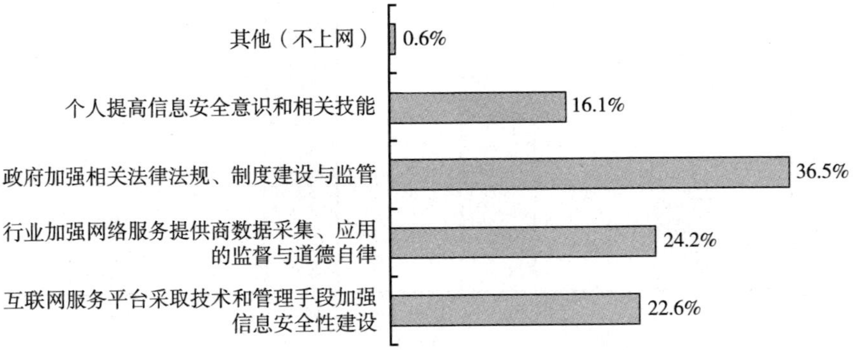

图 13　对加强互联网个人信息安全的建议

息安全和隐私的保护上。只有充分关注人性的需求，正视并解决发展中存在的问题，才能得到受众的支持，推进大数据这一创新应用的继续健康、可持续发展。

五　研究结果

本研究通过数据统计分析和深度访谈，基本验证了大数据的发展符合创新扩散理论模型。大数据经过近六年的发展，已经达到创新扩散的成熟期，其

“追随者”即将接近最高点，在这一时期，用户对大数据的倾向性尤其重要，用户的选择直接表现为对大数据应用的肯定与否定。

通过深度访谈、随机抽样问卷调查，本研究发现，从行业趋势应用分析、市场定向精准推广等角度来讲，大数据应用基本受到认可，但从个人数据安全和隐私保护权益的角度来讲，大部分被调查者对当前的大数据应用持怀疑，甚至否定的态度，主要原因有以下几点。

首先，对个人来说，大数据应用带来的弊远远大于利，用户对于大数据带来的便捷性感知较弱，或比起频繁被各类销售、诈骗电话和短信骚扰，以及账户被盗、各类隐私数据泄露等情况，他们更倾向于放弃当前大数据为个人提供的服务。调查中对大数据应用持无所谓态度的用户，大都是年龄偏大、学历偏低或者基本不上网的、不太了解大数据本质的人。

其次，用户无论是有偿还是无偿使用某项应用时，都无法跳过被应用平台采集个人数据信息的环节。通常在登录或安装某些应用时，读取用户信息作为霸王条款让用户不得不同意，否则无法进入服务或者安装的下一步。在深度访谈中，多名用户表示，安装 App 过程中不同意被读取个人数据的结果是只能放弃使用。

再次，用户无法直接感知某次、某时的上网行为是否遭遇数据泄露、在什么平台遭遇了数据泄露，当前也没有任何有效机制、手段、渠道帮助用户进行追查，用户处于十分被动、弱势的地位。

最后，很多企业、组织以提供各种应用、服务为名，采集用户信息并进行交易，并未提前征得用户的同意，也并未将数据买卖的收益分享给用户，在买卖交易中只有权利的失去，没有利益的回报。

本研究通过深度访谈和问卷调研还得出以下几个方面的结论：①大数据处于快速发展阶段，而针对大数据采集、应用的相关管理政策、措施、法律法规严重缺失，用户除了缺乏数据泄露的追踪渠道、手段之外，还缺乏相关的法律保护。②计算机、通信行业的用户相对较其他行业更了解这项新技术，因而在实际应用中会关注或者考虑通过技术手段进行隐私信息保护，然而对大部分其他行业的用户来说，信息安全意识非常淡薄，保护的能力和水平也较差。③在各类应用中，社交、游戏、娱乐、金融是普通用户最可能使用的应用、服务，然而通过调查发现，这些类别的应用的个人信息安全性最差。④在寻求加强对个人信息安全和隐私进行保护的方面，用户对政府管理诉求最高，其次是行业监管以及企业自律。

六 对策措施与建议

大数据应用快速发展的今天，为肃清个人信息安全和隐私问题导致的各种社会乱象，维系大数据应用健康的市场环境与社会公共秩序，保护用户的个人信息安全与隐私权等合法权益，应从行业企业自律、政府行政法治、社会民主监督及个人素养提升等方面，四位一体，全面加强个人的信息安全与隐私保护。

（一）行业企业自律

行业自律是通过行业性协定进行行业性认证与监督，规范行业行为，维护同行业的正当利益和公平竞争，保护用户的合法权益，促进行业正常发展。美国一家第三方认证公司——TRUSTe，经营着世界上最大的隐私密封方案，为3500多个网站提供认证，包括领先的门户网站和雅虎、脸谱、微软、苹果、IBM、甲骨文等公司的网站。加入TRUSTe并同意遵守其所要求的互联网隐私保护的基本原则的公司可得到TRUSTe授予的认证标志，各认证的公司将标志放在自己的网站上，并向消费者声明对消费者的互联网隐私负责，违反政策的网站将受到严重制裁。中国的行业协会、组织也可效仿此类做法，通过建立第三方组织，利用一定的技术与协调管控手段，进行行业企业授信与行为监督，进行行业自律，保障用户隐私安全。

企业自律。首先，应提升对用户信息安全和隐私的保护意识，改变部分企业员工的用户服务、保护意识淡薄，数据管理水平差的现状，避免员工有意无意中泄露用户数据。其次，企业应努力提升用户信息数据的管理水平，增加信息安全性技术投入，适当情况下对用户隐私信息进行模糊化处理，确保用户的个人隐私信息安全。再次，企业应在进行用户信息采集之前，预先告知用户具体内容及信息采集、应用的目的，保护其充分的知情权并保障其合法行使否决权，最后，企业应允许用户行使“被遗忘权”，即给用户提供信息删除的机会和权利，让用户自主决定信息是否共享给企业或者用于其他用途。

（二）政府行政法治

我国互联网领域管理机制落后，到目前为止，没有专门针对互联网的个人隐私保护方面的立法，仅民法等法律法规中有部分条款提及隐私权保护，缺乏系统的、专门的法律规定，以及相应的依法实施、惩处措施。后续出台的规定，也只是有所提及，难以有力地付诸实施。2013 年 7 月 16 日，工信部曾公布《电信和互联网用户个人信息保护规定》，保护电信和互联网行业用户信息，明确了受保护的个人信息包括用户姓名、出生日期、身份证件号码、住址、电话号码、账号和密码等能够单独或者与其他信息结合识别用户的信息以及用户使用服务的时间、地点等信息。然而，规定更加倾向于相关部门的管理与限期整改，责罚程度较轻，难以对企业形成震慑作用。同时，隐私信息泄露，个体用户往往难以举证，因此更难以得到法律的保护。

法制化是推进完善互联网治理体系的利器，因此，保护个人隐私，亟待政府加强管理体制建设，通过建立行政立法与司法机制，实现用户的个人隐私保护。匡文波曾在其《大数据时代的个人隐私保护》一文中提出，国家应该立法确权——“个人网络数据，属于个人所有”。中国政府及相关部门应根据“互联网 +”的时代发展特点，加强网络立法、网络执法，在法律规范的范围内依法行事，通过法制建设手段来维护和保障个人安全和公民的根本利益，实现侵犯“用户隐私权”有法可依、有法必依、执法必严、违法必究。

健全法制的同时，政府及相关部门应加强网络监管的投入，依靠网络信息技术，实现政府管理、服务与网络各相关领域的无缝对接，改变现有管理手段的滞后性和被动性，实现网络生态的全面、积极、有效管理。在自由平等、公平正义的基础上，实现产业繁荣与互联网生态领域的和谐共享、良性发展。

（三）社会民主监督

大数据时代的社会民主监督，应优化监督的机制、渠道和策略，采取数据化社会监督机制。可尝试利用先进的技术建立一套开放的、基于互联网的社会信用体系和社会信用评估平台，通过建立一套科学、合理的评分、积分制度和标准，以及可靠的技术平台和实现方式，形成公开的企业、组织、个人的信用评级系统，对企业、个人的不良商业活动进行记录、诚信监督和积分公开，约束企业的行为，并指导用户选用诚信度更高的商业平台。数据采集企业、组织必须告知用户数据被采集、使用情况，在获得用户授权后方可使用个人数据，把未经授权使用或出售数据的企业纳入终身黑名单。通过提高个人隐私权侵犯的犯法成本，制约侵犯他人隐私行为的发生、发展。所有企业、组织、个人都可以通过平台进行举证并接受监督。监督应合理、有序，不能矫枉过正。要实现良性、有力的社会监督，既保障用户的隐私权益，又利于监督工作的开展，提升整个互联网领域乃至整个商业社会的诚信水平。

（四）个人素养提升

大数据时代，除了在行政、行业、企业等方面加强用户信息安全与隐私保护外，个人应积极提高自身的信息素养。首先，应快速提升信息安全与隐私保护意识。其次，应掌握一些基本技能，包括软件杀毒、App 产品安全性识别能力。此外，还应清理电脑、手机浏览器、播放器临时缓存等数据信息等，避免被各类后门程序非法盗取。再次，尽可能少地在互联网上填写个人详细信息，尤其是隐私方面的信息。最后，当数据安全与隐私遭到威胁时，应积极采取合法的行动保护自我，不纵容各类非法行为对自己和他人造成更多伤害。

综上，大数据作为一项社会性的创新应用，在其成熟期的扩散、发展过程中，应重点关注“社会系统”的人文关怀，强化对“用户”这一社会群体的个人数据信息安全与隐私保护机制。政府及行业部门应加强互联网大数据采集与应用的相关制度、法规建设与政策监管，大数据服务企业应严格自律，加强人性化的服务意识与用户权益保护。在大数据的大环境下，用户更应通过一定的技术手段加强自身信息安全与隐私保护。

结　语

大数据的应用与良性健康发展，必须尊重人性、以人为本，直面当前商业活动运行背后的各类用户数据与隐私泄露的危害，应用新的技术手段和方法，积极调动全社会力量，共同献力于加强个人的数据信息安全与隐私保护，建立起完善的用户信任机制，只有这样才能营造大数据发展良好、有序的新型市场环境，助力于各种商业价值和利益的最终实现，推进大数据全行业的健康发展，乃至整个社会的信任水平提升与文明进程。

B.4
2015年中国媒体融合发展报告

黄楚新　王丹　彭韵佳*

摘　要： 2015年，国内外媒体融合整体态势发展迅猛。随着用户注意力资源向移动端的强势转移，国内传统媒体基于自身发展特点，开始寻求与新兴媒体相契合的互补点，探索各具特色的发展路径以增强用户黏性。同时，传统媒体以“两微一端”为平台，积极发展电商，拓展新型产业链。媒体融合正当时，互联网公司积极进入媒体行业，传统媒体也紧抓契机，整合资源积极拥抱资本市场。

关键词： 媒体融合　传统媒体　新媒体

一　国内外整体现状与发展态势

随着对新媒体认知的逐步深化以及媒介技术的快速更新，全世界范围内的媒体行业正加紧融合发展的步伐，各种新的探索模式不断改变着新闻传播格局与媒介生态环境。2015年，媒体融合已经成为全球传媒领域发展的趋势与未来方向。

移动互联网的快速发展掀起了用户由传统媒体向新媒体转移的浪潮。根据路透社所发布《2015路透社数字新闻报告》，在其所调查的12个国

---

* 黄楚新，博士，中国社会科学院新媒体研究中心副主任兼秘书长，中国社会科学院新闻与传播研究所新闻学研究室主任；王丹、彭韵佳，均为中国社会科学院研究生院新闻学与传播学系硕士研究生。

家中，平均每周使用智能手机获取新闻的用户达到46%，在一年内上涨了10%。①

面对快速增长的移动端口用户人群，2015年，国外媒体行业的融合发展更加重视移动设备对新闻消费方式的改变，积极发展移动设备平台上的新闻业务，如实时资讯、网络视频等。例如2015年初，路透社推出一款视频新闻程序“路透电视”，新闻视频的内容与时间长度会根据用户的观看历史发生变化，满足用户的个性化与移动化需求，同时允许用户将其内容免费分享到其他平台。

为应对传统媒体的发展局限，将新技术积极运用到信息内容生产流程中成了国外不少媒体行业的选择。通过对新闻现场的全景呈现，使用户身临其境，虚拟现实技术的出现与应用开辟了新闻报道的新手段。例如2015年10月，纽约时报集团走在利用虚拟现实技术报道新闻的变革前沿，推出了NYT VR创新的虚拟现实平台。同年，《今日美国报》也将这种技术运用于专题报道中。此外，新闻游戏成为互动性新闻的新尝试，2015年英国BBC推出新闻游戏《叙利亚之旅：选择你自己的流亡路线》，使人们参与到新闻中。

科技公司与社交媒体进军新闻领域，打造平台型媒体也成为国外媒体融合的发展趋势之一。2015年，凭借显著的用户优势，社交网站Facebook正式上线“Instant Articles”功能与“Notify”独立移动端App，为新闻媒体提供直接上传新闻的渠道，实现社交平台流量与媒体信息阅读量的双赢。同年6月，谷歌成立“新闻实验室”，将谷歌地图、Youtube排行等实时数据与创新技术运用到新闻报道中，为新闻媒体提供实时趋势与计算机算法，充分发挥技术优势，引领新闻未来。

移动互联网井喷式发展与国家政策的引导同样为中国的媒体融合带来新契机。继2014年媒体融合上升为国家战略后，在2015年的中国政府工作报告中，李克强总理首次提出制订“互联网+”行动计划，推动移动互联网等技术与各领域的结合，为推动传统媒体与新兴媒体的融合发展指明了更为具体的道路，国内各级媒体深入贯彻党中央的指导意见，不断积极探索，深化改革，

① 《路透社：2015年数字新闻报告完整版》，http://www.useit.com.cn/thread-10116-1-1.html。

推动在内容、技术、渠道、管理等多方面的深度融合。

据中国互联网络信息中心（CNNIC）发布的第37次《中国互联网络发展状况统计报告》，截至2015年12月，我国网民规模达6.88亿人，其中90.1%的网民使用手机上网。[①] 移动互联网的高度普及使得以“两微一端”为代表的移动端口成为用户获取新闻信息的重要途径，同时也是传统媒体抢占融合先机的主要战场。2015年9月，人民网舆情监测室发布首份国内媒体“两微一端”融合传播排行榜，包含报纸、杂志、新闻网站和商业资讯类网站等，展现国内媒体融合的竞争趋势（见表1）。

表1　“两微一端”融合传播排行榜前十名

单位：分

排名	媒体名称	覆盖指数	传播指数	互动指数	总分
1	《人民日报》	96.68	97.00	98.07	97.44
2	头条新闻(新浪新闻中心)	96.60	90.07	93.40	92.55
3	新浪娱乐	92.72	92.79	90.55	92.55
4	人民网	94.44	88.37	89.32	89.69
5	《环球时报》	83.84	89.09	91.49	89.43
6	《南方都市报》	91.34	88.01	88.53	88.74
7	财经网	90.37	86.03	88.22	87.67
8	《Vista看天下》	87.61	86.07	88.72	87.38
9	《中国新闻周刊》	92.83	87.65	85.42	87.38
10	《新京报》	90.92	87.53	85.98	87.32

注：统计周期为2015年1月1日至7月31日。

资料来源：人民网舆情监测室。

大数据、云计算、物联网等新技术不断推动传统媒体进行资源整合，在生产机制、运营方式等方面进行创新与改革。媒体传统的新闻采编体系在移动传播环境中面临着严峻考验，扁平化、一体化的采编平台逐渐成为传统媒体新闻生产与加工流程的主流趋势，并进一步推动定制化的报道内容、多样化的报道形式以及更为丰富的报道产品。与此同时，新兴媒体所具有的传播移动化、服

① 第37次《中国互联网络发展状况统计报告》，http：//www.cnnic.net.cn/hlwfzyj/hlwxzbg/hlwtjbg/201601/P020160122444930951954.pdf。

务个性化、交流双向化等特点为传统媒体搭建电商平台，为探索多种经营渠道提供了机遇。

传统媒体与新兴媒体融合正热，国内不少互联网公司巨头纷纷强势进入媒体领域，其在技术、资金、理念等方面所具有的优势转化为强大的竞争力，为中国媒体融合的发展注入新活力。在外部资本积极进入的同时，传统媒体也开始从内部整合人力、物力等资源，进行重组收购，大步踏入资本市场，寻求新生机。

二　国内媒体融合热点聚焦

（一）优势互补，探索多元化融合道路

媒体融合的关键要义在于借助不同媒介优势资源的重组与整合，推动传统媒体与新兴媒体之间相互作用，实现双向融合。2015 年，不同传统媒体行业在整合资源、推动融合的过程中，更为积极理性地从自身传播优势出发，探寻与新媒介资源相契合的互补点，着重发力，探索各具特色的媒体融合道路。

面对日益成熟的移动社交化格局，传统纸媒不再局限于原有的媒介载体，在优质内容的优势基础上，积极提升移动传播力，从内容生产、呈现形式、平台搭建等多方面入手，对内部机制进行调整优化，适应移动化传播的环境。

在内容生产方面，去中心化的信息生产平台成为多家传统媒体采编创新的一项举措，如 2015 年，《人民日报》、南方报业集团均打造以“中央厨房”为主的新型全媒体采编空间，实现新闻采编一体化运行；广州日报报业集团、《福州日报》则成立了全媒体编辑部，进一步整合采编资源。与此同时，机器人新闻、众筹新闻也被应用于新闻生产，如 2015 年 11 月，新华社推出机器人“快笔小新”写稿项目，《南方都市报》《沈阳晚报》纷纷试水众筹新闻。在呈现形式方面，数据新闻、HTML5、可视化技术等成为 2015 年被媒体普遍采用的形式，如中央电视台陆续推出《数说命运共同体》《两会大数据》等多个大型数据节目，而不少网站创办了数据新闻频道，浙江日报数字采编中心推出了可视化的读图栏目《话图侠》等。在平台搭建方面，如 2015 年“两会”期间，《人民日报》全媒体首次亮相，通过报道流程一体化、形式可视化，全景

立体地展现全国“两会”。

传统电视媒体在其自身信息可视化的基础上，积极利用新技术打造虚拟演播室。同时，电视媒体充分利用移动传播的场景化特点，将互动模式与用户状态、环境氛围等因素相结合，提供场景化服务。如春晚搭配微信“摇一摇”、支付宝“咻一咻”、腾讯 QQ 抢红包等，正是利用春节氛围与新媒体社交功能相结合，成为电视媒体打造场景互动的典型。

此外，网络视频行业用户规模一直上涨，截至 2015 年 6 月，网络视频用户规模达到 4.61 亿，如手机、电脑等互联网设备成为网络视频的主要选择（见图 1）。[①] 为迎合日益增长的网络视频用户规模与用户传播载体选择，传统电视媒体发展网络视频，联手视频网站创新节目生产，实现跨屏传播。如 2015 年 5 月 20 日，海南卫视与视频网站 PPTV 合作，打造互联网专业旅游视频频道，进军互联网旅游市场。

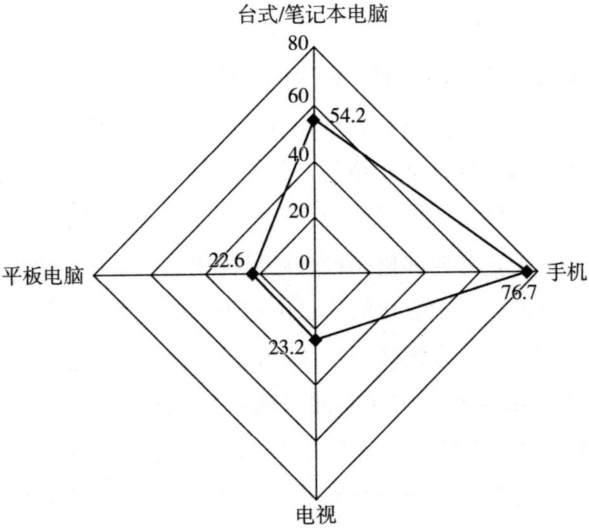

图 1　网络视频用户对终端设备的使用率

资料来源：CNNIC 网络上视频用户调研，2015 年 10 月。

① 《报告：2015 年 76.7% 的视频用户选择用手机观看网络视频》，http：//www.ce.cn/culture/whcyk/cysj/201601/27/t20160127_ 8581975.shtml。

传统广播媒体则充分借用互联网的交互性，搭建社交平台，与用户开展实时互动。如广播借助微信的双向社交渠道来延伸互动触角，这已成为传统广播媒体重要的营销平台。

除了传统媒体在传播内容生产、渠道等方面的融合，传统媒体之间积极进行联合组建，打造主流新型传媒集团，也成了2015年媒体融合的重要组成部分。如山东省政府批准组建山东省互联网传媒集团，整合收购齐鲁晚报网、鲁中网、山东财经网、鲁南网以及半岛网股权；四川日报报业集团积极打造传播全媒体集群与华西传媒集群；《华西都市报》已经成立华西都市网、华西电子商务公司、华西城市读本与华西社区报四家公司。

（二）“两微一端”，聚焦微传播力提升

数字媒体（包括手机、移动电脑、平板电脑）是用户花费时间较多的平台。根据eMarketer在2015年6月发布的报告，2015年国内成年人在移动端口获取信息的时间占其使用媒体的时间一半以上，超过花费在报纸、广播、电视等传统媒体的总时间（见图2）。[①]

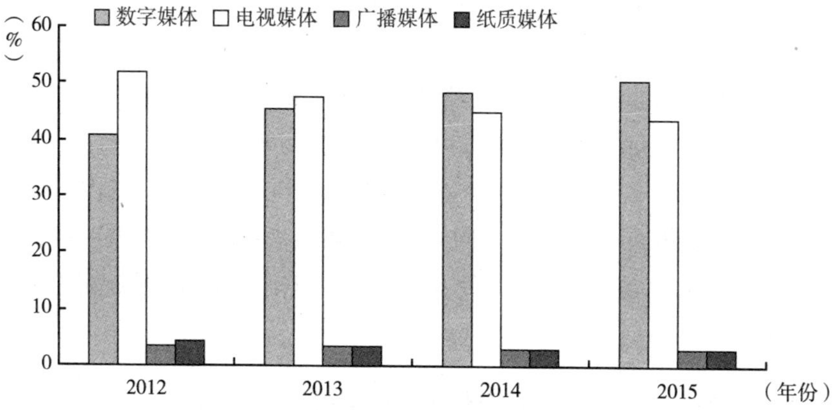

图2　国内成年人平均每天花费在主要媒体的时间

资料来源：eMarketer。

① “Digital Accounts for Over 50% of Time Spent with Media in China”，http：//www.emarketer.com/Article/Digital – Accounts – Over – 50 – of – Time – Spent – with – Media – China/1012618.

面对用户对移动端口选择的普遍性，以“两微一端”为主的移动传播平台依旧是传统媒体融合的首要选择。2015 年，传统媒体在新技术与移动新载体的基础上，继续积极建设集内容、服务、社区为一体的平台，打造移动传播社区。

依托多对多的裂变式传播机制，媒体信息在微博上的发酵速度快，传播影响力大。传统媒体通过在新浪微博、腾讯微博开通账号，不间断地发布信息，集图片、视频、音频等形式于一体，以增加用户黏性。截至 2016 年 3 月 28 日，《人民日报》、新华社、《新京报》等传统媒体的新浪官微拥有粉丝量分别高达 4537 万个、2099 万个、1879 万个。借助高粉丝量与裂变传播，传统媒体在微博领域拥有较为强大的微传播力。

2015 年，微信公众号开通文章评论功能，这为媒体与用户之间的双向沟通与互动搭建了新平台，将进一步提高媒体社交化传播的影响力。2015 年 9 月，速途研究院对新媒体指数所提供的 212198 个微信公众号样本及其相关数据进行了分析，其中传媒类微信公众号占所分析样本的 10.5%。[①] 在传媒类微信公众号中，不同媒体所占比重存在比较明显的差距，其中自媒体占比达到 39.7%，报纸、广播、电视与门户网站分别占比为 22.3%、13.6%、3.9% 与 10.4%（见图 3）。

与传统媒体在社交平台上快速发展相对应的是传统媒体对移动客户端的激烈抢占。据速途研究院所提供的《2015 年移动新闻客户端市场报告》，我们可知，门户媒体所占比重达到 54.3%，占据移动客户端的大半壁江山，远高于新媒体与传统媒体。[②] 与此同时，同类型的媒体客户端内部竞争出现明显的分层现象，上层竞争差距显著，中下层所占比重差距小，竞争更为激烈（见图 4）。

（三）发展电商，传统媒体寻求新突破

传统媒体的内容优势、品牌优势与移动互联网的渠道优势相结合，使得传统媒体在发展电商方面具有巨大潜能。2015 年，多家传统媒体继续试水电商，

---

① 《速途研究院：2015 年新媒体商业价值报告》，http：//www. sootoo. com/content/655989. shtml。

② 《速途研究院：2015 年移动新闻客户端市场报告》，http：//www. sootoo. com/content/660903. shtml。

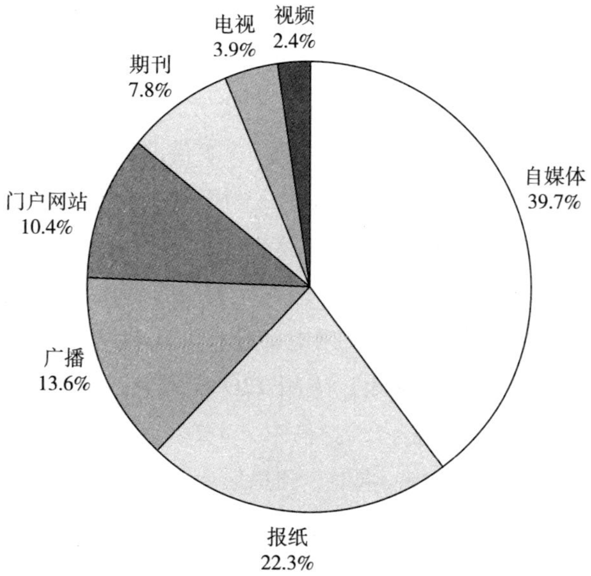

图 3　媒体类微信公众号比重细分

资料来源：速途研究院。

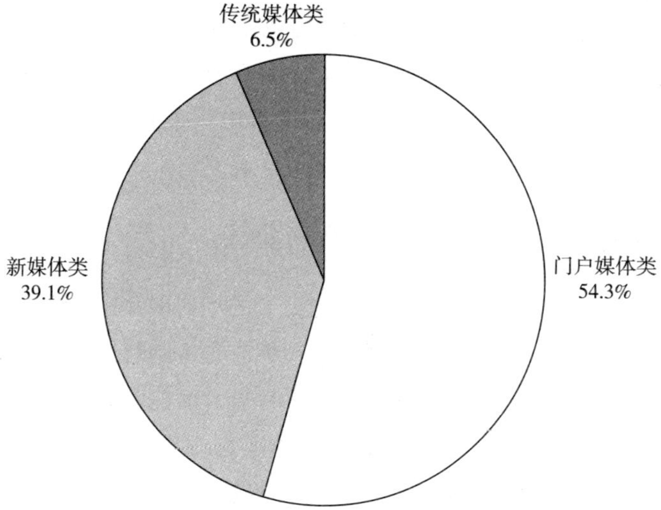

图 4　国内移动新闻客户端媒体类型所占比重

资料来源：速途研究院。

不断探索新的商业模式，以创新商业价值，实现市场竞争力的重塑。

在所搭建的“内容 + 服务 + 社区”的移动媒体平台基础上，传统报业集团打通线上线下资源，在搭建的新媒体平台上大力发展 O2O 模式，线上打造购物社区，线下创办电商购物体验店。如粤传媒借助发达的发行物流与线下电商体验店，在 2015 年 3 月携手阿里创投、上海万象共同投资广州万之象物流有限公司，合作开发本土 O2O 生活服务市场，构建家庭服务平台。

在传统报业集团 O2O 电商模式快速发展的同时，传统电视媒体则从其传播载体自身出发，积极开展与互联网电商合作，形成 T2O 的电商发展模式。2015 年，东方卫视《何以笙箫默》应用 T2O 模式，开启“边看边买”的模式，用户可以通过手机天猫客户端扫描东方卫视台，进入天猫购物的互动页面，购买电视剧中的同款服饰。同时，阿里影业也积极开展与多家电视集团的电子商务合作，打造电视定制剧模式，发展相关电视节目衍生业务。11 月 11 日，湖南卫视与天猫合作的“双十一”晚会更是将“电视 + 电商”的 T2O 模式推向高潮，融合电视综艺与移动购物于一体，借助多终端平台与多场景互动，实现收视率与电商盈利双赢。

2015 年 12 月 31 日，广东卫视联合京东集团、南星文化共同打造“1 月 1 电商节”，通过微信“摇红包”等环节，将电子红包、购物优惠券、实物奖品等福利送给观众，除了电视直播外，广东卫视还将联手乐视网、爱奇艺等在网站、手机终端全程直播。与此同时，广东广播电视电台同时全面启动“粤鲜生”绿色农产品视频广播电视电商平台建设工作。

（四）强强联合，打造媒体融合产业链

凭借雄厚的资金基础、先进的技术与庞大的用户群体，互联网公司强势进驻媒体领域已经成为一大趋势。互联网公司拥有先进的行业理念与技术，可以与传统媒体的内容、公信力优势相结合，发挥更大的商业价值，强化传统媒体的传播力，推动融合发展。2015 年，当媒体融合成为主流趋势时，互联网公司注资主流媒体，抢占媒体市场的现象更为明显。如在 2015 年，阿里巴巴公司相继投资了光线传媒、《北京社区报》、《第一财经》、博雅天下、优酷土豆、《南华早报》，同时联手财讯集团、新疆网信办创办“无界新闻”，与四川日报集团成立“封面媒体”。

在互联网公司争相进入媒体行业的同时，传统媒体也正积极走出去，跨界合作实现传统媒体价值再造，并拓展多产业链，探索对维度经营模式。2015年8月，深圳晚报社与ZAKER共同合作创办深圳ZAKER，基于内容与技术结合，深圳ZAKER致力于打造集资讯、社区、服务为一体的移动生活入口。深圳ZAKER的出现成为中国传统区域纸媒真正意义上与互联网媒体融合的开始，是传统媒体实现价值再造的探索路径之一。此外，不少电视媒体充分利用所掌握的知识产权资源发展衍生品，如浙江卫视联合360手游、乐逗游戏共同推出《奔跑吧兄弟2》的官方手游。

在充分挖掘自身资源价值的基础上，传统媒介集团积极拓展产业链条，涉足艺术品、会展、教育、舆情服务等行业，实现盈利。如《扬子晚报》积极进入教育行业，将教育报道、学生培训、夏令营等融合为一体态产业链，同时与上市企业斯篮搏中国合作，成立江苏斯篮搏体育文化传播有限公司，发展体育项目。

（五）消除壁垒，发展新生资本力量

媒体融合是一项艰巨而长久的任务，完善的资金链能为媒体转型与融合提供强力保障。2015年，更多传统媒体选择多元化战略，纷纷登陆资本市场，借助新媒体资源整合重组、投资收购、融资上市，拓宽募集资本渠道，完善资金链。

传统报业集团借助新媒体转型产品或机构积极进军资本市场。2015年1月，杭州日报报业集团所属的“华媒控股”在深圳交易所上市；6月，辽宁报业传媒集团旗下的新媒体公司“北国传媒”在新三板正式挂牌；7月，江西日报传媒集团所属的“大江传媒”与辽宁报业传媒集团旗下新媒体公司“北国传媒”在新三板上市；10月，由天津广播电视台、《今晚报》、《天津日报》共同组建的天津北方网新媒体集团登陆新三板。

除了报业集团，多家传媒公司如万达院线、中文在线、读者传媒等上线，2015年的募集资金分别达到12.08亿元、2.04亿元和5.86亿元。其中读者传媒成为中国A股期刊第一股，中文在线成为中国数字阅读第一股，万达院线成为首家登陆A股的院线公司。

2015年，广电传媒集团在资本市场上的发展也较为显著。4月，江苏省广

电有线信息网络股份有限公司在上交所上市。6月，东方明珠与百视通合并复牌，更名为东方明珠新媒体股份有限公司，复牌当天市值超1600亿元，成为国内传媒航母。与此同时，新东方明珠投资兆驰股份33亿元，生产智能电视。2015年上半年，上海东方传媒集团有限公司上市公司利润总额达到23亿元，同比增长17.91%，上市公司营业收入已占SMG营业收入总额的78%，利润总额已占SMG利润总额中除重组增值收益外的全部。[①] 2015年6月，湖南广电旗下新媒体芒果TV完成A轮融资，估值超70亿元，并完成对国内最大音频原创内容平台荔枝FM的投资，推动广播与互联网融合。

三　媒体融合的现有问题

（一）现有媒体机制难以适配媒体融合发展

媒体机制指导媒体从业者行为、保证媒体有序的运转，具有重要地位。互联网和移动互联网时代，信息传播模式发生改变，人们的阅读习惯和信息获取方式也随之发生变化。因此，作为媒体运行规范，媒体机制需要通过与时俱进的创新来满足网络时代媒体发展要求。传统媒体已有运行机制是遵照传统媒体时代大众传播与媒体发展规律设定的规则，因缺乏新媒体基因，现已成为媒体融合的掣肘。

在新闻生产机制上，以传统媒体为先的供稿方式已经不能适应新媒体时效性的需求，同样，传统线性新闻采编生产流程也不能满足网络传播的需要。传统以图文为主的新闻采编方式会导致新媒体平台内容素材过于单一，形式过于死板，且无法吸引用户的注意力和引发用户的阅读兴趣，从而影响平台的传播力和影响力。而在空间上，相对分散和隔断的办公区域也会给新媒体采编人员及时进行信息沟通和意见采纳造成不便。资源共享机制是新媒体时代新闻生产的核心机制之一，资源共享的不完善会导致大量的信息资源浪费，同时给后期编辑进行信息梳理和整合带来困难，造成资源整合不足。

---

① 《2015媒体融合论坛：各级各地主流媒体谈融合提速》，http：//mt. sohu. com/20150821/n419411799. shtml。

在媒体单位整体层面，会造成信息资源浪费，拉低媒体的运行效率，系统劣势明显。

在信息传播机制上，以媒体为传播主体，以用户为受众的单向传播方式已经不是新媒体时代信息传播的主旋律。如今，用户生产内容在新媒体平台内容上占据的比例越来越高，同时，用户互动机制建立和贯彻也深刻影响着媒体的发展。在信息传播流程中，传统信息告知式和层级式的推广方式传播存在速度慢、传播范围窄的缺点，需要优化。信息生产完毕需要进行多终端多途径多媒介的分发，有效的信息分发机制也是影响媒体传播力的一个重要因素。

在媒体管理机制上，媒体运营机制和考核机制是其中的两项重点内容。传统媒体运营主要依靠广告进行“二次售卖”获利。然而目前传统媒体受众向新媒体平台转移，传统媒体发行数量、订阅数量、收视率、收听率的下降使广告收益随之下降。中国广告协会和央视市场研究（CTR）媒介智讯发布的《2015 年 1～12 月中国报纸广告市场分析报告》数据显示，2015 年电视广告下降4.6%，广告资源量（广告时长）下降 10.7%；广播广告下降 0.4%，资源量下降 13.3%。报纸广告降幅在传统媒体中最大达 35.4%，资源量（广告占版面积）降幅达到 37.9%。报纸广告自 2012 年起，4 年连续下降，降幅越来越大。[①] 在传统媒体广告收入全面减少的媒体生态环境下，以广告为主的单一运营模式不能适应媒体融合发展需要。在考核机制上，以传统媒体发稿量、稿件版面大小等工作成果为标准的采编人员绩效、评估、激励等机制也因缺乏新媒体考核标准而具有片面性。

（二）新媒体人才不足，传统媒体思维成为媒体融合发展桎梏

根深蒂固的传统媒体思维限制媒体进军网络。传统媒体以信息生产为中心，强调“传者”的自我身份，掌握着传播渠道和平台资源使媒体对受众需求考虑不足。新媒体时代，是双向传播的时代，没有分析和满足用户需求的后果就是被用户所抛弃。信息平台门槛降低使普通网民参与到信息传播中，拥有网络话语权，媒体的话语权被削弱。社会转型期网络舆论呈现多元现状，因此

① 《去年传统媒体广告全线下降》，中国新闻出版广电网，http：//www.chinaxwcb.com/2016-02/05/content_ 333873.htm。

媒体需要通过与用户的互动弘扬主旋律，把握舆论导向，通过新媒体平台直接与用户沟通，把“宣传意识”转变为“服务意识”。而传统媒体思维的另一个表现便是把互联网和移动互联网仅仅当作平台和工具。基于网络诞生了“两微一端”等新媒体端口，但是它们不仅仅是一个入口，更是一种全新的信息传播方式。传统媒体的商业逻辑和资本运用方式无疑也对媒体融合的发展产生着负面影响。

2016 年 2 月 19 日，在党的新闻舆论工作座谈会上，习近平总书记指出，媒体竞争关键是人才竞争，媒体优势核心是人才优势。媒体融合工作的开展，本质上依赖媒体从业者去落实和完成，人力资源建设和管理至关重要。然而，媒体融合目前面临两方面的人才困境：第一，传统媒体优秀人才流失加速；第二，新媒体人才引进不足。2015 年，一批媒体人的出走使传统媒体蒙受损失。2015 年初，陈朝华辞去南方都市报总经理一职，加盟搜狐；2015 年 6 月，《第一财经日报》前总编辑秦朔宣布辞职，之后创办了微信公众号“秦朔朋友圈”，制作的同名脱口秀节目在爱奇艺视频网站播出；同是 2015 年 6 月，《新周刊》前执行主编封新城宣布退出《新周刊》，加盟华人文化产业投资基金；原中央电视台记者武卿辞职创业，原中央电视台主持人张泉灵辞职加盟基金公司，原博雅天下传播机构副总裁郭光东加盟在线订餐品牌，原《新京报》深度报道部副主编张寒辞职加盟“今日头条”……优秀媒体人才的流失使处于转型期的传统媒体处境“雪上加霜”。

在传统媒体人才流失的同时，新媒体人才的补给不足也在一定程度上阻碍了媒体转型发展。“互联网 +”行动计划带动互联网与媒体业结合，媒体业在融合发展中转型升级需要大量的跨媒体和全媒体人才。在互联网和移动互联网时代，具备单一技能的采编人员已经不能满足媒体的发展需要，数据分析师、UI 设计师、舆情分析师、编程人员、新媒体编辑等新岗位和工种的背后是对人才新技能和新技术的高要求。而同时兼具新媒体素养和高技能的人才成为市场缺口，单方面具备技术或新闻业务生产能力的从业者均不能满足新时代媒体的发展需要。

（三）网络侵权损害原创内容生产，新媒体评估与监管体系不完善

原创内容是媒体的品牌。新媒体时代因技术便利，媒体版权资源损害

现象愈加严重。媒体原创内容被抄袭、改写、整合，或者在无署名、无转载授权的情形下再次传播。对媒体版权的侵害是对传播价值链上的各主体的侵害。长此以往，原创内容生产者会失去创作动力与能力，用户也会丧失对内容的辨别能力，出现网络舆情问题，造成媒体市场的混乱，影响媒体行业的发展进程。作为媒体竞争的基础性核心资源，版权保护应在媒体转型中处于重要位置。2015 年 6 月至 11 月，国家版权局等四部门联合开展第 11 次“剑网 2015”专项行动。专项行动期间，各地共查处行政案件 383 件，行政罚款 450 万元，移送司法机关刑事处理 59 件，涉案金额 3845 万元，关闭网站 113 家。① 尽管以剑网行动为代表的打击网络侵权盗版行动取得了一定的成效，但因相关监管法规的不完善，仍未能从根本上解决问题。

自媒体融合上升为国家发展战略以来，以中央级主流媒体为代表的传统媒体纷纷试水新媒体发展，通过与新媒体融合进行转型和升级。在取得了一定的成效之余，媒体融合市场也存在一些乱象。目前，因缺乏官方和公正的媒体融合评价指标和评估体系，媒体融合工作成果评定也出现一定问题。因指标不一，对媒体融合工作的认定出现了差异。而现有媒体评价体系显然不能适应媒体融合发展的需要。媒体融合评级体系和现有新媒体市场监管的缺失会影响媒体融合的发展方向，因此，建立一套完整的媒体融合效果评价体系，完善新媒体市场监管格外重要。

四 媒体融合发展趋势与路径

（一）创新媒体机制，进行新媒体理念与价值认同建设

媒体融合的前提是理念和思维的转变，即从传统媒体理念向新媒体理念和互联网思维的转变，具备进行媒体融合发展的价值观认同。主观上对媒体融合发展具有认识高度的战略认同可以细化到媒体运行机制制定、贯彻和具体新闻

① 《剑网 2015：进一步净化我国网络空间及网络版权环境》，人民网，http：//gx. people. com. cn/n/2015/1215/c179430 - 27325523. html。

采编工作中。媒体融合意味着传统媒体要进行工作重点迁移，在兼顾传统媒体业务的同时，把互联网和移动互联网作为工作的主战场，把新媒体工作当作重点任务部署与完成。只有思想上提高对新媒体地位的重视，才能全面建设、运营和融合好新媒体发展。互联网思维意味着开放、平等和分享，这便要求媒体从业者调整工作理念和方式方法，快速融合到网络中，兼具传统媒体专业理念和新媒体思维。

新传播技术的快速迭代对媒体机制创新提出了更为严苛的要求。媒体在保证专业化发展的前提下，根据市场、政府、用户等多方的需求及时更新和完善运行机制，以适应时代的发展。在新闻生产方面，统一的新闻供稿机制可以实现新闻信息资源及时共享，新媒体平台得以随时更新信息和提前发布。而类似“新媒体中心”“融媒体中心”“中央编辑部”等新媒体部门的建立则在空间布局上为新闻采编工作的开展提供了便利。一些媒体集团如上报集团、《重庆日报》、《浙江日报》等通过运行内部项目孵化机制，对报社集团内部员工从事新媒体创业项目进行了鼓励。

激励机制是媒体机制中的一个重要部分，科学合理的激励机制既可以使员工获得工作动力，激发员工的工作主动性和积极性，又能推动媒体整体发展。薪酬机构需要合理化安排，加入新媒体工作成果考察因素。制定新媒体工作激励细化规定，一方面可以有效对新媒体平台成果进行质量评估和验收，以便取长补短，完善新媒体工作；另一方面也是有利于员工通过明细的奖励机制自我奖励，从意识上和行动上开展媒体融合工作。2015 年 9 月 30 日，《新京报》的总编辑戴自更签发表彰决定，嘉奖时政新闻部“政事儿”微信公众号团队人民币奖金 50000 元。① 此前，《北京青年报》也曾因旗下公众号“团结湖参考”粉丝增长等表现出色对公众号团队进行了奖励。不断更新的新媒体奖励机制可以对员工工作价值进行认定，最大化地发挥员工工作自主性。

管理机制的制定需要兼具普遍性和特殊性的规律。设定统一的管理框架，从媒体整体角度出发，设立技术和内容培训机制，对媒体从业者进行组织文化建设和培养，及时更新媒体人的技术技能和新媒体素养。同时，针对新媒体与

---

① 《新京报奖励公众号“政事儿”团队五万元》，http://toutiao.com/i6200256015898460674/。

传统媒体的传播特性，对传播内容与方式、传播效果与影响力、与受众和用户互动情况等分别制定详尽的评价指标，规范化管理。

（二）新传播技术引领融合发展，媒体进行新表达方式探索

可穿戴设备、人工智能技术、无人机、大数据、H5 页面等新传播技术与新闻生产的结合改变了媒体生态。首先，技术丰富了新闻信息产品形态，用户收获全新信息体验。在 2016 年“两会”报道中，媒体通过使用虚拟现实软件和 360 度相机进行了全景报道“两会”的创新。通过虚拟现实设备，普通网民在线可以直接收听部长观点，同时 360 度参观会场，获得身临其境之感。而通过《人民日报》、新华社、央视新闻等中央级主流媒体客户端还可以收看微视频甚至通过视频直播栏目收看“两会现场”实时画面，真正拥有参与感。其次，国内媒体引入机器人写稿，使新闻生产主体更加多元，在一定程度上解放了人力，提高了工作效率。最后，场景元素加入到微传播中，可视化新闻成为媒体新宠。在 2016 年“两会”报道中，一些添加了生活场景的 H5 页面受到了用户青睐，得到用户的大量阅读、点赞、评论、转发，具有极佳的传播效果。如《人民日报》全媒体平台的探索提供了范例，其在微信公众号推出了 H5 页面《傅莹邀请您加入群聊啦》和《北京的哥“舌战”五部长》。前者通过微信群聊的形式将十二届全国人大四次会议新闻发布会的内容进行了推送，让用户拥有了与新闻发言人傅莹共同身处一微信群的参与感，对发布会的内容更加重视和仔细阅读。后者模拟打车软件的使用情景，将与百姓相关的“两会”信息通过五位部长与出租车司机对话的形式一问一答体现，具有较强的贴近性。未来，新传播技术将会继续深刻影响新闻信息产品的生产与呈现，进而影响媒体发展。媒体需要及时更新技能，提高技术水平，拥抱、掌握新技术，从而通过技术打造具有传播力和影响力的新闻产品。

新媒体平台的传播力与影响力需要大量保持高黏性的用户，因此满足用户的需要，提供个性化和垂直化服务尤为重要。而媒体的社会化特征也成了影响媒体发展的重要因素之一。互联网使网络互动成了一种新的沟通方式和分享方式。根据企鹅智酷发布的 2016 版《微信数据化报告》数据显示，资讯成为用户关注公众号的第一大需求，社交网络成为第二大新闻渠道。有价值、趣味性

和情感触动是引发媒体文章被转发的重要因素。① 网络去中心化的传播范式使媒体需要拥抱用户，通过增添社交属性增加传播力。

多屏时代媒体矩阵化发展，媒体生态系统的建立是融合发展的路径选择之一。媒体形成多产品集群，通过全终端覆盖推广反哺新闻内容。例如，媒体通过覆盖 PC 端、移动端、电视端等使用户在使用任何终端时均能接收信息，实现全平台推广。而根据不同终端生产的差异化信息产品满足了用户的不同需求。

（三）探索多元经营模式，建设与完善媒体融合评估和新媒体监管制度

在融合发展中，媒体可以通过广告、电商、增值服务等多元商业模式和多产业发展拓宽盈利渠道，获取商业价值。通过打造内容品牌和媒体形象，延续和重构媒体的公信力和影响力，通过媒体的品牌价值获利。同时综合运用技术手段进行运营创新。例如建立用户资料数据库，以大数据分析用户新媒体使用习惯和网络习惯，勾勒用户画像，从而更加精确地进行广告投放。值得一提的是，在实际操作中，采编系统与经营系统的分开与独立是媒体进行商业运作的前提。在资本方面，作为一项复杂的工程，媒体融合发展需要大量的资金作为后盾，因此，在资本运作上，媒体可以通过上市、收购等方式引入资本支持。

建立媒体融合效果评估体系，为评估现有媒体融合工作提供客观、科学、全面的标准，同时有利于保留现有媒体融合工作优势，改进工作不足，进一步推进媒体融合工作开展。进行新媒体监管法制建设，不断提升监管水平。2015 年是新闻版权保护的关键年，国家通过一系列行动对媒体版权资源进行了保护。2015 年 12 月 1 日，国家版权局与世界知识产权组织签署版权合作备忘录，巩固和加强了中国同其他国家在版权领域的合作。同年 12 月 22 日，国务院发布《关于新形势下加快知识产权强国建设的若干意见》。国家发布知识产权强国建设若干意见，有利于我国展开版权强国之路。通过不断完善现有法律和监管制度，通过法律等方式制裁版权侵权和盗版行为，有利于维护《著作权法》的权威，为版权提供法律和制度保障。

① 《2016 最新版微信影响力报告 61.4% 的用户必刷朋友圈》，http://mt.sohu.com/20160323/n441718246.shtml。

B.5

2015年中国互联网国际舆论研究报告

刘鹏飞　张 力　周亚琼*

摘　要：　2015年，我国影响力逐步提升，互联网国际舆论热点频现，国际传播能力建设目标与使命提上日程。我国领导人多次出访，树立大国形象，“讲好中国故事”“一带一路”成为国家“名片”。国际舆论格局变化，受众互动能力提高，媒体议程设置弱化，移动端多元解读出现。资本、技术、产业和受众对国际媒介融合趋势作用凸显。未来需要加强新媒体国际传播力和效果评估体系建设，加强境外媒体布局、推出适销对路内容，学习国际经验，培养一流人才。

关键词：　互联网　舆论　国际传播能力　媒介融合

一　概述

回顾2015年，国际舆论对中国关注度明显上升，国内、国外两大舆论场的连接互通性不断增强。2015年是全球治理变革的重要一年，国际秩序和规则深刻调整，全球地缘政治经济格局加速演变，世界经济弱复苏势头仍在延续。党的十八届五中全会提出了“十三五”规划建议，经济发展进入新常态，各领域改革持续深入推进，处于上升期和转型阶段的中国受到全球瞩目。

2015年5月，习近平总书记就《人民日报》（海外版）创刊30周年做出

* 刘鹏飞，人民网舆情监测室副秘书长、人民网新媒体智库研究员；张力，人民网新媒体智库研究员；周亚琼，人民网新媒体智库助理研究员，学术秘书。

重要批示指出，希望海外版用海外读者乐于接受的方式、易于理解的语言，讲述好中国故事，努力成为增信释疑、凝心聚力的桥梁纽带。这对我国国际舆论场研究也具有重要意义。中国媒体、企业、驻外机构和数亿网民成为“讲好中国故事”的核心群体和推动者，国际新闻中的中国身影以及中国新闻的国际反馈则是国际舆论场的重要热点。

CNNIC 报告显示，截至 2015 年 12 月，我国网民规模达 6.88 亿，互联网普及率为 50.3%。全球网络技术和信息流通，进一步改变国际舆论格局。微博、微信、客户端、微视频等移动新媒介加速发展。以专家、学者、各界人士乃至草根评论员等个体加入对信息的传播和解读，促进了国内外信息互联互通，形成议程设置、升级和转移的现象。国内外话题促使我国网上国际舆论场的成型与成长。

二　互联网国际舆论场的形成

通讯社以及传统媒体承担着“向世界传播中国”和“向中国报道世界”两大任务。但在今天，我们看到国内、国外舆论相互渗透的现象愈发明显。新媒体不仅扩展了国际舆论信息流通的带宽，也在不断开拓新的传播路径。国内网民在关注国际新闻的同时，也更加关注国外如何看待中国。

（一）中国国际影响力逐步提升

首先，作为全球第二大经济体，我国经济的改革与发展状况备受舆论关注。尽管主流舆论认为“经济下行压力不断增大”，但 2015 年国际舆论对我国经济改革决心和成效也给予了肯定。“互联网 +”“创客”“中国制造 2025”等系列新提法成为改革创新的“集结号”，股市、房地产与人民币话题也成为重要的话题。

其次，国家社会治理同样也是引发国际舆论关注的内容。据对外传播研究中心统计，在外媒关于党的十八届五中全会“十三五”规划建议的报道中，近八成内容为全面实施“二孩”政策。面对世界经济弱势复苏充满不确定因素，外媒同样关心我国该如何调整国家经济和社会发展方向，如何应对深化改革过程中出现的各种矛盾和问题。

最后，外交积极参与和国际地位上升提高了中国话题关注度。首先，在经济转型发展、巴黎气候变化大会、国际合作反恐等对全球传统和非传统安全挑战、重大国际和地区问题方面，外界对中国的作用和表现有所期待。我国外交更加积极进取，展现了更多的塑造意识、参与意识和全球治理意识，这在我国领导人近年一系列重大外交行动中得到鲜活体现。

（二）世界多极化趋势逐渐增强

国际局势的变化客观上促使了国际舆论对中国外交态度、行为乃至策略的讨论。首先，2015 年被认为是“国际秩序年”，大国围绕国际秩序特别是制定国际经贸新规则的博弈全面展开。我国提出“一带一路”倡议，支持亚投行的成立。美国积极推进 TPP（跨太平洋伙伴关系协定）与 TTIP（跨大西洋贸易与投资伙伴关系协定）建设。

其次，极端主义思潮影响上升、恐怖主义对和平生活的威胁增大。欧洲难民危机、“伊斯兰国”问题、叙利亚危机、俄罗斯客机被击落、巴黎恐怖袭击、美国南加州发生枪击案等暴露出深层次矛盾。

最后，中东失序、朝核问题、南海问题等折射了大国关系调整，战后世界格局正发生微妙变化。从世界范围看，美国、日本等影响力相对下降，欧盟面临着难民、债务危机、内部关系等困难，中国、印度等新兴经济体保持发展，世界向多极化进一步发展。在国际舆论场，西方仍然占据着话语主导权，但世界对中国的关注度在逐步提升。

（三）中国互联网国际舆论场热点

梳理 2015 ~ 2016 年中国互联网国际舆论场热点发现，舆论场内讨论的新闻话题包括：一是由我国主导发生的国际事件或者国际话题，二是在国际舞台上涉及中国或者广大华人的时事热点。在本研究中，我们将两者称为“国家涉外事件/话题”以及“国际涉华事件/话题”。以下罗列出 2015 ~ 2016 年中国互联网国际关注的排名前 20 的热点事件（见表 1），例如“一带一路”愿景发布、习近平出访美国等事件属于国家涉外事件，人民币被批准加入 SDR、屠呦呦获诺贝尔奖、TPP 谈判达成协议等国际热点在不同程度上牵涉中国。

表 1　2015 年中国互联网国际关注的热点事件排行

单位：条

序号	事件	时间	新闻	微博	热度
1	“一带一路”愿景发布	2015 年 3 月 28 日	346246	23626	249460. 0
2	中国股市走势引关注	2015 年 7 月 2 日	282222	80420	221681. 4
3	欧洲难民危机引发国际关注	2015 年 9 月 2 日	279098	24932	202848. 2
4	第二届世界互联网大会	2015 年 12 月 16 日	253368	15386	181973. 4
5	IMF 正宣布人民币加入 SDR	2015 年 12 月 1 日	244215	14577	175323. 6
6	法国巴黎遭遇恐怖袭击	2015 年 11 月 14 日	220835	10346	157688. 3
7	“习马会”在新加坡举行	2015 年 11 月 7 日	191589	10151	137157. 6
8	习近平访美并出席联合国 70 周年峰会	2015 年 9 月 23 日	144604	10220	104288. 8
9	李光耀去世	2015 年 3 月 23 日	131516	29369	100871. 9
10	TPP 谈判达成协议	2015 年 10 月 5 日	125668	7437	90198. 7
11	美国大选	2015 年 4 月 13 日	119387	9068	86291. 3
12	土耳其击落俄战机	2015 年 11 月 24 日	107738	22049	82031. 3
13	法国一杂志社遭恐袭	2015 年 1 月 7 日	106000	20112	80233. 6
14	屠呦呦获诺贝尔奖	2015 年 10 月 5 日	101427	17493	76246. 8
15	习近平访问俄罗斯并出席红场阅兵	2015 年 5 月 8 日	93700	20197	71649. 1
16	美国科学家发现引力波	2016 年 2 月 11 日	94060	3100	66772. 0
17	国际足联反腐事件	2015 年 6 月 3 日	85400	9019	62485. 7
18	香港政改方案	2015 年 6 月 18 日	78215	2168	55400. 9
19	俄军空袭叙利亚 IS	2015 年 9 月 30 日	73970	9604	54660. 2
20	习近平访问英国	2015 年 10 月 20 日	57789	2578	41225. 7

注：本表通过人民在线综合管理系统为主要搜索途径，统计每个事件相关的新闻量（网络新闻与传统报刊）与微博信息量；本表数据检索事件范围为 2015 年 1 月 1 日至 2016 年 3 月 1 日；本表以新闻量、微博信息量 7∶3 的比例进行加权累计，并进行热度排行。热度值算法公式为：热度 = 新闻 ×0. 7 + 微博 ×0. 3。

资料来源：《2015 年国际舆论对华关注点分析》，中国网，2015 年 12 月 23 日，http：//www. china. com. cn/news/world/2015 - 12/23/content_ 37380374. htm。

三　国际舆论场舆情结构与特征

经过对我国互联网国际舆论场中 2015 年 1 月 1 日至 2016 年 3 月 1 日期间的 105 件热点事件以及话题进行梳理，研究发现以下特点。

（一）时间分布

2015~2016年国际舆情地图显示，2015年上半年我国互联网国际舆论热度在中低位水平保持震荡，但在“美联储启动近十年来首次加息”“欧洲难民潮”“法国巴黎遭遇恐怖袭击”等重要议题以及我国领导人出访方面，2015年第4季度国际舆论场热度到达峰值（见图1）。

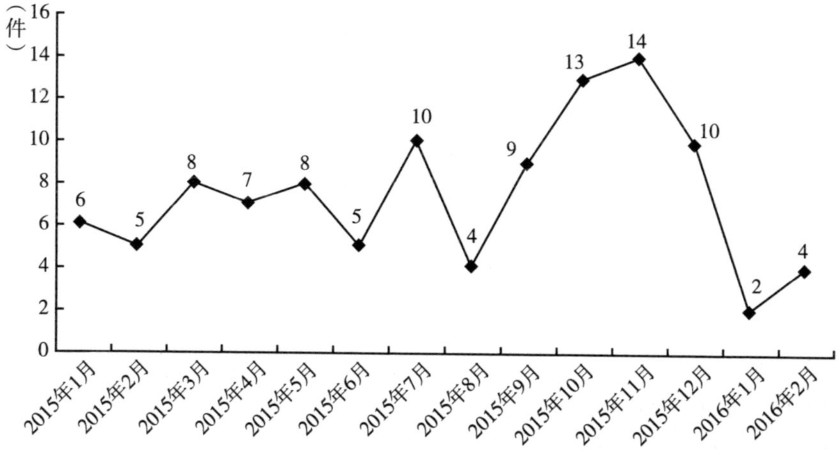

图1　2015~2016年国际舆情热点时间分布

（二）空间分布

从国际舆论场的地区分布来看，对舆论热点的影响非常大。我国地处亚洲，周边区域都出现了丰富的热点话题，内容涉及政治、经济、外交、人文交流等。此外，难民问题、恐怖袭击、希腊危机等较为负面的话题使欧洲在我国国际舆论场中的热度排至次席。国际性话题占比也接近15%，仅次于亚洲大陆，而且高于世界其他国家和地区。“一带一路”倡议、国际货币基金组织宣布人民币将加入SDR等与中国高度相关的话题成为持续性热点（见图2）。

（三）领域分布

对2015~2016年度国际舆论场的热点事件与话题归类统计发现，国家领导人动态、国际关系、突发事故、全球经济以及恐怖主义属于热门领域。高层

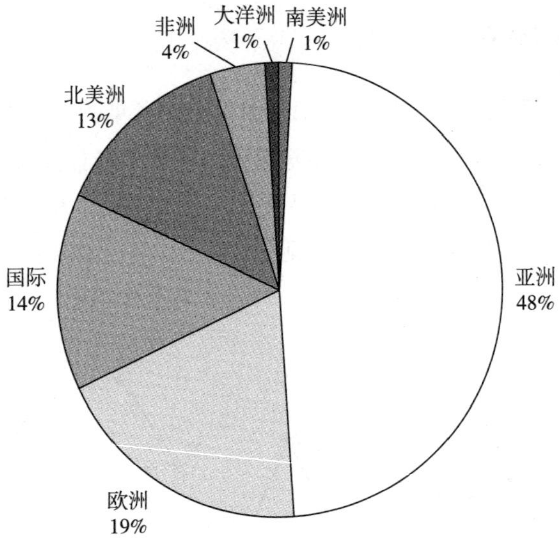

图2　2015～2016年国际舆情热点地区占比

领导人动态、多边关系与全球经济往往具备较强的关联性。此外，旅游方面的热门事件并不少，中国人在海外旅游也容易形成新闻话题，国内外都出现涉及不同国籍人群形象“偏见地图”等流行传播话题和现象，体现了国际网络舆论对各国国民海外形象的关注（见图3）。

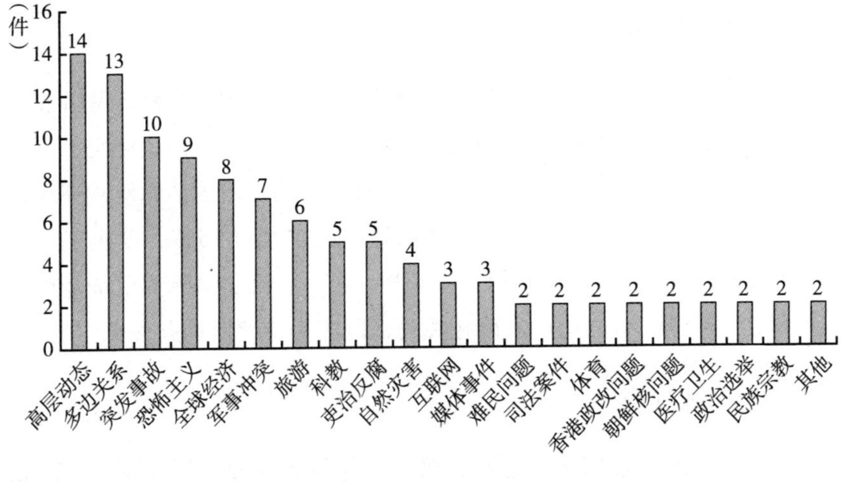

图3　2015～2016年国际舆情热点领域分布

（四）国际关注的国家涉外热点与国际涉华热点

从抽样统计来看，国际涉华热点占比高于我国国家涉外新闻（见图4）。在国际涉华新闻方面，主题丰富多元，包括与中国息息相关的国际经济热点（美联储加息、IMF批准中国加入SDR）、时政社会热点（美国大选走势、叙利亚危机）、国际问题（难民问题、恐怖主义问题）等。相比之下，国际关注的国内涉外热点主题主要以领导人出访以及由我国主办或参与的国际性活动为主（见表2）。

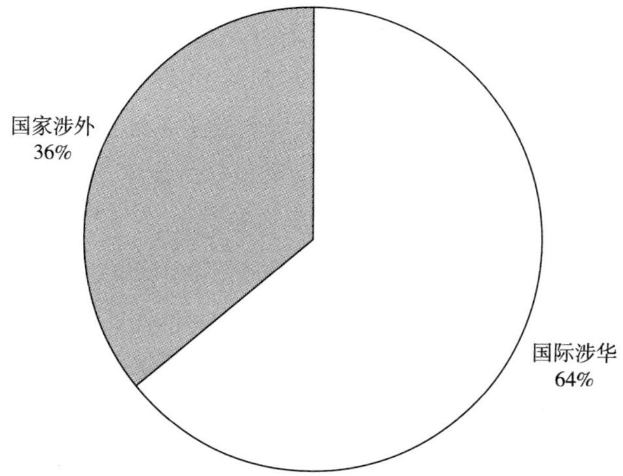

图4　国际关注的中国国家涉外热点与国际涉华热点占比

表2　2015～2016年国际关注的国家涉外热点事件

单位：条

序号	事件	时间	新闻	微博
1	“一带一路”愿景发布	2015年3月28日	346246	23626
2	中国股市走势引关注	2015年7月2日	282222	80420
3	第二届世界互联网大会	2015年12月16日	253368	15386
4	“习马会”在新加坡举行	2015年11月7日	191589	10151
5	习近平访美并出席联合国70周年峰会	2015年9月23日	144604	10220
6	习近平访问俄罗斯并出席红场阅兵	2015年5月8日	93700	20197
7	香港政改方案	2015年6月18日	78215	2168
8	习近平访问英国	2015年10月20日	57789	2578
9	北京申冬奥成功创历史	2015年7月31日	52975	9080
10	习近平出访越南、新加坡	2015年11月5日	54588	4682

在国际互联网时代，如何利用新媒体做好对外传播，探索和创新方式和手段，“讲好中国故事”，提升国际传播能力和国际话语权，成为当前国家对外传播的路径选择之一。新媒体在很多领域都有所表现。

（1）外事活动，社交媒体互动传播效果良好。比如，习近平主席访美、奥巴马访华，“庄园会晤”“瀛台夜话”“Facebook 主页”等在网上受到关注。习近平主席访英期间与英国首相卡梅伦在酒吧小聚。网上流传颇广的段子称：“60 多岁推销员深夜英国酒吧和客户‘拼’酒”，“我们年轻人不努力说得过去吗?”李克强总理发起“高铁外交”，也和“乒乓外交”“熊猫外交”一样在民间受到关注。据人民网新媒体智库统计，2015 年习近平主席出访屡次占据微博话题榜首，微博话题“#跟着习大大去美国#”阅读量高达 5.3 亿次，“#习近平出访英国#”阅读量超 1.8 亿次。“丽媛 style”是舆论追踪焦点，时尚、公益类话题占据主导地位，还涉及着装风格与搭配，赠送礼物等，国家软实力得以提升，吸引了大量评论。

（2）内容为主、渠道为王，形成立体传播。2015 年“8・12”天津特大火灾爆炸事故发生后，人民时评《应对突发事件，“信任共同体”很重要》第一时间在《人民日报》落地，《法制日报》等 12 家纸媒转载。人民网阅读量 58 万次，370 多家资讯类网站转载，国内各大客户端有几十万的关注量。同时，海外社交媒体四个小时就有 27 万的关注量，《华尔街日报》网站等全文转发，改写了《人民日报》的报道，以第三方视角转述“没有理由在天津港爆炸中搞庇护”态度。纽约的律师、CNN 的主持人等国外人士纷纷转载，及时有力地传递了中央“一查到底绝不手软”的决心。

（3）有担当、有底气，共建大国形象。2015 年 3 月底 4 月初，“也门撤侨行动”引起海内外大量关注。“@人民日报”从“中国价值”着眼，将“讲信义、重情义、救危难、树道义”的撤侨行动提升到价值观层面。“@中国日报”极具国际视野，将各国对中国撤侨行动的评价在微博中传播。有网民称看到乘坐护卫舰的中国公民吃八菜一汤喝啤酒，水兵们吃罐头咸菜，“@新华网”制图出面辟谣，被“@人民网”等转发。相比之下，“@军报记者”以专业负责态度，用 3 个关键数据解读海军第二批撤侨行动。同时来自网民的关注也推高了也门撤侨的舆论热度，将有担当、有底气的大国形象传播出去。

（4）宏大叙事兼顾个体，凝聚共识传递“好声音”。“9・3”阅兵集聚了国内外众多主流媒体的目光，成为公众了解新闻时事的重要信源。阅兵结束后，“盘点阅兵之最”“阅兵十大瞬间”等主流媒体总结以及盘点类帖文受到热捧，同时，一些“揭秘”军人训练艰辛的“两微一端”帖文增多，“老兵接受检阅”成为亮点。“这盛世如你所愿”，“@周顾北的周”所发一条带有周恩来总理老照片的微博，被转发超过百万次。新媒体“9·3”阅兵纪念活动通过前期推介、同步传播、后期解读，实现了有效的信息全覆盖。

四　国际舆论场发展特点

（一）受众特点

1. 媒体议程设置能力有所下降，受众需求更为多元化

国内网民对国际新闻的关注受媒体议程设置的影响较大。但近年来，伴随信息传播渠道的丰富以及受众自主性的增长，国际新闻需求有所上升。以2016年2月在香港发生的旺角事件为例，百度指数显示，在事件发生后，代表新闻热度的“媒体指数”呈逐步上升、然后持续再回落的态势。但是在网民搜索指数方面，事件发生之初便出现急速攀升然后回落的趋势，与媒体指数展现的曲线并不完全一致。再如，2015年12月初，国际货币基金组织正式宣布，人民币将于2016年10月1日加入SDR（特别提款权），在国内网络舆论中引起巨大反响，网民搜索量迅速升温后回落。但相关媒体报道相对稳定，半个月内经济话题热度仍维持在一定水平。

2. 受众互动能力有所提高

伴随双边关系的多元化，我国网民对国际新闻已不仅仅停留在关注的层面。国际事件对双方经贸、旅游等方面的影响，成为受众对国际新闻关注的动机，也促使我国网民在关注国际新闻时互动性的增强。以2015年4月发生与尼泊尔的8.1级地震为例。地震发生后，“200多华人等待救援”与“中国组织华人撤离”成为国内网民与媒体的主要关注点。此外，通过分析发现，“尼泊尔旅游”“尼泊尔地震还能去吗”“汶川地震”“唐山地震”都成为主要搜索需求之一。数据背后，一方面是网民对尼泊尔存在巨大的旅游需求，另一方面，地震相关事件、背景知识需求也促使网民主动搜索（见图5）。

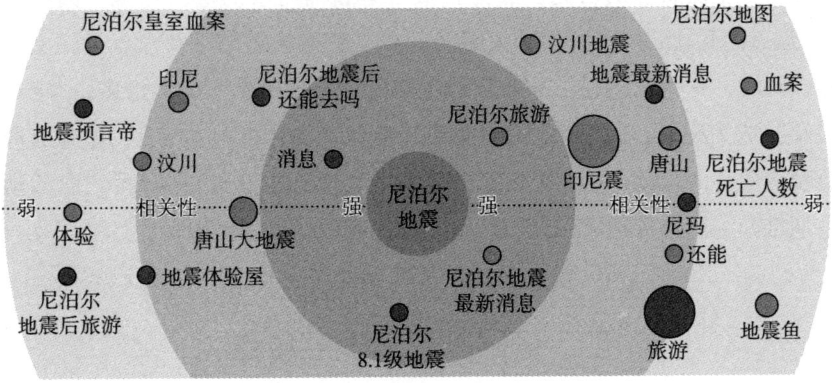

图5　尼泊尔8.1级地震需求图谱

资料来源：百度指数。

（二）传播手段

1. 移动端多元解读，延伸媒体议题

中共中央总书记、国家主席习近平于2015年11月7日下午同台湾地区领导人马英九在新加坡会面，就进一步推进两岸关系和平发展交换意见。“习马会”受到全球媒体，特别是大中华地区媒体和网民的高度关注。

移动舆论场主要关注五大方面：“习马会”举行时间节点、选在新加坡的原因、会谈内容、对两岸的影响、历史意义等。在移动平台，澎湃客户端推出手机专题，涵盖“最新消息”“反响”“解读”三大板块，对习马会的主题、背景、延伸历史进行了全面梳理。《人民日报》（海外版）的“侠客岛”文章《“习马会”的玄机》阅读量达到“10万+”次。与此同时，一些海外媒体文章也经由微信、微博、微视频和客户端扩散。

2. “微话题”议程设置效果显著，成网民参与互动平台

2015年习近平主席出访的相关话题屡次占据新浪微博话题榜榜首。一方面，由“@央视新闻”“@人民日报”等相关微话题及时发布新闻，不断跟进出访热点，在议题上力求全面，涵盖范围广，涉及多样，吸引网民眼球。另一方面，微博互动性、大众化、草根化等特点，在领导人出访讨论中也有所呈现，网民积极发声，形成多角度、多层面、多维度的讨论和

关注。

社交媒体的力量对国际议题形成和舆论走向均发挥了重要作用。2015年巴黎暴恐事件发生后，路透社国际版文章《中国展示其不寻常的反恐行动照片》称，“中国媒体利用巴黎恐怖袭击煽动国内民族情绪”，立即引起我国网友的批评。有网友反问，当世界上一些地方发生危险后，希望第一时间看到政府标题和防暴部队行动的呼声并无错误，并对路透社缺乏新闻采访“客观性”“平衡性”原则提出质疑。大量网友对路透社在反恐问题上的双重标准表达不满，微信上出现“一名中国网友致路透社的公开信”等多种方式的抗议。

3.“三微一端”边界打通，多元解读汇聚信息观点

微博、微信以及客户端被称为传统的“两微一端”，2015 年微视频突破了PC 端的束缚，借助各种客户端独立出来，并通过微直播、打赏以及弹幕等方式形成影响力，加入“两微一端”，从而形成了“三微一端”新格局。难以抵挡的强大人际关系网络，社交媒体信息观点相互流通、交换和扩展，加速扩散。比如，天津港“8・12”特大火灾爆炸事故现场，微视频成为公众第一时间获取消息的重要来源，惨烈的画面以及震撼的声音冲击着电脑前和拿手机的网友，弥补了事故发生后到官方消息出现前的信息真空。

2015 年 5 月 9 日，习近平出席俄罗斯纪念卫国战争 70 周年庆典和红场阅兵活动。网友对此关注度也极高，尤其是对出席阅兵活动的解放军三军仪仗队的威武英姿拍手称赞，称其为“中国第一天团”。早在正式阅兵前，彩排视频通过“三微一端”被热转，部分媒体对这支解放军仪仗方队如何炼成，他们如何拉近中俄民众感情等做了详细介绍。该现象也被诸多境外媒体发现和放大。美国《纽约时报》网站报道称，在出席阅兵式的世界领导人中，中国国家主席习近平“地位最为突出”，“军事强国”的形象在境内外媒体表述中被突出。

（三）传播效果

1.“一带一路”成为中国国际形象新标签

2015 年 3 月底，国家发改委、外交部、商务部联合发布《推动共建丝绸之路经济带和 21 世纪海上丝绸之路的愿景与行动》（以下简称“一带一

路”)。“一带一路”引发境内外政要、媒体和学者的关注与解读，引起国际舆论长期聚焦，成为我国的国际新名片之一。一方面，“一带一路”成为中国外交的聚焦点，有助于拉近欧亚国家关系，促进国际合作、交流与和平发展。另一方面，“一带一路”成为舆论探讨国际合作的切入点。2015年8月中旬，中国与泰国的铁路合作商谈取得实质性进展，引发亚洲媒体关注。

2. 中国领导人出访树立大国新形象

2015年，习近平主席出访的国家高达14个，覆盖美洲、亚洲、欧洲以及非洲四大洲。国家领导人积极的对外交流态度，推进了国际舆论对中国的了解，进一步改善和提升了中国在国际舞台上的形象。例如，俄罗斯《导报》认为，“习奥会”是2015年世界政治中最重要的事件之一。领导人积极的外交态度，受到国际舆论的关注。2015年，我国在网络安全、全球气候、反恐等全球性议题的立场越发受到外媒关注。例如，美国《赫芬顿邮报》、《石英》杂志、英国广播公司、法新社等文章认为，习近平主席在联合国峰会发表多次讲话，表明中国在很多问题上都发挥着重要作用。巴黎气候大会期间，中国对维护和平、鼓励全球发展及支持减少气候变化的努力做出了新的承诺，国际主流媒体也对中国的减排努力表示肯定。

3. 部分西方媒体对中国偏见有所化解

长期以来，人权、言论自由、生态环境等方面都是外媒批评中国的常见话题。但伴随中国的和平崛起，国际舆论对中国的误解也有明显的缓和。比如，《纽约时报》2014年曾经发文称中国在非洲的投资为“狂野突进”；还有媒体称中国投资非洲是为了获取非洲的自然资源，是“新殖民主义”。对此，如世界银行、布鲁金斯学会、威廉玛丽学院援助的数据项目，以及美国皮尤研究中心的研究结果都给出了答案：第一，中国海外投资主要是利益驱动型投资；第二，中国的投资约占非洲直接投资存量的3%；第三，中国在非洲投资不局限于资源领域，服务业和制造业投资与日俱增；第四，中国企业越来越重视投资的多重社会效应；第五，超七成非洲受访者对中国投资点赞。①

① 严言：《中国在非洲投资的五大真相》，《国际金融报》2015年9月7日，第3版。

五 互联网国际舆论场发展趋势

（一）资本：全球传媒资本争夺与洗牌

2015 年 7 月，英国培生集团公司以 12.9 亿美元价格将英国《金融时报》出售给日本媒体《日本经济新闻》。此外，英国培生集团控股的《经济学人》杂志也传出被收购的消息。另据《华尔街日报》报道，南华早报集团有限公司于 2015 年 12 月 14 日表示，阿里巴巴集团将出资 20.6 亿港元收购其媒体资产，包括该公司旗舰产品《南华早报》。在新的国际舆论形势下，我国资本在国内，乃至在国际传媒产业和互联网信息产业的作用，不仅左右着我国整个传媒行业的发展，也成为影响互联网上国际舆论场发展的重要力量。

（二）技术：新媒体国际影响更为直接

2015 年 1 月初，美联社通过自动化系统发布了题为《苹果第一季度营销超华尔街预测》的报道；2015 年 7 月，腾讯依靠机器人系统撰写了标题为《8 月 CPI 涨 2%　创 12 个月新高》的报道。包括我国在内的全球多家新闻机构以及互联网公司都表示正在试行机器人写作。新技术在信息供给侧将逐渐释放影响力，而不仅仅局限于内容完成后的传播与再创作过程。此外，无人机拍摄、全景记录、智能穿戴等高新科技，都对内容的制作产生巨大影响。同理，中国互联网国际舆论场的内容由谁来制造、如何制造，成为基础层面最值得关注的问题。

（三）产业：国际产业化发展趋势加快

诞生于日本的“二次元”文化，已经通过漫画、动画、游戏、视频弹幕乃至日常网络沟通的表情符号等多个方面，打造出完整的产业链，对中国互联网环境中的年轻一代产生巨大影响。这也是全球化过程中文化交流与传播的结果之一。中华民族的传统文化能否在海外发扬光大，能否形成有价值与影响力的文化产业，中国互联网国际舆论场便是试金石。

（四）受众：国际受众范围不断扩大

我国互联网国际舆论互动的大众参与者不仅具有我国网友热情的互动风格，也包含了传统的国际新闻受众的保守特征，其独立性、互动性以及广泛性都会愈发显著。网民对新闻的好恶愈发明显，而且在信息获取渠道逐渐丰富的情况下，主流媒体在国际舆论场的议程设置能力将受到挑战。此外，微信、微博，乃至我国媒体的海外发展，也促使更多海外华人、留学生以及国际人士，参与到互联网国际文化交流和公共外交中来。

六　国际舆论传播挑战与应对

（一）我国新媒体对外传播仍处弱势地位

尽管近年来我国媒体的国际传播能力建设不断取得新成果和长足的进步。但是，从国际舆论场整体来看，“西强我弱”的基本格局并未有丝毫改变。无论从主流媒体、市场化媒体，还是互联网新媒介形态来讲，都存在巨大的上升空间。

1. 我国媒体纷纷布局海外社交媒体账号和平台

《人民日报》于 2011 年 5 月在 Facebook 注册账号，共有“@ 人民日報 People’s Daily”和“@ People’s Daily，China”两个账号，分别用中文繁体和英文进行内容发布。新华社于 2012 年 2 月 9 日开设 Twitter 账户“@ XHNews”，2015 年 3 月，新华社在海外社交媒体平台的官方统一账号“New China”正式运行。此外，活跃在 Facebook 上的中国媒体还有中央电视台、新浪网、《中国新闻周刊》等。微信（WeChat）也拥有大量国外用户。未来，国际舆论竞争中，我国媒体账号需要不断提升粉丝量、活跃度和运营能力。

2. 中国媒体境外社交媒体运营能力仍然欠佳

近年来，有不少研究者做了大量国际新媒体报道的比较研究。比如，有文章以 2013 年 4 月 20 日四川雅安芦山县 7.0 级地震在 Twitter 上的传播情况为研究对象①，对比了新华社官方账号和 BBC 官方账号传播情况。后者原创推文的

① 李韧、李玲：《中国媒体对外传播的“推特方案”》，《青年记者》2014 年 5 月 9 日。

转发评论量超出了新华社微博。

为此，综合有关观点，之所以我国媒体境外账号运营表现较弱，其原因可能包括：第一，在境外社交媒体舆论场上，西方主流媒体得天时地利，公信力和影响力遥遥领先。第二，传统媒体如果仍在新媒体中沿用较为落后的新闻报道模式，将造成“刻板印象”而失去粉丝。第三，媒体工作者不适应境外舆论场语言逻辑。在境外社交媒体上发言、与网友互动、吸引粉丝等行为的前提，是对西方文化的理解。若不能恰当处理中外文化间的差异和冲突，其传播内容就很难在境外媒体上引起共鸣。

（二）加强新媒体对外传播力建设，努力“讲好中国故事”

1. 进一步加强境外媒体布局

境外社交媒体上国内声音的微弱，使得大量负面信息和评论不断滋生。加强新媒体对外传播能力建设，首先要积极推动体制内政府部门、机构、媒体、企业以及重要人士在境外社交媒体开设账号，建设专业运营团队，形成持续、稳定发布的态势，并逐步形成独特风格，拥有数量可观、增长稳定的粉丝群体。尤其是在各类重大突发事件中形成合力，推动真实声音的传播，对冲偏见，抵制谣言。

其次，要重视 Facebook 和 Twitter 以外的多元化、立体式的境外社交媒体。当前，国内重视的境外社交媒体是 Facebook 与 Twitter，但来自清华大学的调查发现，LinkedIn 等也是亚洲地区华语青年较常使用的社交媒体。因此，应扩展在 LinkedIn、Instagram 等境外社交媒体的重视程度，加强新媒体建设和引导，鼓励国内相关机构开设账号，从而更好地进行舆论引导和形象传播。

2. 吸引境外舆论场新生力量

境外舆论场中的年轻队伍是境外社交媒体布局的有力支撑和补充。海外留学归国人员、留学生、海外华人华侨、喜欢中国的外国人士等，都是国际舆论场的重要人群。有调查显示，Facebook 境外社交媒体在中国留学生中流行度颇高，是他们进行社交的重要平台。留学生们回国后，仍会登录境外社交媒体。且有数据显示，超过 81% 的留学生登录 Facebook 等境外社交媒体的主要目的是与朋友互动，具有很大的话题潜质和能力，他们能够传播更加真实、生动的中国人日常生活内容，在传播上常常占据主动权。因此，要吸引具有境外社交媒体使用经验和兴趣的部分青年和留学生加入国际传播事业，与体制内账号形成互动，共同传播我国真实的形象。

3. 生产适销对路的国际传播内容

近年来，网上出现不少让不同国家的民众和网友喜闻乐见的新闻产品和微视频。比如，“复兴路上工作室”2015 年推出的习近平主席出访之万隆篇、巴基斯坦篇、俄罗斯篇、美国篇、英国篇、非洲篇、“十三五之歌”等，选题与呈现方式屡屡突破常规思路，受到国内舆论颇多好评。对此，我们首先要善于运用适合新媒体平台的传播元素。同时，国际传播还要善用适合新媒体平台的呈现方式，如高清图、GIF 动态图，小视频、H5 页面等，都是网友们最乐于传播的形式。

4. 进一步推广国内主流社交媒体

在使用新媒体进行对外传播的过程中，港澳台地区网友的习惯是不能忽视的方面。通过微博、微信等社交媒体在港澳台地区推广，推送反映内地真实情况的讯息，有利于逐步消解偏见，构建和谐发展的中国形象。新浪微博 2012 年底在台湾推出繁体版，以减少网友的使用障碍；微信从 3. 0 版本开始，支持繁体字的使用。同时，微信（WeChat）、微博（Weibo）等社交媒体拥有庞大的国内外用户数量，其英文版在境外的推广，有利于提升中国话题的热度，构建更为多元与合理的国际社交媒体格局。因此，推动国内社交媒体走出国门，是提升新媒体对外传播能力的重要举措。

5. 建设国际传播效果分析评估体系

新媒体对外宣传能力的提升，可依托第三方专业机构，加强对我国新媒体境外传播力评估分析，提升新媒体海外传播策略。比如，境外社交媒体上中国形象的构建情况，包括境外主要媒体对中国形象的报道情况、对中国新媒体使用情况的报道和舆论反馈等。在技术方面，依托最先进的大数据分析平台，依托成熟的短文本聚类技术、多语种分析技术、情感识别技术等，为媒体建立国际传播影响力智能分析评估体系。

6. 学习优秀国际媒体的成功发展经验

鉴于互联网对传统媒体的冲击，利益冲突、意识形态差异等诸多因素，国际媒体发展模式更为复杂多样。同时，境内外舆论和资本互通的趋势也愈发明显，媒体与互联网企业国际化趋势不断加强。批判借鉴和学习优秀的国际媒体成功经验，对增强我国媒体国际竞争力、改善国际社会对中国的正确认识都大有裨益。通过不断总结、取长补短，迅速提高新闻工作者策划报道能力和新媒体技术专业素养，增强我国国际话语权、自信心，树立良好的国家形象。

7. 加强国际媒介素养教育和人才培养

新媒体时代，组织在国际传播过程中的“把关人”角色弱化。新媒体信息传播的碎片化、无序化不断加剧。要提升新媒体对外传播能力，完善国际媒介素养教育体系势在必行，必须培养一大批国际传播人才和管理人才。同时，不仅需要针对大学生设置国际媒介文化公共课，还需要积极鼓励媒体、政府和企业在职人员学习国际文化和传播技巧，努力推动新形势下我国国际传播事业的不断进步与发展。

B.6
微信谣言传播特征与受众心理机制分析

何凌南　胡灵舒　余丽君　张志安*

摘　要： 本研究通过案例分析、内容分析和问卷调查，探索了2015年4月至2016年3月微信公众平台中谣言的传播特征与受众心理机制，发现多数受众在接触谣言信息时倾向于采取“宁可信其有”的态度，此策略降低了判断能力，使其更易受谣言影响。基于微信等网络平台的新特征，我们认为网络谣言的传播力公式为：谣言传播力＝（事件重要性×事件模糊性）÷（受众控制感×受众批判能力）。

关键词： 微信　谣言　不确定性　控制感　传播动机

谣言通常指一种在人们之间流传但缺乏证实的说法。① 传统媒介生态下，谣言主要是口耳相传。然而，随着网络和社交媒体的发展和融入我们生活，其在带给我们信息畅通和便利的同时，网络公共空间中的虚假谣言也成为难以医治的顽疾。微信公司专门设置了谣言举报功能，同时也开设了“谣言过滤器”公众号，推送辟谣文章来大力清理谣言。

不过，谣言的长期存在有其必然性，因为其暗符了人们的特定需求。20世纪40年代，美国学者奥尔波特研究了战争时期的谣言，将谣言传播公

---

* 何凌南，博士，中山大学传播与设计学院讲师、大数据传播实验室副主任；胡灵舒，广州日报社全媒体新闻中心数据新闻编辑；余丽君，中山大学传播与设计学院本科生、大数据传播实验室成员；张志安，中山大学传播与设计学院院长、大数据传播实验室主任。

① 〔美〕奥尔波特等：《谣言心理学》，辽宁教育出版社，2003。

式总结为：R（谣言的流量、强度）=I（重要度）×A（模糊度）；强调谣言的流行与传播，受事件本身重要性与不确定性的影响。之后，克罗斯进一步将此公式发展为：谣言=（事件的）重要性×（事件的）模糊性÷公众批判能力；[①] 认为谣言的传播不光取决于谣言事件本身，还与受众的认知有关，明确提出了人的因素。后来的学者提出的谣言要素，基本也没有脱离事件和人这个关键点，比如胡钰指出事件本身的反常性，[②] Rosnow 认为，影响谣言传播是重要性、模糊性、焦虑和可信度四个因素，[③] Lee 和 Faye 也都认为，在情境模糊性较高、威胁性或变化性较大时，个体焦虑感更强，谣言更容易产生。[④]

总体来看，谣言得以传播，从谣言事件本身的角度，要具备重要性和模糊性，同时从受众的角度，要具有焦虑感、威胁感。从人的心理机制来看，受众的焦虑和维系感究其动机根源来自不确定性，也就是控制感的缺失。而谣言则是一种不确定性的消除机制，能够暂时增加控制感，这造成了谣言长期稳定存在于人类社会的发展之中的心理动机根源。控制感被心理学家认为是人们生活中最重要、最基本的动机之一，[⑤] 控制感强的人感觉生活中的结果是由自己决定掌控，而控制感弱的人则感觉是由其他人或某因素决定。[⑥] 控制感对人们的

---

① 崔志东：《微信谣言的传播与治理分析》，《青年记者》2014 年第 22 期。

② 胡钰：《大众传播效果》，新华出版社，2000，第 40～45 页。

③ Rosnow R L. "Rumor as Communication: A Contextualist Approach". *Journal of Communication*, 1988, 38 (1): 12-28.

④ Lee M. "Sticks and stones: decision making by rumour". *Society & Business Review*, 2009, 4 (2): 123-132; Faye C. "Governing the grapevine: The study of rumor during World War II". *History of Psychology*, 2007, 10 (1): 1-21.

⑤ Kelley H H. Attribution Theory in Social Psychology. Nebraska Symposium on Motivation. University of Nebraska Press, 1967: 192-238; Langer E J, Roth J. "Heads I win, tails it's chance: The illusion of control as a function of the sequence of outcomes in a purely chance task". *Journal of Personality & Social Psychology*, 1975, 32 (6): 951-955.

⑥ Glass, D. C., & Carver, C. S. "Helplessness and the coronary-prone personality". In J. Garber & M. E. P. Seligman (Eds.), *Human helplessness: Theory and applications*. San Diego, CA: Academic Press, 1980, pp. 223-243; Keeton C P, Perryjenkins M, Sayer A G. "Sense of control predicts depressive and anxious symptoms across the transition to parenthood". Journal of Family Psychology Jfp Journal of the Division of Family Psychology of the American Psychological Association, 2008, 22 (2): 212-221.

身心健康十分重要，做一些有控制感的事情通常让人变得更加健康、更适应环境，[①] 控制感的缺失则会带来抑郁、压力、焦虑等一系列问题。[②] 控制感的重要性，使人常高估自己的控制感，在一些实际无法控制的情景中也感到可控。谣言很好地利用了这种心理，通过虚假的关系连接制造出一种控制感的幻觉。当人们面对失去控制感的情形时，如在战争、灾难、疾病面前，急需获取信息增加自己的控制感，谣言乘虚而入恰恰能满足人们的这种需求。

网络上谣言的盛行，是对线下真实生活中民众普遍焦虑情绪的反应。中国社会也正在经历大规模的城市化、人口迁移、科技和知识更新，以及从传统的熟人社会到现在商业社会及陌生人社会转型，这也衍生了对陌生人的信任危机问题。原来我们生活的农村或小城市，大家彼此熟悉，信任自然地存在于邻里亲友这样的强关系中。而目前，随着人口的大量城市化转移，我们进入了一个依赖于商业契约的陌生人关系中，其信任需要建立在法律规则、社会公德、职业精神等之上，不可否认的是我们目前还处在一个阵痛的转型过程之中。再加之早几年频频曝光的大量食品安全、环境污染、社会治安等诸多社会问题，公众对这些议题确实存在着普遍的关心和焦虑。这些焦虑反映的是民众对当下快速变化世界的一种恐惧和不安，需要寻找一些合理的解释来消除这些不确定性，这就为网络谣言的存在提供了需求空间。

另外，在网络时代，信息的传播渠道和模式发生了巨大改变，因而谣言的传播机制可能也与过去不同。特别是微博和微信等社交网络的出现，在扩大了人们信息获取渠道的同时，也为谣言传播提供了平台。针对谣言在微信中的传播特点，郭小安和薛鹏宇比较了微信与微博谣言的区别，认为“与微博的大

① Keinan G, Zeidner M. “Effects of Decisional Control on State Anxiety and Achievement,” *Personality & Individual Differences*, 1987, 8 (6): 973 – 975; Litt M D. “Cognitive mediators of stressful experience: Self-efficacy and Perceived Control,” *Cognitive Therapy & Research*, 1988, 12 (3): 241 – 260; Miller S M. “Controllability and Human Stress: Method, Evidence and Theory,” *Behaviour Research & Therapy*, 1979, 17 (4): 287 –304.

② Abramson L Y, Metalsky G I, Alloy L B. “Hopelessness Depression: A Theory-Based Subtype of Depression,” *Psychological Review*, 1989, 96 (2): 358 – 372. ; Jr. D. S. , Schwartz C. E. , Astin J. A. . Controlling ourselves, controlling our world. “Psychology's Role in Understanding Positive and Negative Consequences of Seeking and Gaining Control,” *American Psychologist*, 1997, 51 (12): 1213 –30; Chorpita B. F. , Barlow D. H. . “The Development of Anxiety: the Role of Control in the Early Environment,” *Psychological Bulletin*, 1998, 124 (1): 3 –21.

众化传播特点相比，微信传播具有相对封闭性的特点，且人际传播特点更为突出，意见领袖对信息的引导能力并不明显，这将导致微信谣言难以及时监测和预警，谣言沉淀的时间长，甚至出现‘死灰复燃’的现象。”① 靖鸣和朱燕丹也分析了微信谣言的特点，认为微信点对点传播的特点可能增强谣言传播负效应，而强关系社交也可能强化谣言传播可能性，并认为消解微信谣言面临的困境为自净功能削弱，缺乏意见领袖和公众平台消息发送限制。② 赵前卫和马缘园将微信谣言分为六个类别——危言耸听类、解构传统类、伪科学类、伪求助类、无中生有类、虚假新闻类，并且认为微信的匿名特性、监管不完善和网民媒介素养缺乏是微信谣言泛滥的原因。③

本研究通过对2015年4月至2016年3月微信公众平台中的谣言进行内容分析，以及进行问卷调查，尝试考察不同类别的谣言中所隐含的控制感满足模式，和受众自身控制感水平对判断谣言能力的影响，并进一步总结了微信谣言以及网络谣言传播中，不同于过去谣言传播特征的新规律，在此基础上提出了新的谣言传播力公式：谣言传播力 =（事件重要性 × 事件模糊性）÷（受众控制感 × 受众批判能力）。

一　研究方法

（一）案例分析。本研究以2015年4月至2016年3月期间微信被举报为谣言的文章为研究对象④，从中挑选举报数高、出现次数多的“热门”谣言，总结其特征和背后的传播动机。

（二）内容分析。对所抓取的2175条谣言进行了随机抽样，对其中的636条谣言进行了人工编码。本研究据此分析了谣言主题与传播动机间的关系，进一步揭示谣言如何满足受众的心理需求。

---

① 郭小安、薛鹏宇：《微信朋友圈会让我们更相信谣言吗——论微信谣言的三个传播特征》，《新闻界》2015年第5期。

② 靖鸣、朱燕丹：《微信谣言的传播特征探析》，《新闻与写作》2015年第4期。

③ 赵前卫、马缘园：《自媒体时代微信谣言传播特点初探》，《新闻研究导刊》2014年第16期。

④ 中山大学大数据传播实验室：《微信“谣言”年度分析报告（2016）》，http://dwz.cn/35CAQR。

（三）问卷调查。通过问卷星发放《网络信息接触习惯调查》，回收了421份有效问卷，并对这些问卷进行了统计分析，从而对谣言的受众特征进行了描述。

二　研究结果

（一）传播动机：谣言满足了人们对控制感的心理需求

谣言是一种动态的信息，它在人群之间不断传播。人们之所以传播谣言，是因为谣言背后包含着特定的心理动机，满足了人们的心理需求。奥尔波特认为，“性兴趣是产生许多流言蜚语与大多数丑闻的原因；焦虑是我们常听到的恐怖威胁性谣言的动力；希望与渴望产生白日梦式的谣言；仇恨产生职责性的谣言与诽谤”。① 根据奥尔波特的阐释，谣言的动机可以大致分为恐惧、希望与憎恶三类。他和 Postman 在一篇研究战时谣言的文章中，统计了这三种动机的谣言比例，发现“憎恶”类的谣言比例最高。② 半个世纪过去了，如今在微信中的“爆款”谣言，虽然与奥尔波特时期的谣言大不相同，但也都可以分为焦虑与恐惧、希望与欲望、仇恨与憎恶三类，并且这三类动机的谣言，最终都指向了控制感的缺失。

1. 焦虑与恐惧

微信中的“爆款”谣言有许多，这些谣言在朋友圈中广泛传播，获得了大量的阅读与转发。例如“小龙虾不是虾是一种虫子”这条谣言称小龙虾是日本侵华时，为了处理大量尸体而引进的物种——它们食腐，生长环境肮脏，体内含有大量有毒物质、细菌和寄生虫，长期食用会造成癌症、肺吸虫等可怕疾病。又如《牛奶将人类送进坟墓》开篇就提出“人是地球上唯一终生吃奶的动物!”，让人觉得“吃奶”确实“不正常”，之后搬出了美国国家癌症研究所、加拿大的肿瘤专家、瑞典卡洛林斯卡研究所、哈佛大学医学院、牛津大学

---

① 〔美〕奥尔波特等：《谣言心理学》，辽宁教育出版社，2003。

② Allport G. W, Postman L. J. “Section of Psychology: The Basic Psychology of Rumor,” *Transactions of the New York Academy of Sciences*, 1945, 8 (2 Series II): 61 - 81.

和台湾医科大学的科学家、丹麦的研究人员、美国康奈尔大学终身教授坎贝尔等一系列头衔惊人的机构和专家论证了牛奶致癌的“科学依据”，让人没有了反驳的底气。

这两条谣言都是恐怖威胁性谣言，是微信中最流行的谣言，映照出现代人对生存环境、食品安全的不信任。从未有一个时代像今天一样如此矛盾。一方面我们离不开科技与城市，另一方面我们又对新技术充满恐惧。在这类恐怖威胁性谣言中，我们常可以看到其将食品的危害归结为激素、辐射、转基因、重金属、化学物质等，而这一切危害的根源是现代的养殖、种植技术，以及各种工业污染。

对技术的恐惧，可以说是一种“集体道德恐慌”，这种恐慌一般发生在社会快速变迁之时，许多人没能适应这种变迁，因而产生一种“失控感”，一种感到自己生活脱离掌控的恐惧。①

对于许多人来说，如今的生活与过去已经天差地别，纯天然的五谷杂粮、飞禽走兽已经被化肥农药、饲料激素所把持。如今我们每日吃着蔬菜肉类，却看不见它们的生产过程，怀疑、不信任由此而生。并且，那些如在云端的科技，也就常常让人觉得无法掌控，虽然它为我们的生活带来了如此多的便利，但它也可能带来灾难和毁灭。

谣言，正是利用了人们的不安全感、缺乏控制感而获得传播。并且，在此基础上，谣言还往往“以小见大”。“小”即是我们身边熟悉的小事物、小习惯，“大”则是后果的可怕，一般为癌症和死亡。猛虎吃人虽然也可怕，但符合人们的心理预期，而“隐翅虫”这种形如蚂蚁般的小东西，也能致人死亡，就让人感觉防不胜防，恐惧自然而生。同样，牛奶、小龙虾也是生活中常见的食物，它们会致癌致死，就比氰化钠这类不知所指的名词更让人害怕。“小”同样还是改变代价的小，如此类谣言所述，人们只要付出一点小小的代价（不吃牛奶，不吃小龙虾），就可以避免一个极可怕的后果，可以说是一个很划算的交易，人们哪怕有所疑虑，也难以拒绝。

2. 希望与欲望

希望与欲望，表面上看是与恐惧焦虑对立的情绪，而其根源，同样还是控

① 景军：《艾滋病谣言的社会渊源：道德恐慌与信任危机》，《社会科学》2006 年第 8 期。

制感的缺失，他们并不互相排斥，相反，还时常同时出现。例如“吃鹅蛋能治疗乳腺增生”等谣言，几乎就是恐惧类谣言的翻版，只不过它在唤起人们恐惧之时，也提供了解决办法。此类“胡萝卜加大棒”的方式，正是制造谣言的常用手段。

“谁打开，谁发财!”这类谣言，也是典型的希望与欲望型谣言，也体现着人们对于控制感的追求。一个人想发财，是因为金钱能够增加控制感。在如今的商品社会中，有钱就意味着能够拥有更多的资源，可以更好地保障个体的生存，因而可以更好地掌控自己的人生，实现自己的欲望。

如果说焦虑与恐惧类谣言，是唤起人们控制感缺失的恐慌，那么希望与欲望类谣言就是给人们以虚假的控制感。这种虚假的控制感主要通过建立不相关的联系来实现。研究发现，当人们失去控制感时，就会做出调整，利用幻觉把无关的事物联系起来，从随机的模式中知觉出规律，① 例如在骰子游戏中，人们抛骰子前对自己的预测更有信心。② 希望与欲望类谣言很好地利用此类心理机制，例如“谁打开，谁发财!”将点击与发财这样不相干的事情联系在一起，满足了人们对控制感的需求。

“性”同样是一种希望和欲望，也是谣言常用的工具。例如“某当红明星在床上被偷拍!”这条谣言，就是以“性”为卖点吸引人们点击。该谣言内文并没有提供任何内容，只提示点击阅读原文，而进入阅读原文后其实是一则男性内裤的广告。这样一则谣言依然有着超过“100000 +”的阅读数，可见“性”，从古到今都是人们欲窥探的秘密。

3. 仇恨与憎恶

仇恨与憎恶是另一种驱动人们传播谣言的力量，它时常披着道德的外衣，站在制高点俯视对手。“天津爆炸，我们怒了：成龙捐了 300 万；范冰冰捐了 100 万！而他们却……看的让人心凉!”这条谣言强调天津爆炸后，成龙、范冰冰等中国明星捐了数额巨大的款项，而一些外国明星和外国公司分文未捐，号召大家抵制外国明星和外国产品。这类谣言，显示了民族主义的价值观和预

① Whitson J. A. , Galinsky A. D. . “Lacking Control Increases Illusory Pattern Perception,” *Science*, 2008, 322 (5898): 115 – 117.

② Strickland B. R. . “Internal-external Control Expectancies: From Contingency to creativity,” *American Psychologist*, 1989, 44 (1): 1 – 12.

设的敌意——非我族类，其心必异。这种民族主义在“小龙虾不是虾是一种虫子”中同样有所体现，该谣言称小龙虾是日本制造的一种生化武器，用来处理中国人的尸体。这种阴谋论虽然荒谬，但符合一些人对日本的憎恶心理。日本，在相当长的一段时期曾是中国的加害者，任何邪恶可怕的行为，似乎都可以天然地与日本联系在一起。人们在转发此类谣言，并号召不吃小龙虾、抵制外国货时，宣泄了自己的仇恨。

该类谣言同样体现了人们对控制感的需求，因为人们憎恶的对象正是那些不符合社会规范、使他们感到不安全的人。例如曾经发动战争的日本人，他们成了侵略的符号，剥夺了人们对于和平环境的控制感；又如天津爆炸中不捐款的人，他们违背了互相帮助的社会传统，剥夺了人们对社会秩序的控制感。谣言利用人们的此种心理动机，使用愤怒的言语，通过攻击这些群体而使人重新获得控制感。

总之，谣言的传播有其社会心理动因，大部分谣言都是焦虑、期望、憎恶的表达，归根结底是控制感缺失后为重获控制感而做出的尝试。同时谣言还是一种人际交往的特殊方式，人们可以从中获得人际沟通的满足感。[①] 当我们将一条谣言发给一位朋友时，我们也就开启了一个话题，可以围绕谣言内容继续讨论下去，如果对方没有听说过此条谣言，传播者还能获得一种“我知道一些你不知道的事”的满足感。[②] 在这些心理动机之下，人们不自觉地充当了谣言的传播者。

（二）文本特征：不同谣言主题隐含着不同的心理动机

1. 谣言的主题频率分布

传播动机是谣言背后吸引受众阅读的实质，是对受众心理需求的满足，而主题则是谣言涉及的具体现实问题，是谣言在特定时空中的表征。根据中山大学大数据传播实验室所发布的《微信“谣言”年度分析报告》[③]，谣言主题可

① 郭小安、薛鹏宇：《微信朋友圈会让我们更相信谣言吗——论微信谣言的三个传播特征》，《新闻界》2015 年第 5 期。

② 〔美〕奥尔波特等：《谣言心理学》，辽宁教育出版社，2003。

③ 中山大学大数据传播实验室：《微信“谣言”年度分析报告（2016）》，http：//dwz.cn/35CAQR。

分为九类：健康养生、人身安全、财产安全、政经和社会秩序、爱心转发、广告营销、奇闻趣事、色情和其他，其各主题在2015年4月至2016年3月一年期间出现的频率如图1所示。

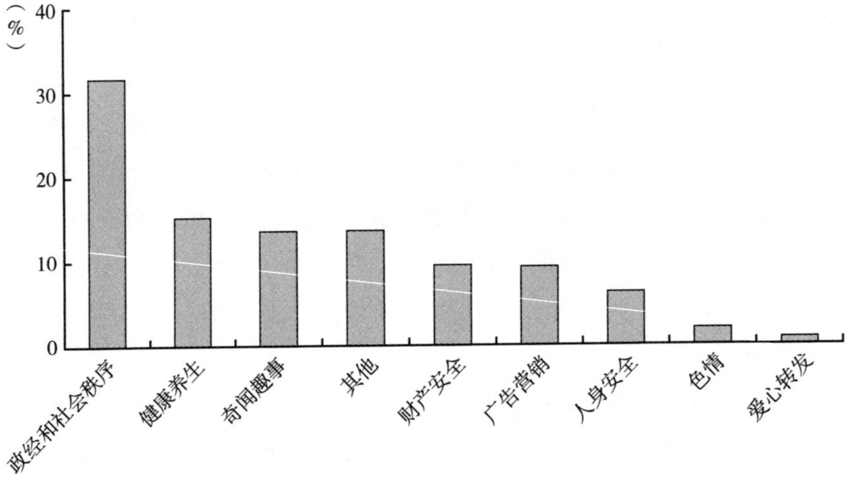

图1　谣言主题分布

从图1可以看出，政经和社会秩序类谣言出现得最频繁，这类主题主要涉及对政策、法规、经济、国际形势等方面的解读，以及教育、养老、婚姻等社会现实问题。这类谣言的大量出现，说明人们关注社会问题，对目前的社会状况既有不满也有期望。对比此前的报告，① 健康养生（包含食品安全、疾病等内容）、人身安全类谣言比例有所减少，这可能是因为此前该类谣言的频繁出现引起了社会重视，政府、微信公司和媒体加大了治理和辟谣力度。

2. 谣言各主题的传播动机

各主题因涉及内容不同，背后所隐含的传播动机也不一样。

如图2所示，健康养生类、人身安全类、财产安全类谣言，利用了人们焦虑与恐惧心理的比例很高；广告营销、色情主题的谣言，则主要利用了人们的

① 中山大学大数据传播实验室：《微信公众号“谣言”传播研究报告》，《新媒体蓝皮书》，http：//dwz. cn/35N7yv。

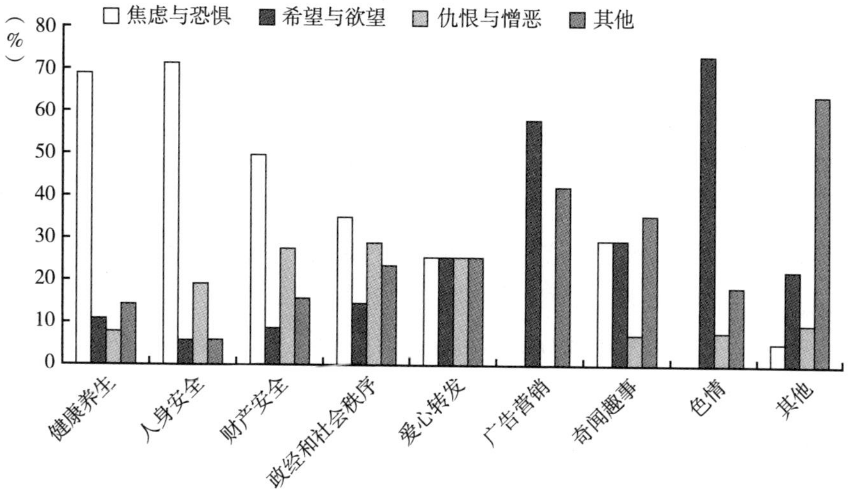

图2　不同主题谣言的传播动机分布

希望与欲望；政经和社会秩序类的谣言，同时利用了人们的焦虑恐惧和仇恨憎恶情绪，因为在面对民族仇恨、社会不公平等问题时，人们通常既感到焦虑又感到愤怒；奇闻趣事类谣言既利用人们的焦虑与恐惧心理，也常常满足人们的希望与欲望，这是因为此类谣言包含许多迷信内容，有的迷信通过恐吓受众起作用，如强调家里的风水不好可能带来厄运，而有的则向受众提供心理安慰，如转发就能带来平安。

总之，从谣言主题和传播动机的关系可以看出，谣言经常以此类主题的面目出现是有内在原因的，政经和社会秩序、健康养生、财产安全、人身安全等主题与人们日常生活息息相关，符合人们比较普遍的心理需求，因而容易引起人们共鸣，扩大传播效果。

（三）受众特征：面对十分重要但真伪难辨的信息时，大部分人选择“宁可信其有”

前文分析了谣言传播的公式和背后的心理动因，在谣言影响力公式中，重要性和模糊性都不是绝对的，而是取决于受众。每个受众关注点不同，知识结构也不同，控制感也不同，对于一些受众重要的事情，对于另一些受众可能就不重要，同样，对于一些受众模糊和不确定的信息，可能是另一些受众熟悉的领域。一般认为，受过高等教育的受众，社会经济地位更高的个体，他们具备科学常识、科学思维，有较强的学习和判断能力，同时控制感较强，更有安全感，因而面对谣言时有更好的鉴别能力。

针对谣言传播中的受众特征，本研究做了问卷调查，通过问卷星发放《网络信息接触习惯调查》，回收了421份有效问卷。

问卷给出了15条疑似谣言让受访者进行判断，其中10条为谣言，5条为真实信息，答案可选择“真实”、“虚假”与“不确定”，答对加1分，答错扣1分，选择“不确定”不加分也不扣分。结果显示，总分呈正态分布，而识别谣言的能力与学历、专业、年龄、阶层（自我定位）都无显著相关性，这与传统观点中认为受众批判能力与学历、阶层相关的假设有出入，这可能是因为微信用户的集中程度较高，大部分为受过教育的年轻人。有研究显示，微信中本科毕业生占44.9%、硕士占30.7%，博士占8.3%，[①] 受教育程度普遍较高（曹菲等，2015）。在本研究的受访者中，大学本科及以上学历的比例超过80%。

不过，问卷调查发现，识别谣言的能力与性别有关，男性识别谣言的得分显著高于女性（$t = 1.68$，$p = 0.09$，$n_1 = 203$，$n_2 = 218$）（男性与女性受访者在受教育程度、阶层上无显著差异，男性的年龄层稍微高于女性）。

对于十分重要但是真伪难辨的信息，70.3%的受访者都表示“宁可信其有”，只有17.6%的人选择“宁可不相信”，另有12.1%选择“其他”。“宁可信其有”的态度正是谣言能发挥作用的土壤。人们在面对控制感缺失的情境时，倾向于建立虚幻的控制感，谣言正好提供了此种控制感幻觉；并且谣言所述的危害常是疾病死亡等极端可怕情况，在这种压力之下，除非对判断谣言很有信心的人才会选择不相信，否则人们就算有所怀疑，也不敢完全不信。此次问卷中，选择“宁可不相信”的受访者，在判断谣言的得分上显著高于选择“宁可信其有”的人（$t = 2.669$，$p = 0.008$，$n_1 = 74$，$n_2 = 296$），说明他们的信心是有一定现实依据的。

大部分人（57.7%）都认为相比身边的人，自己辨别谣言的能力更强，

---

① 曹菲、王琴瑶、周梁、霍倩倩、杨志伟、关玮楼、朱霞：《微信用户使用行为的现况调查与分析》，《中国健康心理学杂志》2015年第1期。

25.9%的人认为差不多，只有16.4%的人认为自己较弱。通过方差检验发现，这三类人在识别谣言的得分上没有显著差异。这显示了一种“平均以上效应”，即在与他人比较时，特别是在一些评价标准较模糊的领域（如审美、表达能力等），人们倾向于高估自己的能力。① 谣言的识别能力就是这样一种比较模糊的能力，因而许多人高估了自己，认为自己不会被谣言欺骗，所以放松了警惕从而使谣言乘虚而入。

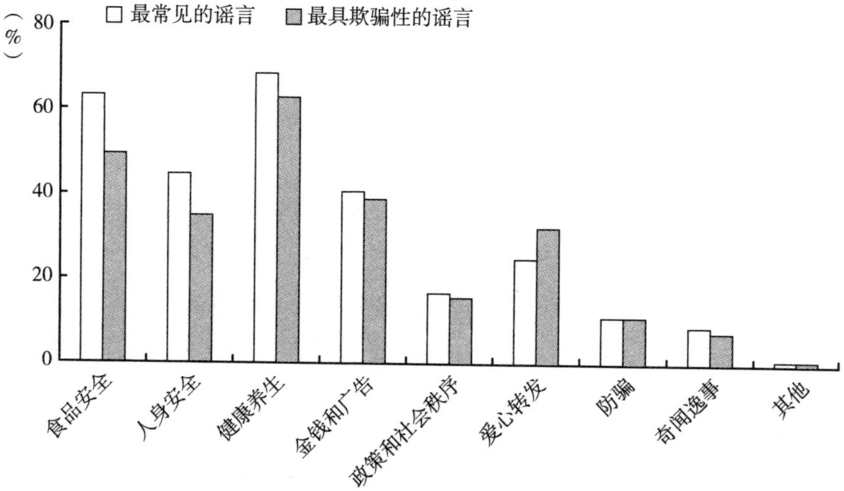

图3　受访者认为最常见的谣言类型与认为最具欺骗性的谣言类型比例

如图3所示，人们认为最常见的谣言主题为健康养生类、食品安全类和人身安全类，同时人们也认为这几类谣言有较高的欺骗度。这三类谣言都与人们的安全健康相关，对大多数人来说都有很高的重要性，因而在人们印象中它们最常出现，并且也最具欺骗性。

60.6%的受访者表示自己在微信上遇到的疑似谣言最多，该比例远远高于微博的15.2%和论坛贴吧的21.6%，一方面这可能与人们使用微信的频率高因而接触谣言的概率大有关联，另一方面也说明微信平台确实可能成了大量谣言的产地和传播渠道。

---

① 刘华：《社会心理学》，浙江教育出版社，2009。

表1　年龄层与认为朋友圈中最爱转发真伪难辨消息的人群的关联

单位：%

年龄	认为朋友圈中哪类人最爱转发真伪难辨信息				
	长辈	平辈	晚辈	陌生人	其他
“60后”	16.7	58.3	4.2	20.8	0.0
“70后”	9.2	46.1	7.9	31.6	5.3
“80后”	33.3	38.2	4.0	23.7	0.8
“90后”	42.3	25.4	2.8	29.6	0.0

注：$\chi 2=38.242$，$df=12$，$p<0.001$。

从表1可以看出，“60后”与“70后”倾向于认为自己的平辈朋友爱转发真伪难辨的信息，而“80后”和“90后”倾向于认为自己的父母长辈爱转发此类消息。说明在人们印象中，中老年人更容易被谣言蛊惑。不过在本次问卷的谣言识别能力得分上，并未表现年龄差异。

对于是否屏蔽经常在朋友圈中转发谣言的朋友，受访者看法不一，34%的人表示会屏蔽该类朋友的朋友圈，29.2%表示不会屏蔽，36.8%表示不一定，说明人们对于朋友转发谣言的行为有一定容忍程度。

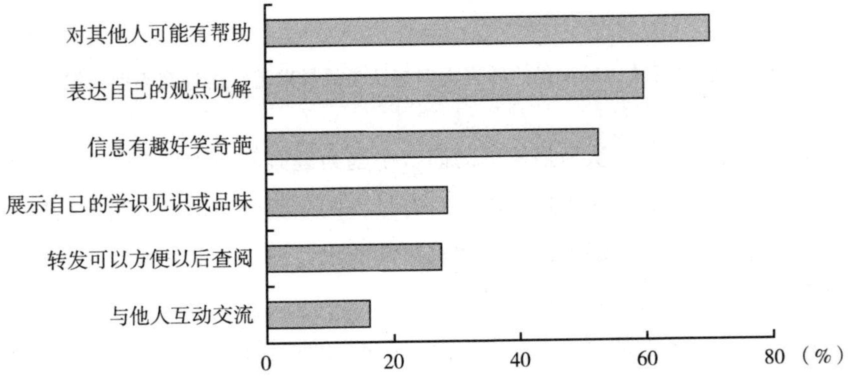

图4　受访者在朋友圈中转发信息的目的

如图4所示，受访者转发信息到朋友圈的首要目的是为了帮助他人，这也为谣言的传播提供了便利，因为很多谣言都涉及食品安全、健康养生等实用信息，人们在自己相信之余，也希望能分享给亲朋好友，使他们也从中受益。该行为是出于利他目的，但实际可能使人不自觉地成了谣言传播的帮手。

当遇到自己无法判断的信息时，人们主要求助于网络（86.2%），搜索查找相关资料，寻求亲友帮忙占56.5%，说明网络上虽然存在谣言，但也为人们识别谣言弄清真相提供了帮助。

（四）网络谣言新特征

奥尔波特认为，在报纸、电视等大众媒体发明之前，“人们除了从谣言中获得消息外，没有其他方式可以获得消息”。[①] 然而大众媒体并没有终结谣言，一方面，人们眼界不断开阔，未知的领域也随之扩大；另一方面，虽然知识不断丰富，人们的情感和认知需要并没有什么改变，人们需要用谣言来构建不断扩大的外部环境。换句话说，人们依然面临着不确定的外部环境，依然缺乏和需要控制感。网络的兴起，某种程度上为谣言提供了更大的舞台。在信息如此纷繁复杂的环境之中，人们只能选择性地分配注意力，而在快速地选择之中，情感、欲望、潜意识往往走在了理性的前面。

网络谣言的新特点主要体现在以下几方面。

1. 谣言传播更加迅速

传播渠道的不同导致了传播速度的不同。过去人们主要通过一对一口述的方式传播信息，因此谣言的流动速度也较慢。如今网络几乎消除了信息传播的时间和空间限制，一条谣言被制造出后，马上就可以为人所见，不过人们的注意力有限，谣言想要流行起来，还要通过熟人间的分享转发，不过比起口耳相传，时间还是大大缩短了。

2. 谣言常重复出现

传统谣言的传播非常不稳定，谣言内容在口耳相传中不断地变化。因为每一个传播者的注意力和记忆力都因自己的人生经历和性格特质而有所偏好。奥尔波特认为谣言在传播过程中不断简化、强化和同化，[②] 国内学者在此基础上认为谣言传播的变异还包括“添加”。[③]

---

① 〔美〕奥尔波特等：《谣言心理学》，辽宁教育出版社，2003。

② 〔美〕奥尔波特等：《谣言心理学》，辽宁教育出版社，2003。

③ 周裕琼：《谣言一定是洪水猛兽吗？——基于文献综述和实证研究的反思》，《国际新闻界》2009年第8期。

对于网络谣言而言，以上变异较为少见。这可能是因为网络中信息更新换代快，谣言很快进化到“最优”版本，另外网络上的信息方便人们直接转发或复制，在没有强烈动机的情况下，人们一般不会对内容进行修改。例如，在《微信“谣言”年度分析报告（2016）》所抓取的2175篇谣言文章中，《3M庞氏骗局彻底崩盘　百万受害者哭诉!》以相似的题目出现了54次，关于“大大集团”的谣言出现了39次。此外，为了拉近与人们的心理距离，微信中的谣言常常变换地点、人名或时间反复出现，如《出租车司机钓鱼专车司机》的文章，就分别与青岛、临沂、晋城、威海等地名相联系。

3. 谣言发布者可通过谣言获利

如前文所述，谣言得以产生和传播的重要原因是控制感的缺失，谣言是个体为了消除不确定性带来的焦虑而进行的一系列尝试，[①] 是群体在混乱时期为了解决问题获得社会认知而进行的一种集体行为。[②] 谣言体现着人们的期望与恐惧，是人们在社会互动中产生的一种集体认知。同时，谣言还是环境危机的产物，[③] 其社会根源为道德恐慌与信任缺失。[④] 以上是谣言得以产生和传播的深层动因，作为个体的谣言发布者通常有更具体的目的。学者认为从发布者的角度，制造谣言的动力包括五类：提醒或变革意识、报复性意识、打击竞争者、自我表现、无目的的戏耍或玩乐。[⑤]

网络谣言的发布者一样具备以上动机，不过，相比传统谣言，网络谣言还能够为造谣传谣者带来具体的物质利益。在现代商业社会，注意力是一种经济资源，人们可以通过出卖注意力（以广告的形式）获利。谣言由于切中受众的关注焦点，常常能够带来大量的阅读转发，如果将广告捆绑在谣言中，也能随之获得广泛的传播与曝光。在本次研究的谣言文章中，9%的文章为纯广告帖，19.3%的文章中都附有广告内容；另外公众号如开通微信的“广点通”

① Rosnow R. L. “Rumor as Communication: A Contextualist Approach,” *Journal of Communication*, 1988, 38 (1): 12-28.

② Bordia P, Difonzo N. “Problem Solving in Social Interactions on the Internet: Rumor as Social Cognition,” *Social Psychology Quarterly*, 2004, 67 (1): 33-49.

③ 刘建明：《社会舆论原理》，华夏出版社，2002。

④ 景军：《艾滋病谣言的社会渊源：道德恐慌与信任危机》，《社会科学》2006年第8期。

⑤ 王国华、方付建、陈强：《网络谣言传导：过程、动因与根源——以地震谣言为例》，《北京理工大学学报》（社会科学版）2011年第13期。

服务后，每篇文章的末尾也会附带广告，根据该广告的曝光率，公众号作者能直接从微信处获得收益。

4. 谣言的主题紧扣时代热点

谣言的传播需要抓住人们普遍感到缺乏控制感的热点事件。随着时代的变迁，人们面对各种情境时的控制感强度也不断变化。例如在战争时期，人们面对的主要不确定和不安全因素来自战争，因而谣言也多是关于战争题材，且这一时期大部分（66%）谣言都为“憎恶”型谣言，① 因为正是敌人的侵略或本国政府的懦弱带来了不安全感，人们通过谣言表达对敌人或当局的憎恶与不满，使这种不安全感得到宣泄。

而在如今和平年代，战争不再是人们最关注的问题，谣言因此很少涉及这一方面。从本次研究的数据中可以看出，如今微信谣言主要涉及政经和社会秩序、健康养生等问题。政经和社会秩序中所涉及的就业、养老、教育等问题，都是紧扣时代热点的新问题，而健康养生中所包含的食品安全问题更是现代工业化生产所带来的、过去不曾存在的现代性问题。虽然一些烦恼与欲望伴随人类社会一直存在，但其在每个时代都有不同的具体表现。死亡的威胁，在过去可能主要来自于战争、饥荒、瘟疫等，但如今可能更多来自车祸、食品安全、环境污染。虽然，谣言的本质没有改变，其却善于跟随时代的节拍，紧扣热点事件，在公众话题中搅动风雨。

结　语

治理谣言的关键是提高信息透明度，增加公众信任感和提高公众科学素养。

本研究从谣言产生的心理根源、谣言的主题、不同受众面对谣言的不同反应三个方面，分析了控制感的缺失如何影响着谣言的产生与传播，并总结了谣言在微信等网络平台中传播的新特征。通过这些分析，本研究认为，谣言的传播力取决于谣言所针对事件的重要性与模糊性，以及受众对该事件的控制感和

① Allport G. W., Postman L. J. “Section of Psychology: The Basic Psychology of Rumor,” *Transactions of the New York Academy of Sciences*, 1945, 8 (2 Series II): 61 - 81.

批判能力，即：谣言传播力 =（事件重要性 × 事件模糊性）÷（受众控制感 × 受众批判能力）。同时，本研究也尝试说明，谣言并不是洪水猛兽，其产生和传播都有原因与意义。通过谣言，人们表达着自己的焦虑、希望与憎恶，在某种程度上消除了控制感缺乏所带来的不确定性。透过谣言，政府部门也能够看到人们的所盼所惧所忧所虑，能够更有针对性地解决问题。

然而，我们也不应对谣言听之任之。谣言虽然能在一定程度上消除人们的不确定感，但其采用的方式是制造虚假连接，使人产生一种幻觉性的控制感知觉。这种幻觉只能暂时提高人们的控制感，却无法真正消除不确定性。并且，谣言为了吸引眼球，常常故意唤起人们的不安全感，加重人们的焦虑和恐惧；同时谣言中提供的许多健康养生方法并无科学依据，照此实行轻则浪费时间，重则危害健康。本研究通过分析谣言的文本特点，期望能帮助人们更好地识别谣言，澄清谣言；通过研究谣言传播的心理动机，期望能从源头上减少人们的焦虑和不安全感，消除谣言。根据谣言传播力公式，政府机构和媒体可以有针对性地抑制谣言传播。在谣言公式中，除事件重要性不受主观因素控制外，其他三项可分别通过提高信息透明度，增加公众信任感，提高公众科学素养来解决。如果人们能得到充足的信息，有安全感和控制感，有理性冷静的态度，谣言就失去了滋生的土壤。

B.7
2015年中国电子商务发展报告

欧阳日辉　刘洋雪*

摘　要：在“互联网+”和“大众创业，万众创新”的环境下，2015年中国电子商务呈现电商渠道下沉，向2.0版升级，并购活跃，电子商务移动化、农村化、国际化，O2O冰火交融，利好政策频出等特点。同时，消费者权益保护、电子商务与监管体制、电子商务与实体经济、电子商务与国际贸易规则等矛盾逐渐凸显，制约了中国电子商务的长足发展。2016年，随着创新发展环境进一步改善，中国电子商务发展将呈现规范化、加速化、国际化的趋势，这就需要加强大数据运用、促进电子商务“双创”、建设可信交易保障机制、推动电商与实体经济融合、推进“一带一路”战略，从而实现中国制造向中国创造、中国市场向中国品牌、跟随发展向引领发展的三个转变。

关键词：电子商务　实体经济　模式创新

经过20年的发展，中国已经与美国成为全球互联网经济体中最耀眼的“双子星座”。中国网络零售交易额跃居全球第一位，互联网相关上市公司达328家，其中阿里巴巴、腾讯、百度、京东进入全球互联网公司前10强，10强中的另外6家公司均为美国企业。2015年，中国电子商务继续保持着

* 欧阳日辉，经济学博士，中央财经大学中国互联网经济研究院研究员，主要研究领域为互联网经济、互联网金融、电子商务；刘洋雪，中央财经大学经济学院硕士研究生。

良好的发展势头，并掀起了农村电子商务和跨境电子商务的热潮，但也存在消费者权益受损、物流配送“最后一公里”难题、实体店衰落等制约电子商务发展的问题。本报告梳理了2015年中国电子商务发展状况、分析了中国电子商务发展的机遇与挑战，并针对电子商务发展问题提出了相应政策建议。

一 2015年电子商务发展概况

2015年是中国电子商务的一个重要转折点，电子商务增长强劲，电商行业不断向纵深发展，三线以下城市和农村市场成为电商巨头争夺的主阵地，并纷纷开拓国际市场，推动电子商务国际化，生活服务O2O行业风起云涌，电子商务向上游侵入成为必然之势。电商市场的兼并活跃，阿里系和腾讯京东系电商寡头竞争加剧，政府适时出台多项政策，其中多为支持性政策，监管政策有待加强。

（一）电子商务交易额持续快速增长

电子商务正在成为我国经济增长的新动力、经济转型升级的加速器、提质增效的突破口，在“互联网+”的大势下“电子商务+”快速发展。

1. 中国网络购物用户规模突破4亿人

中国互联网络信息中心（CNNIC）发布的第37次《中国互联网络发展状况统计报告》显示，截至2015年12月，我国网络购物的网民规模突破4亿，达到41325万人，较2014年底增加5183万，增长率为14.3%，网民使用率为60%，较2014年提升了4.3%。

2. 中国电子商务交易总额突破20万亿元

2015年，中国电子商务交易继续保持强劲的增长态势，成为新常态下经济增长的新动力。全国商务工作会议的数据显示，“十二五”期间，全国电子商务交易额年均增长超过35%，2015年达到20.8万亿元（见图1）。

3. 中国网络零售交易额达到4万亿元

消费的理性化推动中国网络零售进入规模化竞争阶段。2015年中国网络购物市场交易规模为3.8万亿元，较2014年增长36.2%，其中B2C市场交易

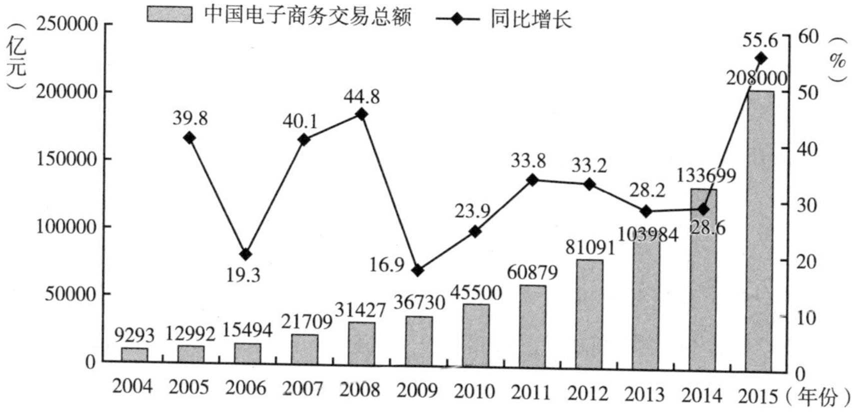

图1　2004～2015年中国电子商务交易总额

规模达2.0万亿元，占中国整体网络购物市场交易规模的52.6%，较2014年的45.2%提高7.4个百分点，年度首次超过C2C；从增速来看，2015年期间B2C网络购物市场增长58.3%，远超C2C市场12.6%的增速。①根据商务部的数据，全国网络零售额年均增长超过50%，2015年达到4万亿元，继续保持世界第一的地位（见图2）。

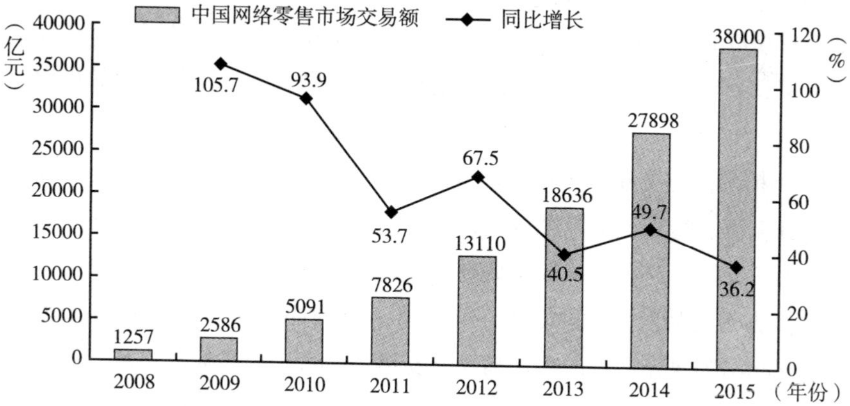

图2　2008～2015年中国网络零售市场交易总额

① 黄伯欣、萨如拉：《2015年度数据发布电商O2O篇》，艾瑞咨询，http：//www.199it.com/archives/429928.html。

4. B2B 行业增度相对较慢

由于国内经济下行压力大，国际经济持续低迷，影响了 B2B 市场交易的增长，2015 年，中国中小企业 B2B 运营商平台营收规模达到 201 亿元，增速 6.9%，相比 2014 年增速降低了 9.9 个百分点。

（二）电子商务与制造业等实体经济广泛融合

电子商务与制造业并非水火不容的关系，它在为制造业提供了新的销售渠道，加速了柔性化的生产方式，在推动中国制造业向智能化、个性化发展方面有着重要的作用。电子商务与制造业的融合也在重塑电商行业，电子商务向 2.0 版升级。

电子商务与制造业的结合主要有以下几种。

（1）众包众创研发模式。众包众创研发模式是指企业通过建立开放的网络平台，筹集网民的创意，将创意融合到产品的设计和研发中去，从而达到直击市场需求、节约研发成本、提升市场竞争力的目的。

（2）规模化个性定制模式。规模化个性定制指企业建立互联网平台，通过与用户实时互动，及时了解客户在研发设计和生产制造方面的偏好，将用户个性化的需求形成规模化的生产，从而达到个性化定制与规模化生产的统一。比如，青岛红领集团利用大数据技术，将全员工作转移到互联网上，从云端网上获取信息、数据、指令，实现数据驱动生产，做到了个性化定制的规模化生产。①

（3）精准供应链模式。精准供应链指企业利用互联网平台对供应链的信息流、资金流、物流等资源进行分析整合，对制造业供应链各个环节资源进行计划、组织、协调与调控，从而提高供应链运行效率和整体竞争力。

（4）大宗商品网络零售模式。笔者将大宗商品网络零售模式定义为交易双方以互联网为媒介进行的大宗商品交易活动。大宗商品标准化高，销售中间环节繁多，非常适合电商式营销。以找钢网为例，之前钢材产品的销售依靠寻找大代理商进行分销的粗放式销售，找钢网提出了零售模式，该模式避免了层层中间商，直接接触买家，通过平台交易数据的分析，反馈给生产商，从而避

① 周倩：《红领模式：基于大数据的工业化定制》，《中国工业评论》2015 年第 10 期。

免了生产与销售脱节。销售模式的转变带动了生产领域的兼并重组，优化了市场结构。

（5）平台化组织模式。平台化组织模式是指企业在开展互联网化转型过程中，调整组织架构，使传统的科层制金字塔组织结构转变为扁平化、平台化、生态化的组织结构。

（三）移动电子商务快速发展

智能手机正成为我国网民增长的主要因素和上网的主要设备。截至2015年12月，我国手机网民规模达6.20亿，其中90.1%的网民使用手机上网；有1.27亿人属于只使用手机上网的网民，占整体网民规模的20.5%。[①] 据TalkingData移动大数据服务平台统计，截至2015年12月，移动电商用户规模达到8.7亿；移动房产行业用户规模为3800万，移动端渗透率为3%；移动旅游用户规模达到4亿；生活服务行业用户规模为4.3亿，移动端渗透率为33.3%；移动教育行业进入高速发展期，移动端用户渗透率超过30%；出行行业用户规模达到3.5亿，移动端渗透率为27.7%。[②] 随着智能手机的普及，移动支付越来越方便，直接推动了移动电子商务的发展，网购交易额移动端首次超过PC端，成为网络购物市场的主要选择。2015年移动网购市场交易规模达2.1亿，同比增长123.2%，在整体网络购物交易规模中占比达55%，比2014年增长21.2个百分点（见图3）。

（四）电子商务市场并购活跃

随着电商行业的持续发展，2015年行业进入了兼并整合期，优势企业通过收购、兼并、注资等方式对新市场、新业务进行渗透。2015年全年电子商务并购案例达497起，并购金额为171.63亿美元，占全年互联网并购宣布金

① 中国互联网络信息中心：第37次《中国互联网络发展状况统计报告》，http：//www.cnnic.net.cn/hlwfzyj/hlwxzbg/hlwtjbg/201601/t20160122_ 53271.htm。

② TalkingData：《2015年移动互联网行业年度发展报告》，http：//mp.weixin.qq.com/s?__biz=MzA5NDExMTAzNA==&mid=401745343&idx=1&sn=ccd97115975195591c34d01a29108602&scene=1&srcid=0121vCCAtOx5RZKSJYotC0fe&from=groupmessage&isappinstalled=0#wechat_ redirect。

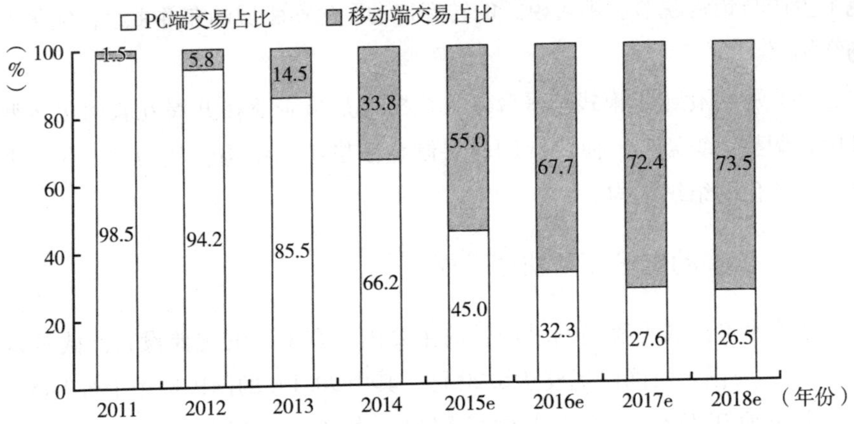

图3　2011～2018 年中国网购交易额 PC 端和移动端占比

资料来源：黄伯欣、萨如拉，《2015 年度数据发布电商 O2O 篇》，艾瑞咨询，2015 年 12 月 29 日。

额的 33.09%。①

2015 年电子商务市场并购有以下几个特点。

（1）同类企业结束恶性烧钱竞争，抱团取暖。例如，2 月 14 日滴滴打车与快的打车联合发布声明称实现战略合并，新公司实行联合 CEO 制度，业务依旧各自独立，成为国内最大的叫车平台。此次合并可谓是强强联合，在打车市场上形成垄断之势，二者的合并也使得两家公司停止烧钱的补贴战，将精力转移到创新发展模式，探索新的利润增长点上来。

（2）电商拥抱线下企业，探索商贸零售企业 O2O 转型新路径。2015 年 8 月 7 日，京东和永辉超市同时发布消息称，京东商城已与永辉超市达成战略合作。② 电商巨头京东投资传统零售企业永辉超市，不仅弥补了京东缺乏生鲜资源的短板，也为永辉超市开辟线上业务、进行触网转型提供便利。

（3）BAT 电商巨头投资并购活跃，涉及多个领域。2015 年，阿里巴巴共投资 65 家公司，投资额达 183 亿美元，投资公司数量相比 2014 年同比增加

① 杨晨：《2015 年互联网行业电商并购活跃》，《证券时报》2016 年 1 月 21 日。

② 于璐：《资本引领电商并购潮：2015 年十大并购投资事件》，《经济参考报》2015 年 12 月 26 日。

60%以上，投资金额增幅达7.6%。投资主要涉及电商、泛文娱、金融、企业服务/技术、O2O领域。① 电商巨头多领域的积极并购，一方面是为了应对激烈的市场竞争，扩大商业版图，降低竞争冲击；另一方面可以跨领域积累海量数据，为企业开展大数据业务提供数据基础。

电商企业的并购，不仅有利于消除竞争对手，进一步提升市场份额和用户数量，巩固市场地位，而且有利于推动电商企业创新盈利模式，打造可持续盈利的电商企业，但是合并趋势的加强也会在市场上产生一定垄断效应。

（五）农村电商出现爆发式增长

我国农村现代化水平仍然较低，加速农业现代化进程，推动农村经济市场化改革，促使农产品生产销售与市场接轨，在农村引入“互联网+”，发展农村电子商务成为必然选择。

2015年是农村电子商务元年，在这一年里农村电商呈现爆发式的增长。2015年农村电商发展有如下特点。

（1）电商巨头纷纷下乡，布局农村市场。2014年10月阿里巴巴推出“千县万村”计划，2015年是该计划全面落地之年，截至2015年12月底覆盖200多个县的1万个农村淘宝服务站被建立起来。京东在2014年11月推出农村电商计划，到2015年11月的一年之间，共建成600个县级服务中心和1100个京东帮服务站，并招募了12万名乡村推广员。经过多年的发展，电商在一、二线城市的市场已基本被瓜分完毕，电商巨头面临着开辟新市场、探索新模式的问题，相比农村电子商务渗透率不高，再加上农村互联网和智能机的普及，农村市场走进电商巨头的视野，并迅速成为电商争夺的新阵地。

（2）农产品电商领域形成了“两超—多强—小众”的寡头竞争格局。阿里系和京东系网站加起来占农产品电商市场的80%以上，是农产品电商领域名副其实的“两超”，我买网、沱沱工社、顺丰优选、一号店、本来生活网等新兴互联网企业先后获得大量融资注入农产品电商领域，成为农产品电商领域的“多强”。此外，中国地理标志产品商城、龙宝溯源商城、天天果园、青年

---

① IT桔子：《2015年BAT三巨头盘点之阿里帝国》，虎嗅网，http://www.huxiu.com/article/138868/1.html。

菜君等特色网站成为“小众”。至此，农产品电商基本形成了“两超—多强—小众”的寡头格局。

（3）农业 B2B 平台纷纷融资上线，服务领域全面，基本覆盖所有农业领域，大致形成了农业 B2B 电商产业链。产业链上游有发布土地流转信息的网络 B2B 平台土流网，网上农资交易及高科技服务 B2B 平台云农场，专注于农业技术服务的平台农医生、老农帮、富农场、农管家等平台。产业链下游有农产品交易平台俺有田，食品全产业链 B2B 交易平台粮人网等。

（4）发展具有地方特色的农村电商。湖南江永县已发展成为“国家电子商务进农村综合示范县”，成功主办了“湘南电商峰会暨湘南桂北农产品电商发展论坛”。通过开发合作区域电商产品库和区域信息产品网络、区域物流信息归集、电商产品共享共货共销平台，与其他十二个县域抱团发展，共建“湘南桂北电商合作发展示范区”。2015 年该县发展电商企业 80 家，开设网店 1500 个，创建电商集聚区 2 个，入驻电商企业 60 余家，建设农村电商服务网点 86 个，开发电商产品 30 个，电商从业人员有 4000 余人，全县电商购销总额在 10 亿元以上。

（六）跨境电商发展迅猛

商务部数据显示，2015 年全年进口电商在进口总额中的渗透率超过 38%，而同期进出口额则是下降 7%，跨境电商总体呈逆势增长之势（见图 4）。

2015 年跨境电商的发展有以下几个特点。

（1）资本蜂拥而入，行业仍处于发展早期。据 IT 桔子的数据，2015 年海淘代购子行业新成立公司 28 家，较 2014 年有所下降；投资事件 34 起，较 2014 年增长 36%。从投资轮次来看，种子天使轮投资占比最高，为 44%；A 轮和 B 轮分别占比 29%、24%；C 轮以上投资事件为 0。①

（2）进口交易规模迅速增长，进口零售占比不断提高。2015 年，进口电商市场交易规模达 9000 亿元，增长率为 38.5%，渗透率达 8.6%。其中线上零售交易额达 1184.3 亿元，增长率为 111.9%，进口零售占进口电商的比例为

① IT 桔子：《IT 桔子年度盘点之二十三：2015 年度电商领域创投盘点》，2016 年 2 月 3 日。

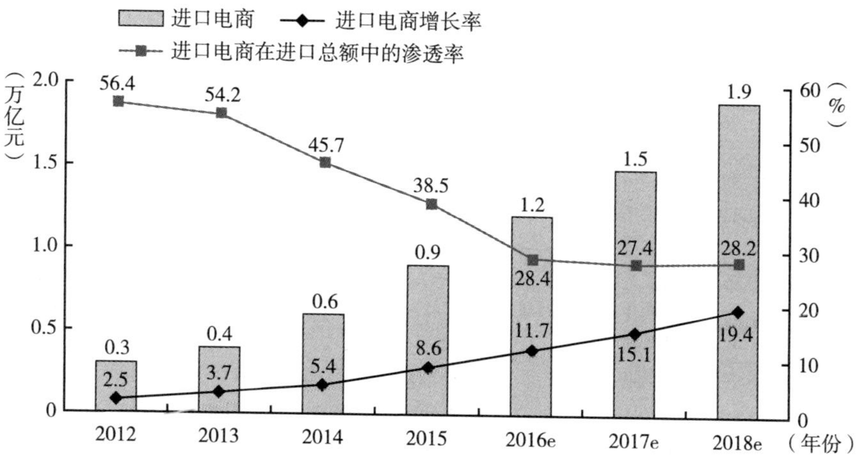

图 4　2012～2018 年中国进口电商市场交易规模

资料来源：艾瑞咨询，《2016 年中国跨境进口零售电商行业研究报告》，2016 年 3 月 6 日。

13.2%。① 随着经济的发展，中产阶级的崛起，消费观念的升级以及国内食品安全问题引起消费者的担忧，国内年青一代的消费者越来越希望可以更加方便快捷地购买到国外的优质产品，跨境进口电商在这一背景下迅速发展。

（3）进口商品种类丰富，主要集中在衣服、鞋包、化妆品、母婴产品等领域。截至 2015 年底，天猫国际共引进 53 个国家和地区的商店，涉及品类 2000 多个、海外品牌 5000 多个，首次进入中国市场的外国品牌超八成。②

（4）电商模式多样化，覆盖领域广，形成跨境电商产业链。电商物流主要采取三种模式，即保税模式、直邮模式、集货模式；跨境零售电商主要采取四种类型，即综合自营类、综合平台类、垂直自营类和垂直平台类，目前以平台类为主，但我们认为自营类电商在售后服务方面有独特的优势，是创业的重要领域。此外，目前跨境电商平台覆盖了供应商、零售商、物流商、仓储商和其他服务商，形成了跨境电商产业链。产业链的形成可以大大提高跨境购物的效率，有利于跨境电子商务的健康发展。表 1 列举了 2015 年上线的各类跨境电商平台。

① 艾瑞咨询：《2016 年跨境进口零售电商行业研报》，2016 年 3 月 6 日。
② 电子商务研究中心：《2015 年中国电商市场创投报告》，第一推，http：//diyitui. com/content－1454473773. 38060813. html。

表1　2015 年上线的跨境电商平台盘点

日期	平台名称	属性
2015 年 4 月 12 日	聚贸卖塑郎	全球首家全品类大宗商品跨境电商平台
2015 年 5 月 15 日	日日顺跨境电商平台	中国首家大型 B2B 跨境电商综合服务平台
2015 年 6 月 1 日	广东质检口岸公共服务平台	中国全国自贸区首个跨境电商商品质量溯源平台
2015 年 6 月 25 日	铜掌柜	中国首家专注跨境电商的互联网金融平台
2015 年 8 月 6 日	上海市跨境电商航空物流综合服务平台	中国首个最大的跨境电商航空物流综合服务平台
2015 年 9 月 8 日	绥易通	中国首家专业对俄电商平台
2015 年 9 月 16 日	锡兰小镇	中国首个国别电商平台
2015 年 9 月 23 日	重庆跨境电子商务安全风险监测综合服务平台	中国首个跨境电子商务安全风险监测平台
2015 年 10 月 21 日	义乌购跨境电商平台	中国首个 B2R 跨境电商平台
2015 年 12 月 30 日	宝贝格子	中国首家登陆资本市场母婴跨境电商平台

资料来源：电子商务研究中心，《2015 年中国跨境电商平台的十个第一》，2016 年 1 月 28 日。

（七）O2O 生活服务电商经历了冰与火的考验

2010 年 8 月 Alex Rampell 在 TechChunch 的一篇文章中提出 O2O 概念。如今的 O2O 概念远远超出了 Alex Rampell 最初的“线上—线下”（Online To Offline）的定义，已经衍生出“线下—线上”（反向 O2O）、“线下—线上—线下—线上”（双向 O2O）、“线上—线下—线上”、全平台模式、全渠道营销模式、共享经济模式、S2C（Service To Consumption）等多种新方向和新打法。随着移动支付的发展，O2O 生活服务电商异军突起，2015 年生活服务 O2O 交易规模达到 3352 亿元，增长率 38.4%，渗透率 5.5%。2015 年该领域经历了冰与火的考验，投资者逐渐走向理性，O2O 行业也进入资源整合期。

生活服务 O2O 的火爆主要表现在：（1）电商巨头布局生活服务 O2O。3 月京东旗下 O2O 战略京东到家正式启动，截止到 2015 年 12 月底，已入驻全国 12 座城市，包括北京、上海、天津、武汉、重庆、成都、西安、宁波、廊坊等。6 月，阿里和蚂蚁金服宣布成立了“口碑”，双方初期各自注资 30 亿元，布局餐厅、超市、医疗等线下业务。8 月 5 日，洗衣 O2O 平台 e 袋洗获得由百度领投的B轮1亿美元融资。（2）生活服务O2O是创业的热门领域。2015年融资案例中，有425个属于本地生活融资案例，占总数的10.8%①，成为仅次于电商的第二大热门投资领域。其中美食餐饮、家政服务、美业服务占本地生活O2O融资案例的一半以上（见图5）。

2015年下半年以来，生活服务O2O发展形势急转直下，进入了冰冻期。主要表现：（1）O2O电商在下半年就迎来了死亡潮。8月初品途商业评论发布了一份《O2O全行业死亡启示录》，不完全统计了截至文章发布前的O2O死亡名单，共有209家创业公司，主要涉及了餐饮、房产、家居、金融、教育、医疗、出行、汽车后市场、旅游、美业、婚嫁、社区、零售、运动健身等垂直领域。② （2）遭遇"资本寒冬"，行业巨头掀起合并潮。2月，打车巨头滴滴、快的合并，4月58同城和赶集网合并，10月美团与大众点评合并。（3）融资量急剧下滑。

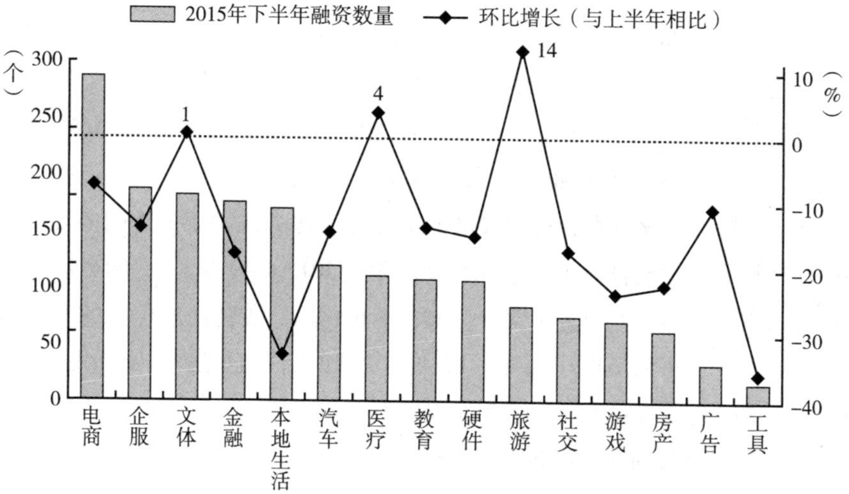

图5 2015年各领域融资趋势变化

资料来源：相欣，《2015年创业融资大盘点：O2O仍是最大热门》，腾讯科技，2015年12月25日。

① 相欣：《2015年创业融资大盘点：O2O仍是最大热门》，腾讯科技，http：//tech. qq. com/a/20151225/010169. htm。

② 电子商务研究中心：《2015天猫国际跨境进口消费报告》，http：//b2b. toocle. com/detail－－6310261. html。

O2O 行业经历冰火两重天的考验，一方面受到经济大环境的影响，另一方面也存在着商业固有的逻辑。2015 年，五六月份股灾的发生给资本市场带来严重的冲击，此后几个月股市不温不火，此次股灾在一定程度上影响了 O2O 行业的融资。在“大众创业、万众创新”的大潮下，市场每出现一个新兴领域，资本就蜂拥而至，资本的不理性从某种意义上来说助长了 O2O 行业不健康的市场结构。O2O 电商平台利用获得的融资开始了烧钱之旅，想通过“粗暴”的补贴迅速占领市场的目的，大大增加了行业内耗，而且平台自身缺乏创新性，产品同质化严重，对自身的发展模式没有明确定位，缺乏可持续盈利能力等一系列问题是导致企业倒闭潮的根本性问题。总体来说，目前生活服务 O2O 行业只是做到了“大众创业”，离“万众创新”还有很长一段距离。

（八）政府密集出台支持电子商务发展的政策

2015 年国家继续加大对电子商务及互联网经济的支持力度，国务院出台了各种支持电子商务发展的政策。支持电子商务发展的纲领性文件主要有《国务院关于大力发展电子商务加快培育经济新动力的意见》（国发〔2015〕24 号）、《国务院关于积极推进“互联网 +”行动的指导意见》（国发〔2015〕40 号），支持电子商务配套行业发展的文件有《国务院关于推进国内贸易流通现代化建设法治化营商环境的意见》（国发〔2015〕49 号）、《国务院关于促进快递业发展的若干意见》（国发〔2015〕61 号），支持跨境电商的有《国务院办公厅关于促进跨境电子商务健康快速发展的指导意见》（国办发〔2015〕46 号），支持电商与实体经济融合发展的有《国务院办公厅关于推进线上线下互动加快商贸流通创新发展转型升级的意见》（国办发〔2015〕72 号），规范电子商务发展的有《国务院办公厅关于加强互联网领域侵权假冒行为治理的意见》（国办发〔2015〕77 号），支持农村电商发展的有《国务院办公厅关于促进农村电子商务加快发展的指导意见》（国办发〔2015〕78 号），为电子商务快速健康发展营造了良好的政策环境，为企业电子商务应用打造了一个巨大的市场空间。

此外，为了抓住电子商务快速发展的机遇，地方政府也积极推出支持地区电子商务发展的政策。比如，5 月，广东省出台了《关于加快跨境电子商务发展的通知》《关于印发广东省促进外贸稳定增长和转型升级若干措施的通知》；

9 月，出台了《关于印发广东省“互联网 +”行动计划（2015—2020）的通知》。

二　中国电子商务发展的挑战与机遇

2015 年中国电子商务经过轰轰烈烈的发展，可以说是势头可喜，问题颇多。中国电子商务存在的主要问题在于法律制度发展滞后，消费者权益得不到妥善保护，监管体制落后，在电商等新业态方面存在监管真空，电商与实体经济的矛盾凸显，电商模式同质化严重，盈利能力持续性较差，此外，没有配套的 EWTO 规则成为我国跨境电子商务发展的最大障碍。

（一）消费者权益保护问题

消费者权益保护问题既关乎消费者的切身利益，也关乎中国电子商务的健康发展，必须予以重视。

针对侵害消费者权益的行为主要体现在以下几个方面。

第一，假货问题严重。国家工商总局于 2015 年 1 月 23 日公布的 2014 年下半年网络交易商品定向监测结果显示，在监测完成的 92 批样品中，正品只有 54 个批次，正品率仅为 58.7%。三大知名 B2C 平台中，京东商城、天猫、1 号店的样本数量分别为 90%、85.71% 和 80%。①

第二，账户安全问题突出。百度糯米、大众点评、拉手网等电商平台均因账号异常冻结和账户安全问题不断遭消费者投诉，其中百度糯米账号问题严重，成为 2015 年度全国生活服务 O2O 领域投诉最多的平台。App 注册账户通常与消费者的银行账户绑定，其安全直接关系银行账户的安全，电商对提高 App 注册账户安全性必须予以充分的重视。

第三，退款难问题频现。美团网未过期券无法使用，未消费不能退款；去哪儿网霸王条款频现，收取“天价”退票费；窝窝团拒不退还商家年费；阿里旅行退款问题多，订单无法取消等许多生活服务 O2O 遭顾客投诉。

---

① 《中消协给电商敲警钟，严重侵害消费者权益者将被约谈》，新华网，http://www.js.xinhuanet.com/2015-11/09/c_1117084282.htm。

第四，售后服务存在诸多问题。售后服务一直是电商发展的短板，尤其是跨境电商，买家和卖家的空间不一致和电商从业人员良莠不齐在一定程度上造成售后无服务、售后服务差等问题。

第五，物流配送环节问题多。2015 年 10 月，国家邮政局和各省（区、市）邮政管理局通过“12305”邮政行业申诉电话和申诉网站共受理消费者申诉 6 万多件。其中，关于投递服务的投诉占比最高，达 46.3%，邮件延误，占 22.7%，邮件丢失短少，占 17.7%。[①]

如果上述一系列问题处理不当，消费者权益得不到有效保护会严重打击消费者对电商的信任，挫伤消费热情，动摇顾客黏性，这是中国电子商务进一步发展的绊脚石，如何将绊脚石转化为垫脚石还需电商企业、监管部门、媒体和消费者的共同努力。

（二）电商等新业态与监管落后的矛盾凸显

2015 年中国电商环境的政策环境越来越严，如新《广告法》的颁布，政策与舆论对电商假货、刷单的关注，对集资传销电商的曝光与打击等。但是，由于电商等新兴业态发展速度快，监管显得捉襟见肘。

第一，商业规则与法律法规发展滞后，新业态存在无法可依现象。例如 2015 年 1 月 7 日，陈超因使用滴滴专车软件在济南西站送客，被市客管中心的执法人员认定为非法运营，罚款 2 万元。陈超不服处罚决定，向济南市中区人民法院递交了起诉状，要求市客管中心撤销处罚。这是全国首例因提供专车服务受到行政处罚的案件，即轰动一时的“专车第一案”。[②] 此案引起广泛关注，滴滴软件提供的专车服务合法性问题激起全国的大讨论。电子商务侵入传统行业是必然之势，野蛮制止不仅不利于传统行业的升级，也严重阻碍了电子商务等新业态的发展，这种做法显然是行不通的，法律的与时俱进显得尤为重要。

第二，行政管理体制有待优化，管理部门的协调性有待提升。例如随着跨

---

① 顾慧妍：《快递投诉排名出炉，申通投诉率和破损率高，苏宁京东口碑最好》，界面网，http：//www.jiemian.com/article/442726.html。

② 中国电子商务研究中心：《2014—2015 年度中国电子商务法律报告》，2015 年 6 月，http：//b2b.toocle.com/zt/flbg/。

境电商迅速发展，不断创新模式，我国还没有针对跨境电商的一套监管体制和监管办法，海关、商检、工商等部门对跨境电商虽都有监管职责，但协调性差，以至于重复监管和监管空白交替出现。

第三，信用监管评价处于萌芽阶段，目前中国尚未建立起系统的信用体系，不能向社会提供有效的企业信用信息，交易的可信性不能保证。

（三）电商迅猛发展与实体店衰落引发矛盾

电子商务的蓬勃发展在一定程度上引发了实体店的衰落。2015 年实体店因业绩下滑，纷纷关店，其中包括百货类的百盛、玛莎百货、华堂、尚泰百货、万达百货、乐汇百货；超市类的卜蜂莲花、乐购、沃尔玛、人人乐等知名连锁超市；服装鞋履类的佐丹奴、波司登；民营实体书店大量被亚马逊、当当等大型电商挤出市场。

相比中国零售实体店倒闭引发的行业恐慌，日本似乎更能适应电子商务时代的到来，电子商务为什么能对实体店产生如此大的影响，我们认为最重要的原因在于实体店的经营模式没有顺应时代潮流。传统零售业商品同质化严重，经营模式没有特色，行业竞争激烈，与电子商务相比，传统零售业打折促销力度毫无竞争力，面对电子商务的冲击没有及时转变经营理念，以至于面对电商冲击无招应对。

电商与实体店的矛盾并非不可调和，二者未来终将相互拥抱，共同打造电子商务经济。实体店要充分发挥自身优势，为消费者提供全方位的服务，满足消费者购物体验，与电子商务形成线上线下相互呼应的格局。

（四）电商模式创新和盈利能力有待提高

在高盛的技术和互联网会议上，eBay 的 CEO Devin Wenig 指出，电商之争是盈利能力的战争，然而总体来看中国的电商企业模式创新和盈利能力普遍不高。

电商盈利能力欠缺主要是因为，第一，前期在仓储、物流等基础设施的投入成本较高。第二，一直以来，电商市场都在通过补贴的方式进行“圈地运动”，企图通过这种方式培养用户习惯，增加客户黏性，从而达到抢占市场的目的，但是当整个电商市场都纷纷依赖这种饮鸩止渴的经营方式时，就演变成了疯狂的价格战，严重影响了企业对盈利模式的探索。比如2015年发展较快的生鲜电商，生鲜电商行业是电商行业盈利水平较低的行业之一，从产生以来一直被贴着“烧钱”的标签。天天果园市场总监陈嘉杰表示，水果电商主要在仓储和物流等基础建设上烧钱。此外生鲜水果电商一直通过补贴的方式进行价格战，以达到抢占市场份额的目的。第三，不重视供应链前端，目光短浅。想留住用户，单是平台建得好是远远不够的，用户的最终落脚点是购买的商品好不好，享受的服务值不值，在这方面目前大多数电商还没予以足够的重视。比如，在线旅游行业，由于旅游行业处于初级阶段，还没有品牌概念，旅游产品同质化严重，这样的产品和服务显然是留不住用户的。

（五）电子商务与实体经济融合有待深化

电子商务与实体经济的融合发展既是电子商务探索盈利模式、提高盈利水平的重要渠道，也是实体经济转型升级的必然之势，但是目前我国电子商务与实体经济的融合还有待深化。

电子商务与实体经济的融合不够深入，主要体现在：第一，融合区域发展不平衡。当前，电子商务与实体经济的融合主要集中在东部制造业发达的地区和中西部地区少数大城市，在融合的广度上还需进一步拓宽。第二，融合行业发展不平衡。电子商务与服装、饰品、小家电等消费品工业的融合比较深入，但是电子商务对装备制造业、原材料工业、农业等行业的渗透还远远不够，而且能进行融合的企业大多数是大型企业，许多中小型企业的柔性化生产能力还没能充分发挥。第三，电子商务与实体经济的协同发展不足。目前，大型企业主要是通过采购管理系统进行上游供应链管理的供应链管理形式，这种形式在大企业中有一定作用，但行业应用不够广泛，还不能用于提高产业链整体协同效果。[①] 第四，工业电子商务平台模式不完善。目前工业电子商务平台以信息服务为主，交易服务平台数量不多。

电子商务与实体经济进一步融合还存在一些障碍，首先是观念上的障碍，大多数工业产品价格较高，涉及资金较多，人们担心资金的安全，所以比较偏

---

① 李蓓：《工业电子商务——制造业转型与经济发展的新引擎》，中国两化融合服务平台，http://www.cspiii.com/gd/2015-12-02-2395.html。

好传统的经销点交易，这在一定程度上限制了工业电子商务的发展。其次，信息化投资成本高，许多中小企业没有能力购买先进的信息处理设备，而且还不能适应利用计算机网络的企业管理模式。最后，大数据产业发展不充分直接影响了电子商务与实体经济的深度融合。

（六）跨境电子商务发展亟待建立EWTO规则

WTO即世界贸易组织，主要指政府间通过协定建立的制定和贯彻多边贸易规则的国际组织，其整套规则为WTO规则，核心思想是更自由开放的贸易。EWTO指一个适用于电子商务的国际贸易规则。2015年马云在公开场合多次提出建立EWTO规则，一方面是为了抓住电子商务快速发展的机遇，另一方面是因为阿里在全球化过程中面临着许多困难。

建立EWTO的必要性在于：（1）通关服务有待改进。目前跨境B2B贸易通常采用传统的通关方式，但是跨境电商交易品种多、频次高，大量采用航空小包、邮寄、快递等物流方式，这些方式会严重阻碍跨境电商时效性的实现。（2）结汇方式需要优化调整。跨境电商主要采取以下三种结汇方式：一是开设多个个人账户，这主要是因为中国现行外汇管理制度要求，个人账户每年每人最多能兑换5万美元；二是通过地下外汇中介处理外汇问题；三是利用国内个别地区不限制结汇额度的特殊外汇政策结汇。① 跨境零售交易的双方多为个人，且交易频率高，显然这些结汇方式已经不能满足快速发展的跨境电子商务，亟须新的政策出台，提高结汇效率。（3）商检面临巨大挑战。国家质检总局发布的上半年进口商品信息显示，2015年上半年，各地经检验检疫机构检出不合格进口商品共1255批，进口不合格原因五花八门，但是商检部门还没有建立针对进口商品的溯源制度、质量信息共享机制和国家之间可行的质检标准等有效的质量安全管理机制。（4）关税政策需要调整。目前，中国的关税政策主要是针对传统国际贸易制定的，跨境电商的发展对关税政策提出了新的挑战，对于国际电子商务如何征税在各国之间尚未达成一致协议。

跨境电子商务发展过程中的结汇、通关、商检、关税等问题需要各国之间

---

① 来有为、王开前、李广乾：《我国电子商务面对的主要挑战与政策建议》，中国经济新闻网，http://www.cet.com.cn/wzsy/gysd/1226588.shtml。

通过磋商形成一个适应电子商务的EWTO规则，为跨境电子商务营造自由开放的贸易环境，中国作为一个电子商务发展领先的国家有责任、有义务站出来推动规则的制定。

三　电子商务发展问题的政策建议

电子商务在促进经济增长、增加就业渠道、促进消费方面的作用还没有完全发挥出来，所以需要配套的政策措施来为其发展营造良好的生态环境。为促进电子商务健康发展，充分发挥电子商务对实体经济的推动作用，我们有以下建议。

（一）运用大数据提高电子商务监管水平

电子商务经过20年的发展，已经沉积了大量的数据，这些数据为运用大数据进行电子商务监管提供了重要的数据基础。如何将海量的数据资源转化为监管力量，需要我们做到：第一，树立大数据思维和运用大数据进行监管的意识。电子商务时代的到来，需要政府紧跟时代潮流，树立新的治理理念，改革治理方式，充分认识大数据的力量，鼓励监管部门和政府官员学习大数据知识，培养大数据监管意识。第二，打通数据孤岛，实现信息共享。建立大数据平台，鼓励各政府部门将所掌握的部门数据进行共享，提高部门信息透明度，建立数据有偿使用制度来鼓励企业收集数据，培养数据收集习惯，及时在数据平台存储数据信息。第三，发展大数据产业链，为数据监管提供技术支撑。推动大数据产业链发展，为大数据产业化提供宽松的政策环境，鼓励政产学研联合互动，形成以数据采集、数据存储、数据处理、数据应用、数据安全为基本内容的产业链，从而为政府监管提供技术支持。

（二）实施电子商务“双创”工程

中国经济已经走到了转型的十字路口，原来“拿来主义”的经济发展模式已不可持续，就业压力大，“大众创业、万众创新”的“双创”工程成为扭转经济形势的可行之策，而电子商务是创新、创业的一个重要领域，需要政府部门推进实施电子商务“双创”工程。

第一，发展电子商务众创空间。鼓励龙头企业积极参与众创空间的建设，为众创空间提供技术支持，吸纳科技人员创业，创造就业岗位。鼓励科研机构和高校发挥科研设施、技术积累、专业团队等优势，为电子商务创新创业提供专业服务。第二，完善专利制度和知识产权保护制度，为创新营造良好的政策环境。完善对知识产权的司法保护和行政保护，加大对侵犯知识产权行为的惩罚力度，提高违法成本。第三，引导金融资本对“双创”工程的支持。支持金融机构特别设立专款对电子商务创业者提供贷款，推动天使和创业投资与众创空间相结合，完善投融资模式，鼓励发展众筹等互联网金融模式对创新创业进行金融支持。第四，鼓励优秀人才到电子商务领域创新创业，挖掘优秀人才的创新创业潜力。

（三）加强电子商务可信交易保障环境建设

电子商务发展所面临的消费者权益保护、知识产权保护等问题很大程度上是因为中国缺乏系统、成熟的信用法律法规体系，尤其是缺乏全国性的信用建设理念、信用管理办法、信用评价指标等。而另一个电子商务大国——美国，其拥有良好的电子商务可信交易保障环境，且主要从行业自律和国家战略方面推动网络可信环境建设。此外，美国拥有两家著名的电子商务自律组织美国商务信誉联盟（BBB）和TRUSTe，美国白宫还于2011年4月发布了《网络空间可信身份国家战略——增强在线选择性、有效性、安全性与隐私保护》（简称NSTIC）。①

借鉴美国的经验，中国在加强电子商务可信交易保障环境建设方面应该从以下几个方面入手。第一，面向市场需求，发展电子商务信用服务产业，包括电子商务交易平台服务、信息资源的开发利用。第二，加快信用机制等相关制度的建设，完善相关法律法规，加大对电子商务领域的失信惩戒力度，增加电商失信成本，尽快出台类似美国NSTIC的国家战略，从顶层设计方面引导电子商务可信交易保障环境建设。第三，减少对行业自律组织的政府干预，充分发挥电子商务行业自律组织的行业监督作用。

---

① 郭驰、许国琦、潘建珊等：《美国电子商务可信交易环境建设现状及启示》，《互联网前言》2014年第28期。

（四）促进电子商务与实体经济融合推动地方经济发展

促进电子商务与实体经济的融合，是指从产品研发、原料采购、仓储物流、制造、订单处理、批发、零售等各个环节入手，形成“实体经济 + 互联网”的产业链式融合。电子商务与实体经济融合是电子商务新的发展趋势，也是转变产能过剩、实现实体经济转型升级、打造中国工业 4.0 的必由之路，政府要有这种意识，并采取相应财政政策、产业政策、制度建设，为电子商务与实体经济融合提供宽松的环境。

第一，建设一批电子商务与实体经济融合的示范性企业，推动有智能生产基础的企业优先发展，成为示范性企业，从而带动中小企业协同发展。第二，建设垂直的行业性电子商务平台，包括行业信息服务平台和交易服务平台，整合行业信息资源，形成规模化、可利用的行业数据信息，为智能生产积累数据基础。第三，就电子商务与实体经济融合发展模式、技术难题等热点问题深入研究，破除二者融合发展的理论和技术障碍。

（五）推进电子商务标准规范体系建设

电商平台入驻商户无证经营、商品来源渠道不明和质量不能保证、入驻商户服务质量水平不高、从业人员层次不等这一系列问题需要通过推进电子商务标准规范体系，规范电子商务企业行为来解决，从而使电子商务快速、健康、有序发展。

构建完整、科学、协调一致的电子商务标准规范体系包括建设以电子信息技术为支撑的电子商务标准公共信息服务平台，推动电子商务标准化示范区创建，对电子商务从业人员的培训工作、电子商务交易产品质量认证、仓储物流、支付、数据接口等进行标准化处理，做到能对电子商务交易产品开展质量溯源，能对电子商务从业人员进行身份验证。

（六）运用电子商务促进“一带一路”战略实施

2015 年跨境电子商务迅猛发展，专家学者将目光转向了电子商务与“一带一路”战略实施的研究，中国国际电子商务中心研究院李鸣涛提出，“一带一路”电商先行的观点；对外经济贸易大学教授王健认为跨境电商可成为

“一带一路”倡议的先导和突破点，那么就如何运用电子商务促进“一带一路”战略实施，我们有以下建议。

第一，加强与“一带一路”国家的磋商，消除贸易壁垒。建立“一带一路”国家就电子商务发展相关问题进行磋商的机制，针对如进境国的快递物流、税收、检验检疫、支付等方面的政策问题进行磋商，建立包括网络安全、跨境数据流动、个人信息隐私保护、跨境消费者保护等问题在内的“一带一路”国家跨境电商贸易规则体系。第二，建立跨境电子商务示范区。先与某些“一带一路”国家开展跨境电子商务合作，为其提供资金、技术支持，帮助其建设电子商务发展基础，并就电子商务发展相关问题进行协商，建立示范规则，再向“一带一路”其他国家推进。第三，鼓励国内电商企业与“一带一路”国家电商企业共同建立 EWTO 规则。企业间建立 EWTO 规则与政府间建立 EWTO 规则相比更具灵活性，受国与国关系的影响较小，EWTO 规则可由企业之间先行建立。

B.8
2015年基于新媒体平台的中国新闻传播：用户行为及发展状况

殷 乐 于晓敏*

摘 要： 2015年，媒体“两微一端”集中发力进军移动互联网，媒介融合进一步深化。本文集中分析民众基于手机端的新闻接触和使用行为，以及媒体“两微一端”的发展现状、传播特点、当前问题和未来趋势，描绘发生于新媒体平台的新闻传播的变局。

关键词： 新媒体 两微一端 移动互联网 用户行为

移动互联网对新闻业的影响日渐深远，2015年这一冲击更趋显著。据统计，截至2015年12月，中国手机网民规模达6.20亿，网民个人上网设备进一步向手机端集中，90.1%的网民通过手机上网①，手机上网比例远超PC端。技术演进和民众媒介消费习惯的改变，不仅改变了新闻的生产、传播流程，同时改变了新闻语言、叙事、理念。微信、微博和客户端正成为新媒体传播尤其是移动媒体传播的新模式。如何做好新闻信息呈现的移动化、社交化和视觉化，正成为基于新媒体平台的中国新闻传播的重要议题。

本报告旨在对移动互联网环境下的用户新闻接触和使用行为、中国新闻传播的新媒体发展格局和态势进行梳理解析。文中所涉及的数据主要来源于中国社会科学院新闻与传播研究所2015年9月针对媒体“两微一端”进行的两次

---

* 殷乐，中国社会科学院新闻与传播研究所研究员，媒介研究室主任；于晓敏，中国社会科学院研究生院新闻学与传播学系硕士研究生。

① 中国互联网络信息中心：第37次《中国互联网络发展状况统计报告》，2016年1月22日，第39页。

问卷调查，中国社会科学院中国舆情调查实验室 2015 年 10 月进行的舆情调查，以及其他机构的相关问卷调查。

一　对当前中国民众基于手机端的新闻接触和使用行为调查

为了解民众基于手机端的新闻接触和使用状态，2015 年 10 月，中国社会科学院中国舆情调查实验室在全国范围的城市居民舆情调查中对民众基于手机端的新闻接触和使用行为进行了搭车调查①，主要调查结果显示如下。

（一）超过九成受访者通过手机获取新闻信息，超八成受访者下载过新闻客户端

调查显示，93.5% 的人平时通过手机获取新闻信息，而在使用频率上，77.4% 的受访者几乎每天通过手机获取新闻信息，17.8% 的人一周多次通过手机获取新闻信息。手机已经成为重要的新闻信息获取平台（见图 1）。

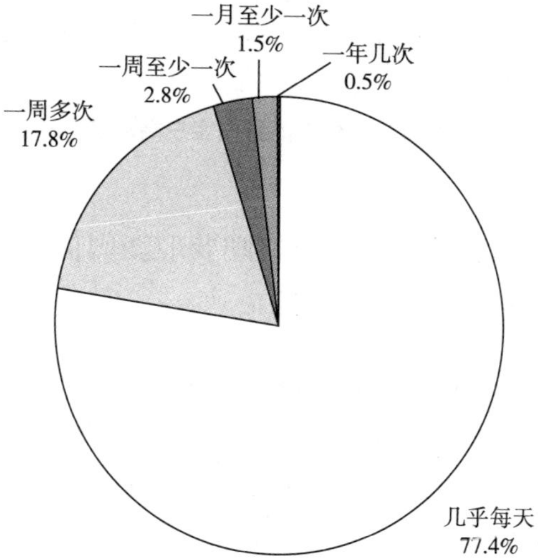

图 1　通过手机获取新闻信息的频率

① 调查抽样区域设定为大型城市、中型城市和小型城市，20 个城市总体样本规模为 2000 人。

88.6%的受访者下载过新闻客户端，手机上新闻客户端数量少于3个的占五成以上，近四成受访者在手机上有3~5个新闻客户端（见图2）。从职业分布来看，新闻客户端在党政干部（100%）、企业经营管理者（94.4%）、工人（92.9%）、自营业主（92.1%）中普及率尤其高，在商业服务人员（76.7%）中普及率相对较低，但总体差异不明显。教育程度差异对客户端下载的影响亦不明显。在对微信公众号的关注上，也显示了相近的比例（87.5%）。

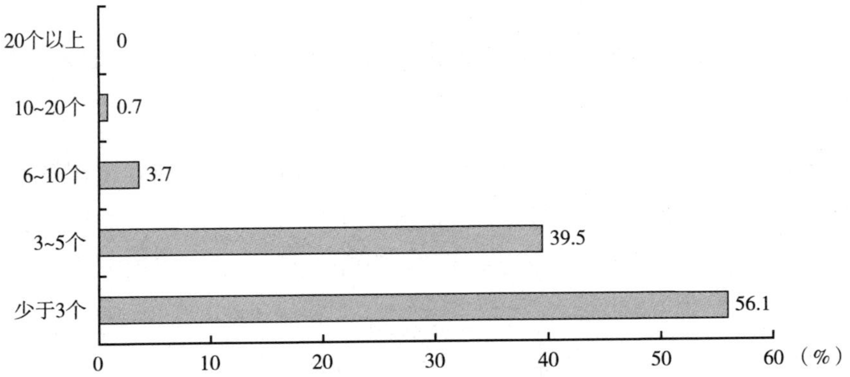

图2 手机上的新闻客户端数量

（二）客户端为民众在手机终端获取新闻信息的首选渠道，同质化是影响使用客户端的主要原因

在对您通过什么渠道在手机上获取新闻信息的调查中，68.3%的受访者回答通过新闻客户端获取新闻信息，排名第二的是通过浏览器访问网站（57.8%）；超过四成的人通过微信朋友圈（48.3%）和微信公众号（45%）获取新闻信息，同列第三梯队；其后为微博，35.3%的人选择了通过微博获取信息，而手机报（21.3%）及和朋友借助通话、短信的交流（20%）则列于选择的末端（见图3）。

在影响使用新闻客户端的原因上，调查显示，近七成被调查者认为客户端同质化问题严重，超过四成的人认为客户端新闻时效性不理想（见图4）。

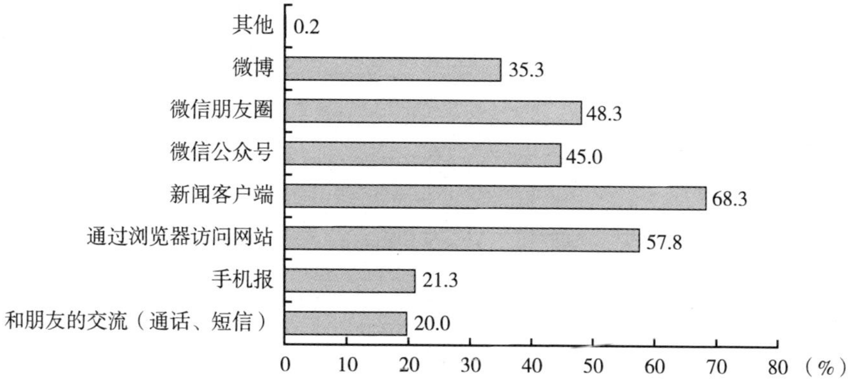

图3　通过什么渠道在手机上获取新闻信息

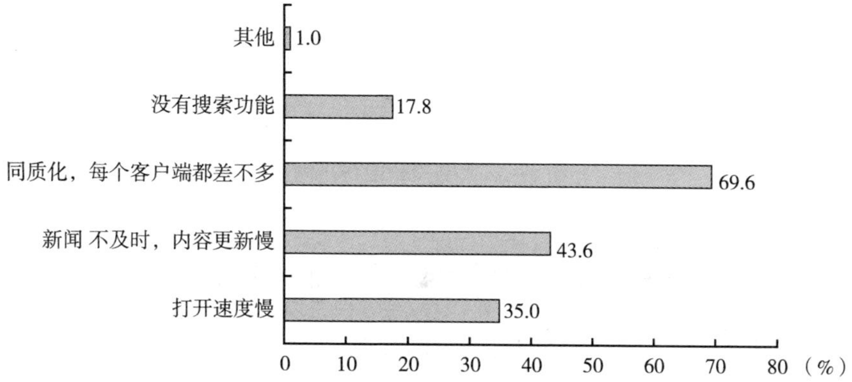

图4　影响使用新闻客户端的主要原因

（三）综合门户网站的新闻客户端为受访者首选，境内媒体的新闻客户端位列第三

在对新闻客户端的接触选择上，综合性门户网站的新闻客户端（如新浪、网易、搜狐、腾讯等）以绝对优势排名第一，超过九成的人选择经常和有时接触综合性门户网站的新闻客户端（91.8%）；73.9%的人经常和有时接触商业公司的新闻客户端（今日头条、鲜果、知乎等）；位列第三的是境内媒体的新闻客户端（如《人民日报》、中央电视台、新华社等）（58.9%）（见图5）。

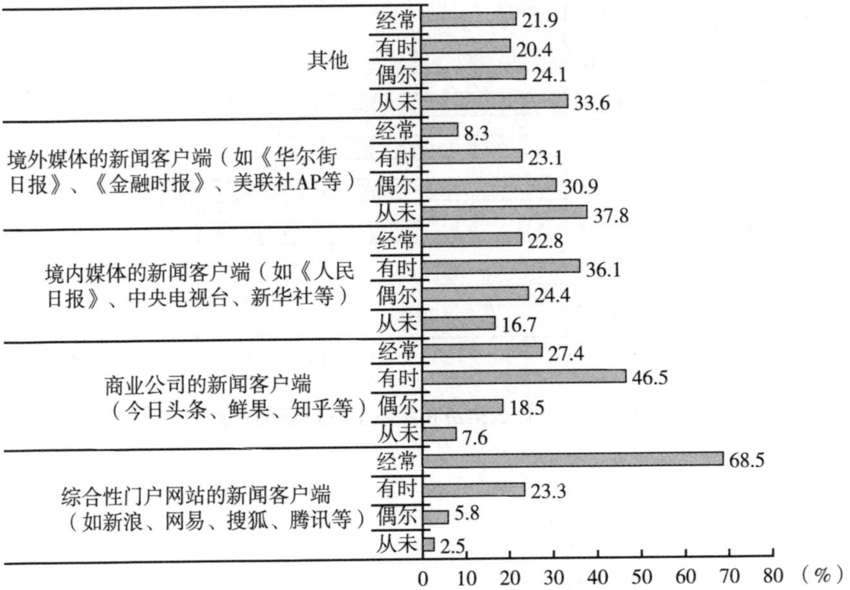

图5　您接触的新闻客户端

（四）自媒体的微信公众号与传统新闻媒体的微信公众号关注度相当

调查显示，自媒体公众号是受访者的首选，经常和有时接触的比例超过七成，紧随其后的第二梯队为商业机构开设的微信公众号（69%），传统新闻媒体开设的微信公众号（68.3%），政府机构、协会等开设的微信公众号则处于第三队列（见图6）。从经常使用的单项分布来看，传统媒体开设的微信公众号（34.5%）与自媒体的公众号（32.1%）同属第一梯队。从职业分布来看，在客户端下载和微信公众号的关注方面，工人群体都有很高的比例。

这一调查结果与中国及全球的相关调查亦有相近乃至相互印证之处。Pew 2015年在美国进行的调查显示，63%的Twitter用户表示Twitter是其获取新闻和朋友信息的渠道，Facebook用户也是相同的比例①。路透社针对全球新闻用

① Michael Barthel, Elisa Shearer, Jeffrey Gottfried and Amy Mitchell, "The Evolving Role of News on Twitter and Facebook," July 14, 2015, http://www.journalism.org/2015/07/14/the-evolving-role-of-news-on-twitter-and-facebook/.

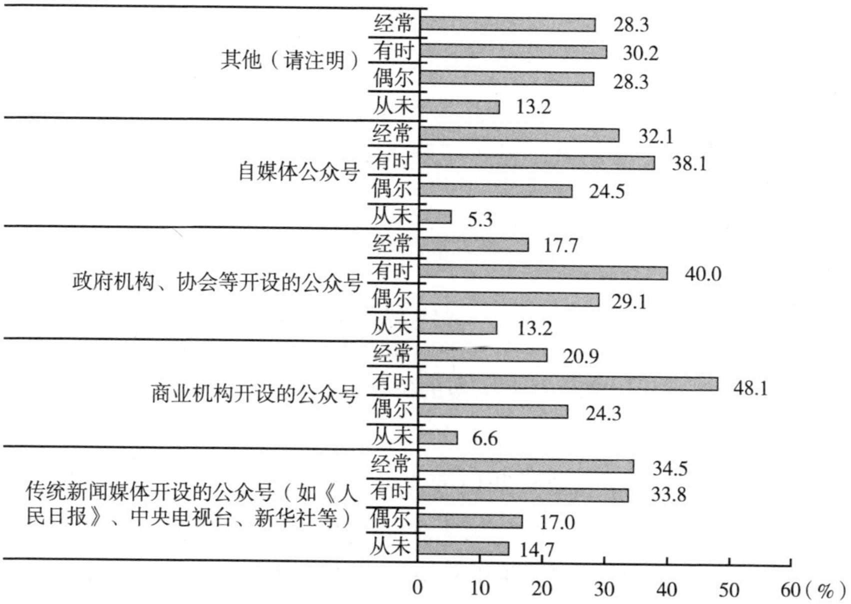

图6　接触的微信公众号类别比例

户的年度调查也呈现了相近的结果：基于手机端的新闻消费量在过去的12个月持续增长。① 总体而言，在移动互联网环境下，民众获知新闻信息的平台、渠道都发生了革命性的变化，手机成为重要的新闻信息获取平台，而社交媒体、客户端则成为新闻信息的主要来源。其中综合门户网站、新型技术公司乃至于个体的新媒体形式已经堪与传统新闻媒体的新媒体形式一较高下。

二　基于新媒体平台的新闻传播格局

——以媒体类“两微一端”为着眼点

技术提供了可能性，而需求则提供了驱动力。与民众手机端的新闻接触和使用行为相辅相成的是，中国新闻传播的新媒体发展实践也正呈现移动化、社交化、视觉化的特征。以微博、微信和新闻客户端为主体的“两

① “Reuters Institute Digital News Report 2015,” http：//reutersinstitute. politics. ox. ac. uk/sites/default/files/Reuters%20Institute%20Digital%20News%20Report%202015_ Full%20Report. pdf.

微一端”正成为中央和地方传统媒体积极适应移动互联网趋势，向新媒体进军的主要手段，也成为本来就有互联网基因的各媒体类门户、资讯网站和平台紧跟时代大潮，进一步开拓发展的契机。可以说，2015年，“两微一端”之力充斥于传媒场域，显示了强大的生命力，这也是本报告的关注点所在。

2015年度“两微一端”的传播发展形成了如下格局。

（一）微博微信普及率高，客户端蓬勃发展

自2011年微博年以来，新浪微博的发展已经度过爆发式增长阶段，进入稳定成熟期。中国互联网络信息中心2015年发布的第36次《中国互联网络发展状况统计报告》[①] 显示，截至2015年6月，手机微博用户数为1.62亿，使用率为27.3%。新浪微博2015年第4季度财报显示，2015年12月的月活跃用户数（MAU）达到2.36亿，其中83%为移动端用户。社会和学术界虽不乏唱衰微博之声，但其影响力仍然巨大，尤其是在公共议题和重大突发事件的报道上。《中国社会心态研究报告（2015）》显示，2015年上半年的十大重大新闻事件中，东方之星沉船事件、上海外滩踩踏事件、毕福剑不当言论视频、刘翔退役、福建漳州PX项目爆炸事件，共5个重大新闻首发在微博平台。[②]《人民日报》、央视新闻、人民网、澎湃新闻等新闻媒体和其所办的微博账号，成为事件信息的主要汇集窗口。微博仍然具有强大的内容生产能力，是各个媒体发声的重要平台。

有调查显示，截至2015年8月，经认证的媒体类微博为26259个，其中传统媒体微博有17323个。在传统媒体微博中，报纸类有3571个，约占21%；电视类有7312个，约占42%；电台类有3002个，约占17%；杂志类有3359个，约占19%；通讯社类有79个，约占1%。[③] 可见，媒体类微博已经形成大规模的集群。

① 中国互联网络信息中心：第36次《中国互联网络发展状况统计报告》，第37页。

② 《社会心态研究报告公布2015上半年微博十大热门事件》，中青在线，http://life.cyol.com/content/2015-12/10/content_11921774.htm。

③ 《“两微一端”的点与面》，中国新闻出版广电网，http://data.chinaxwcb.com/epaper2015/epaper/d6167/d6b/201512/63351.html。

就微信来看，基于庞大的用户数量和日益发展成熟的社交应用，微信公众账号自2012年8月推出以来，注册数量一路飙升。据最新的《微信数据化报告》，截至2016年2月，微信公众账号已超1000万个，其中泛媒体类公众号所占比例最高，超过1/4。① 数量众多的媒体公众号发挥着巨大的传播力。新媒体指数监测数据显示，2015年1月1日至11月30日，每周WCI（微信传播力指数）排名前1000的微信公众号共发布文章212万余篇，总阅读量超过814亿人次，点赞总数达到5.1亿次②。

媒体类微信公众号是“媒体+社交网络”的产物，这种组合带来了一种新的传播格局，即新闻借助强社交链广泛传播，文章价值、趣味性和给人以情感触动等因素，加上朋友之间相互信任的因素使得相应的新闻得到大量转发；微信成为网民新闻资讯获取的重要来源，新闻广度（新闻App）+新闻过滤（微信等社交平等）成为网民获取新闻的左右手（见图7）。③

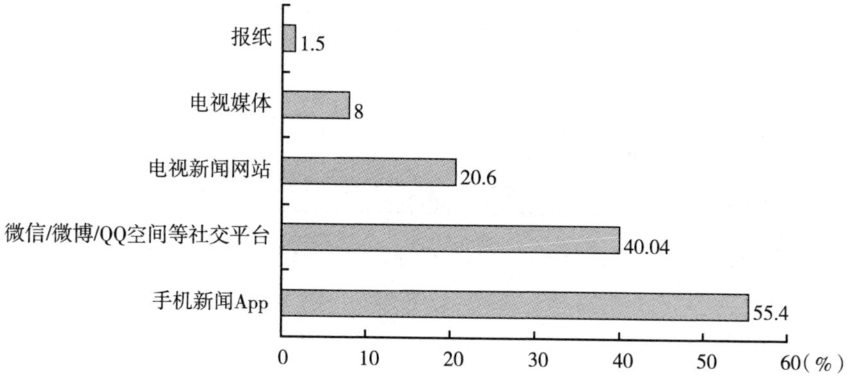

图7 微信用户新闻获取主要来源

就新闻客户端而言，截至2015年12月，手机网络新闻用户规模约为4.82亿，在网民中使用率为77.7%，网络新闻超越手机搜索，成为手机即时通信

---

① 《微信数据化报告》，腾讯企鹅智酷，http：//b2b.toocle.com/detail－－6319893.html。

② 《“两微一端”的点与面》，中国新闻出版广电网，http：//data. chinaxwcb.com/epaper2015/epaper/d6167/d6b/201512/63351.html。

③ 《微信数据化报告》，腾讯企鹅智酷，http：//b2b.toocle.com/detail－－6319893.html。

之后的第二大互联网应用（见表1）①。据途速研究院统计②，进入2014年以来，移动新闻客户端在中国智能手机用户中的渗透率开始加快提升，2014年第3季度渗透率为56.8%，到2015年第3季度，移动新闻客户端在智能手机用户中的渗透率已达到64.5%，保持稳定上升的趋势（见图8）。2015年，新闻客户端在数量上也迎来井喷式增长，2015年，全国的主流媒体客户端达231个，形成“东澎湃，南并读，西封面，北无界，中九派”③ 的格局。客户端迎来繁荣期。

表1　2014～2015年中国网民各类手机互联网应用的使用率

单位：万，%

	2015年		2014年		全年增长率
应用	用户规模	网民使用率	用户规模	网民使用率	9.8
手机即时通信	55719	89.9	50763	91.2	16
手机网络新闻	48165	77.7	41539	74.6	11.3
手机搜索	47784	77.1	42914	77.1	13.6

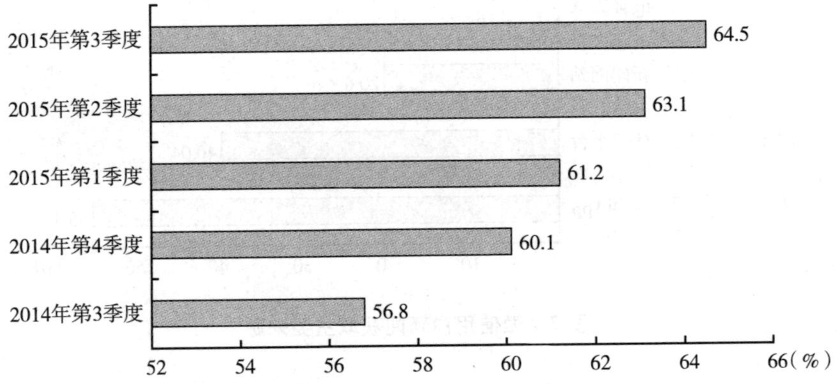

图8　移动新闻客户端在智能手机用户中的渗透率

① 中国互联网络信息中心：第37次《中国互联网络发展状况统计报告》，第53页。

② 速途研究院：《2015年Q3移动新闻客户端报告》，http：//www.sootoo.com/content/658055.shtml。

③ 清博指数：《中国传统媒体新闻客户端发展报告》，http：//xmtzs.baijia.baidu.com/article/320361。

2015 年 9 月，中国社会科学院新闻与传播研究所进行了关于媒体类“两微一端”运营和管理现状调查（以下简称“社科院两微一端调查”），调查数据显示，受访媒体均已建立了官方微博与微信公众号，大多数媒体拥有 1 ~ 2 个微信公众号、1 个官方微博，新闻客户端的平均拥有量也达到了 0.77 个。可知，“两微一端”都已经达到较高的普及率。

（二）专业化、规范化程度增强

设置“两微一端”专职岗位，专业化、规范化程度增强。基于“两微一端”的传播，需要不同于传统新闻的编辑方式、传播方式，因而需要加强专门人才队伍建设。根据“社科院两微一端调查”，绝大多数（96%）媒体都建立了专门的“两微一端”人才队伍，作为内容选材、编辑和发布的脑指挥中心。名称如新媒体工作室（温州交通广播）、新媒体中心（经济参考报报社）等。队伍里工作人员数量因微博、微信公众号、客户端的数量差异而略有不同，大多数在 6 ~ 9 人。规模较大的媒体还将微信、微博建设与客户端建设分离，成立两个人才团队。在规范化层面，半数以上（61%）的媒体制定了“两微一端”运营的规章制度，就舆论导向、稿件选择、稿件签发、信息把关、负责人等方面进行了规定。2015 年，中国媒体“两微一端”专业化、规范化程度的提高，有助于媒体融合的进一步深化开展。

（三）综合性媒体与垂直性媒体齐头并进

在“两微一端”中，综合性媒体仍是主流，垂直性媒体越来越受青睐。2015 年 9 月 15 日，人民网舆情监测室与中国社会科学院新媒体研究中心共同发布了国内媒体“两微一端”融合传播排行榜，评估范围覆盖国内所有平面媒体和新媒体，通过统计各媒体覆盖指数、传播指数和互动指数，评估各媒体在移动化平台上的发展状况、传播效果和影响力。在排行榜总榜前 100 名中，半数以上（62 个）为综合性的新闻媒体，在内容上覆盖时政、社会、文化、生活等多个方面，为用户提供丰富而全面的新闻资讯。同时，专门发布财经、时尚、娱乐、汽车、科技、健康等资讯的垂直性媒体异军突起，影响力日渐显著，如在排行榜总榜前 11 名中就有新浪娱乐、财经网和搜狐娱乐三个垂直性媒体。人们对垂直媒体的青睐在杂志中表现尤为明显，杂志排行榜前 20 名中有 14 个为垂直领域杂志。当前用户对媒体的针对性和专业性提出了更高要求，使得移动互联网场域中的媒体市场细分、分众传播、求细求精的特点越来越明显。

（四）地域发展差异性大

地域发展不均衡，“两微一端”的发展水平与地区经济水平呈正相关。“两微一端”的发展存在着明显的地域差异。在新闻网站前50强分榜中，北京有16家，其次是广东的4家；商业网站前50强分榜中北京更是占据了42家；杂志100强分榜中，北京杂志有67家、上海有11家、广东有9家；在报纸中情况相对均衡些，但北京媒体也占到了两成，其次是上海、广东、浙江等地。[①] 由此看来，在“两微一端”的变革时代，北上广等一线城市引领着发展的大潮，中部、东北地区的总体表现比较平淡，部分媒体“两微一端”的发展不尽如人意，广大西部地区则几乎处于失语状态。各地媒体“两微一端”的发展水平与地区经济水平呈正相关，但其不均衡程度又远远超过地方经济水平的不均衡。[②]

（五）体制内外形成互补

中央、省级媒体与商业媒体和自媒体形成互补。中央、省级媒体丰富的资源、深厚的积淀使其影响力具有持续性，这在新闻网站和报纸类媒体中体现得尤为明显。“两微一端”融合传播排行榜显示，在前50强新闻网站中，网信办规定的可供网站转载新闻的中央级新闻网站有9家，省级网站有7家，体制内媒体占32%；在报纸类媒体中，网信办规定的可供转载的省级报纸有31家，中央级报纸有9家，体制内媒体占40%。但在杂志和商业网站中，商业媒体则表现了较强的统御力，商业网站中新浪、凤凰、腾讯、搜狐等名列前茅，商业媒体约占70%；杂志中表现更甚，前100强中仅5家是中央新闻单位主办的杂志。从内容上来看，新闻网站和报纸媒体内容集中于硬新闻，这也是中央媒体的强项所在，形成了核心竞争力；而商业网站和杂志出身于民间，贴近社会、贴近生活，对时尚娱乐、健康休闲、情感生活、科技数码等命题尤为

① 人民网舆情监测室与中国社会科学院新媒体研究中心：《媒体“两微一端”融合传播排行榜》，2015年11月25日。

② 人民网舆情监测室与中国社会科学院新媒体研究中心：《媒体“两微一端”融合传播排行榜》，2015年11月25日。

关注，具有多元性、娱乐性、趣味性的特点。由此看来，体制内外的媒体在内容上实现互补，共同丰富了人们的社会文化生活。

三　当前“两微一端”的新闻传播模式特征及问题

（一）“两微一端”的新闻传播模式特征

基于“两微一端”的新闻传播在2015年呈现了多元互动、人格化交往、矩阵化结构、可视化传播等特征。

1. 多元互动

就微博而言，评论和转发功能为用户提供了自由表达的平台，《人民日报》的新浪微博平均每条可以获得两三千的转发量和评论量。微信公众号也具有多种互动形式，公众号的推送界面本身就是对话框，用户可以直接在对话框中表达意见，这些意见会直接在微信公众号后台形成留言；2014年底，公众号文章评论功能开启，读者可以对文章发表评论，公众号运营者也可以选择精选评论呈现在页面底端，读者可以进一步对精选评论进行点赞；不同的媒体也推出了更加多元的互动方式，如观察者网建立了专门的编辑网友交流公众号兔子公社，《中国青年报》公众号建立专门投稿栏目新闻线索－投稿和互动栏目微社区。在新闻客户端，每则新闻都有留言板块，用户可以提问、跟帖、反馈以及与其他用户或者编辑进行交流和互动；专门的互动、上浮板块也诞生了，如“今日头条”的“我要爆料”、《人民日报》客户端的“问政”等。

2. 话语杂糅，人格化交往

社交媒体时代的新闻传播话语是跨越新媒体和传统媒体界限的杂糅话语，既有文字、音视频等多形式的共存，又有书面语言和口头语言的交织，尤其是年轻群体创造的种种流行语，更有技术语言与人文语言的混合使用。2015年以来，诸多“两微一端”开始以人格化的称谓进行身份构建，如《新京报》公众号自称新君、《博物杂志》微博自称薄雾君，《人民日报》旗下微信公众号侠客岛自称岛君。这种人格化的表达还广泛地体现在推文中。在语言上，“两微一端”也逐渐突破传统新闻一本正经的用词，而采用活泼的、接地气的网络语言，拉近和受众的距离。例如，《人民日报》微信公众号推送文章《强哥教你16个新词汇，不懂你就OUT啦》[①] 来介绍李克强总理政府工作报告的内容；央视新闻微信公众号发文《国务院喊你去消费　这10项服务保证你钱花得爽》[②]，介绍了政府为消费升级创造好条件而推出的新政策。如此等等，不一而足。总之，各媒体的“两微一端”逐渐打破成规，用人格化的表达，活泼有趣接地气的网络用语来拉近和用户的心理距离，得到了网民的认同和喜爱。

3. 矩阵化结构

矩阵化表现为媒体在“两微一端”上做业务分拆，细分粉丝、矩阵互推，形成多层次的覆盖力。越来越多的媒体进行了矩阵化尝试，即建立多个微博、微信公众号，形成覆盖力强的传播矩阵。矩阵传播是媒体融合繁荣期依托“两微一端”而形成的极具特点的传播模式，通过业务分拆让每个微博和微信公众号的定位更加细化精准，以信息的差异化吸引同好用户；通过粉丝细分，使营销更加精准，也让用户和不同官微、微信公众号互动维持长期的新鲜感。目前，诸多媒体已经建立了自己的传播矩阵，如《人民日报》、人民网、人民客户端拥有微信公众号56个，包括人民网、说人解事、学习微平台、强国论坛、人民财经等，微博账号有101个，如人民网、人民财经、强国论坛、人民网人民电视等[③]；《青岛日报》有微信公众号20个，如掌上青岛、吃喝玩乐在青岛等，微博账号23个，如健康全搜索、财经全搜索等。[④] 基于“两微一端”的传播矩阵建设，塑造出多时间点，多层次级，合力化、分众化的传播新格局，带来了媒体传播力的稳步提升。

4. 可视化传播

“两微一端”所发送的新闻信息，融合了文字、图片、音频、视频等各种形态的信息。采用多样化的表达方式，能更充分地呈现新闻内容，调动用户的感官，便于用户理解信息内容。两种较新的传播模式越来越受“两微一端”青睐。

---

① 《人民日报》微信公众号：《强哥教你16个新词汇，不懂你就OUT啦》，http://www.aiweibang.com/yuedu/17356740.html。

② 央视新闻微信公众号：《国务院喊你去消费　这10项服务保证你钱花得爽》，http://wx.shenchuang.com/article/2015-11-24/1309516.html。

③ 来源于社科院“关于‘两微一端’运营和管理现状的调查问卷”数据。

④ 来源于社科院“关于‘两微一端’运营和管理现状的调查问卷”数据。

其一，数据可视化延续其风潮，“两微一端”继续着读图风暴。可视信号是最直观易感的信息，相比于声音和文字，观看是人们更倾向的感知行动。①数据可视化也受到了“两微一端”的欢迎，依托于大数据，各种扁平化的结构图、流程图不断出现。如网易新闻的数读、腾讯新闻的数据控、《新京报》的图个明白等，用扁平的可视化数据来呈现各种社会议题。这种可视化视图，不仅便于用户理解信息，更能够利用大数据发现问题、呈现态势，挖掘新闻深度。

其二，H5 成为广受喜爱的新颖传播模式。在 2015 年两会报道期间，《人民日报》的 H5 作品《必有回响，代你问总理》阅读量接近 210 万次，《两会 e 客厅我来问部长》《全国政协委员是怎样炼成的》《人大代表咋排座，有讲究》的阅读量均超过 100 万次，郑州报业集团的《那些来自河南的北京好人》《建内陆型自贸区能给郑州带来什么》，《新京报》的《代表委员知多少》《常委们的两会足迹》② 等作品都在朋友圈得到广泛传播，这些优质内容与新颖形式兼具的 H5 作品，集文字、图片、音乐、视频、链接等多种形式于一体，引发了聚合效应、注意力效应、影响力效应的化学反应。

5. 精准推荐，个性化定制

个性定制是新闻客户端所特有的功能。现在大多数新闻客户端都具有订阅功能，不仅可以选择、添加地区新闻和分类新闻，订阅各种栏目，而且还可以按需调节各栏目顺序。用户可以按自己的兴趣定制属于自己的个性化内容，新闻客户端也由此做到了贴近化和个性化。精准化推荐也是重要的发展方向。微信公众号和客户端可以通过推荐引擎技术解读用户从而实现精准推荐。

（二）当前新闻媒体“两微一端”发展中存在的主要问题

从目前数据来看，主流媒体的新媒体平台关注度持续走高，其既有媒体平台的背靠，也有目前人口构成的因素，但除了《人民日报》、中央电视台、新华社等大型中央媒体平台及少数以地方服务为主体的地方媒体平台进行的社交

---

① 任悦：《视觉传播概论》，中国人民大学出版社，2008，第 4 页。

② 梁益畅：《从两会报道看传统媒体谋变》，《中国记者》2015 年第 4 期，第 45～48 页。

尝试较为成功外，大部分主流媒体的新媒体依然是内容平移，处于伪社交状态，没有建构深度互动，亟待促进民众与媒体之间产生深层次的行为关联。以“两微一端”的发展来看，主要存在几个方面的问题。

1. 定位不清，运营模式模糊

大多数媒体“两微一端”的定位和运营模式模糊，变现能力有限，并未有效地将粉丝资源转化为经济创收。在社科院新闻与传播研究所进行的“两微一端”调查中，各媒体呈现的经营状况如图 9 所示，没有单独核算的占 57.7%，有盈利的占 23.1%，亏损的占 11.5%，盈亏平衡的占 3.8%，其他的占 3.8%。大多数媒体并未单独核算“两微一端”是否创收，意味着并未将“两微一端”看作可以盈利的部门，盈利的仅约占二成。

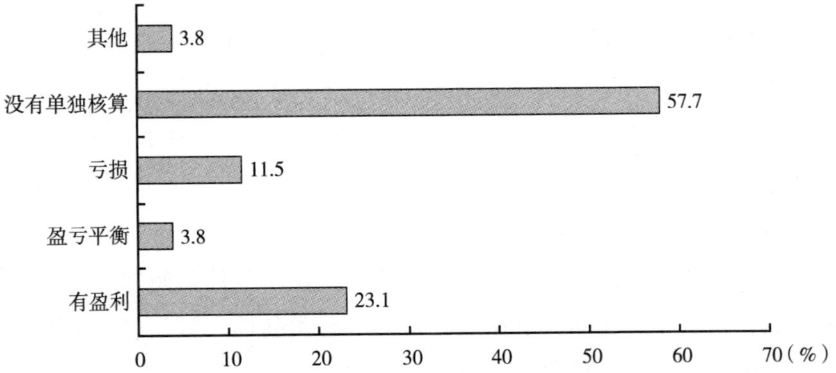

图 9 “两微一端”的经营情况

随着互联网社群的发展，粉丝经济的时代已经到来。对于媒体“两微一端”而言，也可以通过建立个性化品牌、进行品牌自推广，科学合理地进行粉丝运营，诱导粉丝付费，从而实现创收。相比于白手起家的自媒体，传统媒体和网站最具优势的资源就在于在长期发展中积累了用户，“两微一端”的创建将原有用户再进一步聚合到移动端，进行粉丝运营，传统媒体具有更好的基础。

对于媒体“两微一端”而言，应该积极开拓广告、付费阅读市场，同时还可以尝试创立微商城，销售报纸、杂志和周边产品，如《博客天下》微信公众号专门设置微信买杂志的栏目，进行线上售卖；《时尚芭莎》微信公众号设置商城栏目，售卖美妆护肤产品，并与杂志内容形成互动；果壳网微信公众号创立万有集市，销售图书、量子积木等周边产品。对于媒体“两微一端”这种网络新形式而言，既必须要有尼采意义上的日神精神，即坚持监测环境、守望社会传统功能，保持理性判断，不懈追求新闻价值，又必须兼顾酒神精神，即积极利用移动互联网，不断探索盈利模式，不能一直依靠传统媒体的反哺。

2. 原创能力不足

互联网时代，海量信息被创造和传播，而生活的快节奏化又要求人们可以快速浏览有价值的信息，因此，用户对原创观点的要求有了提高，厌恶同质化。这对“两微一端”也形成了挑战。

据社科院新闻与传播研究所的媒体“两微一端”调查，在微信公众号信息来源中，原创和转发一半对一半和少量原创、主要转发网上信息，没有原创、全部转发其他媒体信息的共占53.8%，微博此三项占57.7%，新闻客户端此三项占47.1%（见表2）。由此看来，一半左右的媒体和网站转发占到了五成或五成以上。这就可能造成同质化内容刷屏，降低粉丝黏性和传播力。

表2　“两微一端”信息来源分布

单位：%

类别	微信公众号	微博	新闻客户端
没有原创、全部转发其他媒体信息	0	0	11.8
少量原创、主要转发网上信息	7.7	23.1	11.8
原创和转发一半对一半	46.1	34.6	23.5
本单位原创为主，少量转发其他媒体信息	38.5	34.6	29.4
全部本单位原创	7.7	3.8	23.5
其他	0	3.9	0

“两微一端”内容的同质化本质上是由无限的传播需求与有限的热点数量的永恒二元对立所决定的。每段时间内的重大议题总是有限的，而媒体尤其是传统媒体由于相似的价值取舍，在选题上极大可能趋于一致，这就可能导致微信、微博、客户端彼此之间，以及“两微一端”与门户网站、电视、报纸等其他平台之间内容同质化，从而造成用户信息过载。要想解决这个问题，不仅需要媒体更多地推出具有独家选题、独家视角的内容，更需要适当改变基于传统媒体的选题标准，把目光投注于网民所关注的丰富多元的话题。

原创力和生产力不足的情况在电视广播类“两微一端”中体现得比较明显。广电媒体的“两微一端”多数内容是开播节目、上映电视剧的内容速递，或者转发自媒体等发表的广电评论的热门文章。根据清博指数抓取的数据，2015年9月BCI（微博传播力指数）排名前100的传统媒体微博只有11家电视台、6家广播电台，其余报纸有44家、杂志有37家。2015年12月WIC（微信传播力指数）显示，报纸媒体平均每日热文有“4000+”个，阅读量为1300万次左右，而广电媒体平均每日热文有1100个左右，阅读量为1200万次左右。①

3. 目前媒体从业人员培训有所欠缺，尤其是新媒体从业人员多为社会招聘，在新闻传播技能和宣传导向上有所不足

从目前对新媒体从业人员的调研来看，媒体从业人员结构不均衡，虽然在中央级媒体的新媒体从业人员普遍素质较高，但总体而言，当前传统媒体的新媒体采编人员具有以下特点：①年龄在24～30岁；②新闻采编经验欠缺，从业经历过短；③从业人员专业范围更广；④缺少专业技术资格认证环节，员工自身政治思想水平、新闻从业人员的职业道德素养有所欠缺。此外，网络媒体内容人员工作强度大导致流动性较大，容易造成人才流失，不利于工作稳定开展。上述问题在调研中也有所反映，由于新媒体从业人员，尤其是媒体的采编人员，不像传统媒体从业人员具有新闻传播学相关技术要求及职业技术资格认证，所以部分媒体信息传播内容会出现把关不严，真实性、全面性和舆论引导方面有偏颇的现象。

4. 客户端繁荣之下问题重重

2015年，全国的主流媒体客户端达231个，但是，下载量达十万级的客户端数量仅为15个，万级的为38个，而千级以下的客户端达167个。②可见在整个客户端产业，只有少数客户端能突出重围完成可观的用户积累，大多数客户端还依旧在底层挣扎。究其原因，在2015年新闻客户端爆发式增长的背后，仍是问题重重，如重初始研发轻后续运营，定位模糊，盈利模式不确定，尤其是随着新闻客户端的逐渐增多，数百家客户端分食移动

---

① 清博指数，http：//www. gsdata. cn/rank/detail。

② 清博指数：《中国传统媒体新闻客户端发展报告》，http：//xmtzs. baijia. baidu. com/article/320361。

端新闻的市场，市场挤压，盈利空间狭小，突出重围的难度更大。

另外，新闻客户端的问题还表现为产品设计雷同、优质内容匮乏、版权困境等。尤其是在原创和版权得不到严密保护的情形下，传统媒体原创内容的优势常被消解——内容的数字化使得诸多新媒体未经授权就可以得到优质内容，这又使得客户端在互联网的大潮中更加缺乏立足根基。

四　结语及思考

微博、微信及客户端仅为当下中国新闻传播所借助的主要新媒体平台，未来势必会出现多种形态的新媒体平台。可以预见，基于新媒体平台的新闻实践正在并将继续出现多层面的深刻变化，由此也引发了我们的几点思考。

其一，关于新闻生产、传播及消费中信息的自组织和再结构。当前的信息总量体量巨大，不同主体拥有不同的信息板块，对于真实的接近在一定程度上成为多来源的信息拼图过程，当前反转新闻的层出不穷，实则也在一定程度上体现了这一信息拼图的传播场景。在这个信息的自组织和再结构中，是什么因素在发挥作用，如何看待新闻媒体在其中的角色、功能和发展空间，职业媒体人和传播者如何发挥舆论引导作用，如何理解并把握新闻信息的二次乃至多次传播中的多元利益诉求，如何发挥不同人等在信息拼图中的角色和作用，如何看待算法在新闻选择和呈现中的作用，程序的选择会不会带来信息的窄化……这些都是值得深思的议题。

其二，关于新闻的情感性、情境性存在。我们在数字技术初始出现时就已经憧憬了 VR 的现实，从无处不在的伴随式传播到沉浸式体验，都意味着体验性情感力将成为新闻传播的一个重要面向。值得注意的是，技术演进推进官感体验正走向无限拓展，如果不能伴随以同步深化的求真之心和批判性思考，势必会带来新闻的肤浅化和表层化发展。此外，技术思维在新闻传播中的作用会越来越凸显，未来新闻叙事和语言的转型也将进一步走向深化，如何把握技术思维对新闻话语、新闻叙事的改变，程式化的叙事方式和语言在表达言外之意中是否还有空间等，都日渐凸显。总体而言，新媒体已然在一定程度上重构了新闻与人的关系，中国新闻传播的未来发展有待于我们在持续的观察和实践中加以思考和探索。

B.9
中国搜索引擎网站的现实图景与责任反思

钟 瑛 李秋华*

摘 要： 搜索引擎网站自雅虎创设以来，其发展历程主要为导航式搜索网站时期、自动化搜索引擎时期和个性化搜索引擎时期，中国的搜索引擎网站同样经历了分类导航网站、独立搜索门户和智能搜索引擎三个阶段。本文通过对中国搜索引擎网站的社会责任进行量化评估，发现存在六对矛盾。本文还在网站运营层面、搜索技术层面和多维关联主体层面提供了对中国搜索引擎网站责任提升的探索与反思。

关键词： 搜索网站 社会责任 责任评估 责任提升

自1994年雅虎创建伊始，网络搜索服务便得到互联网用户的极大关注与广泛应用，1997年谷歌的崛起，更是带动了搜索引擎网站的迅猛发展。目前，结合人工智慧的智能搜索引擎更成为互联网未来发展的重要趋势。近年来，以百度为代表的中国搜索网站也迅速兴起和发展，成为互联网领域的重要力量。截至2015年12月，我国搜索引擎用户规模达5.66亿，使用率为82.3%，用户规模较2014年底增长4400万，增长率为8.4%。①

借助搜索引擎，人们可以在海量的网络信息中快捷、准确、高效地搜寻到

---

* 钟瑛，华中科技大学新闻与信息传播学院教授，博士生导师；李秋华，华中科技大学新闻与信息传播学院博士研究生。

① 中国互联网络信息中心：第37次《中国互联网络发展状况统计报告》，2016年1月22日。

适用于自己的价值信息。搜索引擎在人类社会的各个领域产生越来越重要的影响，所引发的社会责任思考也愈加凸显。

一　中国搜索引擎网站的发展现状

（一）中国搜索引擎发展的三个阶段

因应世界范围搜索引擎技术的发展变化，中国搜索引擎网站的创设与发展也经历了三个不同的演变阶段。

1. 分类导航网站时期（1999年之前）

中国最早出现的网络信息分类导航式网站，是 1998 年 2 月由搜狐的前身——ITC 爱特信信息技术有限公司推出的，这个被称为“中国人自己的搜索引擎”“雅虎中国版”的分类目录搜索引擎，揭开了中文搜索引擎的大幕。1999 年 3 月，搜狐在分类搜索的基础上，推出丰富的特色频道，提供多种网络服务，发展成为综合性网络门户。

此后，网易、新浪等门户网站也都推出中文搜索引擎，北大天网提供 FTP 搜索功能，hao123 网址之家开启上网导航服务。创立于 1997 年 6 月的网易公司，是国内率先提供中文全文检索服务的网站之一，网易的网站目录和搜索引擎服务，虽然并不是公司的主要服务项目，但拥有保持业界领先地位的中文开放式目录体系。1999 年 2 月 2 日，新浪网推出新一代中文搜索引擎“新浪搜索”（SinaSearch）测试版，并于 10 月 9 日，推出高级搜索功能，网站收录资源丰富，分类目录规范细致，遵循中文用户习惯。

1999 年 9 月，雅虎中国网站（www. yahoo. com. cn）正式开通，继承了雅虎全球的分类目录搜索的基因，为中国互联网用户提供了强大的搜索功能。

1999 年之前中国境内的搜索引擎网站，主要采用的是第一代搜索引擎的人工分类技术，采用分类目录、网址导航的功能形式，为用户提供上网服务，满足了中国互联网发展初期网络用户的信息搜索需求。

2. 独立搜索门户时期（2000 ~2003年）

2000 年 6 月，百度公司推出独立搜索门户 baidu. com，开启了中国搜索引擎独立发展的新时期。

早在1999年底，身在美国硅谷的李彦宏便看到了中国互联网及中文搜索引擎服务的巨大发展潜力，于2000年1月1日在中关村创建了百度公司，并于同年5月，签署第一个客户硅谷动力（enet. com. cn），百度产品开始为用户提供服务。以超链分析技术为基础，推出新一代中文搜索引擎，开设baidu. com网站，为百度未来的发展打下了坚实的基础，虽然其早期的主要业务是为搜狐、新浪、263、Tom等提供搜索服务，但随着其“竞价排名”付费搜索服务的推广和客户阵营的不断扩大，百度展现出迅猛的发展势头，根据流量指标，2003年6月，百度已成为全球最大和中国网民首选的中文搜索引擎。接着在2003年的7月，百度推出系列新产品，如图片搜索（image. baidu. com）、新闻搜索（news. baidu. com），巩固了中文第一搜索引擎的行业地位；12月，基于社区化搜索概念的全新搜索产品“百度贴吧”（tieba. baidu. com）的推出，引领中国搜索引擎步入社区化时代。百度的系列产品创新和市场推广，帮助百度逐渐发展成为中国最具影响力的独立搜索门户网站。

2000年9月12日，谷歌开发其主站google. com的中文界面，增加简体及繁体中文版本，开始提供全球中文搜索服务，之后中文版的各种软件和功能快速升级。全球独立搜索门户巨头谷歌以其领先的网络搜索技术和崭新的搜索产品进入中国，进一步激发和提升了中国搜索引擎市场的快速发展。

“中国搜索联盟”也在这一时期正式成立，它由慧聪搜索与中国互联网新闻中心联合发起，是国内最大的以搜索引擎应用为基础的联盟组织，其联盟成员超过5000家。2003年4月，“中国搜索联盟”推出搜索排名服务，并与新浪网在排名服务上正式结成战略合作伙伴关系。同年12月23日，慧聪搜索正式独立运作，成立中搜（www. zhongsou. com），同时推出中搜新闻中心，开启了中文搜索独立品牌的发展时期。

3. 智能搜索引擎兴起（2004年至今）

中国智能搜索引擎的发展处于起步和探索阶段，还没有完全成型的产品，也没有统一的标准规范。中国互联网行业对第三代搜索引擎技术的探索和应用虽不成熟，但已有不少有益的创新和尝试。

搜狗搜索由搜狐公司于2004年8月3日推出，以一种人工智能的新算法，从用户需求出发，分析和理解用户可能的查询意图，对不同的搜索结果进行分类，对相同的搜索结果进行聚类，在用户查询和搜索引擎返回结果的过程中，引导用户更快速准确定位自己所关注的内容。该技术全面应用到了搜狗网页搜索、音乐搜索、图片搜索、新闻搜索、地图搜索等服务中，帮助用户快速找到所需的搜索结果。这一技术也使得搜狗成为全球首个第三代互动式中文搜索引擎。

中搜从2002年起就开始研发新一代搜索技术，并于2011年10月发布开放的“第三代搜索引擎”。依托第三代搜索引擎和个性化微件技术，中搜借助搜索技术与人工智慧的有效融合，成为国内首家采用开放式后台运营模式的搜索引擎。

（二）中国主要的搜索引擎网站

百度（www. baidu. com）：全球最大的中文搜索引擎。2000年1月，李彦宏在中关村创建了百度公司，同年6月，推出独立搜索门户 baidu. com，起初主要为搜狐、新浪、263、tom 等提供搜索服务，其后推出系列产品，如图片搜索（image. baidu. com，2003年7月）、新闻搜索（news. baidu. com，2003年7月）、百度贴吧（tieba. baidu. com，2003年12月）、百度知道（zhidao. baidu. com，2005年6月）、百度百科（baike. baidu. com，2006年4月）等。百度致力于为用户提供“简单，可依赖”的互联网搜索产品及服务，具体包括：以网络搜索为主的功能性搜索，以贴吧为主的社区搜索，针对各区域、行业所需的垂直搜索，Mp3 搜索，以及门户频道、IM 等，全面覆盖中文网络世界所有的搜索需求。

中国搜索（简称“国搜”，www. chinaso. com）：2014年3月上线，是由中央七大新闻单位——《人民日报》、新华社、中央电视台、《光明日报》、《经济日报》、《中国日报》、中国新闻社联手打造的国家级互联网企业，相继推出新闻、网页、导航、视频、图片、音频、地图等搜索版块，以及国搜报道、今日关注、国情、国际、军事、法治、科技等近30个垂直频道，并有“中国搜索”“国搜新闻”等移动客户端。中国搜索拥有国务院网信办授予的新闻信息“采集、发布”资质，是国务院网信办批准的“可供网站转载新闻”的中央新闻网站，拥有遍布全国各地和全球主要国家和地区的新闻信息采集网络，为海内外客户提供7×24小时“国搜直达号”、搜索热词、新闻百科、地图标注、网址导航、报刊索引、团购比对优选等多项服务。

中搜（www. zhongsou. com）：2003 年 12 月，“中国搜索联盟”成立，并推出搜索门户 www. zhongsou. com 及新闻中心。秉承“让互联网更简单”的使命，依托具有自主知识产权的第三代搜索引擎，为企业客户以生态云平台方式提供移动互联网技术解决方案及运营服务；为个人用户提供集个性化信息服务、社区、电子商务及互联网金融为一体的移动互联网个人门户——搜悦（包括第三代搜索、个性化阅读、兴趣圈、移动网站导航、应用商城、互联网金融等应用）。提供面向行业的“行业云——超级 App”、面向智慧城市的“城市云”、面向电子商务的“云商城”，以及面向传统中小企业的“企业云”——企业之窗。

搜狗（www. sogou. com）：搜狐公司于 2004 年 8 月 3 日推出的第三代互动式中文搜索引擎。2013 年，与腾讯 SOSO 达成战略合作；2014 年，搜狗微信公众平台搜索上线，接入微信公众号资源数据，成为全面覆盖网页、微信等媒体形态的搜索引擎；2015 年，发布搜狗搜索移动客户端 3.0，推出“微信头条”功能。搜狗搜索包括网页搜索、微信搜索、新闻搜索、图片搜索、音乐搜索、视频搜索、搜狗问问、搜狗百科、搜狗地图等产品，是在 PC、移动两端兼具优势的中文搜索引擎。

有道（www. youdao. com）：网易自主研发的中文搜索引擎，于 2006 年底推出测试版，2007 年 12 月 11 日推出正式版。2006 年 12 月，推出网页搜索、图片搜索、博客搜索和海量词典四项产品。2007 年 12 月，基于搜索引擎技术的全能免费语言翻译软件——有道词典桌面版正式上线。2011 年 6 月，推出有道笔记，并于 12 月 6 日更名为“有道云笔记”。2013 年 8 月 2 日，与奇虎公司合作，由 360 搜索为有道搜索提供技术支持服务。2014 年 11 月发布有道云协作。有道搜索主要提供网页搜索、图片搜索、视频搜索、词典搜索、热闻（新闻）搜索等服务。

360 搜索（www. so. com）：2012 年 8 月 16 日，奇虎 360 公司推出综合搜索，提供一站式的实用工具综合查询入口，属于元搜索引擎，通过一个统一的用户界面帮助用户在多个搜索引擎中选择和利用合适的搜索引擎来实现检索操作。初期采用二级域名，整合百度搜索、谷歌搜索内容，可实现平台间的快速切换。2012 年 9 月 21 日，正式启动独立域名 so；2015 年 1 月 6 日，推出独立品牌“好搜”（www. hohoso. com）；2016 年 2 月 1 日，“好搜”正式更名为

“360 搜索”。360 搜索主要包括新闻搜索、网页搜索、地图搜索、问答搜索、购物搜索等。

二　中国搜索引擎网站的社会责任量化评估

随着用户对搜索引擎依赖性的不断增强，搜索引擎网站的显著作用愈加凸显。作为互联网环境下的 GPS 导航，搜索引擎已经突破单纯信息检索工具的属性，逐渐呈现专业、灵活、多元化的特征，并成为网络上的重要平台之一。

搜索引擎网站已经成为一种多渠道信息汇总的超级媒体，融合了百科字典、实况地图、定向广告等多重功能。就搜索引擎是否具有媒体属性这一问题，南京大学网络传播研究中心主任杜骏飞曾给出肯定的论断：“搜索引擎已经承担了新闻媒体和公共信息检索平台的功能，实际上它就是一个媒体，甚至从功能和效用上看，比媒体更媒体，从客户端的体验来说，可以被认定为超级新闻媒体（新闻媒体的媒体）。”①

搜索网站在运作中掌控信息、掌控话语权、掌控监督权，其实质就是作为一种媒体在传播信息，表明其具备了超越传统意义上大众媒体的特征。搜索引擎网站通过帮助受众辨别信息真伪、对信息实施优先排列等方式，控制信息的流向，间接对社会舆论形成引导。这种引导如果掺杂了商业利益，造成搜索网站不能端正自身定位而出现行为失范，必然影响受众对世界的正确认知，由此，搜索网站必须肩负起应有的社会责任和使命。

（一）中国搜索引擎网站社会责任评估指标及样本分析

综合哈罗德·拉斯韦尔、查尔斯·赖特、威尔伯·施拉姆等人对媒介功能的研究，可见媒介的功能主要集中在五个方面：监测社会环境、协调社会关系、传承文化、提供娱乐、教育大众。以媒介功能为逻辑起点，结合搜索引擎网站的发展特点，我们构建了 4 个一级评价指标、11 个二级指标和 36 个三级指标的评价指标体系，对中国搜索引擎网站的社会责任现状

① 杜骏飞：《百度“屏蔽门”事件网络社会的敌人》，《传媒》2008 年第 10 期。

做量化评估。4 个一级评价指标分别是："信息生产"、"社会监督"、"文化教育" 和 "协调关系"。并在一级评价指标的基础上衍生了二级指标和三级指标（见表1）。

表1　搜索引擎网站社会责任指标体系

一级指标	二级指标	三级指标		
信息生产	信息质量	真实	全面	原创
		权威	深度	客观
		时效		
	流程控制	信息把关	广告控制	侵权控制
社会监督	国家治理	司法公正	政府管理	涉外关系
	社会风险	生产事故	交通事故	警民冲突
		环境污染	校园事故	城市拆迁
		食品安全		
	行为失范	官员腐败	学术腐败	性与婚姻道德
	其他现象	体育赛事	自然灾害	
文化教育	塑造共识	主流价值	社会风尚	
	文化传承	传统文化	民俗文化	红色文化
	提供娱乐	娱乐健康度		
协调关系	线上沟通	公共服务	用户体验	互动
	线下活动	商业性活动	非商业性活动	

在样本选取中，为了保证样本的代表性和样本获取的可操作性，依据中国互联网络信息中心（CNNIC）及 Alexa（www. alexa. cn）发布的搜索引擎知名度和品牌渗透率网站排名，选取综合排名靠前的百度网、搜狗网、360 搜索（好搜网）、中国搜索、中搜网、有道等 6 家综合搜索网站作为样本。对 2015 年 2 月 2 日至 4 月 4 日在网站主要位置（首页或者新闻频道专栏）推送的新闻视窗进行抓取，并对网站政治、经济、文化、社会 4 个方面的 8 个关键词进行主题搜索，将各网站搜索结果的前 20 条信息作为分析样本，最终将 6 家综合搜索网站抓取的搜索结果和推送新闻共计 1012 条作为分析样本。

依据搜索网站社会责任评价构建的实现路径，本研究对 6 家综合搜索网站进行打分和权重计算，以 5 分为满分，得到表 2。

表 2　6 家中国搜索网站社会责任整体评价

单位：分

排序	搜索网站	信息生产	社会监督	文化教育	协调关系	总分
1	百度	2. 176897	0. 348883	0. 276640	0. 345727	3. 148147
2	中搜	1. 749164	0. 936398	0. 096876	0. 185352	2. 967790
3	360 搜索	1. 689979	0. 463691	0. 253737	0. 184471	2. 591878
4	有道	1. 842428	0. 333815	0. 249091	0. 149250	2. 574584
5	搜狗	1. 840950	0. 184425	0. 264199	0. 185641	2. 475215
6	中国搜索	1. 676099	0. 136588	0. 354634	0. 210474	2. 377795
均值		1. 829253	0. 400633	0. 249196	0. 210153	2. 689235

注：总分之间标准差为 0. 301203。

总体来看，这 6 家综合搜索网站的社会责任得分均值为 2. 689235 分，处于中等水平，其中：百度以 3. 148147 分排名第一，排名第六的中国搜索网得分为 2. 377795 分，总体分值相差不大，总分之间的标准差为 0. 301203，各网站间的分值离散程度并不明显。

为进一步对搜索网站的社会责任各要素进行整体观察，本研究对 4 个一级指标的均值统一以 5 分为标准进行相对值转换，经过换算得到图 1。

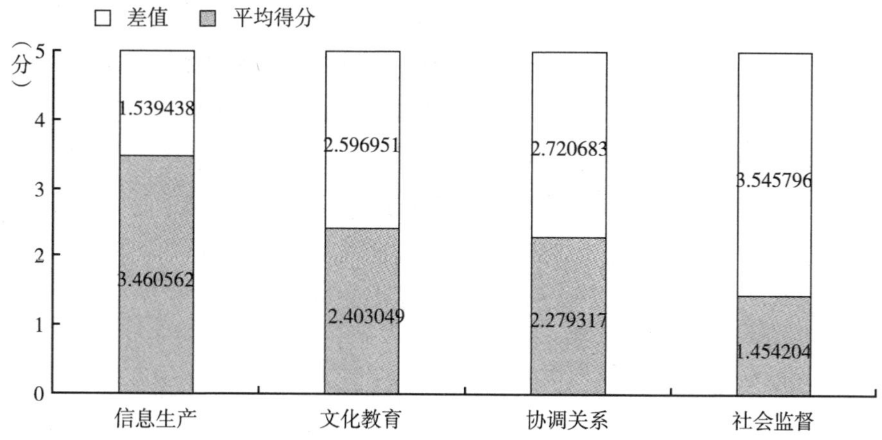

图 1　中国搜索网站社会责任一级指标平均得分与差值

6家搜索网站在社会责任履行情况的排序依次为："信息生产""文化教育""协调关系""社会监督"，相较于5分满分的数值，"信息生产"指标的差值为1.539438分，远远低于其他三项指标，而"社会监督"指标的平均得分只有1.454204分，差值高达3.545796分，表明以6家网站为代表的中国综合搜索引擎网站的"信息生产"社会责任差强人意，"文化教育"和"协调关系"的社会责任有待提升，"社会监督"亟须加强。

综合表2和图1发现，在搜索网站社会责任表现最好的"信息生产"指标得分上，百度2.176897分的最高得分与中国搜索1.676099分的最低得分差别不明显，均值为1.829253分，表明各家搜索网站的"信息生产"都表现较好；"社会监督"指标得分，中搜网以0.936398分的相对较大优势压倒其他5家网站，位列第一，但整体得分均值仅为0.400633分，得分普遍偏低；"文化教育"指标得分，中国搜索为0.354634分，与得分最低的中搜网的0.096876分，分值差距较大；"协调关系"指标得分，百度以0.345727稳居第一位，但整体表现均不高。综合表现而言，中国搜索引擎网站的社会责任履践状况总体令人担忧。

（二）中国搜索引擎网站社会责任评估中存在的六重矛盾

1. 搜索结果"透明性"与搜索技术算法不透明之间的矛盾

学者Hinman（2008）认为，尽管搜索引擎直接篡改搜索结果很容易被发现，但是对严密的算法做微妙的调整导致搜索结果微妙的偏差实际上是不可能被发现的。① 用户一般认为自己的检索是"透明"的，我们以"真实""全面""客观"三个三级指标来印证搜索网站结果的"透明性"，百度在"真实""全面"指标上得分最高，中搜在"客观"指标上得分最高。同时我们发现，中国搜索作为中央七大新闻单位联手打造的国家级互联网企业，国务院网信办批准的"可供网站转载新闻"的中央新闻网站，其"真实""客观"得分均较高且均衡，但"全面"指标得分则居于中间位置（见表3）。

① Hinman L. M. "Searching Ethics: The Role of Search Engines in the Construction and Distribution of Knowledge. Spink," A., Zimmer M. "Web Search: Information Science and Knowledge Management Berlin Springer Berlin Heidelberg," 2008: 67－76，转引自谈大军《搜索引擎信息伦理研究》，《情报科学》2010年第8期。

表 3　搜索网站真实、全面、客观三级指标得分

单位：分

三级指标	百度	搜狗	360 搜索	中国搜索	中搜	有道
真实	5	3.994467	3.82741	4.042349	3.217706	4.599915
全面	5	1.990741	0.601852	1.712963	0.972222	0.416667
客观	3.839577	3.337405	3.502307	4.146987	5	3.502307

由于检索技术层面的不足，现行 Web 搜索网站在实际运行中暴露了诸多问题，如同一检索策略试用不同搜索引擎的检索结果存在较大差异；甚至同一搜索引擎在不同时间段进行检索，结果也完全不同。所以，我们在网站检索信息时，需要同时试用多个搜索引擎，才能得到相对全面、准确的检索结果。故此，搜索引擎网站结果的“透明性”与技术层面算法的不透明存在不可调和的潜在矛盾。

对于普通用户而言，搜索引擎的复杂算法几乎是一种难以理解的技术，并且相关搜索网站也将算法视为高级商业机密，导致算法的不透明，用户默认的“透明性”的检索结果，出自不透明的算法，而这种矛盾的存在实质上侵犯了用户的知情权，也存在不当社会责任滋生的可能。搜索网站在利用检索信息方面的巨大优势进行“隐性营销”时，对于经济利益的追求必然破坏搜索引擎独立、公平、客观的属性，对网络信息的传播和公民自由接收信息的权利造成损害。

2. 搜索信息过滤与公众自由获取信息权之间的矛盾

人人都有麦克风、人人都是一个微媒体的现状，导致网络信息的冗余及好坏并存，以及部分资讯未经来源分析、真实性判断和检测就被搜索网站所标引。搜索网站的时效性毋庸置疑，6 家搜索网站“时效”得分都是满分 5 分，而对于深度、信息把关这两个三级指标的衡量，就呈现了极大的不同。中搜在“时效”和“深度”两个三级指标上的得分为满分，百度“时效”和“信息把关”两个三级指标得分为满分。“信息把关”的平均值为 2.708333 分，有 4 个网站的得分在平均值之下，其中中国搜索和中搜的得分均只有 1.25 分，远低于平均值；“深度”的平均值为 2.986111 分，也只有两个网站的得分在平均值之上，可见搜索网站在信息来源、信息分类等方面，还需要不断提升（见表4）。

表4 搜索网站时效、深度、信息把关三级指标得分

单位：分

三级指标	百度	搜狗	360 搜索	中国搜索	中搜	有道
时效	5	5	5	5	5	5
深度	2.5	3.055556	2.5	2.222222	5	2.638889
信息把关	5	3.75	2.5	1.25	1.25	2.5

媒体是社会的公器和社会环境变动的“哨兵”，通过对客观现实的选择与加工来进行媒介现实构建，进而影响受众对客观现实的重构。搜索网站不仅仅是信息的搬运工，也应在保证用户公平、开放、自由地获取互联网信息的情况下，过滤掉不良信息，规避不良影响。特别是对缺乏抵抗力、判断力的青少年群体，搜索网站中异质、良莠混杂的信息中更会严重影响其价值取舍、取向判断，这必然要求搜索网站在遵守政府信息审查制度的前提下履行职责，这也是搜索网站不能回避的社会责任问题，但由此造成的信息过滤与公众自由获取信息权之间的矛盾也是不可避免的。

3. 搜索网站商业检索的营利性质与大众服务的公益属性之间的矛盾

通过对6家搜索网站在“信息生产”指标下的“广告控制”三级指标进一步的考察，中搜（5分）排名最高，远高于百度（0.55分），且分值差距明显（见图2）。广告既是商业网站盈利收入的重要来源，又是社会服务和文化的缩影，广告借助媒体进行传播，具有示范作用。广告控制既影响网站的经济效益，又关联着其社会声誉，因而，对于搜索网站社会效益与经济效益的平衡起着至关重要的作用。搜索网站对广告控制不严、不利，经济效益与社会效益无法做到平衡，必然对网站社会责任的履行产生不利影响。

搜索引擎作为基础类的互联网应用，使用率仅次于即时通信。中国的搜索引擎网站在互联网行业中的地位和市场份额优势越来越明显，但从指标得分来看，其并没有承担起相应的社会责任。究其原因，一方面，源于搜索网站本身的营利性质，搜索网站是以检索服务为载体，以营利为目的的商业公司，不能回避的营利性促使其要对股东负责，而不是对大众负责，这一点造成了搜索网

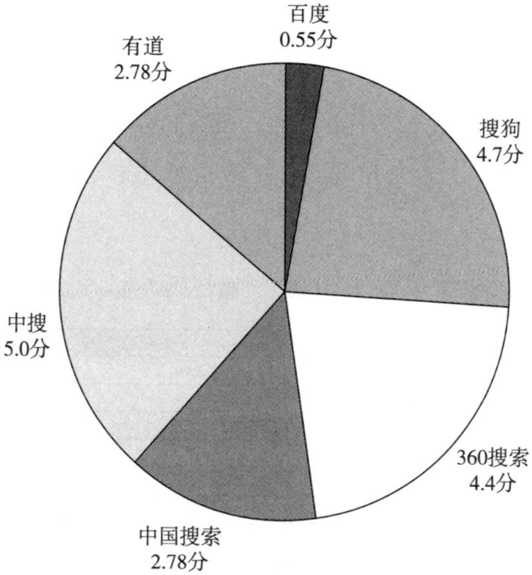

图 2　搜索网站“广告控制”三级指标得分

站的社会责任与其商业利益之间的一种比较矛盾、冲突关系;① 另一方面，则是受中国互联网发展所处阶段的制约，中国互联网行业正处于急速发展期，但监管机制的不健全，使得搜索网站易于被利益驱使，如广告、竞价排名、关键词销售等网站盈利模式，都容易成为违法、违规的重灾区。搜索网站在利益驱动下，单纯地满足付费用户所好，过于注重经济效益而忽视社会效益，违背搜索引擎所期望的公正自由，这一矛盾显著影响着其社会责任的履践。

4. 搜索网站多重身份（身份定位不清晰）与社会监督功能不匹配引发的矛盾

本研究对 6 家搜索网站的主页、新闻专栏、新闻视窗等涉及“社会监督”的样本进行抓取，通过对样本进行评分、统计发现，中搜在“社会监督”社会责任一级指标评估中位列第一，并且与第二名的好搜分值差距较大，第三、四名的百度和有道分值区分不明显，末两位的搜狗和中国搜索则分值较低。二级指标中，“国家治理”在 6 家搜索网站的占比都在一半以上;

① Lawrence M. H. “Esseest Indicate in Google: Ethical and Political Issues in Search Engines,” *International Review of Information Ethics*, 2005, 6 (3): 19 - 25.

除中搜网外，“国家治理”和“社会风险”两项指标相加都超过 80%；“其他现象”与“行为失范”的占比普遍较低，最高的中搜网两项占比也不到 1/3，搜狗在两项上得分更是为零。由此可见，“国家治理”是搜索网站进行社会监督的主要对象，其他方面的监督功能普遍不足，而从社会监督的整体得分 1.454204 分来看，也是位列四个一级指标的末尾，且分值偏低，表现很不理想。

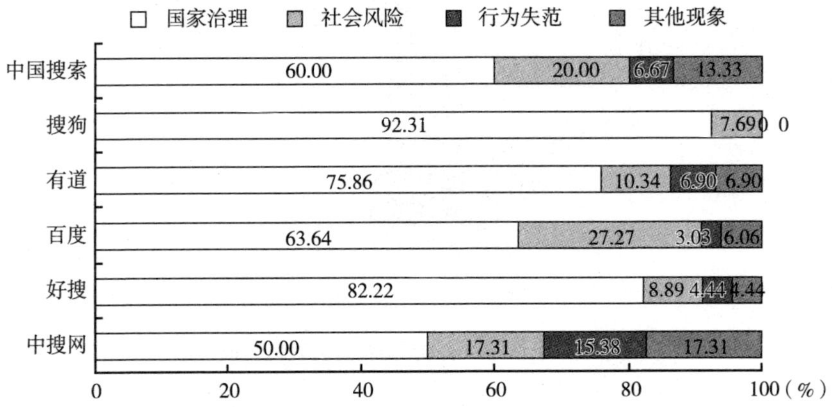

图 3　搜索网站“社会监督”各项二级指标样本分布

搜索网站不断开发新闻的聚合与推送功能，日益成为公众获取信息的重要途径之一，发挥着网络门户的作用，其从某种程度上来说已经具备了新闻媒体的功能，理应承担起相应的社会监督责任。搜索网站，尤其是综合性搜索网站，作为新闻信息服务的重要平台，通过对客观现实的选择与加工，影响着受众对客观现实的感知，无形中履行着媒介对现实的策略性重构。搜索网站行使着媒体的权利，一定程度上履行着媒体的职能，但没有明确的媒体身份。搜索网站在法律层面上只是技术公司，多重且相互矛盾的身份，使得搜索网站在舆论引导层面无法真正发挥媒体的社会监督功能，同时，对搜索网站本身的社会监管也存在缺位。在缺乏明确社会责任审查体系的情况下，搜索网站易于出现违规行为，而违规后的后续责任审查体系不健全，导致搜索网站规避责任。缺乏系统、完善的审查机制，搜索网站何谈承担社会责任。

5. 个性化定制服务与个人隐私侵犯之间的矛盾

在大数据背景下，用户的信息需求逐步呈现多元化趋势，个性化定制服务异军突起。满足用户的多元、异质信息需求，需要关注主体的多元化、内容的多元化和形式的多元化。通过搜索网站的“用户体验”指标衡量，百度得分位列榜首，整体得分均值为2.916667分，分值较理想，但仍存在较大的上升空间（见图4）。

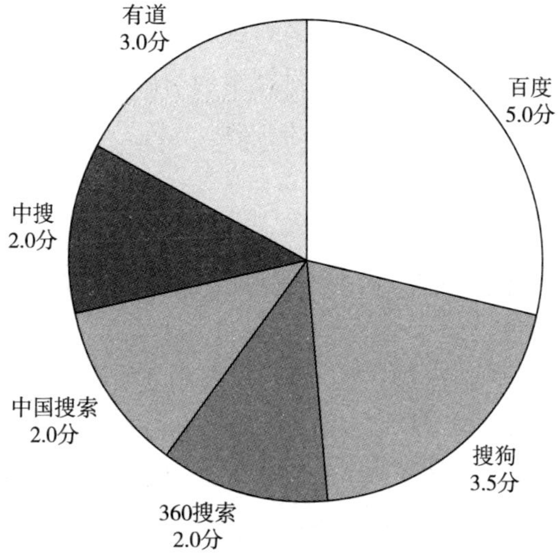

图4　搜索网站“用户体验”三级指标得分

良好的用户体验，必须基于更加精准的信息服务，而这又必须源于对用户情况的了解与熟知。大数据背景下的数据挖掘，借助智能代理跟踪用户的检索行为，分析用户模型或使用相关反馈机制，洞悉较为全面的用户身份、个人资料、习惯爱好以及用户的网上行为等隐私信息，据此判断用户的需求方向。大数据与智能技术相辅相成，合力实现个性化定制服务。而与之同时，用户享受个性化服务，必然面临个人隐私被侵犯的潜在危险。搜索网站存在侵犯用户隐私的潜在可能，用户的“被遗忘权”在搜索网站的运作中必然需要引起关注。

6. 搜索网站因互动而生与实质互动缺失之间的矛盾

“互动”是搜索网站“协调关系”社会责任的重要衡量指标，是“线上沟通”的主要功能和形式之一。百度在“互动”三级指标中得分最高，其次是搜狗，360搜索和中国搜索表现相当，中搜得分偏低，有道得分为零。整体来看，搜索网站互动得分不高，平均分为 1.468254 分，得分过低，且各网站表现差距明显。

用户使用搜索引擎网站检索信息，是一种网站与用户、用户与用户之间进行互动的过程，百度以百度百科、百度知道等互动应用和产品，充分调动用户的力量，进行信息的交流与共享，满足用户对信息和知识需求的同时，在互动中实现知识参与和价值贡献，但其他多数搜索网站缺乏“共创共享”的理念，也未能提供真正有效的互动方式。虽然搜索网站因互动而生，以互动而运作，但在实际表现中缺乏互动功能的设置和互动形式的创新，这对搜索引擎网站社会责任的履践影响不容小视。

三　中国搜索引擎网站的社会责任提升与反思

以百度为代表的中国搜索引擎，作为网络用户使用和连接互联网的主要入口，基本上完成了从技术工具到大众媒体转变的进程，基于这一特殊性，其必然需要承担更多的社会责任，但网络搜索领域的失责事件频繁发生，我们必须针对搜索引擎网站的多重矛盾和社会责任缺失的现状，提出应对策略，并对其未来发展的责任担当投入更多的精力与思考。

对搜索网站社会责任的提升可以从搜索网站运营、搜索引擎技术、多维关联主体三个视角去解析。解析中对用户的洞察、网络信息传播特性的关注不容忽视且在分析中成为不可或缺的主要依据。网络信息传播是冗余、过载、鱼龙混杂的，网络用户对信息的需求则呈现异质性、多元性、即时性、动态性、精确性、个性化、知识化等特征。用户需求的精准与信息的庞杂二者是一对天然悖论，信息的庞杂与用户的知识化需求二者的矛盾也是难以回避的。从网站运营、搜索技术、多维主体三个视角去化解悖论，实质上就是实现搜索引擎网站社会责任的创新性思考。

结合搜索引擎网站社会责任量化评估结果，针对中国搜索网站社会责任评估中存在的多重矛盾，我们可以从以下几个方面提升搜索网站的社会责任。

（一）网站运营层面的责任理念建设

搜索网站既是商业实体又具媒体功能，如何有效平衡经济效益与社会效益，既事关生存发展又牵系责任声誉。搜索网站实现“信息生产”功能的主要评价指标是信息质量与流程控制，网站信息质量是用户直接感知的，流程中的漏洞或是纰漏在长期运作中会外显，而贯穿始终起到提纲挈领作用的是网站的运营理念。大数据时代，搜索引擎作用日益凸显的背景下，搜索网站所践行的运营理念是否遵从道德规则、法律规范，特别是能否在经营理念中嵌入社会责任意识，从根本上做起责任理念建设，对于形成健康的信息环境、打造和谐的社会环境、塑造主流价值观影响深远。

搜索网站的运营理念作为系统性、根本性的管理思想，对于网站的具体运作流程起着宏观指导作用，二者是一种相互制约、相互影响的关系。搜索网站在理念制定中，应做好经济利益与社会效益的平衡，将网站社会效益的追求、社会责任的履践，从自觉推向理性。在经营理念的指导下，将社会责任优先贯穿于流程运作的始终，在具体流程的运作中，自觉规避违法、违规行为。

搜索网站在运作中不断强化服务意识，注重维护社会公众利益。其在信息的选择与传播追求时效性、遵从客观性的同时，更不能忽视信息的真实性；自觉规避专注负面新闻、热衷渲染炒作、罔顾社会责任的不良行为，防止给公众造成不良道德感受和普遍道德焦虑的状况发生。搜索网站应该如何承担社会责任，国家网信办主任鲁炜（2013）根据我国网络发展的现状提出的网络空间“七条底线”（法律法规底线、社会主义制度底线、国家利益底线、公民合法权益底线、社会公共秩序底线、道德风尚底线、信息真实性底线）① 同样适用于搜索网站。

（二）搜索技术层面的责任思维观照

搜索引擎网站的运营、创新、发展与搜索技术的更新、进步息息相关，搜索网站本身就是依托技术而创建，并且一直视技术为发展命脉的互联网新型企业，而研究中所发现的多重矛盾也直接和搜索引擎技术紧密关联，如搜索结果“透明性”与搜索技术算法不透明之间的矛盾、搜索信息过滤与公众自由获取信息权之间的矛盾等，搜索算法、信息过滤技术、信息定制服务、互动技术等都在很大程度影响着搜索网站的发展，因而要克服这些矛盾、提升搜索网站的

① 《承担社会责任，坚守“七条底线”》，新华网，http：//www. xinhuanet. com/special/qtdx。

社会责任，就必然要在技术层面树立责任思维，在搜索技术的研发与采用中投入更多责任观照。

搜索引擎通常借助蜘蛛程序“抓取”网页，不同的搜索引擎，所拥有的蜘蛛程序不同，蜘蛛的能力大小不一。蜘蛛程序固然重要，但搜索引擎的核心差异更在于搜索引擎对抓取回来的页面进行索引和设定排序的规则。设定排序的规则，作为各搜索网站的核心机密，在运作中的“不透明性”增大了网站为谋求经济利益而随意操作排序的风险。

以服务公众的责任意识制定排序的技术规范，让技术真正服务于人而不是单纯服务于经济收益，才能切实提升搜索网站的社会责任。同样地，搜索网站在制定信息过滤技术规范时要观照公众的自由获取信息权，在获取用户个人信息、提供个性化服务时要尊重用户的隐私权，在设定互动样式时要更加关注用户体验。只有在技术层面融入责任思维，才能真正有助于搜索引擎网站的责任提升。

（三）多维关联主体的责任意识培育

对中国搜索引擎网站的社会责任现状量化评估的 4 个一级评价指标“信息生产”、“社会监督”、“文化教育”和“协调关系”，包含的层面异常广泛，任何一个指标的评测都不是可以独立实现的，而涉及的结构、组织、行业包罗万象，故此，需要从大环境视野去观照搜索引擎的社会责任问题。“人人握有麦克风”的年代，如果没有完备的新媒体社会责任体系与之相匹配，那么由此形成的新媒体舆论场将会显得混乱无序且缺乏理性，不仅容易出现各种侵权行为，而且会对社会发展构成威胁。搜索网站作为新媒体的一员，对其的监管与治理，离不开大环境的影响，搜索网站多重身份（身份定位不清晰）与社会监督功能不匹配引发的矛盾解决，更需要多维关联主体的联合行动，共同培养优良的社会责任意识。

政府管理部门通过设立监管机构、出台法律规范、开展专项行动等，指导与推动搜索网站行业自律。行业协会通过成立各类行业自律组织、制定行业自律规范、督促成员单位执行规范内容等来实现自律管理。行业运营者通过自主组建企业联盟实现行业自律，同时通过出台自律规范达到自律管理。个人用户在使用搜索网站的过程中，出于自己的判断和基本的共识，通过开通多样化的监督和举报途径，可以更加有效地配合行业自律。整合政府管理部门、行业协会、行业机构（组织）、个人用户的行动，创新性地使用行政手段、市场调节、共同协商、自律自治等多维方式观照搜索网站的社会责任。

在大数据时代背景下，搜索引擎技术、服务与应用迅猛发展，搜索网站的重要性更加凸显，成为人们联通互联网世界的重要工具。搜索网站的责任提升不仅关联互联网行业的进展，而且事关整个社会的发展与进步。搜索引擎网站社会责任与商业利益的平衡，需要观照多重因素的联合效应，网站运营理念、运作流程、技术手段、多维关联主体的合作协调，才能完成技术、法律、伦理三者的整合作用，为搜索引擎网站公正、自由、平等、富有责任地发展保驾护航。

B.10
2015年中国新媒体版权保护年度报告

朱鸿军　季诚浩*

摘　要：　中国的新媒体版权保护在2015年发生了诸多变化，本文从版权交易、版权侵权和版权保护三个方面进行了梳理。同时，针对新媒体版权保护在立法司法、交易评估和民众习惯几个方面存在的问题，从司法、行政、社会、传统媒体和新媒体几个角度提出了保护优化建议。

关键词：　新媒体　版权保护　版权交易　侵权

随着新媒体日新月异的发展，版权保护出现了前所未有的态势。2015年至今，新媒体版权的侵权行为屡见不鲜，这倒逼着版权保护的管理制度不断完善，同时版权交易也进入了新阶段。2015年，新媒体版权发展和管理成为一个热门社会议题。所以，版权保护的问题不应该被忽略，版权保护的现存问题、建议策略也应被全社会所关注。

一　新媒体版权保护现状

（一）版权交易：新媒体领域的突出亮点

1. 数字音乐版权的开发

2012年，中国数字音乐的付费问题曾被推上风口浪尖。2015年初，数字

* 朱鸿军，博士，中国社会科学院新闻与传播研究所《新闻与传播研究》副主编；季诚浩，中国社会科学院研究生院新闻学与传播学系硕士研究生。

音乐大战爆发，互联网巨头正式开始竞争。这其中，最根本的依然是基于版权开发的盈利模式问题。据悉，目前数字音乐机构的主要盈利来源于广告收入、与三大电信运营商的流量分成以及用户付费，但是三者的营收相加也远远不足以抵消版权购买的投入。虽然竞争策略不同，但是腾讯、阿里和网易各大互联网巨头面临的共同关键问题都是如何盈利。在盈利方式仍然模糊的数字音乐产业里，先有流量后有收入是互联网的生存法则。但是高价购买的数字音乐版权如何开发，是各大新媒体音乐平台都面临的问题。①

目前，网易云音乐、虾米音乐等平台，在对用户使用的数据进行大数据分析后，利用算法计算出用户的使用习惯和兴趣，并以此进行分众化的消息推送，消息内容包括各种不同风格、流派和种类音乐产品。各大音乐 App 开始打造完备的产业链，涉足唱片发行、演唱会和电视节目等领域，完善线上到线下的服务。此外，如何将软件与硬件相结合也是一个重要的维度。有消息称，微软公司正在研发一款名叫“Septimu”的智能耳机，能够获取用户心跳、体温等生理信息，并且进行分析，得出用户的情绪，然后根据用户的情绪和心情自动切换合适的音乐。显然，微软研发这个智能耳机产品的目的就在于在数字音乐市场中获取更大的优势。②

2. 影视剧版权收益飞涨

2015 年，《红高粱》《芈月传》《虎妈猫爸》等电视剧在新媒体的版权标价基本上已接近 200 万元一集。影视剧新媒体版权价格呈现几何级增长的原因，除了国家对版权的大力保护以外，更重要的还在于腾讯视频、乐视和爱奇艺等视频服务平台的快速发展。近几年来，各大视频服务平台的用户同样呈几何级增长的态势，与此同时也是内容需求的集合式增长。③ 如果用户数量的增长速度能够保持下去，那么几年后将突破千万个甚至上亿个。显而易见，这里的用户市场和内容需求是海量的。所以涉足新媒体版权的市场开发，是影视作

---

① 《BAT 互相封杀开撕数字音乐大战》，腾讯网，http：//tech. sina. com. cn/i/2015 - 02 - 15/doc - ichmifpx8098749. shtml？ from = wap。

② 《BAT 互相封杀开撕数字音乐大战》，腾讯网，http：//tech. sina. com. cn/i/2015 - 02 - 15/doc - ichmifpx8098749. shtml？ from = wap。

③ 国家版权局：《影视剧新媒体版权暴涨成票房外主要收入来源》，http：//www. gapp. gov. cn/chinacopyright/contents/4509/257149. html。

品获取暴利的一条路径。①

与此同时，爱奇艺、乐视或者优酷等新媒体视频平台也同样可以参与网络剧、电视剧和电影等方面的影视剧投资。进行投资后，甚至可以采用传统的传播和发行模式，除了电影和电视剧在新媒体平台中获取收益外，还可以将其版权向传统的院线和电视台市场反向输出。新媒体视频平台的内容发行模式已经逐渐步入了“数字发行”的时代。在这种模式下，以海量的用户群体为基础，形成版权的有偿化，并且将版权推向更广大市场进行交易，成为新媒体视频平台的发展趋势。②

3. 赛事转播开辟新战场

在国外的成熟市场中，体育赛事转播的付费收看，是被广大观众和用户所接受的，而且也是一种成功的商业模式。而近几年来，中国新媒体领域的体育赛事转播也逐渐朝着有偿收看转型。所以，转播权为各大新媒体巨头所竞相争夺。NBA 赛事的五年转播权掌握在腾讯视频手中，西甲联赛、UFC 格斗的转播权为 PPTV 所拥有，而乐视拥有的体育赛事转播权更是覆盖了 22 个大项、280 个小项，不但有英超、欧冠等世界第一运动足球赛事的转播权，也有网球、高尔夫、自行车、马拉松项目等欧美主流体育项目的赛事转播权。而这些体育赛事的新媒体版权都价格不菲：NBA 赛事的中国新媒体转播版权费达到平均每年 1 亿美元；西甲联赛中国全媒体转播版权达到每年 0. 5 亿欧元；甚至于中超联赛的新媒体版权都超过了每年 13 亿元人民币……新媒体平台在体育赛事领域的竞争，导致赛事转播权成为关注的焦点。

天价的体育赛事转播版权费用，迫使新媒体服务平台提供有偿的服务，赛事转播权的消费模式由此开启。不过目前，付费收看的模式在中国处于起步阶段。有偿和免费相结合，是大多数新媒体平台目前采取的过渡办法。比如乐视体育中的有偿服务虽然收入不多，但从无到有，已经开启，而且保持至少 50% 的增长。付费模式指的并不只是看在线比赛，还会在用户体验上创新，如高清、多屏互动、社群服务以及点播等产品。但是，有偿收看体育赛事还没有

---

① 国家版权局：《影视剧新媒体版权暴涨　成票房外主要收入来源》，http：//www. gapp. gov. cn/chinacopyright/contents/4509/257149. html。

② 国家版权局：《影视剧新媒体版权暴涨　成票房外主要收入来源》，http：//www. gapp. gov. cn/chinacopyright/contents/4509/257149. html。

被国内用户所完全接受，版权消费在中国的消费市场中还属于萌芽阶段，体育赛事版权的有偿消费仅仅迈出了第一步。①

（二）版权侵犯：新媒体发展的制约瓶颈

1. 聚合平台的“内容”侵权

近年来，手机 App 成为人们获取各种资讯的重要途径，诞生了诸多新闻资讯的聚合平台。其中，标榜“不做新闻生产者，只做新闻搬运工”的移动客户端“今日头条”就是其中一个最成功的代表。但是在 2015 年 8 月，新闻资讯聚合平台“今日头条”遭遇湖北日报传媒集团所属《楚天都市报》、江西日报社主办《江南都市报》的起诉。同时，这些报纸都在版面的显著位置刊登对其起诉“今日头条”的缘由，继而引发社会广泛关注。②

不仅是“今日头条”，在 2015 年 11 月 4 日，北京一点网聚科技有限公司（简称“一点资讯”）也被新京报社下属派博在线科技有限责任公司提起诉讼，由北京市东城区人民法院受理。派博在线向法院提出，“一点资讯”涉嫌侵犯其报纸内容 17 篇、网络资讯类消息 14 篇以及旗下两个微信公众号 19 篇文章。派博在线要求“一点资讯”赔偿其损失 100 万元。③

2. 网络文学盗版问题突出

2015 年度大热的电视剧《花千骨》、《琅琊榜》和《芈月传》都改编自网络文学。不过，欣欣向荣的改编景象背后，网络文学侵权也愈演愈烈。2016 年发布的《中国网络文学版权保护白皮书》显示，2014 年网络文学盗版侵权共造成 77.7 亿元的付费阅读损失。按照国家《著作权法》规定，除一些特殊门类和用途之外，使用著作权人作品，需要经著作权人许可，并向其支付报酬。但在网络文学领域，作品的复制、转载等现象非常随意和普遍。通过网盘、云储存空间、网站，网络文学作品的传播速度特别快，版权容易受到侵

① 《互联网赛事版权“厮杀”能否撬动体育新消费》，人民网，http://sports.people.com.cn/n1/2016/0328/c202403-28232087.html。

② 《2015 年报纸的创新与遗憾》，人民网，http://media.people.com.cn/n1/2016/0119/c402092-28067239-2.html。

③ 《新京报诉“一点资讯”非法转载索赔百万》，凤凰网，http://finance.ifeng.com/a/20151105/14056349_0.shtml。

犯。直接复制网络文学作品是一种普遍的方式。新媒体平台对网络文学作品在技术上进行保护，文字不能直接复制，就需要人工录入，衍生了“打字党”。

另外，网络文学版权还可能出现跨界侵权。比如一些作家的文学作品，在未经权利人授权的情况下被改变为影视剧和游戏。2016 年这种情况屡次出现。比如张皓宸的作品《我与世界只差一个你》书名被某影视公司公然借用，甚至召开了电影“我的世界只差一个你”的电影发布会，而事先张皓宸作为作者毫不知情。《匆匆那年》在未经原作者九夜茴许可的情况下，其续集居然被一些新媒体网站创作并上线。①

（三）版权保护：新媒体领域的主流共识

1.“剑网行动”继续开展

2015 年 6 月，“剑网 2015”专项行动正式启动。从 6 月至 11 月，国家版权局联合国家网信办、工信部、公安部严查网络音乐、云存储、应用 App、网络广告联盟等领域的侵权盗版行为。

2. 政策和法规日益完善

（1）国务院发布知识产权强国建设若干意见

2015 年 12 月 22 日，经李克强总理签批，国务院印发《关于新形势下加快知识产权强国建设的若干意见》。意见明确，要深入实施国家知识产权战略，深化知识产权重点领域改革，实行更加严格的知识产权保护。②

（2）“最严”版权令颁布

在过去十年间，网络音乐盗版一直是原创音乐发展的一个难题。听众们都习惯了从各种音乐网站和软件上免费下载音乐。虽然在 2012 年曾经试图整治网络音乐盗版现象，但直到 2015 年 7 月 8 日，国家版权局才下定决心，正式颁布了《关于责令网络音乐服务商停止未经授权传播音乐的通知》，要求 7 月 31 日前，未经授权传播的音乐作品，在各网络音乐服务商平台必须全部下线。该《通知》颁布几天后，百度音乐、多米音乐和一听音乐等三大网络音乐平

---

① 《盗版致年损失 77 亿元　网络文学版权如何保护?》，财经网，http://yuanchuang.caijing.com.cn/2016/0328/4096609.shtml。

② 《国务院印发〈关于新形势下加快知识产权强国建设的若干意见〉》，新华网，http://news.xinhuanet.com/politics/2015-12/22/c_1117542989.htm。

台就主动下线了共计160多万首的音乐作品，而十六家主要网络音乐平台下线的音乐作品数量有220多万首。

3. 数字版权保护跨入“主动时代”

（1）微信推动数字版权的自我保护

微信在2015年开通了平台侵权投诉的功能。这项功能作用的发挥，在一定程度上说明网络巨头在社交媒体技术设计上的进步，而且在社交媒体生态中的版权保护开始由外界监管导向的“被动保护”转向了平台服务商主导的“主动保护”。这样一来，新媒体服务商主动进行平台内部的版权生态治理，致力于营造一个合法有序的内容生产和服务环境。微信设置的维权技术设计成为一项常态化的制度，借助于此，主动保护和被动保护相辅相成，内部防范和外部监管互相组合，事前预防和事后救济形成组合拳打击侵犯版权的行为和现象。

（2）微信禁止网易云音乐分享

在网络音乐版权保护上，各大音乐软件也开始采取了自我保护的策略。从2015年2月4日开始，网易云音乐App的音乐链接无法分享至朋友圈和微信好友。另外，虾米音乐和天天动听的微信分享功能也同样被屏蔽。此次微信封杀的大背景是QQ音乐购买了大量的音乐版权，而腾讯公司试图通过“封杀”的方式主动进攻网络音乐市场。凭借自己掌握着海量版权资源的优势，同时认为网易云音乐对其所持有的音乐版权涉嫌侵犯，所以腾讯公司所属的微信有屏蔽其他音乐平台的底气。不过，QQ音乐随着QQ音乐与网易云音乐达成版权转授合作，版权问题得到解决，2015年10月14日，网易云音乐也被微信解除了屏蔽。①

二 中国新媒体版权保护存在的问题

（一）法律难以跟上新媒体发展的节拍

1. 一些基本原则现有规定受到质疑

（1）“避风港原则”受到质疑

所谓避风港原则是指网络服务提供者使用信息定位工具，包括目录、索

---

① 《微信解封网易云音乐 恢复分享朋友圈功能》，腾讯网，http://tech.qq.com/a/20151014/065731.htm。

引、超文本链接、在线存储网站，如果由于其链接、存储的相关内容涉嫌侵权，在其能够证明自己并无恶意，并且及时删除侵权链接或者内容的情况下，网络服务提供者不承担赔偿责任。在传统网络环境中，该原则运行时便频遭尴尬，在新媒体环境中更是受到诸多质疑。如前文所述，新媒体技术还处在不断更新之中，这使得诸多高新技术，不仅普通百姓一无所知，就连专业人士也不甚了解，在这种情况下，新媒体服务商便很容易借助技术掌握上的优势，为自己的侵权行为寻找不“明知”或“不应知”的借口。

（2）“合理使用原则”遭到质疑

我国《著作权法》所列出的合理使用情况，虽然在传统版权法中具有较强的可操作性，但在新媒体环境中，由于没有穷尽所有的限制，对于一些新出现的作品使用方式是否适用无法做出回答。如在微信朋友圈内上传视频节目，这种行为是否符合合理使用，就存在法律认定上的争议。

此外，由于新媒体的技术平台或内容生产商皆投入大量的研发经费，开发数字保护技术，如 TCL 已与华纳等众多国内外影视公司商讨版权保护举措，开发内容数字版权加密和保护技术；互联网环境中许多内容商为防止侵权也在大量采用技术措施。这种版权保护措施虽片面地保护了版权人的利益，却严重损害了公众本享有的由“合理使用”制度而带来的公共利益，从而使既存的“合理使用原则”徒有虚名。

（3）法定许可制度的过度滥用

所谓法定许可制度，简单来说，在特定情况下版权作品可以不经作者授权也可使用，但需要向作者支付报酬。法定许可制度设计的初衷是简化海量的授权手续、促进版权作品的传播和版权事业的健康发展。而海量版权的授权问题正是新媒体版权保护和利用的一大瓶颈，从理论上看，该制度应能为该问题的解决发挥特有的作用。然而从实践来看，该制度有被过度滥用的现象，一些版权作品的使用者或借助公益目的的模糊性使自身符合法定许可条款，或抱着很难被知情的侥幸心理而故意不告知著作权人进而逃避作品报偿的支付。

2. 一些重要的争议性问题依然没有确定的法律解释

（1）独创性判断标准问题

世界诸多国家的著作权法都主张：作品只要具备最基本构成要件——独创性和可复制性，便可拥有著作权。但在独创性判断方面，一直没能形成清晰统一的标准，我国的《著作权法》也如此。这样的立法瑕疵在传统环境中对实践的影响不大，但在新媒体生态中则是一个亟待解决的问题：大量UGC（用户生成内容）涌现，人们很难辨别这些内容是否有著作权。如在一些视频网站便存在大量由个人制作的视频、文字、音频作品，这些作品有的质量较高，其独创性的特质很明显。但有的作品仅仅就是用户日常活动的描述，属于单纯的事实，很难判断其是否有独创性，这便为其版权身份的确立增加了难度。

（2）不明版权作品的使用问题

新媒体发展带来了大量的“不明版权”问题。它们主要是广大新媒体用户自身创作的作品，没有任何身份信息。依照我国《著作权法》的规定，对于这类作品由作品原件的所有人行使除署名权以外的著作权。这样规定基本为传统媒体所掌握的此类作品寻找到了出路，但并不能适用广大新媒体用户自己创作的此类作品——谁才是作品原件的所有人，在新媒体空间里很难鉴别。

（3）时事新闻是否有版权问题

“时事新闻”是否有版权？根据我国《著作权法》第五条规定可明确得知，它是没有版权的。然而，究竟什么是“时事新闻”？哪类新闻属于“时事新闻”？相关规定存在边界不清的不足。我国《著作权法实施条例》第五条第一项解释，时事新闻是指通过报纸、期刊、广播电台、电视台等媒体报道的“单纯事实消息”。就这一规定，它存在两个不足：第一，缺乏对“单纯事实消息”的操作化解释。第二，缺乏对时事的解释，究竟什么是“时事”？对于广大传统媒体来说，若所制作的时事新闻毫无版权，新媒体可以无偿使用和传播，所带来的损失将很大。

（二）侵权盗版行为认定较难

1. 侵权主体类型增多

新媒体环境中侵权主体的身份类型就比传统媒体环境要复杂得多，既有传统媒体商、新媒体内容服务商、新媒体技术服务商，更有广大的新媒体用户。进入新媒体环境中，还会增加诸多新类型的侵权主体，如新媒体终端设备制造商、电信服务商以及新增的原不触网的传统媒体用户等。

2. 侵权主体确认难

虽然与传统网络环境相比，手机号码的实名制和电视机播放地址的固定化，使得三网融合中部分侵权主体身份的鉴别难度降低了些，但一些服务商和设备商为缓解购买正版作品的资金压力，在其所掌握的平台上开放了网民上传功能，当所传行为是侵权盗版行为时，对于上传者的身份依然很难确定，如微信用户将音视频作品上传至朋友圈，商业微信公众号再将其收录进自己的公众号内。

3. 侵权行为数量增多

新媒体技术使得信息传播渠道的数量、容量和速度都提高了许多，此时正版作品尤其是高品质正版作品会变得越发稀缺。物以稀为贵，正版作品在三网融合空间的价格将随行就市，大幅提高。为缓解购买正版作品的压力，一些网络服务商和电信商，一方面会通过所开通的上传功能容忍甚至诱导网民上传侵权盗版的作品，另一方面也易铤而走险直接以侵权盗版方式来获取作品资源。

4. 侵权行为隐蔽

新媒体空间中的所有侵权活动都可以随时随地在虚拟空间展开，所有信息随时可以被删除，要想找到侵权证据很困难。[①] 此外，新媒体发展过程中有着诸多新技术、新业务的出现，这使得一些新的侵权行为不容易被发现。

（三）权利人维权成本高、胜诉回报率低

1. 维权取证困难

版权诉讼常属于民事案件，依照“谁起诉，谁举证”的原则，作为原告的权利人承担着举证义务。然而，上述所提的三网融合中侵权行为认定的较大难度，无疑大大提高了取证的难度。

2. 诉讼费时费力

取证困难、审判难度大等客观因素，以及版权审判制度的弊端，使得相关的侵权诉讼时常成为一场费时费力的“拉锯战”。新媒体版权的侵权诉讼也会

---

① 朱鸿军：《新媒体时代我国版权保护制度的优化研究——基于新制度经济学视角》，苏州大学出版社，2012，第 80 页。

遇到类似情况，一些大型的权利所有人，如新媒体视频平台经常面临的不是一两件作品被侵权，而往往是一批，若每个作品都非得单独起诉，无疑会花费大量的时间和精力。①

3. 胜诉回报率低

《著作权法》第49条规定：一是“权利人的实际损失”很难鉴定，“很多的盗版侵权的产品往往是和正版的影视作品同时出现在市场上，因此著作权人因盗版侵权而引起的损失无法估计”②；二是“侵权人的违法所得”同样不易判定，一家网站非法使用了一篇电视新闻作品后究竟会得到多大的收益很难断定；三是最高赔偿额过低，这对一家报社、电视台或其他媒体商来说实在是太低，如此周折，最理想的赔偿额不过是50万元。③

（四）科学的版权价值评估机制难以建立

在我国，一直缺乏科学合理的版权价值评价机制，也是给三网融合版权管理带来难点的一大重要原因。与其他产品不同，版权属于无形资产，不容易对版权作品的劳动价值进行量化评估。另外，当下网络服务商与广播电视台不规范的市场行为，也影响了科学合理版权价值评估机制的形成。

（五）民众版权保护习惯未养成

客观说来，经过改革开放以来的30多年努力，我国民众版权意识已经得到了较大的提升，国人已经基本养成保护权利人精神权的意识，但缺乏保护权利人经济权的习惯。人们可以不抄袭、不剽窃他人作品，但在花钱买他人作品方面，则是尽量能不掏钱或少掏钱，就不掏钱或少掏钱。④

近些年来，在网络大行其道，尤其是P2P软件，社交网站、微博、微信等

① 朱鸿军、丁斌：《集体抗争与数字化转型：纸媒版权保护路径》，《中国报业》2014年5月上。

② 谢平：《三网融合下影视作品著作权集体管理制度研究》，浙江工商大学硕士学位论文，2013，第22页。

③ 朱鸿军、丁斌：《集体抗争与数字化转型：纸媒版权保护路径》，《中国报业》2014年5月上。

④ 朱鸿军：《新媒体时代我国版权保护制度的优化研究——基于新制度经济学视角》，苏州大学出版社，2012，第80页。

一系列以主张“信息分享”为主的软件或新兴网络媒体大范围普及的状况下，我国新媒体用户的版权意识和习惯正在遭受巨大冲击。

三　中国新媒体版权保护优化建议

（一）司法管理方面：完善法律法规，加大执法力度

1. 完善法律法规

（1）对一些基本原则的法律规定进一步完善

①调整现有有关“避风港”原则的法律规定，加大网络服务商的自我审查责任，缩小避风港的口。如在微信朋友圈内出现文学、时事新闻或影视作品，新媒体服务商便有责任进行审核，同样在大部分情况下几乎很少有版权方愿意将精心制作的产品免费上传至网上。

②增加默示许可制度。在新媒体环境中，诸多版权人的行为应该是默示版权作品可以免费转载传播，如个人在微博、微信中发的作品，而且这种行为在越来越追求知识分享的新媒体环境中越来越普遍，对于这种行为应该给予引入对其有针对性的制度及默示许可制度。

③适度增加版权补偿金制度。新媒体技术的发展，已经越来越趋于便于侵权行为的发生且存在泛化的趋势，为此，通过版权补偿金制度可以弥补版权人的损失，这可缓解广大使用者和版权人之间的紧张关系。

（2）对一些重要争议问题尽早做出明确回应

①如何设计独创性标准？应借鉴作者权体系和版权体系的国家经验，可从体现作者的个性和市场价值方面来设计。

②为“不明版权作品授权”提供法律出口。对于“不明版权”作品的网络使用，建议法律允许通过著作权管理组织和版权告示相结合的方式来使其顺利被使用。

③建议对“时事新闻”的范围进一步做出准确、详细的规定。规定时事新闻的外延范围，最好能规定其主要的构成要素。借鉴国外做法，对网络环境中传统媒体的时事新闻建议赋予限制性版权。

2. 加大刑事处罚的执行力度

在历史上，我国对于版权领域的刑事处罚力度一直较弱，主要表现为：行政管理部门“以罚代刑”的现象严重。“猛药去疴、重典治乱”，要想制止日益猖獗的新媒体版权侵权行为，迫切需要加大著作权侵权犯罪活动的处罚力度。

（二）行政管理方面：发挥特有优势，推动侵权盗版的标本兼治

1. 壮大自身的实力，提高打击侵权盗版的能力

在侵权盗版方面，虽然我国版权行政管理取得了相当不错的业绩，但客观来说，尤其是应对包括三网融合在内的网络环境下的侵权盗版，现有的版权行政力量，不管是机构设置、基础设施的建设，还是制度建设，都需要下大力气提升。

2. 加大处罚力度，保持对侵权盗版的高压态势

从版权行政管理的角度，如何加大版权侵权盗版的处罚力度，当前主要可通过两大手段：一是优化专项整治行动，二是建立长效机制。专项整治能在短期内起到惩治作用，但从根本上来说是权宜之计，具有临时性，难以有效治本。因此建议建立一些长效机制。

3. 整合多方力量，合力铲除侵权盗版滋生的土壤

概括来说，版权的授权机制不畅，版权的交易市场不规范，民众的版权保护意识不强，版权侵权盗版的泛化，是三网融合中侵权盗版容易滋生的四大土壤。要竭力铲除这些土壤，需要版权行政管理部门这一版权专职政府机构强力牵头，整合多方力量来从事这项工作。

（三）社会管理方面：建立组织和完善机制

在“强社会，小政府”的社会治理大趋势下，版权社会管理应在新媒体版权管理中发挥主力军作用。建议在《著作权法》等各项法律确定的规则框架下，在自律、自愿、自治的原则下，积极组建各种版权社会组织，并建立相应的机制，协调好政府与媒体之间、媒体之间在传统媒体数字版权保护中的利益关系。具体做法有大力完善著作权集体管理制度、成立各媒体行业的版权保护联盟和协会牵头集中解决版权问题等。

（四）传统媒体方面

一方面，传统媒体属于权利人，也是侵权盗版的最大受害人，理应成为新媒体版权管理的最积极建设者；另一方面，版权侵权属于民法规制的行为，作为民事权利的直接当事人，若广电媒体不去主动采取措施保护自身权利，依据“不举报不受理”的司法诉讼原则，其自身受损权益被补偿的可能性将大大降低。从当前来看，我国传统媒体在新媒体版权管理中，应该注意以下问题。

1. 树立版权管理意识

从目前来看，与新媒体相比，传统媒体的优势在于优质的内容资源。因为，随着新媒体技术的快速发展，渠道的容量成几何级增长，大家最缺的便是大量高品质的内容资源。对于传统媒体来说，如何才能将这一优势的效能最大化而不是弱化，就特别需要重视内容的版权管理，需要树立高水平版权管理是核心竞争力的意识。

2. 建立版权管理部门

在我国，包括传统媒体在内的诸多文化企业的版权资产管理都很不到位。为此，广大传统媒体应该树立“版权就是资产的意识”，并实时建立版权管理部门。

3. 注重版权价值开发

目前，我国传统媒体产品版权开发的效果不理想，版权开发的收入在传统媒体总收入比例中所占分量很少，最多的只占到总收入的0.5%左右。从国内外的经验来看，传统媒体内容版权价值开发的途径至少有以下几种：以版权质押方式获得融资；细分版权权项，注重不同权项价值的充分挖掘；版权衍生品的开发。传统媒体的版权价值开发应当在此基础上，多尝试、多创新。

4. 加强技术措施保护

由技术带来的问题，更多要靠技术来解决。国际、国内很多传统媒体机构都已经采取版权技术措施。这些技术有很多，如加密技术、防火墙等。对于传统媒体而言，主要是使用复制与传播控制技术，以及权利信息管理措施（DRM）。从实践来看，这些技术的运用已产生了较好效应，如在奥运视频版权保护中，嵌入了追踪技术的音视频节目，在网上只要出现被侵权行为，数分钟便会被发现。

5. 组建各类版权联盟

新媒体的飞速发展，对于每个传统媒体来说，所面对的是海量、无法识别的用户，仅靠单方力量发现侵权行为并进行主动维权，实在是身单力薄；而且市场版权的定价、交易、保护技术等方面的规范，也需要各传统媒体组建自己的版权联盟来协商完成。

6. 宣传版权相关知识

传统媒体自身便拥有得天独厚的传播资源，具有很强大的社会动员力，在向社会大众宣传版权相关知识、提高民众版权素养方面，有着义不容辞的责任，更何况这样的宣传对自己、本行业的利益都有密切关系。但遗憾的是，现今的报刊、广电等传统媒体在这方面做得很不够。

（五）新媒体方面

随着内容市场竞争进入白热化阶段及外在关键相关利益方对版权规制的完善和版权经营的重视，早期那种无视版权大肆网罗各方信息的粗放式经营策略已越发没有出路。如何将高品质内容的版权尽可能多地合法收归所有，已成为绝大多数新媒体正全力试图实现的经营目标。

1. 不以任何借口侵权盗版

目前而言，传统媒体对新媒体在侵权盗版方面不光彩的行径指责较多，而且随着这种行径并没有得到根本性的遏制，这种指责转化为不信任，甚至升级为敌视。但是对于严重缺乏高品质的新媒体来说，在短期自制产品数量、质量以及成本都很难适合自身发展状况的形势下，大量购买传统媒体的作品，成为当下的较佳选择。然而，如何让这种选择能得以实践，新媒体消除或缓解传统媒体不信任甚至敌视的当务之急是，绝不能以“不可能完成的任务”为借口超脱相关版权法规的制约。国内外的大量案例表明，借助侵权盗版发家的路是走不通的，如缺乏正版意识，进行侵权盗版，网络媒体，无论是ICP，还是ISP，都有可能使诸多利益损失。

2. 加大与传统媒体的合作力度

新媒体主动与传统媒体合作，既是因应自身的需求，也符合传统媒体的迫切需求。市场化改革深入所带来的政策优惠的减少，以及新媒体所带来的巨大威胁，已经让广大传统媒体充分感受到，将版权充分保护好和把版权价值充分挖掘出来，是为自身赢得未来生存和发展的一条较好路径。在这种情势下，传统媒体即使对新媒体怀有不信任甚至抵触的情绪，但迫于生存和发展的现实压力，他们不会太拒绝与有诚意的新媒体进行合作，从而最终实现双赢。

3. 扩大新媒体之间的合作

许多新媒体自身也是侵权盗版的受害者，但新媒体生态的特殊性，使得新媒体仅靠一己之力很难得以维权，假借其他同行的力量，特别是在技术和资金方面都有较大优势的新媒体的支持就非常必要。此外，与新媒体之间展开合作，还能大大增加与传统媒体在版权交易方面的议价能力，使整个版权市场版权价格更趋理性、更加规范，新媒体的获益也能更加最大化。

4. 选择合适的版权交易模式

版权交易是联系权利人和使用者的桥梁，版权交易模式也是版权能得到较好保护的关键影响机制。版权交易模式不合理，权利人和使用者之间的版权交易便不会长久稳定地持续下去。如此，不能流通的版权其价值便无法得以实现，还会滋长侵权盗版行为的出现。目前来看，新媒体常用的版权交易模式有“一次性买断模式”、“作品资源共发模式” 和 “版权零售模式”。这几种模式各有优劣，需要合理恰当地使用，才能更好实现版权保护和交易。

5. 适度选用技术保护措施

技术是新媒体的强项，在实践中，技术措施也成为新媒体最常用的版权保护手段。但在技术的运用中，新媒体应注意的是：（1）降低成本，应避免出现使用防盗版技术的收益远小于成本的现象。（2）简化程序，让民众使用防盗版技术时形成习惯直至觉得没有感觉它存在。（3）新媒体在使用技术保护措施时也要充分考虑到公众利益，不能因技术原因和自身的利益最大化，使民众版权使用的合法权益受损害。

调　查　篇

Investigation Reports

B.11

互联网治理与舆情管理：现状与趋势

刘志明　殷　乐*

摘　要：　在新媒体和大数据的时代，互联网治理与舆情管理已经是国家治理和社会管理的重要组成部分。本文着重研究2015年以来中国互联网治理的概况，结合2015年中国社会科学院舆情调查实验室两次关于“互联网治理”的舆情调查结果以及社会舆情热点变化趋势的分析，对未来的互联网治理提出发展建议。

关键词：　互联网治理　舆情分析　社会热点　舆情管理

* 刘志明，中国社会科学院新闻与传播研究所研究员，舆情实验室首席专家；殷乐，中国社会科学院新闻与传播研究所研究员，媒介研究室主任。

互联网治理与舆情管理是国家治理与社会管理的有机组成部分，互联网治理的结果直接影响国家治理的成效。与此同时，及时了解舆情的变化，反映民众的诉求，是实现政府治理和社会治理现代化的重要保证。

中国社会科学院舆情调查实验室自2012年成立以来，持续实施中国舆情指数调查。通过对国家公共政策、重大事件与问题、相关行业及机构的传播活动等开展舆情调查与监测，获取社会各个群体的意见、态度和情绪等相关数据，进而通过舆情大数据挖掘、建模分析、专家研判等形成可视化数据结果，对舆论议程设置、舆论传播状况、相关行业或企业的新媒体传播效果开展综合性评估，并为相关政府部门机构提供舆情管理解决方案。

本文以中国社会科学院舆情调查实验室的相关调查结果为基础，重点探讨我国互联网治理与舆情管理的主要举措、存在的问题以及对策建议。

一　2015年以来互联网治理概况

2015年以来，中国的互联网治理力度前所未有，在网络立法、行政监管、技术控制等领域采取了多项新的举措，推动中国互联网治理进入一个新的发展阶段。

（一）网络立法的核心：安全

在2015年涉互联网立法中，“安全”成为关键词。其中，既包括国家主权层面的网络空间安全，也包括公民个人层面上的信息安全；同时，把打击网络犯罪、网络恐怖主义，净化网络空间作为立法的重点。

2015年7月1日，十二届全国人大常委会第十五次会议表决通过了新的《国家安全法》，对政治安全、国土安全、军事安全、文化安全、科技安全等11个领域的国家安全任务进行了明确。首次以法律形式提出“维护国家网络空间主权”。

与此同时，人大常委会还初次审议了《中华人民共和国网络安全法（草案）》，总则中将“维护网络空间主权”作为该法的立法宗旨之一。该法草案共七章六十八条，主要内容包括总则、网络安全战略、规划与促进、网络运行安全、网络信息安全、监测预警与应急处理和法律责任、附则等。上述草案详细说明了各级政府、网络运营者、关键信息基础设施运营者、公民所享有的权利和应承担的义务、责任，指出："网络主权是国家主权在网络空间的体现和延伸，网络主权原则是我国维护国家安全和利益、参与网络国际治理与合作所坚持的重要原则。"

《网络安全法（草案）》提出不得出售或非法向他人提供公民个人信息（第三十八条），并且对公民个人信息保护提出了具体规定。

（二）网络立法的重点：打击犯罪

2015 年，《反恐怖主义法（草案）》进入二审。草案中涉及互联网的规定包括：电信业务经营者、互联网服务提供者应当在电信和互联网的设计、建设和运行中预设技术接口，将密码方案报密码主管部门审查（第十五条）；电信业务经营者和网络服务提供者应防范恐怖主义内容的信息传播（第十六条），即发现相关内容后需停止传输、删除信息、保存记录、报告主管部门；如违反规定的单位将处以五十万元以下罚款，主要负责人和直接负责人处十万元以下罚款，情节较重的可以并处五日以上十五日以下拘留（第九十四条）；应对恐怖事件，反恐怖主义工作小组有权决定互联网无线电通信管制，但必须依照法律、行政法规规定的程序批准，并明确和公布应对措施适用的时间和空间范围（第六十条）。

8 月 29 日，十二届全国人大常委会十六次会议表决通过刑法修正案（九）。此次刑法修正案（九）明确了网络服务提供者履行信息网络安全管理的义务，加大了对信息网络犯罪的刑罚力度，进一步加强了对公民个人信息的保护，对编造和传播虚假信息犯罪设立了明确条文。

（三）新的监管举措：约谈

国家互联网信息办公室 2015 年 4 月 28 日发布《互联网新闻信息服务单位约谈工作规定》（以下简称"约谈十条"）。"约谈十条"对约谈的行政主体、行政相对人，实施条件、方式、程序等作了明确规定。实施约谈的 9 种具体情形包括：未及时处理公民、法人和其他组织关于互联网新闻信息服务的投诉、举报情节严重的；通过采编、发布、转载、删除新闻信息等谋取不正当利益的；违反互联网用户账号名称注册、使用、管理相关规定情节严重的；未及时处置违法信息情节严重的；未及时落实监管措施情节严重的；内容管理和网络安全制度不健全、不落实的；网站日常考核中问题突出的；年检中问题突出的；以及其他违反相关法律法规规定需要约谈的情形。

依照“约谈十条”，对存在问题的互联网新闻信息服务单位，约谈之后未按要求整改，或经综合评估未达到整改要求的，将依照《互联网信息服务管理办法》《互联网新闻信息服务管理规定》的有关要求给予警告、罚款、责令停业整顿、吊销许可证等处罚，被多次约谈仍然存在违法行为的，依法从重处罚。

此外，网信办和国务院相关部门还发布了其他规范性文件，作为相关法律规范的补充和政策执行上的指导。

2015 年 2 月 4 日，网信办发布《互联网用户账号名称管理规定》，就账号的名称、头像和简介等，对互联网企业、用户的服务和使用行为进行了规范，涉及在博客、微博、即时通信工具、论坛、贴吧、跟帖评论等互联网信息服务中注册使用的所有账号。“账号管理按照‘后台实名、前台自愿’的原则，充分尊重用户选择个性化名称的权利，重点解决前台名称乱象问题。”俗称“账号十条”。

3 月 1 日，公安部、网信办、工信部、环保部、国家工商总局、国家安监总局发布《互联网危险物品信息发布管理规定》，规定禁止个人在互联网上发布危险物品信息，相关从业单位需要办理备案手续。

10 月 26 日，国务院办公厅发布《关于加强互联网领域侵权假冒行为治理的意见》，强调打击网络销售假劣产品、打击网络侵权盗版、提升监管信息化水平，落实电商、ISP、上下游企业责任。

（四）网络出版：新规出台

为了规范网络出版服务秩序，促进网络出版服务业健康有序发展，国家新闻出版广电总局、工业和信息化部联合发布《网络出版服务管理规定》，自 2016 年 3 月 10 日起施行。新规定对网络出版服务许可、网络出版服务管理、监督管理、保障与奖励以及法律责任作了详细说明。

与 2002 年制定的“旧规”相比，此次重新制定的《网络出版服务管理规定》，有如下变化：一是增加了手机、平板电脑等智能终端的网络出版服务的相关规定；二是详细列明了从事网络出版服务应具备的条件、申报材料要求及申请注册登记手续；三是强化了事中事后监管要求，加大了违法行为处罚力度；四是强化对未成年人合法权益保护，明确规定禁止出版内容；五是要求有从事网络出版服务所需的必要技术设备，相关服务器和存储设备必须存放在中华人民共和国境内。

（五）行业自律：强化网络伦理建设

互联网在推动如经济、社会发展进步的同时，也带来了大量负面影响，其中，很多是仅靠法律难以约束的伦理道德问题，如网络谣言、侵犯隐私、暴力色情等信息污染、青少年网络欺凌、网络欺诈等问题。这些都需要通过强化行业自律和加强伦理道德建设予以改善。

2014 年 11 月，“清朗网络 · 青年行动——青年网络文明志愿行动”正式启动；2015 年 6 月，“2015 中国好网民”系列活动全面展开。同时，国家网信办还举办了“网络诚信伴我行”主题宣传活动，开展网络诚信宣传，宣扬倡导网上正能量的传播。但总体来看，我国的网络行业自律及伦理道德建设尚处于发展阶段，亟须进一步引导、规范和强化。

二　关于互联网治理的舆情调查

中国社会科学院舆情调查实验室于 2015 年 10 月、12 月在全国范围进行了两次“互联网治理”的舆情调查。调查抽样区域设定为大型城市、中型城市和小型城市，共 20 个城市，总体样本规模为 2000 人。调查意图是勾勒出民众眼中的互联网治理，包括对互联网治理的认知和理解、对互联网治理议题的关注热点、对中国互联网治理的评价和期待、对国外互联网治理的看法、对一些细化领域的看法和态度、媒体报道在互联网治理舆情形成中的角色和作用。从舆情的角度为推进互联网治理生态系统提供一些思考。调查主要结果如下。

（一）六成民众对中国互联网治理的评价为满意和比较满意，最关心议题为网络安全、个人隐私保护和网络犯罪

调查显示，民众最关心的互联网治理议题中，排名前三位的是网络安全、个人隐私保护、网络犯罪。不同学历、年龄的民众在对互联网议题的关注上并无明显差异。

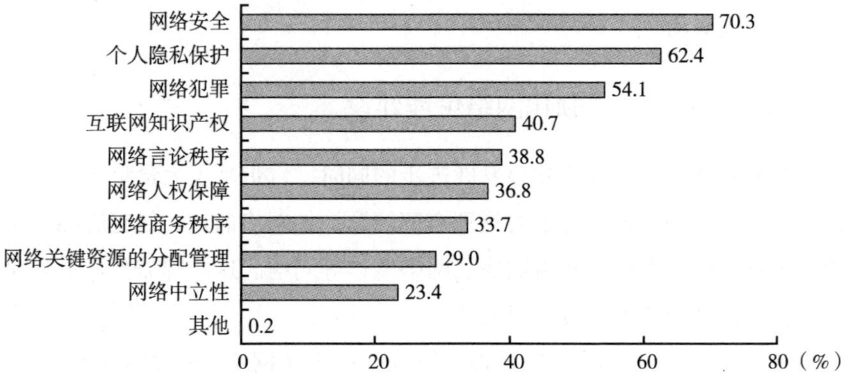

图1　公众最关注的互联网治理议题

这三个关注的议题同样也是民众认为当前中国互联网治理中应首要解决的问题，前三甲同样是网络安全（25.8%）、个人隐私保护（21.7%）、网络犯罪（19.8%）。

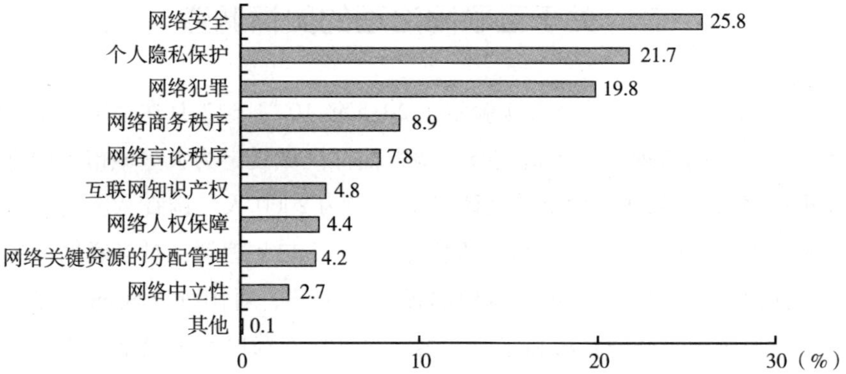

图2　当前互联网治理中应首要解决的议题分布

在不同年龄受访者对于中国互联网治理首要问题的认知中，选择网络安全和个人隐私保护问题的比例呈现了伴随年龄增长的递增趋势，而选择网络犯罪的比例则呈现了递减的趋势。

对中国互联网治理的整体评价以正面为主，很满意与比较满意的比例达到62.7%。在对“您认为当前中国互联网治理中做得较好的方面是?”的回答中，网络关键资源的分配管理、网络安全、网络中立性为前三位。

（二）网民认为在当前互联网治理中，国家作为治理主体其工作最为重要

在调查中，对于“推进中国互联网治理中，下列主体及其工作的重要程度怎样?”的问题，高达 85.1% 的民众认为立法机构、政府部门有效推进互联网治理非常重要及比较重要。媒体加强互联网治理内容的报道、传播与网民作用同列第二位。企业、社会团体公益组织、政府间国际合作组织、智库等以相近的重要性同列第三阵营。在涉及网络安全的各种问题中，受访者认为当前中国最突出的是个人安全问题，国家安全问题次之，企业安全问题居后。

（三）个人隐私保护问题凸显，不同职业认知差异显著

调查显示，隐私问题是大家认为应首要解决的互联网治理问题，仅次于网络安全，同时调查也显示，民众对当前中国的网络隐私保护方面评价不高。在 18～29 岁年龄段中，仅有 17.40% 的网民认为当前在隐私保护方面做得较好，30～39 岁的年龄段中，比例为 13%，40～49 岁的群体中，比例为 14%，在 50～59 岁的群体中，比例为 23.3%。

在不同职业受访者对于中国互联网治理首要问题的认知中，一个有意思的现象就是，党政干部在网络安全和个人隐私保护的选择上产生了截然不同的看法，认为网络安全是首要问题的比例在党政干部群体中达到了峰值（41.2%），而选择个人隐私保护的比例则处于谷底（5.9%）。学生群体对于网络安全的意识则相对比较淡薄，仅为 14.9%。这也在一定程度上体现了职业角色意识和个人角色意识的交互作用。

（四）八成人在社交媒体分享个人生活，对隐私保护的需求较为集中

调查显示，八成以上的人在社交媒体上分享个人生活（80.7%），在个人生活分享频率上，首位是一周多次（35.1%），其后为一周至少一次（25.3%），几乎每天分享的人（22.6%）排名第三。在社交媒体上发布的内容中，分享个人生活的比例在一半以下的比例最高（44.1%），次之为 10% 以下（29.7%），22.1% 的分享比例在一半以上，90% 以上都是个人生活信息的占 4.2%。

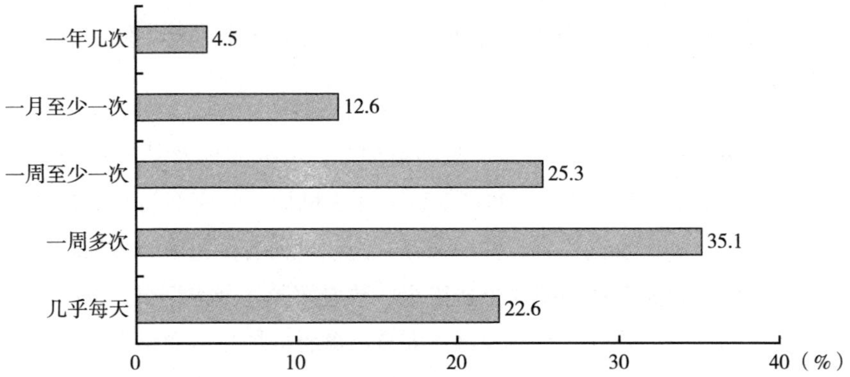

图3　在社交媒体分享个人生活频率

不同学历群体个人生活分享上也体现出一个有趣的现象，大学本科以及以上学历者每天分享比例较高，从职业来看，五成以上党政干部和农林渔业者几乎每天分享。结合笔者此前做的微博研究来看，个人生活分享也是党政干部在其微博中体现个性化色彩的方式之一，由此也带来了一定的人气。

伴随着越来越多的人在社交媒体上分享个人生活，这也开启了我们对隐私概念和隐私边界的审视和质疑，以及社交媒体是否终结了我们的私人生活。对于个体而言，对于如何加强个人隐私保护，调查显示，超过九成的人认为严惩窃取个人信息、侵犯隐私的违法行为（92.5%）重要，88.1%的人认为加快推出与数据保护、隐私保护相关的法规非常重要及比较重要，84.6%的人认为建设能保障隐私权的网络物理基础设施非常重要及比较重要，85.5%的人认为加强新媒体素养教育，普及大数据与隐私保护的知识重要。

值得一提的是，55.8%的人认为减少在网上分享个人生活对于个人隐私保护比较重要，有意思的是，超过三成的人保持了一个中立的态度（34.1%），还有10.3%的人认为不太重要及不重要，这也是诸多选项中比较突出的部分。其中，研究生群体和初中生群体对于减少分享个人生活持保守态度，过半的研究生和初中生群体觉得减少在社交媒体分享个人生活一般和不太重要。

（五）对美国和欧洲国家互联网治理的认知和印象以正面为主

在对国外互联网治理的认知和印象调查中，超过七成的人对美国的互联网治理给予正面评价。欧洲居第二位，为六成。年龄因素在其中展现出鲜明的相关性，在对美国互联网治理的印象中，年龄与认可呈现逆序，年轻一代表现出对美国互联网治理的高度认可，在 18 ~ 29 岁年龄段中，75.5% 的人认为美国互联网治理做得好，30 ~ 39 岁的年龄段中，比例为 69.5%，40 ~ 49 岁的群体中，比例为 62.6%，在 50 ~ 59 岁的群体中亦达到六成。

三　2015年社会舆情热点的变化趋势

社会舆情是指人们针对特定的社会现实问题、现象或事件形成的群体性态度、意见、要求和情绪的集合，是对社会现实的主观反映。及时了解舆情的变化，对于做好新形势下舆论引导工作，为社会转型期的国家治理提供高质量的决策依据有着积极的意义。中国社会科学院新闻与传播研究所及其下属的中国舆情调查实验室，自 2013 年以来，持续开展定期的社会舆情调查与监测，对比 2013 年和 2015 年的调查数据，读者可以发现以下值得关注的舆情动向。

（一）2015年热点舆情

热点舆情通常可以分为热点舆情事件与热点舆情问题。热点舆情事件是一个时期为人们广泛关注和热议的事件，由于目前重大事件基本有网络的参与，因此，热点舆情事件几乎等同于网络热点事件。热点舆情问题则是在各种与人们切身利益密切相关的问题与事物中，由于某种契机在特定时期为人们广泛关注的问题。热点事件和热点问题相互关联，可以相互影响及转化。比如环境问题一直是与人们生活密切相关的问题，但正因为雾霾的出现，才使这一问题上升为热点问题。

衡量热点舆情事件或热点问题的指标包括：（1）持续时间。网络时代，往往热点问题此起彼伏，一个热点会很快取代另一个热点，通常来说，可以称之为热点舆情事件的，大多会持续一周以上或更长时间，而不是转瞬即逝。（2）信息量大小。包括媒体发稿量、点击量、论坛发帖数、微博数量、转发次数等。（3）关注范围。在不同年龄、性别、职业等属性方面，分布范围越广，热点指数越高。

从 2015 年中国舆情系列调查结果来看，公众最为关心的是放开单独二孩政策，其次是抗战胜利 70 周年阅兵，再次为天津爆炸案。这三项关注率均超过七成。而“徐才厚、周永康等高官落马及相关反腐案”“北京三里屯优衣库试衣间不雅视频流出”“习近平应邀访问美国”“上海踩踏事件”“屠呦呦获诺贝尔奖”等事件的关注度则超过七成。

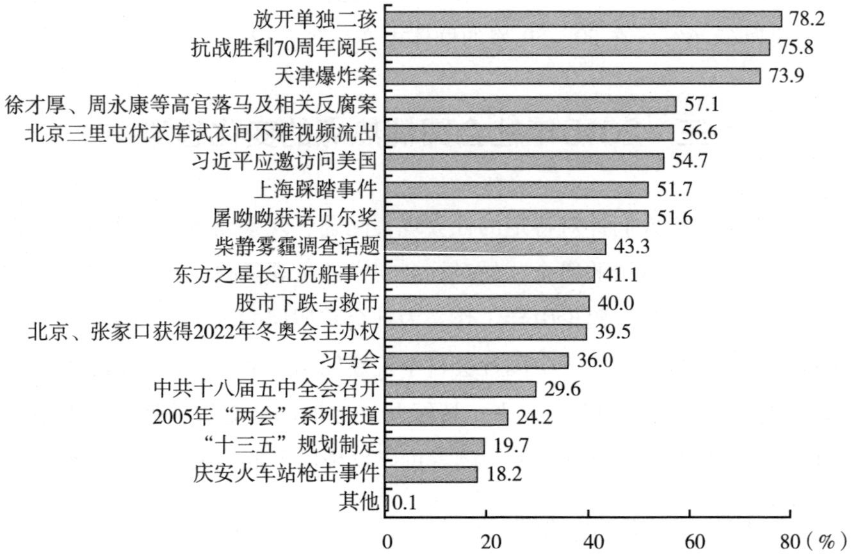

图4　2015年热点舆情事件

（二）舆情变化趋势：社会焦虑感增强

与2013年相比，2015年中国民众对经济形势的乐观程度明显下降。与对政治形势持乐观态度相比，对经济形势持乐观态度的要低20个以上百分点。这说明目前民众对我国经济形势总体持不太乐观的态度。

从2015年第4季度的调查结果来看，关于社会政治生活的几个主要领域，满意程度较高的有：政治改革（72.4%）、对外政策（65.5%）、社会治安（63.1%）、治理腐败（60.2%）、教育（55.5%）、交通（51.2%）。除此之外，其他方面的满意度均低于五成。

其中，民众满意度最低的是房价（满意和比较满意的比例只有26%），其次是食品安全（26.2%）、空气环境（30.9%）、解决贫富差距（32.4%）、物价（36.1%）和医疗（39.5%）。由此可见，高房价、食品不安全与空气污染是影响民众社会政治满意度的主要因素。

此外，官民不信任感也有上升趋势。其中，信任度最高的是中央政府（信任和比较信任的比例达到89.8%），而对地方政府表示信任的只有51.4%。交叉分析结果表明，对地方政府信任度低的原因之一是腐败蔓延。受访者认为目前我国社会中的腐败现象严重的占86.1%。其中，认为很严重的为26.4%，比较严重的为59.7%。而民众对腐败不满的矛头，很多指向了地方政府官员。

由于对经济走向的悲观以及社会信任度下降，加之社会转型期累积的各种矛盾，民众情绪中的“焦虑感”呈现上升趋势，这也是近年来舆情事件频发的社会深层原因。

（三）移动社交媒体开始主导社会舆论议程

中国社会科学院舆情调查实验室的调查显示，2015年，以互联网、智能手机为代表的新媒体在影响范围上已开始超越电视、报纸等传统媒体，微博、微信、手机新闻客户端等，成为人们获取或传播信息的首要渠道。我们正在从大众传播时代进入微传播时代。

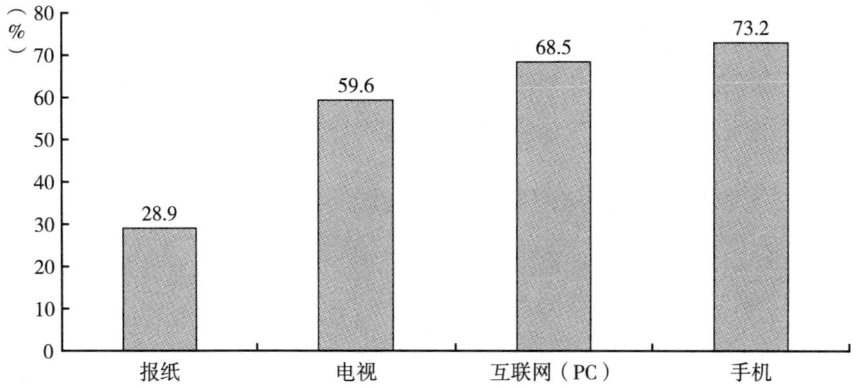

图5　居民获取信息的媒体渠道

资料来源：中国社会科学院2015年舆情指数调查。

传统媒体在议程设置和舆情传播方面的影响力进一步下降，接近半数的舆情事件最早是从“两微一端”（微博、微信、移动客户端）发源的。比如“青岛天价大虾事件”，从一件普通的价格纠纷事件，演化成轰动全国的舆情事件，经历了这样四个阶段，即微博化（消费者注册微博并曝光事件）、新闻化（媒体关注转载并使之成为新闻事件）、微信化（相关话题在朋友圈和微信公众号转载讨论）、段子化（段子手纷纷参与制作各种恶搞段子）。这样的传播模式几乎成为众多舆情事件的标配。即使一些由传统媒体曝光的事件，往往只有当“两微一端”参与时，才会演化成重大舆情事件。济南非法经营疫苗系列案件即是其中的典型案例。

四　问题与对策

（一）互联网治理：从刚性管制走向柔性治理

互联网治理与互联网管制或管理相比最大的不同，即互联网的治理“意味着从政府主导转变为政府、市场、社会共同参与协作的多元治理方式”。[①] 在治理方法上，除了立法和行政监管外，同样重视行业自律和公众监督。

迄今为止，中国政府对互联网的管理以立法和行政监管为主，在立法上，也过度强调政府主导，企业和公民社会处于缺位状态。目前互联网中存在的众多问题，比如网络暴力色情、侵权、谣言等，仅仅依靠政府监管，往往顾此失彼，按下葫芦起来瓢。要从根本上解决这些问题，更多地需要全社会参与。因此，未来的互联网治理，应加快由“刚性监管”向“柔性治理”的过渡。

（二）舆情管理：从严防死守走向疏导为主

舆情管理存在着和互联网治理同样的问题，即过度强调监管和人治。在过去的一年间，采用删帖、技术屏蔽等手段，对负面信息进行管控的力度明显加大。从调查结果看，多数调查对象同意为了维护国家安全或社会和谐而对公民表达自由做出一定限制的做法，但前提是适度、公平与合理。

但从实践结果看，由于参与互联网管理的人员素质参差不齐，加之缺乏统一管理标准，过度管制的问题难以避免。从而激发部分网民的对立情绪，有损政府的公正性和客观性。

① 张志安主编《网络空间法制化》，商务印书馆，2015，第8页。

因此，在舆情管理上，也同样需要克服传统观念，减少强制删帖的频率，注重包含公民的表达权力，从严防死守走向疏导为主，注意反映不同利益群体的意见，以实现舆情的平衡和社会的稳定。

（三）加强对社会管理者的培训

真实客观报道社会上发生的各种新闻事件，向民众提供事实真相是传统媒体和网络传播的基本要求，也是舆情管理的基本规律。它包括两个方面，一是努力把握舆情真相，并把事实真相反映给相关主管机关或部门，而不是投其所好，扭曲或掩盖事实真相；其次，在舆情应对过程中，切忌提供虚假信息或故意掩盖事实真相。

要提高政府的公信力，切实掌握舆情主动权和主导权，讲真话是前提。许多舆情危机的扩大都是因为主管部门发布虚假信息或掩盖真相引起的。真相很难持久掩盖，一旦被发现，反而会引起加倍反弹，最终会将某些不甚严重的事件拖延或扩大为重大危机事件。

一些突发事件，往往因地方政府或官员的应对不力，使矛盾升级。2015年黑龙江庆安县火车站枪击案和天津“8·12”特大火灾爆炸事故中，地方政府的处置和舆情应对迟缓，足以显现地方官员的网络舆情应对能力远远没有达到时代要求。此外，由于公众对官员普遍持不信任态度，应对不当，有可能会因一些表达方式的问题引发舆情的负面反应。对此，有必要进一步强化对官员等社会管理者和舆情管理部门人士的专业培训。

（四）构建中国社会舆情评价体系

为了将互联网治理和舆情管理纳入科学性、规范化轨道，有关机构有必要对管理的过程、方法以及效果开展全面监测、调查和分析，而中国社会科学院舆情实验室和腾讯指数构建中国社会舆情指数，就是其中一个重要的评价指标体系。

B.12

2015年政务新媒体发展报告

阳美燕　刘 厚　李 婷*

摘　要：　2015年，中国政务新媒体总体发展稳健，在上年覆盖式发展的基础上，数量、质量与空间结构齐升；“两微一端”构架成标配，并走向新的“矩阵式”和更深融合；“微观到底”与“宏观到顶”的全功能政务应用落地并发展；大数据云计算等新杠杆撬动下的“政务云”孵化方兴未艾。同时，“最后一公里”的基层领域将成为政务新媒体的新增长极；政务机构与内容分发商、云计算技术服务商等多方的跨域协作趋势将凸显，政务大数据全局性应用前景与潜力之“大势”将初现。而政务媒体资源的闲置、政务“数字鸿沟”的扩大、政务新媒体的“传媒+社交”双重属性认知的不够等问题，需要引起重视。

关键词：　用户社群化　空间模式　政务云　跨域协作

2015年3月，全国两会政府工作报告中，李克强总理首次提出“互联网+”战略，自此，中国社会进入“互联网+”元年；7月，国务院发布《关于积极推进“互联网+”行动的指导意见》，要求“充分利用互联网、移动互联网应用平台等，加快推进政务新媒体发展建设”。在这一背景下，政务新媒体搭乘“互联网+”的快车，稳健地开启了自己新的格局和时势。

---

* 阳美燕，博士，湖南大学舆情研究所所长，湖南大学新闻传播与影视艺术学院副教授，研究方向为新媒体与网络舆情、新闻史；刘厚，硕士，湖南大学新闻传播与影视艺术学院兼职教授，研究方向为新媒体与网络舆情；李婷，湖南大学新闻传播与影视艺术学院研究生，研究方向为新媒体与网络舆情。

一　2015年政务新媒体发展概况

2015 年，政务新媒体总体上保持上一年覆盖式增长的发展态势，覆盖面进一步扩大；政务微博增速趋于平稳，进入务实运营期；政务微信仍处于账号快速增长期，同时呈现用户社群化倾向；内容分发商——今日头条号发力，为政务新媒体发展注入新的活力。

（一）政务微博账号增速趋于平稳，完成矩阵式铺设后进入激发活性的务实运营期

随着各大门户网站对微博产品的定位布局日益清晰，从 2014 年起腾讯、网易微博业务陆续停止或转移，2015 年政务微博账号资源开始明显向新浪微博平台整合。截至 2015 年 12 月 31 日，新浪微博平台认证的政务机构微博账号数量达 152390 个，而全国政务微博账号一共近 28 万个，新浪政务微博账号占比超过 50%。所以，这里不妨以新浪政务微博账号的增长为例来分析我国 2015 年政务微博的增长之势。

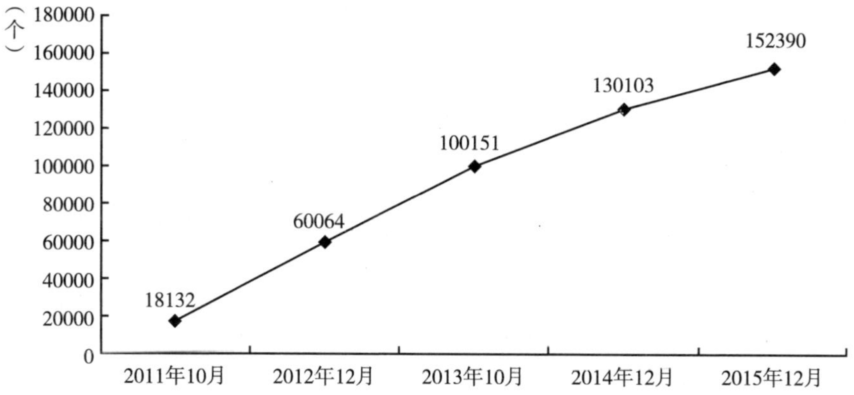

图 1　2011 ~ 2015 年新浪微博平台认证政务微博账号增长趋势*

* 政务微博变化表格数据来自新浪《2011 年新浪政务微博报告》《2012 年新浪政务微博报告》，人民网舆情检测室《2013 年新浪政务微博报告》，《人民日报》的《2015 年政务指数微博影响力报告》。

从图1可以看到，2011～2015年这五年间新浪政务微博账号数量的增长率依次为231.3%、66.7%、29.9%、17.1%，也就是说，2012年是新浪政务微博的爆发年，从2013年起，其每年增长率大体减半，增速逐年减缓，至2015年，政务微博总体仍然延续前几年的增长势头，增速继续减半，不过，仍然保持两位数的增长率。在此可以预见，2016年如若没有结构性因素的影响，政务微博账号的增长可能仍将继续，其增长率则可能为个位数，即账号增速趋于平稳。

在账号增速趋于平稳的过程中，目前我国政务微博的铺设式覆盖，继续沿着纵、横两个方向及中央、省、市三级常规矩阵构架进行。“纵向”方面，继共青团、法院、气象3个系统实现中央与省级机构微博矩阵全覆盖后，2015年2月28日，公安部消防局携31个省级和地市级公安消防部门开通新浪微博，形成三级机构矩阵，以“一键关注”实现消防系统的“纵向到底”，其微博粉丝总数达1600余万。“横向”方面，大多以省级机构官方微博为龙头组建，形成省、厅、市三级不同职能部门间的政务微博系统。这种省级龙头的“横向”微博矩阵铺设比中央级龙头的“纵向”微博矩阵铺设范围更广，进程更快，应该说前者目前已基本完成。

在做矩阵式铺设、成为全国最大政务信息发布新媒体平台之后，政务微博进入务实运营期，即着力于服务社会民生和政务信息公开、切实提升应用水平，提高账号活性：全国政务微博全年总发微博约2.5亿条，总阅读量超过1117亿次的“全景图”、千万粉丝超级账号“国家队”与“地方队”同时崛起的“格局图”，以及账号传播力、互动力的突出表现，都是政务微博进入活性激发的务实运营期之例证。①

（二）政务微信仍处于增量覆盖期，用户社群化建设兴起

微信账号增长方面，截至2015年8月底，政务民生微信公众号翻倍增长，达83641个，较2014年末新增4.3万个。② 至2015年12月，政务微信公众号达10万个。③

① 人民网舆情监测室：《2015年人民日报·政务指数微博影响力报告》，2016年1月。

② 腾讯研究院：《2015微信政务民生白皮书》，2015年12月15日。

③ 王梦遥：《全国334个地级行政区开通微信公众号》，《人民日报》（海外版）2016年1月23日。

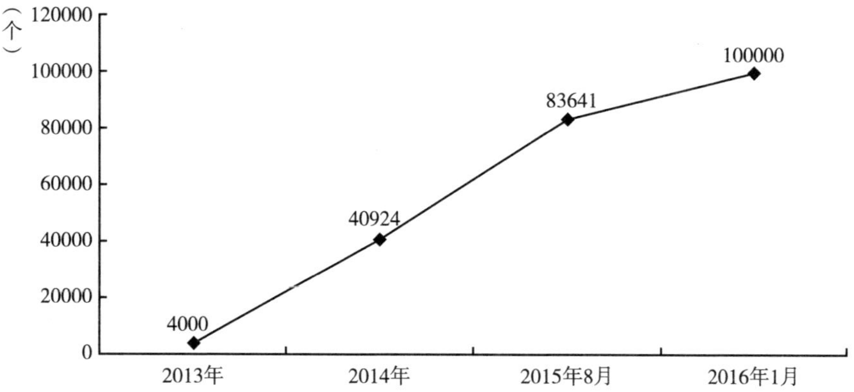

图2 2013~2016年政务微信公众号数量变化*

*政务微信公众号数量变化表格数据来源于中国传媒大学媒介与公共事务研究院《中国政务微信发展年度分析报告（2014）》、腾讯研究院《2015微信政务民生白皮书》、《2015年度全国政务新媒体报告》。

图2表明，政务微信从2013年兴起以来一路高速增长，几年间涨幅分别为923.1%、104.4%和19.5%，也即，2015年仍然保持翻倍的增速，虽然增幅比前一年大为缩小。

政务微信的覆盖情况，可从腾讯发布的2015年微信政务白皮书窥见一斑：全国31个省级行政区都拥有了政务微信公众号，各层级的政务微信覆盖率情况则为：约40%的部委政府（至2015年8月）、45.3%的省级部门、50%的县乡级机构开通了微信公众号；以政务公众号总量领跑全国的杭州市，其地级行政部门拥有率为60.0%，下辖乡级账号占比超过1/3（至2015年12月）。[①]这就是说，从中央部委至基层县乡，各级政务微信目前的普及率平均在30%~60%，政务微信已经形成广范围、多层级的发展之势，同时尚有继续增加的较大空间。

在覆盖式增长过程中，政务微信开始探索“政务+社交”的新路子。少数粉丝规模巨大的政务微信号开始建立微信群，逐渐朝政务社群化方向发展。

① 腾讯研究院：《2015微信政务民生白皮书》，2015年12月15日。

（三）今日头条号崛起，代理式个性化推荐为政务新媒体发展添双重新机

2012 年上线的新闻资讯客户端（内容分发商）“今日头条号”在 2015 年发力，迅速崛起：在 2015 年有超过 3000 家各级党政机关入驻今日头条 App，开通政务头条号，实现全国 31 个省自治区直辖市全覆盖。到 2015 年底，最高检察院、最高法院、公安部、教育部等 3700 余家各级单位开通头条号，总发稿量 23 万篇，总推荐量 109 亿人次，总阅读量超 10 亿次。①

政务头条号的上述骄人“成绩单”，给政务新媒体平台的发展带来了双重新机：一是政务新媒体在自平台之外开辟新驻地（入驻第三方客户端）、摆脱粉丝依赖的传播路径。政务头条号成为国务院信息公开办、最高人民检察院、最高人民法院、中国气象局、教育部、北京发布、上海发布、石家庄发布等 4000 多家各级党政机关在它们自家新媒体之外的第三方平台，前者通过算法、内容自动匹配技术，帮助政务新媒体将有关政务信息自动推荐给有特定内容需求的用户群，让那些即使是粉丝量少的政务号也能获得大阅读量和实现信息有效传播。二是传统政务客户端由于占用户内存、内容与传播优势不突出、平台联通性差等劣势，至今发展不尽如人意，而政务头条号客户端的代理式个性化推荐等新机制的开创，为传统政务客户端的思路创新和突围提供了想象空间。

（四）政务微视频兴起，“看政务”传播成亮点

如果说 2014 年政务微视频“小荷才露尖尖角”的话，2015 年，政务微视频应用则得到了进一步拓展。视音频、动画正被日益用到各个政务新媒体平台上，用户在屏端“看政务”成传播亮点。例如，新浪秒拍平台上的“政务秒拍”、腾讯微视平台上的“政务微视”，以及“喜马拉雅”等自媒体网络有声电台上的政务电台等。“今日头条号”将入驻机构的展示页分为“全部”和“视频”两栏，微信“湖南高速警察”制作秒拍交通事故、警醒市民的视频，就在头条号中表现不俗。同时，一些政务账号将原创视频发布在自家新媒体平台上，也收到较好的效果，比如交警政务微博以车辆事故现场为素材制作微拍

① 今日头条号：《政务头条号白皮书》，2015 年 12 月 31 日。

盘点，点击率迅速超过10万次。四川省委宣传部2016年初开展实施的“百部看四川——微视频工程”，上线《默克尔与宫保鸡丁》等12部微视频，两个月内点击量过千万。不少中央部委微信公众号也在积极探索以原创视频优化宣传效果的新方式。

二　2015年政务新媒体的发展特点

（一）“两微一端”架构趋稳、融合加深

“两微一端”即“政务微博+微信+客户端”的构架，这已成为目前政务新媒体的标配。如前所述，政务微博基本完成覆盖式铺设，政务微信的铺设率虽然总体在30%~60%，但仍处于账号数高速增长状态，且在2015年，政务微信涵盖公安、医疗、党政、人社、司法等54个领域，已基本形成中央部委和地方各级部门所组成的微信公众号应用体系。① 至于客户端，存在两种情况：一是政府机构自建自营的政务客户端。有关数据显示，这一类政务App在一线城市的渗透率较低，活跃度也不高；但新上线者也不少，如国务院客户端就于2016年2月上线；不少客户端努力从“看上去很美”向“服务功能拓展”。二是政府机构或政务账号入驻第三方新闻、资讯客户端中的政务板块或政务平台，如下文所要提到的今日头条政务头条号、人民日报政务发布厅、新华社客户端等。这一类实际上是借力他“端”进行政务传播，从2015年的情况来看，很多机构和账号纷纷入驻第三方的多“端”，抢滩新驻地（见表1）。所以，不管是开辟自营客户端还是入驻第三方客户端，总体上，政务客户端已成为政务新媒体架构的重要部分。

（二）入驻多端、借力传播的“空间模式”凸显

随着政务公开的不断推进，目前，以今日头条号为代表的一些资讯客户端和媒体平台开始纷纷涉足政务传播服务领域，在自身平台开辟专门政务服务板块和空间，这些板块和空间成为政务机构及其新媒体账号陆续抢滩的新驻地。目前入驻较多的客户端和媒介平台如表1所示。

---

① 腾讯研究院：《2015微信政务民生白皮书》，2015年12月15日。

表1　政务机构和政务账号入驻的主要第三方平台

第三方平台主体	入驻规模及政务服务特色*
今日头条政务头条号	2014年9月推出，截至2015年底，已入驻3700家各级党政机关账号。"推荐算法引擎+政务信息"模式为用户推送定制信息和弹窗突发信息
人民日报政务发布厅	2014年11月上线，至2015年6月有1400多家政府机关入驻。设有问政平台等进行线上提问，线下办理，公益平台众筹爱心捐款，并与微博合作，发布政务指数排行榜
新华社客户端	2014年6月上线，2014年底与1240多个各级地方党政企单位签约，至2015年6月，总下载量5204万，覆盖全国31个省、自治区、直辖市。党政企移动客户端集群，用户可根据选取地址进入客户端相应频道了解政务信息
搜狐新闻客户端政务平台	2013年12月试运营，2014年7月开放，2014年底，入驻搜狐的媒体号超过1万，其中包括政务号。2015年，平安北京、北京110等政务媒体订阅号入驻搜狐，打造政务直播间等特色服务
腾讯企鹅号	2016年3月首发"芒种计划"，发布当天百家政府机构账号入驻。通过企鹅开放媒体平台，在天天快报客户端、腾讯新闻客户端、微信新闻插件和手机QQ新闻插件等平台渠道进行一键分发
网易新闻政务订阅号	网易新闻手机客户端下，"订阅频道"有政务子目录，新账号"邀约+申请"账号采用"智能推荐+编辑推荐"，避免用户兴趣范围越来越窄，控制订阅号内容质量，2015年7月最高人民法院、"最后一公里"等政务订阅号入驻
中国移动"农信通·政务易"	2010年开始推出，主要服务于县乡镇（村）级电子政务，主打基层政务信息上通下达

*综合有关新闻报道资料整理。

不难看到，2014～2015年这两年间，第三方政务服务平台明显发力，政务账号入驻明显增多。这显示，政务新媒体已进入"既要平台也要空间"的"空间模式"阶段，开始进一步谋求借力一个或多个第三方平台的媒体资源及其先进的推送技术，让政务信息在互联互通的网络空间"多飞一会"。

（三）"大数据云计算"驱动下的"政务云"孵化方兴未艾

2015年，最令人瞩目的政务新媒体发展新杠杆当数大数据云计算技术，它使条块分割、层级分明、互不连通、多源异构的海量政务信息能够自动产生跨域关联，互联互通。在这一技术杠杆的驱动下，政务领域率先开展云计算应用，开启"政务上云端"之"天路"，有力地走上政务迭代更替的大道。

最大云平台阿里云的政务应用现超过1500个，2015年以来，已在阿里云上线作孵化政务云的有海南、浙江、贵州、广西、河南、河北、宁夏、新疆、甘肃、广东、吉林、天津等12个省份①，加上其他云平台，目前已在建政务云的省份更多。

这些“政务云”的孵化形态大体可归纳如下。

1. 板块式

以浙江为代表，在政府服务网下设“2+3”板块，“2”即个人办事、法人办事两个主体板块，“3”即行政审批、便民服务、阳光政务三个专项板块。

2. 聚合+板块式

以贵州为代表，将省直部门网站、市州、县级政府门户网站整体迁移至政府门户网站云平台，进行数据融合，再以聚合形态集中突出“搜索”功能和几大功能性板块：政务平台、便民服务、商务投资、应用商城、多彩贵州②。

3. 板块+层级式

以广西为代表，云平台已搭载超过30个系统和子平台的应用，这些应用将包括协同办公（OA）系统、公文交换系统、电子档案管理系统、网上市民服务平台、网上办事大厅、大数据中心等各个板块③。

政务云将使电子政务建设模式、应用模式和服务模式发生一系列根本性改变。政务云建成后，将连通一切，云端实时采集、更新、处理、提取数据，系统从数据库里自动获取相关资料，包括个人户籍、社保、就业、医疗等人口信息库，交通、气象、路况、旅游、教育等空间地理信息库、文化资源信息库，然后在同一云端进行海量信息共享、实现真正跨平台协助。消除“信息孤岛”，联通“服务孤岛”，缩小政民隔阂，极大提高政府的个人服务和公共政务效率。

（四）“微观到底”与“宏观到顶”的全功能政务应用拓展

“双微一端”模式的日趋成熟和政务云大平台及其孵化项目的应运而生，产生了“政务新媒体+”的功能效应，即政务新媒体在功能上，呈现从“微

---

① 赛迪智库：《2015年云计算产业白皮书》，2015年5月。

② 《贵州省政府门户网站云平台正式上线运行》，中新网，http：//www.chinanews.com/df/2015/07-06/7387907.shtml。

③ 《广西首个政务云项目通过终验》，人民网，http：//www.gx.xinhuanet.com/newscenter/2015-09/07/c_1116486507.htm。

观到底”到“宏观到顶”的全功能应用拓展特点。

“微观到底”指着眼于个人事项多元便捷的政务新媒体服务应用。比如预约服务：预约挂号、结婚；查询服务：查询公积金、社保缴纳情况、案件办理进程等；支付服务：缴纳水电费、网络费、罚款……包含民众的生活、消费、出行一切服务。

“宏观到顶”指着眼于公共服务和社会管理的政务新媒体应用，包括两个方面：一是以“互联网＋城市服务”推动的公共效能提升和智慧城市建设。至2015年7月微信“城市服务”正式接入北京，“城市服务”应用覆盖全国一线城市，并有向二三线城市发展之势。

三 2015年政务新媒体发展中的问题与对策

在覆盖式发展过程中，政务新媒体存在重“铺设”不重“建设”、发展水平参差不齐、“数字鸿沟”扩大、媒体属性认知不足等方面的问题。

（一）政务新媒体资源闲置明显，有待盘整

在完成“两微一端”的布局、占位过程中，各级政府机构纷纷建立了一套包含多个账号的政务新媒体应用体系。但与此同时，也出现了资源闲置的问题。

首先表现为账号的使用率不够。内容更新不勤，使用率低，甚至依然还有僵尸账号存在。有关数据显示，在所调查的政务App中，一个月内作了更新的不足二成，三个月内无系统更新的高达六成，一年内无系统更新的达17.54%。[①] 这种情况在政务微博和微信中也一定程度地存在着。架子搭起来了，锣鼓却没敲起来。

解决上述问题，关键在于政府部门要将新媒体工作作为日常政务工作的重要一环。为此，政府部门需要建立一套政务新媒体管理与运行机制，将机构的各个新媒体资源盘整好，设专门岗位，由专人打理，并纳入绩效考核。同时，建立机制保障政府机构的线下工作与政务新媒体的线上工作互相配合与带动。

① 《六成政务客户端三个月内不更新　使用效率低》，人民网，http：//politics. people. com. cn/n1/2016/0121/c1001－28072251. html。

（二）政务“数字鸿沟”在扩大

我们在2014年的研究报告中曾提出，网络政务的整体均衡覆盖式发展尚未完成，政务“数字鸿沟”开始显现。可以说，经过一年的发展，政务新媒体的覆盖式发展仍在继续，覆盖率有所上升，但与此同时，政务“数字鸿沟”也在继续扩大。

2015年政务“数字鸿沟”的扩大，主要表现在以下几个方面：一是各类政务系统之间的新媒体发展不平衡，二是东西部的地区差异日益明显，三是那些“冷”政务账号与明星式政务大号之间的“冷”“热”对照鲜明。

关于政务系统之间的差距。以微博为例，公安系统政务微博起步早、发展快、规模大、响应快、经验足，走在政务微博发展的前列。微信方面，2015年以来，党政类公众号势头强劲，中央部委和省市机构公众号都有不俗表现，如中组部官方微信“共产党员”“上海发布”等。而在各层级方面，中央部委政务公众号又表现抢眼，其全年整体传播效果较好。① 而农业系统、财政系统、宗教系统、民主党派系统等则在新媒体的覆盖率和影响力上明显薄弱得多。

关于地区差异。多项调查显示，以江苏、浙江、上海、山东为代表的东部地区和以广东、北京为代表的发达地区，其政务新媒体的竞争力在全国处于领先水平，而中西部地区虽然也不乏运营能力、传播水平及影响力都不错的新媒体账号，但总体水平并不及东部和发达地区。从全国来看，政务新媒体的东高西低阶梯式差距已形成，值得重视。

关于个体账号之间的差距，存在着“热账号”与“冷账号”之间的鲜明差异。不少政务大号粉丝数已经达到千万级，成为“超级大V”，如“共产党员”公众号订阅用户已超过1000万，日均增加粉丝量超过5万；“@公安部打四黑除四害”的粉丝已超过2000万。百万级粉丝的大号也不少。另外“@平安北京”“上海发布”等账号也是行界翘楚。而反观不少账号，粉丝总量不大，增粉不多，所发信息关注度不高，成为自说自话的“冷账号”。

要解决政务“数字鸿沟”这一问题，首要在于政府部门的高度重视，将之

---

① 据统计，2015年中央部委65个政务公众号全年平均推送文章212次，累计发文53527篇。见清博大数据·新媒体指数《2015政务新媒体年度报告》，2016年2月。

作为结构性问题来解决，尤其是东西部的阶梯式落差，更需要从消除“信息贫富”的角度纳入国家制度安排的视野，抓紧在覆盖式铺设进程尚未完成之时，尽力从资源分配、基础设施、经验交流、人员培训等方面入手，缩小鸿沟。

（三）政务新媒体的“传媒 + 社交”双重属性认知有待加强

移动互联时代，政务新媒体不仅是政府机构的宣传工具，并且已经具备独特的媒介属性，即“传媒 + 社交”的双重属性。

一方面，移动互联网的传播特性赋予政务媒体随时成为热门的可能性，发声稍有不慎，就会成为被网民围观的“大众传媒”。从各种明星式政务大号的发展情形来看，其“传媒”属性已经形成。而随着公众参政议政意识和政治素养的进一步提高，这一属性将会更加彰显。但目前不少政务人员并没有充分认识到政务媒体“传媒”属性的存在。另一方面，当今媒介环境已经发生变化，社交化成为网络媒介的显著特征之一，用户已经习惯实时互动、及时回应、UGC 生产模式等互动模式。但不少政务人员还没有认知到这一点，特别是政务新媒体的维护与运营人员，其“社交媒介素养”仍待提高。

充分认识到政务新媒体的“传媒 + 社交”属性，对政务新媒体的运营发展非常重要。

（四）政务新媒体遇传播瓶颈

如前所述，政务新媒体的“传媒 + 社交”双重属性正不断彰显。而由于对这种双重属性的认知和把握不足，政务新媒体遇上传播瓶颈，即缺乏“权威式传播 + 社交式传播”的意识和本领。

“权威式传播”即权威发布、权威发声，这是由政务新媒体作为服务型媒介的性质和定位所决定的。而“社交式传播”是指基于前述“社交”属性、以合适的政民“社交关系”把握为基础的传播。2016 年元宵节，习近平主席通过人民日报客户端以打电话的形式向全国人民致以亲切的问候，其时间选择、方式运用，是成功的“社交式传播”的例子。“社交式传播”的关键在于如何把握其“社交”的适用情形、程度、节奏和方式，特别是出台有争议性的政策、发生波及面广的民生事件或政府公信力危机事件等复杂舆情时，既要启动“权威式传播”模式，同时也要启动“社交式传播”模式，二者适度结合，以化解危机，安抚民心，拉近政府与民众的心理距离，提升政府公信力和执政力。

目前政务新媒体所面临的问题是对于“熟传播”的认知和把握。一是还没能从过去单一的“权威式传播”认知和模式中走出来，二是还没有掌握移动社交时代“社交式传播”的适用情形、程度、节奏和技巧。事实上，“社交式传播”不仅可用于负面舆情和复杂舆情，也可用于平时的政民心理距离拉近，有比较广阔的适用空间。三是如何将“权威式传播”与“设计式传播”相结合。解决以上问题，既需要改变现有观念，也需要新媒体人才的培养与引进。

四 政务新媒体发展态势

2015 年是政务新媒体基本格局形成与新的时势显露之年。接下来的发展，则是继续完成格局，同时，那些“时势”将显山露水，而势显则局定，推动下一步新的格局产生。

（一）“最后一公里”的基层政务新媒体成新增长极

基层增长，是接下来政务新媒体发展的一种格局形态。

过去，受限于地理环境和基础设施条件等因素，大量政务和民生服务难以到达欠发达地区和乡镇一级。而从 2015 年的有关数据来看，欠发达地区基层政务新媒体的发展势头迅猛（见图 1）。

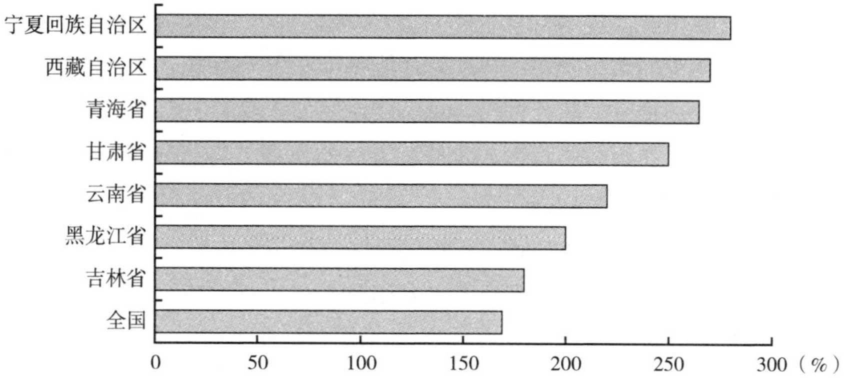

图 1　2015 年政务民生微信增长速度高于全国平均水平的省级地区*

* 图表数据来自腾讯研究院《2015 微信政务民生白皮书》，2015 年 12 月 15 日。

虽然如前文所述，整体上政务新媒体的发展水平呈东高西低的阶梯状，但从图 1 来看，具体情形有别：从地区来看，政务民生微信增长速度整体呈现西高东低的局面，从行政层级来看，乡级政府部门远高于更高的行政机构。2015 年乡级部门开设的政务民生微信增幅超过 70%，成为拉动全国政务民生微信账号增长的中坚力量。

显然，相比于经济、基础设施条件、信息资源较好的地区和更高层级的政府机构，乡村级基层部门没有在政府网站、政务 App、微信、微博等平台选择和平衡的困扰，而是直接选择最具成本优势、使用门槛最低的微信平台，提供政务信息和服务。例如，山西省忻州市委宣传部正式开通的忻州“随手拍微信问政平台”，主要定位为通过微信问政为市民解决民生问题，涵盖从下水道井盖设置到房地产公司违规预售等方面的公共事务，首批入驻 72 个市直单位和 14 个县（市、区）单位政府办公室，将办结事务数量纳入微信运营人员绩效考核。

中国的基层疆域广，人口多，可以预见，政务新媒体，尤其是政务新媒体中诸如微信这样的政务“轻”媒体，在广大的基层会有快速增长，成为政务新媒体的新增长极。在这一背景下，不排除有适合基层政务的新媒体应用产生。

（二）与内容分发商、云计算技术服务商的跨域协作将凸显

跨域协作是指政府机构在政务新媒体应用方面与不同领域的主体展开技术、数据、业务等的密切合作。在互联互通时代，单一因素、单一力量、单兵作战已经远不能实现有效政务传播，也不能适应加快政府职能转变、加速政府管理创新的需要。在不久的将来，政务新媒体的发展，将凸显跨域协作之势。如下两种跨域协作将不断加强。

一种是与内容分发商的协作，看中的是对方先进的内容推送技术。比如入驻一点资讯、今日头条等，后者背靠推荐引擎技术，通过后台用户所在地区、社群、阅读偏好、习惯等多维数据挖掘、分析，给用户“画像”，依此向用户个性化推荐相关政务新闻、资讯，政务信息以此获得更多分发渠道和传播空间。这种协作的精髓是聚合内容分发商、政务新媒体和网民这三方的需求，使政务新媒体运营者无须过多分心于传播渠道问题，从而可以将更多精力用于打

造内容上。下一步这种分发平台会走向更为激烈的推荐引擎之争，以吸引机构、大号入驻。这对政务新媒体而言是一个发展契机。

另一种是与云计算技术服务商的协作。看中的是对方先进的云计算技术和大数据技术，主要是走向政务云。过去两年来，多个政务云孵化项目上马，但都还处于起始阶段。现在阿里云一家独大，已上马的政务云项目大多是与阿里云合作，但也有不少其他技术商进入，如中国电信在建的柳州市电子政务云服务平台，华为在建的克拉玛依市电子政务云天上云应用等等。无疑，政务云是政务新媒体发展的下一个大蓝海。这必然要求政府机构整体转变观念，将大部分数据电子化和上云共享。这将是一场最为深刻的协作与变革。

（三）政务大数据应用拓展之势将初显

政务云建立后，大数据的驱动力将具可“观”前景和潜力。政府作为信息资源的最大生产者和拥有者，在完成信息电子化、打破信息孤岛、拆除信息围墙后，政务大数据将真正自由流动起来，成为推动实现“宏观到顶”政务应用的结构性力量。因为在大数据云计算技术背景下，政务信息的数据量、数据形态、数据理念、数据价值都将产生颠覆性改变，有序爆炸性、多元异构而从非结构化转为结构化的海量政务信息将开始初显其拓展应用的巨大潜能：对海量数据快速“提纯”后，既可将一体应用于整体公共服务，如城市模式、区域差异、人口迁移等方面的管理，又可作拆分应用于各专业领域，如公共卫生、生态环境、农林水电等方面的分析、创新。总之，政务云建设是大势，政务大数据应用的拓展之势，必将随之显现。

B.13

自组网/网状网络技术的应用发展报告

姜 飞 禹卫华 吴湛微*

摘 要： 虽然基于自组网的社交工具近两年才突然进入人们的视野，但自组网的主要应用领域却不是社交媒体。作为新兴的技术基础，自组网的应用领域十分广泛，在物联网、智慧交通、应急通信等方面都显示出巨大的发展潜力，并逐步向各类产业领域渗透。过去的近40年里，研究机构已对自组网进行了各个层面的、比较充分的研究开发。本文从更加宏观的角度去思考自组网，从技术原理、技术参数、社会应用等几个方面对之展开讨论。

关键词： 网状网络 自组网 自组织结构

一种新型网络应用形态以及与之相适应的社交媒体软件在香港“占中”事件期间突然涌现，引起各方的关注。面对完全无法掌控的、全新的网络结构，现场执法者充满了困惑，在各个地区的冲突过程中，现场执法者常用的传统信息搜集管理的方式被完全隔绝在这种新型网络形态之外，最令特区政府管理部门头痛的是在最初的一段时间里，他们几乎不了解街头行动者的活动意图与方向，而占中者却可采用基于新型网络形态的社交媒体手段指挥各类占据街道的行动，并形成具有巨大黏性的自组织结构。

---

* 姜飞，教授，博士生导师，中国社会科学院新闻与传播学研究所传播学研究室主任，“基于全球经验的传播理论与实践研究”首席专家，世界传媒研究中心主任；禹卫华，副教授，上海交通大学媒体与设计学院“大数据与传播创新实验室”主任；吴湛微，上海交通大学媒体与设计学院讲师。

上述超越传统拓扑结构的网络形态是参与者彼此为网络节点的自组网结构，也称为“网状网络”，而绕过执法者传统监控手段的社交应用软件是FireChat。“占中”事件也使政府管理者与研究者第一次近距离了解到自组网强大的社群动员能力。然而，对于绝大多数长期使用拓扑网络结构的普通用户来说，自组网还有些陌生。其实，自组网早已经出现，并且用于军事领域，只是之前一直没有扩展到民用市场，用户对其了解也相对较少。随着手机终端的大规模普及，自组网/网状网络成为用户实现互联互通的基础平台。

一　自组网/网状网络发展历程：从蜂窝网络到自组网络

网络通信结构经历了从简单到复杂、从中心化到去中心化的过程，目前，自组网恰好处在变革的关节点上。当然，自组网也不是无缘无故发展而来的，其来有因。

1. 传统意义上蜂窝网络（Cellular Network）的基本情况

蜂窝网络是目前应用最广泛的广域无线通信网络，由位置固定的通信基站为可移动的通信终端提供信号中继，从而让任意两个移动终端可以相互通信。由于蜂窝网络的基站在空间上排列成六边形，形似蜂窝，因此得名。①

蜂窝网络是一种网络结构固定的轴辐式（hub-and-spoke）网络，依赖造价高昂、集中部署的网络基站作为中心节点。一旦网络基站失效，则信号覆盖区域内的通信网络也将失效。

2. 无线局域网（Wireless Local Area Network）

无线局域网是一种小范围的轴辐式无线通信网络，与蜂窝网络相似，通信终端相互之间不能直接通信，必须通过预先安装并配置好的中心节点（无线网关）转发，并接受中心节点的管理和调度。无线局域网可以通过路由器接入互联网，从而实现广域通信。其中，Wi-Fi 网络就是我们所熟知的一种无线局域网。②

---

① J. E. Flood, “Telecommunication Networks,” *Institution of Electrical Engineers*, London, UK, 1997.

② Tse D., Viswanath P., *Fundamentals of Wireless Communication*, Cambridge University Press, 2005.

3. 自组织网络（Ad-hoc Network）

Ad-hoc 是一个拉丁短语，意为临时的、特设的。Ad-hoc Network 常翻译为临时网络、随联即用网络、自组织网络，是一种无须任何基础设施支持（如通信基站、路由器等），不必预先配置和管理，可随时随地搭建、更改和撤销的临时性网络。自组网通常采用无线通信，因此也称为无线自组网（见图 1）。

无线自组网是为解决传统网络需要基础设施支持、无法快速部署、依赖中心节点导致网络结构脆弱等缺陷而设计的网络。在无线自组网中，通信设备本身就是网络，相互之间可以直接通信并中继信号，从而以低成本、自组织以及容易部署的方式自由扩展。由于自组网不存在中心节点，因此任何节点失效不会影响网络全局。①

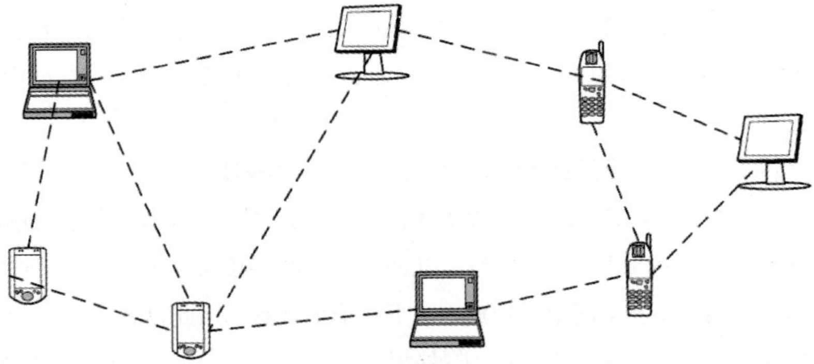

图 1　自组织网络

4. 移动自组网（Mobile Ad-hoc Network）

移动自组网是无线自组网的一种特殊形式，特指所有节点在通信时可自由移动的无线自组网。

5. 无线网状网络（Wireless Mesh Network）

无线网状网络是军用自组网技术进入民用市场，与原有的民用无线局域网融合并接入已有的互联网（主要设备是固定的）而产生的一种融合方案。无

① C. Siva Ram Murthy and B. S. Manoj, " Ad hoc Wireless Networks: Architectures and Protocols," *Prentice Hall PTR*, May 2004.

线网状网络可以通过类似无线局域网（预先设置、固定位置的）Mesh 路由器（MR：Mesh Router）和互联网网关（IGW：Internet Gateway），将无线自组网接入现有的国际互联网，也可以不使用预置设备而保持一个自治的无线自组网。[①] 具体如图 2 所示。

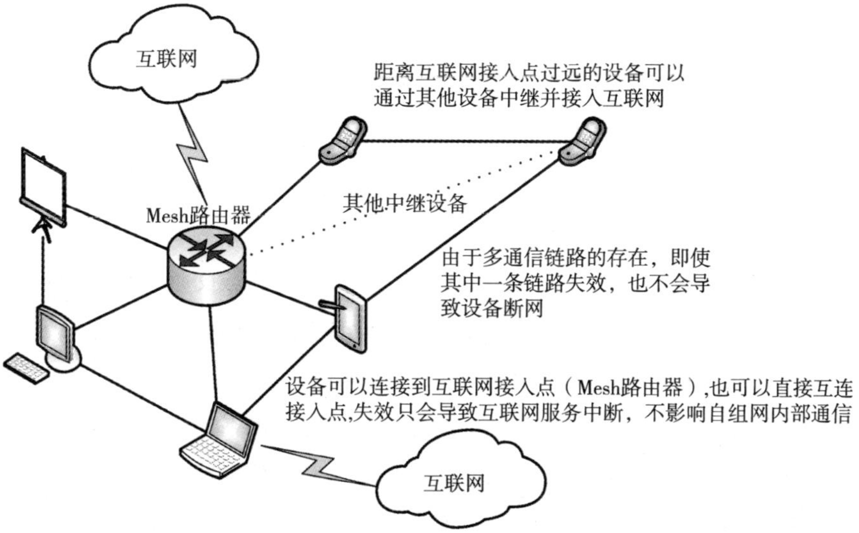

图 2　无线网状网络

将自组网接入互联网需要自组网中存在一个充当互联网接入点的设备，即 Mesh 路由器。任何能同时连接互联网及其他自组网节点的设备都可以承担 Mesh 路由器的作用。[②] 例如，常见的 Wi-Fi 路由器即可充当 Mesh 路由器。另外，目前许多便携计算机和手机也内建了多种无线通信模块，其中 3G、4G、Wi-Fi 可以用于接入互联网，Wi-Fi、蓝牙可以用于连接自组网内的其他设备。因此这些设备在接入互联网的情况下也可以作为 Mesh 路由器，为自组网内的其他设备提供互联网接入。

多部手机或笔记本电脑等移动设备组成自治的无线自组网/网状网络并不

---

① 李曦：《无线 Mesh 网络架构及发展现状研究》，中国科技论文在线，2007 年。

② Akyildiz I. F. , Wang X. , "A Survey on Wireless Mesh Networks," *Communications Magazine*, IEEE, 2005, 43 (9): S23 - S30.

需要增加任何额外的硬件，任何具备 Wi-Fi 或者蓝牙模块的计算机或智能设备都可以自由组建自组网。① 但是由于目前还缺乏统一的国际标准和系统支持，为了在互联的设备上管理网络通信，所有设备必须安装相同的网络管理软件，例如 Serval Mesh②，Open Garde③，Commotion④ 等。使用不同软件的自组网/网状网络目前不能相互通信。同时，由于 Wi-Fi 和蓝牙通信协议本身并非为了自组网而设计，因此部分功能需要对系统默认配置做一定修改，某些软件需要对手机进行破解并更改系统文件。此外，由于 Wi-Fi 和蓝牙的传输距离限制，每部手机一般需与另外一部手机的距离在 100 米以内，才能保障连接。使用额外的设备可以增大连接距离，例如 Serval Mesh 设计了一种可 3D 打印的信号放大器。⑤

使用蓝牙组建自组网并互发消息和使用一般的聊天或文件共享软件并无不同。唯一的问题是，蓝牙协议默认要求两个设备在通信前必须首先配对。因此在使用时，用户可能会接到其他用户的配对申请，配对也可以由软件自动完成，而无须用户确认，从而避免烦琐的操作，但存在潜在的安全性问题。一旦配对完成，网内设备间即可互发信息，使用方法和一般的聊天软件相同。⑥

苹果的多点连接框架（Multipeer Connectivity Framework）是已知的手机操作系统中第一次对多个手机通过 Wi-Fi 或蓝牙组成自组网提供操作系统级别的 API 接口支持。⑦ 在安卓和 Windows Phone 手机上，目前还需要依赖不同企业自行开发的软件来支持。

---

① Chlamtac I, Conti M, Liu J J N, "Mobile Ad Hoc Networking: Imperatives and Challenges," *Ad Hoc networks*, 2003, 1 (1): 13 -64.

② Gardner-Stephen, P., "The Serval Project: Practical Wireless Ad-hoc Mobile Telecommunications," Flinders University, Adelaide, South Australia, Tech. Rep., 2011.

③ Iosifidis, G., Gao, L., Huang, J., & Tassiulas, L., "Enabling Crowd-sourced Mobile Internet Access," In INFOCOM, 2014 Proceedings IEEE, 2014, April, pp. 451 -459.

④ Reynolds, A., King, J., Meinrath, S., & Gideon, T., "The Commotion Wireless Project," In Proceedings of the 6th ACM Workshop on Challenged Networks, 2011, September, pp. 1 -2.

⑤ http://servalpaul.blogspot.hk/2013/10/mesh-extender-custom-case-fitting.html.

⑥ Namiot, D., "On Mobile Mesh Networks," *International Journal of Open Information Technologies*, 2015, 3 (4): 38 -41.

⑦ https://developer.apple.com/library/prerelease/ios/documentation/MultipeerConnectivity/Reference/MultipeerConnectivityFramework/index.html.

没有互联网接入能力的设备可以将相关信息通过 Wi-Fi 或蓝牙信道在自组网内广播，具有互联网连接能力的设备接收到相关信息后可以转发到微博和微信上。这一过程目前还未见商业软件提供支持（尽管技术上是可行的），需要用户自己人工操作转发。

二　自组网的发展：从军用领域转向广泛的工业与社会应用

1. 自组网络的军事应用

与互联网的诞生一样，自组网技术的研发一开始也是为了满足军事需要。最早的自组网研究可以追溯到 1972 年美国国防部先进研究项目局的分组无线网络计划（PRNet）。[①] 其主要目的是通过多跳路由，在不事先架设基础设施的情况下实现较大范围内的多用户通信，同时在部分节点被摧毁的情况下仍具有较高生存能力。

从 20 世纪 90 年代开始，自组网技术在美国军事部门的支持下得到迅速发展，许多实验系统开始涌现，包括 1983 年 DARPA 的抗毁无线网络（SURAN）、1994 年美国国防部的全球移动信息系统（GloMo）、1997 年美国军方主持的战术互联网（Tactical Internet）、1999 年美国海军陆战队的增强型沿海战场先进概念技术示范（ELBACTD）等。[②] 近年来，相关技术已进入实战部署阶段，例如美军在两项战地网络系统中使用和测试了移动自组网技术，即战士信息网络战术（Warfighter's Information Network-Tactical）和联合战术广播系统（Joint Tactical Radio System），前者经过 16 年部署和两场战争的测试目前已正式列装，后者则在 2012 年被终止。

2. 自组网络的民用领域

从 20 世纪 90 年代开始，由于移动通信设备和便携式计算机在民用市场上的快速普及，人们对于移动设备联网的需求也越来越显著。无线局域网标准就

① Fifer W. C., Bruno F. J., "The Low-cost Packet Radio," *Proceedings of the IEEE*, 1987, 75 (1): 33–42.

② McGarry, Brendan, Capaccio, Anthony, "Boeing Army Radio Program Canceled by Pentagon as Costs Rise," Bloomberg Business.

是传统互联网技术延伸到移动设备的一个解决方案。但是 WLAN 仍然延续了固定设备轴辐式联网的思路，需要固定基础设施支持，不能满足移动设备灵活、多变及去中心化的联网要求。于是一些企业开始考虑将军用自组网技术运用到民用市场。

目前常见的民用自组网技术在物理层都是使用 Wi-Fi 和蓝牙，而 Wi-Fi-direct 增强了设备直接连接的便捷性，蓝牙 4.0 增大了传输范围、降低了功耗，也是为了更好地支持自组网搭建。① 两种方式都对两两设备互联的空间距离有限制，在开放场地最大约为 150 米。② 对于使用人数，理论上没有上限要求，甚至是越多越好。因为人群越密集，找到 150 米之内的“桥接点”从而扩展网络的机会越大。但是，实际上，目前尚未见大规模应用。这是因为无论是 Wi-Fi 还是蓝牙，其标准都不是专为自组网目的而设计的，性能上存在局限性。

理论上，无线自组网可以建构在任何无线通信物理层上。事实上，在军事应用中，已经采用大功率、长距离通信设备组建的广域无线自组网。但在民用领域，还未见大范围的无线自组网投入商业运营。主要原因是大功率设备需要额外的硬件开销，从经济上考虑可行性较低。另外，大功率设备在民用领域还面临无线频谱管制和能耗方面的制约。但是，随着技术演进，低功耗、低成本和高性能的硬件将会逐渐出现，并进一步扩展自组网节点之间的通信距离。蓝牙设备通信距离的扩大和能耗的降低说明了这一趋势。

2014 年，苹果在其手机操作系统 ios7 中内建了多点连接框架（Multipeer Connectivity Framework），③ 对网状网络通信提供标准系统支持，标志着民用网状网络通信开始走向普及阶段。除苹果以外，安卓和 Windows Phone 虽然未提供操作系统内建的支持接口，但都有相关企业和机构提供了开源软件，如 Serval Mesh、Open Garden 和 Commotion。这些软件可以在相关企业和组织的网站上下载，供免费安装。有编程能力的组织还能以这些软件为基础开发自己的

---

① Wiss J., Gupta R., “The WIN-T MF-TDMA Mesh Network Centric Waveform,” Military Communications Conference, 2007.

② Decuir J., *Bluetooth* 4.0: *Low Energy*, Cambridge, UK: Cambridge Silicon Radio SR plc, 2010.

③ Lepp, H., “An Investigation of Decentralized Networks Based Upon Wireless Mobile Technologies Intersect: The Stanford Journal of Science,” *Technology and Society*, 2015, 8 (2).

应用。从使用情况来看，这些软件还不太成熟，尚未大面积推广。根据使用者的反馈，其可靠性、安全性和功能的丰富程度与互联网上成熟的同类软件相比差距都较大。目前其比较有吸引力的特性主要还是作为无法接入互联网时的一种局部通信替代方案。

三　自组网络当前的应用领域

1. 战术网络（军事）

自组网最早就是为了军事目的而研发设计的，因此在军事领域的应用也最为成熟。从美国军方在 1997 年实现战术 Internet 以来，移动自组网在战术网络中的应用已日趋成熟，既可以部署在作战机械（车辆、船舶和飞行器）上，也可以部署在单兵作战单位，形成统一的作战网络。

2. 个域网、家庭网和工业传感网

近年来，由于普适计算和可穿戴设备的迅速发展，人们提出了在个人穿戴的各种设备之间传递数据的需求。为此，美国电气和电子工程师协会（IEEE）的 802.15 工作组致力于设计被称为无线个域网（Wireless Personal Area Network）的协议来满足这一要求。其中 802.15.4 标准所提出的 LR-WPAN 网络，与传感器网络的需求有很多共通之处，因此很多研究机构和企业把它作为事实上的传感器通信标准。此后，802.15.5 标准又将网状网络技术引入，产生了无线网状传感网（Wireless Mesh Sensor Network）以应对更大范围的无线传感网互联的需要，包括应用于个人、家庭和工厂的不同情境。无线传感网被普遍认为是第四次工业革命的重要组成部分而广受关注。

个域网（Personal Area Network）是指将个人携带的各种数字产品，如便携计算机、手机、个人数字助理、消费电子产品等，相互连接并协同工作的网络。尽管理论上个域网也可以通过有线连接，但是实际上有线个域网因为实用性极低而未见商业化。因此，个域网一般也指无线个域网。其中，IEEE 的 802 标准委员会下设的第 15 工作组就专门负责 WPAN 标准协议的开发和推广工作。① 尽管 IEEE 802 委员会制定的标准并非强制标准，但由于该委员会成员

① http://www.ieee802.org/15/about.html.

在研究和产业领域的强大影响力，大部分由该委员会制定的标准最后都成为事实上的国际标准。

3. 车联网

车辆自组网（Vehicular Ad Hoc Network）是车联网的一种主要实现形式。通过使用车载 Wi-Fi（IEEE 802. 11p）和 WiMAX（IEEE 802. 16）协议，车辆可以与 100 ~ 300 米的其他车辆以及道路旁的接入点自由通信，并以自组网形式沿道路连接成一张巨大的车联网。通过车辆间以及车辆与道路旁设施的通信，车联网可用于精确定位指定车辆、管理道路状况和突发事件，提供最佳行车路线，并提供更安全舒适的驾驶体验，是未来智能交通系统（Intelligent Transportation Systems）的一个重要组成部分。美、日、欧主要的汽车公司，如通用、福特、宝马、奔驰、丰田、尼桑等都在积极研发相关技术。

目前，美国的车联网研究和部署由交通部的智能交通系统联合项目办公室（Intelligent Transportation Systems Joint Program Office）推动，欧洲的相关工作由欧洲电信标准化协会（ETSI）推动，日本的相关工作由智能交通系统信息 - 通信论坛（ITS Info-communications Forum）推动。

车联网最基本的应用包括通过车辆间，以及车辆与道路旁设施（如交通信号灯）之间的通信来相互协调，避免因准备不及时而造成的交通事故。例如美国交通部推进的协同路口防撞系统（Cooperative Intersection Collision Avoidance Systems）就是此类应用的一个典型案例。①

进一步的应用包括通过车辆信息联网，交换行车数据和安全信息，从而更好地掌握路况、规划交通、提高运能及安全驾驶。例如美国正在部署的商用车载信息系统及网络（Commercial Vehicle Information Systems and Networks），目前已有 50 个州部署了核心 CVISN 系统并开始收集数据。②

车联网也能用于商业、娱乐和广播信息面向车内人员的传播，但目前尚未见到大规模的应用。更长期的目标是以车联网为基础实现车辆自动驾驶。此类技术还在研究之中，尚未见可实际部署的系统。

4. 紧急服务与公共传播

许多自然灾害，例如地震或飓风会导致通信设备受损，从而为灾后营救、

---

① http：//www. its. dot. gov/cicas/index. htm.

② http：//www. its. dot. gov/cvisn/index. htm.

人员安置和通信恢复带来更大的困难。此时自组网不依赖基础设施、易于部署的特点就能发挥替代性作用。尽管局限于目前移动设备内置通信模块的有限传输距离，其实际应用还存在很多困难，但是有的地区已经开始部署该技术以应对紧急情况。

例如，纽约布鲁克林的红钩区的一万余户家庭已经组建自组网来应对紧急状况、增强邻里关系及免费提供互联网接入。①

该项目起源于2011年底由当地非营利组织Red Hook Initiative发起组建的免费网状网络服务。2012年，当台风桑迪袭击当地时，这一系统为灾后重建提供了帮助。在断水断电及蜂窝基础设施被破坏导致手机无法使用的情况下，该网络成为部分居民与外界通信的唯一手段。此后，当地的网状网络项目得到了美国联邦紧急事务管理署（Federal Emergency Management Agency）和新美国基金会（New America Foundation）等机构的支持而快速发展。

Red Hook Initiative是纽约布鲁克林区的一个非营利组织，致力于通过提高年轻人的社区参与度帮助其成长。2011年，该组织希望通过建设免费的社区无线网络来促进这一目标的实现，一开始在其办公场所周围架设了Wi-Fi热点并提供免费的互联网接入服务，称为RH-Wi-Fi。2012年，该组织增加了几个不同地点的热点，并将所有热点连接起来组成一个网状网络，并向覆盖范围内的所有用户提供免费上网服务。②

RHWiFi由一个名叫Baldwin的网状网络研究者自愿帮助搭建，使用了Commotion的免费开源网状网络技术工具。Commotion是新美国基金会下属的开放技术机构（Open Technology Institute）支持开发的一套软硬件工具，目标是创建一套易于使用的通信工具帮助搭建社区网状网络并提供本地应用支持。③ 由于网状网络的动态自组织特性，当地居民可以通过自愿加入的方式逐步地扩大其覆盖范围，并且在即使没有互联网连接的情况下也能保证社区网及本地服务的正常运作。

在建设网络的过程中，Baldwin发现加入社交应用可以提升社区网络的价

---

① http：//www. nytimes. com/2014/08/24/nyregion/red - hooks - cutting - edge - wireless - network. html ? _ r = 0.

② http：//rhicenter. org/redhookwifi/.

③ https：//commotionwireless. net/about/where - its - used/.

值，包括：发现当地居民需求、兴趣和文化并激发社区参与；增强邻里关系和相互信任；帮助融合数字和物理社区空间；提高先进通信技术和软件的社区接受度。为此，他开发了一个被称为 Tidepools 的社区社交平台。该平台使用 Javascript、PHP 及 MangoDB 等流行的开源网络应用技术开发，为社区信息分享（FAQ、电子公告板、招聘）、宣传（地区历史、地标建筑）等提供支持。

2012 年，该项目得到开发技术机构的支持，开发了更多功能，包括一个能实时获取公交信息的应用、一个记录警务信息并提高公共安全的应用和一个社区广播应用。

2012 年底在台风桑迪袭击纽约时，该网络发挥了出人意料的重要作用。在灾后重建过程中，该网络被美国联邦应急管理署（Federal Emergency Management Administration）用于灾后信息发布，也发挥了重要作用。通过接入网络并使用一个名叫 RHI Status 的地图信息应用，当地居民可以迅速定位救灾物资供应地或发布求助信息。①

此后，布鲁克林光纤——一个当地的光纤通信服务商为该网络提供了另一个免费的互联网接入点，从而进一步增加了该网络的接口带宽和互联网接口的强壮性，使之能服务于更多用户。

通过这种模式，政府只付出了很小的代价就在社区建设、培训、文化和应急等多方面获得了收益，参与企业获得了面向社区的宣传平台，社区获得了免费的信息技术支持，年轻人有了学习和实践平台，可以说是一个多赢的案例。

这个案例的经验包括：网状网络技术可以作为社区网络建设的一种相对廉价的解决方案；灾前注意社区网络的建设，并让居民掌握使用方法，可以有效帮助灾后恢复重建；由社区居民实际参与的系统和应用，可以为社区网络提供附加价值、增强社区凝聚力和活跃度，同时降低运营开销。②

5. 临时社交媒体平台

典型的案例是 Open Garden 的产品，该公司开发的 Firechat 聊天软件是第一款得到大规模应用的网状网络社交工具。Open Garden 公司还开放了相关的

---

① http：//techpresident. com/news/23127/red - hook - mesh - network - connects - sandy - survivors - still - without - power.

② http：//oti. newamerica. net/blogposts/2013/case_ study_ red_ hook_ initiative_ wifi_ tidepools - 78575.

软件接口 API，并支持 iPhone、Android 和 Windows Phone 等主要手机平台，以支持不同场合的临时社交需求，例如演唱会、运动会、户外活动等。

在大型活动中，由于短时间人数激增，或者地处偏远，常常会出现网络信号不稳定、信道阻塞的问题，如果引入网状网络的通信方式，则可有效缓解这些问题。比如美国的 Burning Man 的嘉年华活动一般会在黑石沙漠中心地带举办，每到这个时候，数万人聚集，短时间内当地的通信需求激增，举办方在活动举行的过程中引入了新的自组网通信方式（网状网络），通信问题迎刃而解。①

自组网（网状网络）也可以在长途徒步运动中成为前后互联互通的中继网络。比如在“天际线到大海”的长途徒步运动中，由于路途遥远，翻山越岭，要越过很多地形险恶的地方，保障徒步参与者的通信畅通成为一个很大的问题。在以往的徒步运动中，组织者必须依靠网络服务提供商解决这个通信问题，而网络服务提供商却不会因为一次徒步跋涉就设立新的移动基站。这个问题在自组网技术出现后得到了比较完整的解决。只要参与者打开手机中网状网络的应用软件就可直接与附近的人连接，而志愿者与参与者之间最终可以形成网状网络，利用 Multipeer Connectivity 技术组建了一个绕开网络服务提供商的、去中心化的网状网络，从而保障长途徒步运动的正常进行。②

目前国外许多大型演唱会或运动会已经开始架设临时的 Wi-Fi 天线来为观众提供联网服务，但架设 Wi-Fi 天线的缺点是成本高昂，会给活动方带来额外开销。因此采用网状网络来降低成本被认为是一种较好的解决方案，但还未见成熟的产品。③ 对我国来说，基于自组网（网状网络）的社交媒体最早在台湾地区 2014 年 3 月反服贸的街头运动中被投入使用，只是那个时候还没有人认识到这个终端的重要性。自组网被广泛认知是在 2014 年香港“占中”事件期间，网状网络的大量使用使参与者彼此之间形成了黏性极强的独立群体，直接造成管理者对群体中发生了什么事毫不知情，也难以预测。

---

① http：//www. wsj. com/articles/demand – for – wireless – signals – pressures – concert – promoters – 1417722615.

② http：//www. iheima. com/project/2014/1123/147902. shtml.

③ http：//mobile. 163. com/14/0324/11/9O3MKKCR0011671M. html.

四　自组网/网状网络的传播特性

1. 自治性

自组网最大的特点就是其自治性，既不依靠任何基础设施支持，也没有中心控制节点，这意味着外部力量很难控制其内部信息传播。对于传播者而言，这是一种很好的特性，意味着信息传播不容易受到外部干扰。但对于监管者而言，则带来了新的挑战。过去通过部署在中心控制节点的网络防火墙可以监控或阻断特定信息的传播，但是这一方法在自组网中是无效的。即使关闭互联网或蜂窝网基础设施，也只能限制自组网与外部网络的连接，却无法阻止自组网内部的通信。

2. 动态性

自组网可以随时随地创建和解散，任何网络节点可以随时加入或退出，同时由于节点可移动，其网络结构也在不断变化。这一动态特性导致其中的传播路径动态变化、传播行为无法回溯、传播效果难以监控。例如，Firechat 的开发商 Open Garden 指出，即使作为软件的开发者和运营者，他们也无法掌握该软件的使用情况。除非用户通过服务器中转信息，否则没有办法获知其使用行为。①

自组网上的任何节点都可以作为服务器，不像传统网络那样有强制的单一的“服务器”。传统网络所有的信息必须通过一个单一的中心节点（或称为服务器）转发，因此只需要在此中心节点上接入，即可获知整个网络的传播内容。另外，传统网络的中心节点必须是固定的、预先搭建的、长期存在的，因此也容易监管，也可以根据数据包的路由信息来定位传播路径和源头。而自组网上的每一个节点都可以作为“服务器”，都可以转发信息，由于许多节点动态变化，甚至可能只是临时存在于网络中，如果它们在转发完信息后退出了网络或更改位置，那么逆向解析就会中断，因此无法回溯。

此外，传统网络只有一个中心节点服务器来负责整个网络的管理，因此服务器可以将某个连接的节点踢出，从而让其无法在网络上传播或接收信息。而

① http：//www. nytimes. com/2014/10/06/technology/hong – kong – protests – propel – a – phone – to – phone – app –. html.

自组网，可以认为是存在大量分布的服务器，任何一个服务器虽然可以拒绝某个节点，但是由于大量其他可选服务器的存在，此节点仍然可以找到其他路径转发信息。由于民用自组网本身的开放性以及目前安全性的缺陷，一些“介入节点”很容易收集到自身周边的数据，并通过“隧道”将数据转移到某个固定服务器上。这些节点还可能合谋发布虚假信息，或篡改其他节点发布的信息，或制造虚假的路由来劫持数据。① 这些行为会对网络本身的安全性造成危害，因此此类节点也被称为恶意节点。

3. 空间封闭性

自组网一般使用蓝牙、Wi-Fi-direct 等短距离通信技术，两两节点之间的有效通信距离约 100 米，依靠节点之间的接力传播，在人口稠密地区可以覆盖较大范围。但一旦进入人口稀少地区，因为缺少中继节点传播会很快中断。这一特点导致自组网容易形成信息孤岛，即局限于一定地理范围内，不扩散到外界但也不易被外界察觉。

4. 强扩散性和弱可信度

与轴辐式网络主要依靠中心节点（通常是可信的）传播信息不同，自组网依靠网络中的所有节点（是否可信不可知）传播信息，信息不仅存在于传播者和接受者之间，也可能扩散到整个网络之中。同时由于匿名传播机制的存在，这种特性既能带来病毒式传播的快速扩散特性，也提供了一种通过恶意节点侵入、转移甚至篡改自组网内部通信的可能性。因此，自组网上传播的信息可以快速复制并扩散，但由于信息源难以验证、传播路径不可知，如果不采取身份认证等网络安全机制，则其可信度无法保证。

五　自组网/网状网络存在的潜在风险

结合自组网的实际使用现状来看，这种网络可能存在以下几种潜在风险。

1. 风险一：封闭式自组网不利于信息多元化

自组网的封闭性、动态性等特性使其可以绕开传统的网络信息监管范围，

① Naït - Abdesselam, F. , Bensaou, B. , & Taleb, T. , “Detecting and Avoiding Wormhole Attacks in Wireless Ad Hoc Networks,” *Communications Magazine*, IEEE, 2008, 46 (4): 127 - 133.

成为一个移动变化的封闭的组织结构，在日常应用中似乎有点类似微信群的聊天。其实不然，自组网的群内聊天，只有群内人能看到，其他人看不到，包括监管部门。参与者的行动都是在小圈子里进行的，外界很难知晓圈子在哪里，讨论了什么，这种情形会令社会管理者的决策处于高度不确定中。

2. 风险二：自组网内部浸润式沟通造成群体极化现象

首先，整体上，对于通过社交软件进入自组网内部的人士缺少严格的身份核实与把关机制，参与社群交流的也缺乏充分的社群规范，极易形成群体的极化。其次，由于所有的信息是在小圈子内部讨论，某些观点会被不断强化，形成一种类似于"信息茧房"的现象，即人们只接收自己愿意接收的信息，排斥与自己观点相悖的信息，最终导致一些人长期浸润在自组织框架内不断为某一种观点所左右。

3. 风险三：恶意节点劫持数据发布、传播虚假信息影响公共安全

从社会应用来说，自组网在偏远地区、突发事件、重大活动等情况下大有可为，可以实现各类情况的应急通信，在拓扑网络消失的第一时间恢复社群之间的联系，这是其正面意义。不过，从各类突发事件的舆情发展来看，突发事件往往伴随着各类谣言与虚假信息。缺少足够的把关设计的网络往往会滋生大量的虚假信息，从技术层面上说，自组网还存在身份认证机制、资料把关机制等亟待加强的环节。在参与者彼此互不了解对方的情况下，自组网很容易被恶意节点制造虚假路由篡改数据，增加社会管理风险。

六　当前亟须加强对自组网的研究

自组网实现了人与机器、人与人、网络与网络直接互联互通，因此，很有必要探讨这种新的网络结构对产业与社会发展的影响。

1. 自组网技术正在向民用市场转移，很多产业领域亟待开拓

自组网由军事领域转向民用领域，在物联网等领域应用前景广阔，可能成为下一个产业的增长点。比如在物联网领域，一旦实现两台机器传感器之间的自动识别与沟通，物联网的智能程度将会大幅提升，也可能为产业领域带来新的发展空间。在智慧交通领域，大规模应用的自组网技术将可以有效提升交通治理的水平，减少各类因数据链传输困难而带来的意外。

2. 解决通信孤岛的问题，满足公共传播系统建设的需求

城市用户可以获得各类丰富的网络信号，而这种网络信号的丰富性使用户忘记了在现在的物理环境中还有许多区域是当前网络不能覆盖的，由于传统网络结构的信号受到各类因素的影响，比如地形、城市建筑、高度等，如果没有信号基站与传输基础设施，信号一旦受阻就形成信息孤岛。我国是一个自然灾害较多的国家，在各类自然灾害面前，如何有效提高公共传播的效率是具有战略意义的命题，当前的应急系统主要依托传统的拓扑网络结构，如应急广播，在灾害发生的情况下，传统的拓扑网络结构消失，处在通信孤岛中央的民众极难获得及时、充分的信息资源。当然，信息孤岛还指在边远地区的、各类信号无法抵达的区域。这些区域如果采取基站方式，造价极高，推进困难。一种可能的选择就是采取自组网的形式，通过 Mesh 路由器实现与外界互联网的连接，从而节约各类成本，扩展网络信号覆盖面。

3. 研究基于自组网的社交媒体，提升社会治理水平

香港“占中”事件是自组网络真正意义上的大规模应用，与以前各类的街头群体性事件不同，“占中”事件中，参与阻拦道路的人群选择了自组网络进行沟通，在节点所构成的网络中形成封闭社群进行交流，这种交流完全在传统网络结构之外，使传统的社会信息治理方式失效。如何应对这种新变化成为当前一个主要的问题。

七　自组网通信平台治理的传播学思考

每一种新生事物总是利弊兼具的，因此应一分为二地看待网状网络。一方面，要发挥其正面的作用，充分挖掘其在家庭网、物联网、工业传感网等领域的潜能，促成新的增长点，使其在大型活动、荒郊野外、突发事件等网络通信不畅或者中断时，成为突发公共事件中的可靠的信息网络结构，最大限度减少信息不对称造成的损失。另一方面，网状网络目前依然是初级形态，其负面作用也逐渐被感知到，但总体上，自组网/网状网络开启的可能是整个互联网时代中的新领域，要深入研究以达到善用的目的。

对自组网可以从网络安全技术、传播规制方法和法律法规三个层面进行研究，其中网络安全技术的研究已经形成热点，产生了一些研究成果，而传播规

制方法和法律法规方面的研究还不多。

1. 发展自组网的网络安全技术

自组网及其网络安全技术大多还处在实验验证阶段，尚未大范围应用。大多数民用自组网还比较忽视网络安全技术。许多应用连基本的加密方法都未使用。

2. 通过媒介素养、自律规范信息传播行为

从社交环境的应用来看，自组网的参与者是把关机制的重要组成部分，所以，要强调参与者自身的传播自律，包括媒体素养、传播行为自律。自组网的参与者应能够理性参与讨论，并尽量避免个人陷入群体极化的情境中。如前所述，自组网在封闭网络空间中运行，容易形成个人非理性行为，并通过社交媒体扩散。因此，作为新媒体素养的一部分应倡导自组网社交媒体的参与者在使用自组网时保持客观、理性态度。在传播信息的过程中，能够通过自律等方式避免传递未经证实的文字、图片、视频，能够辨识可能的虚假信息，并严格遵守相关法律法规。

3. 及早研究并增加网络管理相关法律法规

结合自组网特性，特别是在信息传播方面的特性，探讨谁来管、管什么、怎么管三个方面。谁来管？可分为立法层面与管辖层面。在立法层面，自组网社交媒体的使用行为尚无法律规范出台，当然，自组网目前还处在初级阶段，距离其大规模在我国应用还有一段时间，也正因为如此，研究者才有必要更深入地研究自组网带给法律的一系列新问题。另外，自组网的自治性和难以监管等特点使大部分的传统互联网法律力有不逮，比如对于违法主体的确认，较传统网络结构更加困难。在管辖层面，谁来承担法律管辖权，原有的互联网法律是否能够应用到自组网络？这些都需要前瞻性的理论研究。管什么？如前所述，尽管自组网有负面效应，但通过法律的相关规范还是有可能使自组网在法治的空间中运行的，对自组网络已经出现的各类新情况应尽快立法。怎么管？自组网在社交媒体的应用怎么管，最棘手的问题是自组网的偶然性，当管理对象处于模糊状态的时候，它就有可能已经消失了。因此，对社会管理者来说，也许怎么管的挑战性更大。

自组网是一种正在快速发展的网络结构，在工业及社会领域具有巨大的应用空间，计算机科学、传播学、公共管理等学科的研究者只有在更高层面组成联合研究的团队对此进行持续的跟踪研究，才能够在自组网的应用领域取得更大的进展。

B.14

“互联网 +”行动：2015年媒体深度融合新趋势

孟　威*

摘　要： 2015 年，“互联网 +”行动计划的政策推动，为中国媒体的融合发展注入了新动力。本文结合我国媒体融合发展现状，研究媒体融合中产业格局的变化特点，从技术应用、客户端传播、产业结构、流程再造和内容融合角度加以分析，建议运用可视化、数据化、智能化等技术拓展传播领地；强化个性化新闻表达创造阅读新体验；重视合作与资本运作对产业结构的调整作用；实现流程再造从“相加”到“相融”的效果；探索生产力匹配生产方式的内容建设新途径。

关键词： 互联网 +　媒体融合　技术内容　产业结构　流程再造

2015 年，“互联网 +”行动计划的政策推动，为中国媒体的融合发展注入了新的动力。传统媒体与新兴媒体优势互补“一体化”发展。通过新技术、新理念、新形态、新模式推动深度发展，促进了产业活力的焕发。移动社交网络应用普及，大数据拓展加速，以云计算、H5 等新技术为创新的新闻客户端表现更具个性化，跨行业合作创造新机遇，“中央厨房”、多端互动成为热

* 孟威，中国社会科学院新闻与传播研究所研究员、网络学研究室主任，博士，创新工程国内外媒体融合项目主持人、首席研究员，主要研究方向为网络新媒体、媒介伦理与文化等。

点……本文立足于中国实践，分析传媒融合新景观，探索发现传统媒体与新兴媒体深度融合的趋势特点与现实走向。

一 “互联网+”：媒体深化融合新引擎

2014年9月达沃斯论坛上，李克强总理提出“互联网+”新概念。2015年3月，在十二届全国人大三次会议上，国务院《政府工作报告》提出了制订“互联网+”行动计划，7月《国务院关于积极推进“互联网+”行动的指导意见》正式发布。10月，党的第十八届中央委员会第五次全体会议强调指出，实施网络强国战略，实施“互联网+”行动计划。“互联网+”激发新技术环境下新的生产生活方式和商业产业模式，成为推动媒体融合发展的新引擎。

“互联网+”行动计划指出，“推动移动互联网、云计算、大数据、物联网等与现代制造业结合，促进电子商务、工业互联网和互联网金融健康发展，引导互联网企业拓展国际市场”。[①] 就传媒而言，这意味着借助互联网向传统媒体产业输出优势供能，在生产、互动、营销、管理等各个环节充分体现互联网思维，推动产业升级，从组织建构、生产模式、产品流通、产业体系等各方面全方位实现融合发展的创新变革。2015年，我国传统媒体顺应新环境，积极探索发展规律，“互联网+”融合实践创新变革有声有色，经济“双引擎”之下的传媒产业新常态正在形成。

以《人民日报》、新华社、中央电视台为代表的主流传统媒体，大胆探索“中央厨房”“全媒体平台”“智慧融媒体”等，主导深度融合发展格局。目前，人民日报社已拥有44家网站、118个微博机构账号、142个微信公共账号和31个手机客户端，用户总计扩展到3亿。正在推动用户的全方位覆盖、传播的全天候延伸和服务的多领域拓展。[②] 新华社客户端总下载量超过6500万，通过集成文字图片、视音频等多种形式，聚焦发生在全球各地的重大新闻，以

① 《李克强：政府工作报告——2015年3月5日在第十二届全国人民代表大会第三次会议上》，《人民日报》2015年3月17日。

② 《做强新媒体》，http://news.163.com/15/1008/17/B5DVBC7600014JB6.html。

多媒体形态立体化表达为网民推出全新沉浸式体验。① 中央电视台新闻微博、微信、微视频及客户端“三微一端”用户达到2.3亿，央视网月度独立访问用户5.15亿。②

以BAT③为标志的互联网公司，加大对传统媒体业务的渗透融入，微调传统媒体新闻传播格局。比如，阿里巴巴投资盯紧《北青社区报》、第一财经等媒体；腾讯加快了与河南、浙江等广电部门，成都传媒集团等区域影响力强大的媒体机构、管理机构合作，推进新技术融合采纳，拓展发挥互联网企业竞争优势。

社交、移动端口处的互联网“自媒体”来势迅猛，着重创新打造，形成新的利润增长点，也成为一股新的传播助力。笔者以柱状图显示速途研究院2015年关于获取新闻信息途径的数据，这一趋势可见一斑（见图1）。一些“自媒体”公共账号被广为阅读，不是以其“信息搬运工”的作用发挥，而是以其原创、独特的信息视角和意见表达，成为传统机构与新兴媒体的重要关注。触摸到这一动态，2015年9月，“今日头条”宣布，投入重金拟主动推出头条“千人万元计划”，保证1000个原作者每月收入万元以上，其中重

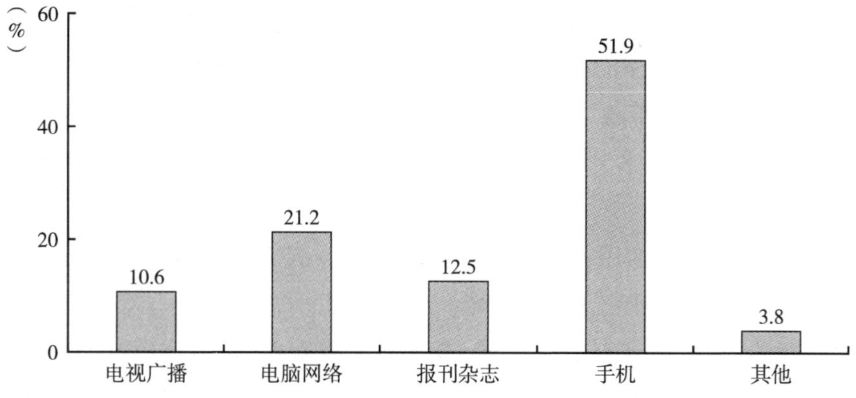

图1　获取新闻信息内容的媒介使用

① 《新华社新媒体》，http：//wenku. baidu. com/link？ url = qkujTOKhDHAF5r。

② 《习总书记听取央视媒体融合汇报》，http：//www. cctv. com/2016/02/19/ARTIO8DnV0NR50WVfeTxU6X3160219. shtml。

③ 特指百度、阿里巴巴、腾讯三家互联网公司。

点扶持100个以上“群媒体”，并保证其原创每月获取2万元为基点的创作收入。它还计划进一步推出“新媒体孵化器”，为100家内容服务商提供资金、场地资源等服务。在传媒领域，“互联网+”引擎下的融合深化，为突出创新2.0模式下用户创造核心理念，凸显互联网思维提供了创意空间和传播借鉴。①

二　可视化、数据化、智能化：拓展融合传播新领地

2015年，在媒体融合的技术创新采纳方面，主流传统媒体发挥主动性，积极抢占技术应用高点，以可视化、数据化、智能化为重点，融合传播领域得到了突破性进展，一些新技术应用堪与新兴媒体比肩而立。

无人机新闻报道，成为新闻机构最先进的报道方式之一。有“空中机器人”之称的无人机，指“利用无线电遥控设备和自备程序控制装置操纵的不载人飞机”，② 它可以通过场景化、可视化的展现形式创新新闻表达，更便捷、安全、精准地报道新闻。2015年6月15日，国内新华网无人机编队成立，采用先进的国产大疆“小型一体化多旋翼航拍飞行器”，实现“全天候、多地形、全媒体的新闻航拍”，③ 成为首个全国性无人机新闻项目。2015年8月，“天津滨海新区爆炸事故”发生，央视新闻频道、新华社、财新网等多家媒体均采用无人机航拍技术，快速、精确地报道事故现场，充分地满足了新闻场景的真实性需求。

替代性开发H5应用，媒体邀请更多用户接入应用。2015年国内传媒融合领域H5的优秀作品吸引了不少目光，在“两会”“一带一路”等重要新闻报道、信息游戏中形成了新的粉丝圈。历经数年探索之后，H5产业的整体技术水平、产品质量、推广渠道等逐渐趋于成熟，发展迅猛。DATAEye数据中心

① 孟威：《激发创造潜力，活跃“中国经济的每一个细胞”》，光明网理论频道，http://theory.gmw.cn/2015-07/13/content_16274417.htm。

② 《“无人机+新闻”助力新闻报道“飞行模式”》，人民网，http://www.sh.xinhuanet.com/2016-03/31/c_135240046.htm。

③ 《何平为新华网新闻无人机队授旗　开启网络新闻“飞行模式”》，新华网，http://www.js.xinhuanet.com/2015-06/15/c_1115624646.htm。

统计显示（见图2），截至2015年底，H5游戏用户规模达到1.75亿，同比增长112%。①

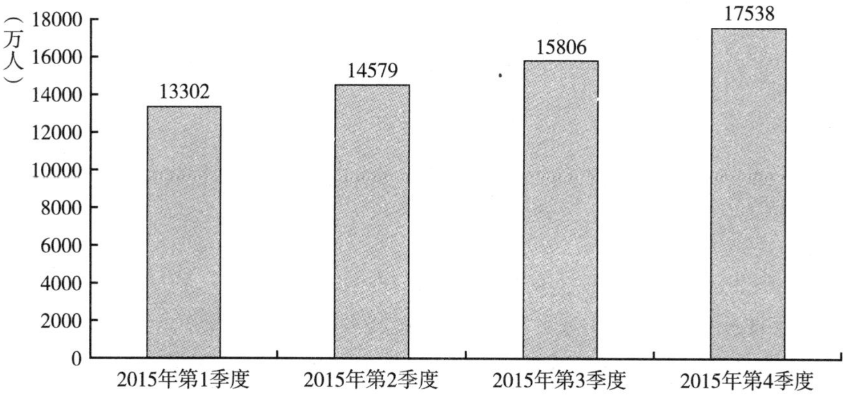

图2　2015年H5游戏用户规模

数据新闻发力，可视化技术将其所表达的内涵变得更加立体清晰、形象生动。数据新闻，即通过数据抓取、挖掘、统计、分析等呈现推出新型新闻的报道方式。目前，这一数字技术手段，展示了广阔的报道潜能，也对传媒业者提出了更高要求。2015年央视携手百度、亿赞普和腾讯微博等，合作打造了多元数据新闻板块，推出了“数字两会”等数据新闻报道，通过大数据收集、挖掘、分析与可视化呈现，为用户带来全新收视视角和体验。其大数据视觉元素不仅丰富了报道形式，也让信息去枯燥化，甚至充满美感和乐趣。比如，在3月2日的央视新闻联播“国家忙碌一年　百姓怎么看”一则新闻中，主持人谈到“反腐倡廉”打“苍蝇”话题时，就挥手拍了身边的三只动画苍蝇，并评论道“拍苍蝇也绝不能含糊”，通过虚拟空间形象化地表达数据新闻的深刻含义。

新闻写作机器人的使用，使人工智能技术成功拓展到传媒报道领域。腾讯公司和新华社相继推出了新闻写作机器人实践应用，其偏格式化的写作对于体育赛事和证券财经等新闻类型尤显适合。机器人新闻的内容生产基于云计算和大数据分析，新闻生产模式近乎完美，甚至引发了新闻从业者是否会丢掉饭碗

① 《H5风口已至》，http://ol.tgbus.com/news/cyxw/201603/13787341.shtml。

的疑惧。但正如有研究者评论："虽然在海量数据处理能力方面，机器人的确胜于人工，可是在深入分析能力和人文价值思考能力方面，机器人却远不及记者。"新闻事件的"是什么"也许可以量化，但是"为什么"和"怎么做"才是最关键和最考究的。① 新闻写作机器人的采用，使新闻业开辟了人工智能辅助新闻写作的新篇章。

三 "个性化客户端"：凸显资讯阅读新体验

TrustData 市场调查机构的数据表明，比之于 2014 年，2015 年手机移动客户端用户使用量上升了四成。中国移动新闻客户端已从 2012 年的 2.1 亿，达到 2015 年的 5.2 亿，整体上突破了过去三年的增长率持续下滑的状况，中国移动新闻客户端内容市场用户增速回升。2015 年用户覆盖率排名 1 ~ 10 位的多属互联网公司，可视为新闻客户端的第一列市场。传统媒体新闻客户端在用户中覆盖率较高，占据 11 ~ 20 位的第二列市场（见图 3）。截至 2015 年底，传统主流媒体新闻客户端在 360 手机助手、安智等 8 大应用中的总下载量超过 8000 万次，平均下载量高达 367061 次。

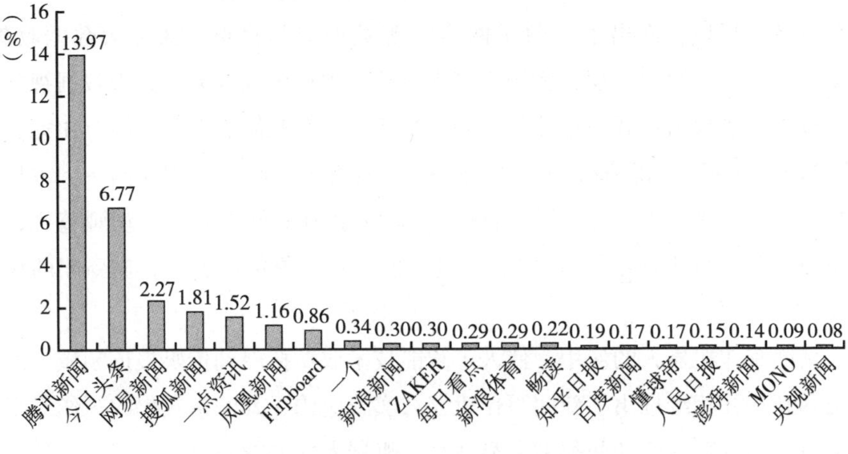

图 3 新闻类客户端覆盖率 TOP20

① 谭天、郭尚源、刘睿迪：《2015 年度新媒体发展十大热点》，《新闻爱好者》2016 年第 2 期。

从分析市场覆盖率较高的客户端可见，它们除了表现出技术优势之外，还显示出共同的内容特点：个性化明显、品牌风格鲜明，注重用户全方位的视、阅、听综合体验。比如腾讯新闻更注重草根、新异、社交媒体的信息资讯；“今日头条”基于大数据的聚合类新闻特点突出；《人民日报》客户端的分类细化打造精致；凤凰新闻客户端的媒体标识品牌风格较为鲜明。继2014年7月22日“澎湃新闻”上线后，2015年广东“并读新闻”（4月15日）、北京“无界新闻”（9月16日）、武汉“九派新闻”（9月23日）和重庆“上游新闻”（11月18日）也陆续上线，“东澎湃、西上游、南并读、北无界、中九派”的说法流传一时，观察这些新兴新闻客户端，其原创性定位也愈显明晰。

四　合作与资本运作：媒体产业结构新调整

“互联网+”行动所激发的媒体融合发展、转型创新，也延伸到传媒产业的合作领域。在“互联网+”推动之下，传媒业所具有的开放互动以及超强渗透性，不断突破传统产业阈限，成就了跨行业合作渗透、交叉重组的新局面。

一个明显的表现是BAT与传统媒体的握手合作、跨业投资（见表1）。腾讯、阿里巴巴、百度等互联网公司，依仗其在电商、金融、物流等不同领域所拥有的数据、用户和丰富的产品资源，与第一财经、《南华早报》等传统媒体展开合作，融合媒体的新闻采编、资讯生产、制作播出等专业能力，推动产生“1+1>2”的融合效用。这种合作创意，使传统媒体的文化价值和优势被重新评估，互联网公司“拥抱传统媒体”，也在深度融合阶段引发了一波投资、收购、合作新动态。

表1　2015年BAT与传统媒体主要合作项目

时间	合作主体	融合意图方向
2015年1月	百度以其所收购的糯米团为主力成立电影业务部，联合万达、中影集团深度合作	专注于垂直O2O领域的电影在线选座和购票业务、参与影视投资等
2015年3月	阿里巴巴购入光线传媒增发股	成为该公司第二大股东
2015年3月	腾讯文学和盛大文学合并成立新公司“阅文集团”	对起点中文网、创世中文网、潇湘书院、红袖添香、小说阅读网、云起书院、QQ阅读、中智博文、华文天下等品牌统一运营管理

续表

时间	合作主体	融合意图方向
2015 年 4 月	蚂蚁金融服务集团、阿里巴巴集团与新浪微博共同启动“互联网 + 城市服务”战略	联合提供“智慧城市”的一站式解决方案，上海、广州、深圳等首批 12 个城市正式上线
2015 年 5 月	阿里巴巴与北京青年报社签署战略合作备忘录	在物流、O2O 等方面展开战略合作和深度合作
2015 年 6 月	阿里巴巴与上海文广集团战略合作	成为第一财经的第二大股东
2015 年 9 月	《财经》杂志母公司财讯集团联手阿里巴巴与新疆维吾尔自治区	推出无界新闻客户端
2015 年 10 月	四川日报报业集团的《华西都市报》与阿里巴巴合作	共建封面传媒，主打新闻客户端
2015 年 10 月	阿里巴巴、优酷、土豆宣布合并计划	占领商业网络视频行业市场
2015 年 12 月	阿里巴巴收购东南亚最重要的英文报纸《南华早报》	取消“付费墙”，推新版移动应用，增加新功能如搜索、个性化设置、更快的加载速度、社交媒体链接和更方便的导航等

五 “流程再造”：从“相加”到“相融”的新创举

“互联网 +”行动下的深度融合组织结构，要求适应新兴媒体的发展规律，围绕用户核心遵循互联网思维，以产品业务流程本身为基本架构的轴心实现流程再造。2015 年，新闻机构“中央厨房”成为一种流程再造的显著模式。“中央厨房”是比喻的说法，指拥有多种传播终端的媒体机构，通过采编、生产、制作、分发连续化、平面化，形成一个围绕新闻集成中心汇集信息、加工新闻产品并发送至不同端口的一体化产业链。在这里，记者如同采购员，编辑就像烹制佳肴的厨师，新闻信息即是媒介服务的对象——个性化用户的诉求产品。

经济学理论认为，把两种或更多的产品合并在一起生产，如果其成本比分开来生产的成本要低，即能够产生“范围经济”的效果，即 $TC(Q_x, Q_y) < TC(Q_x) + TC(Q_y)$①，节约成本、重新配置内部资源要素、彰显出技术创新

① $TC(Q_X)$ 为企业生产 X 产品的成本。

的核心竞争力。"中央厨房"的创新效果就在于，打通原有组织架构各传播服务管理机制之间的条块分割，内容生产体系"同渠道采集、多平台分发"，并统一规划管理，以多平台、多维度、多层次的表达还原新闻原貌，取得"范围经济"效果，创造出超过以往的传播力和影响力。

《人民日报》的"中央厨房"、东方网的"内容厨房"、成都传媒集团的"数字厨房"等，都显露出明显的特色效果。比如成都传媒集团推动媒体组织架构和生产流程再造，① 建设并启用的数字采编中心由4个功能区组成，协调并发挥差异化功能：指挥区，负责统筹调度资源，打通内容生产瓶颈；信息收集区，负责汇总信息，打通新闻渠道源头；集成发布区，负责动态呈现，打通新闻集成平台；数字显示区，负责实时监控，打通多头管理困境。4个功能区的划分，构成了采集、加工、传递、呈现的完整闭环，打通内容、渠道、平台、经营、管理5个关口，确保重大新闻和应急宣传的统筹调度和全媒体指挥。

流程再造的重点在于管理流程的契合，要推进制度配套与融合创新相协调。在媒体融合运作实践中，一些媒体配套规章制度推动管理体制机制的创新，成效可圈可点。比如，在东北地区走在融合前列的《辽沈晚报》，为推进融合，在国内首创数字化考核制度，面向内容生产链上的全体采编人员和新媒体运营链上的全体业务人员，制定了"即时播报""视频现场""博客写作""报网互动"以及日常管理等工作细则，明确量的任务和质的标准。②

六 "内容融合"：生产力匹配生产方式新途径

内容的生产与再生产是信息文化产业的重中之重，内容融合创新的关键在于发掘技术可能升级生产、表达方式，促进内容生产力与生产方式的匹配。

运用新技术手段强化内容优势实现"内容为王"，传统媒体深度融合的一个关键是，提升技术水平加快弥补平面化局限，做多种数字形态信息的提供者。除了运用文字、图片、声音外，需尽可能多地采纳新技术，通过数据、三

---

① 依据作者所主持的中国社会科学院创新工程国内外媒体融合项目四川媒体的调研考察。

② 依据作者所主持的中国社会科学院创新工程国内外媒体融合项目辽沈媒体的调研考察。

维动画、虚拟影像、多屏互动等多媒体表现形式，对新闻信息进行客观、全方位、立体化的展现和报道解释。2015 年媒体的一些实践案例，表现出媒体通过新技术手段促使内容生产方式创新的重要作用。例如，在庆祝中国抗日战争胜利暨世界反法西斯战争胜利 70 周年之际，在新闻观点图片视频等常规报道表现的基础上，新华网推出了由 40 余人倾力打造的动态新闻，其中采用三维立体动画方式的制作，多维度、宽视野、全景式地还原了抗战事件始末及其重大意义，将 3D－MAX 技术应用于新闻报道，通过高清画质描述震撼的战火硝烟，强烈逼真的视觉冲击造成超现实感体验，真实再现了中国抗日战争波澜壮阔的历史场面，展现了在中国共产党倡导的抗日民族统一战线旗帜下，全国各族人民、海外侨胞同仇敌忾，为取得抗战胜利所做出的重要贡献，作品也获得了网民的好评。

精致打造“两微一端”，形成推动媒体与用户深入互动、依托网络采集信息热点、全天候发布意见观点的新生产方式，也成为深化内容融合的有效方法。《辽沈晚报》《广州日报》等媒体依托其所成立的 MOJO 团队，每日对新闻信息与服务资讯进行“无断点”式采集，依托全平台 24 小时采制、发稿，保证数字化、全天候、全媒体滚动式播报，突破了传统方式在时空、影像等方面的局限。他们对专业“自媒体”队伍制定采编标准，以推荐优秀博文、微文字等方式，将一些幕后、观点、思辨性内容呈现给读者，使采编博客群、“两微一端”成为生产体系和舆论引导有效窗口，也开拓了品牌发展的新空间。

媒体聚焦舆论关注的话题热点，做好新闻垂直化、信息本地化的传播，运用贴近用户的情感叙述和语言表达增强吸引力、感染力，可以求得内容创新和舆论引导的双实效。这方面颇有成效的四类代表性探索如下。

第一类，综合国内外关注视角，传统媒体与新兴媒体联合策划、制作与播出精品佳作。比如由江苏广播电视总台和凤凰网合作打造的系列全媒体大型纪录片《你所不知道的中国》，通过“老外”的讲述，寻访跨越历史与现实结合的中国特色风物与建设成就，讲述中国故事弘扬中国精神，收视率居同时段播出的省级卫视新闻类节目前 3 位，在江苏网络电视台和凤凰视频的零时差同步直播中，也创出在线收看人数超过 10 万、25 分钟左右流量破百万的纪录。

第二类，UGC与PGC混合创制，讲述有温度有暖度的故事，传播主流价值观。优酷流媒体链接PGC专业模式打造的微纪录系列片《尚技·人民》《我们在北京》等反映民间技艺、“北漂”等题材类型的新媒体制作，吸引了众多用户的关注。

第三类，将取之于网络用户的新闻素材与线下活动相连接，集中打造内容品牌。在这方面，《辽沈晚报》取悦“吾土吾民”的系列品牌报道，做足融合媒体内容传播的情怀和温度，展现出独具一格的文化气质。

第四类，通过内容表达的差异化互补实现新媒体影响力的聚合效应。比如《成都商报》的“谈资”客户端、《成都晚报》的“微成都”新闻客户端与《成都日报》的“锦观”新闻客户端相辅相成，联合打造的核心新媒体产品，在夯实本地影响力的同时也向省内外辐射，赢得了用户的广泛点赞。

B.15
2015年中国电视媒体融合发展报告

于 烜*

摘 要： 2015年中国电视媒体融合发生了前所未有的变化。本文以实证资料和数据为基础，从整体态势、热点和创新、发展趋势三个部分观照2015年电视媒体融合的发展。从整体态势看，在国家战略部署的高度下，中国传统广电通过各种路径的市场化探索，开始从局部渠道拓展向整体产业融合转变。从热点和创新看，电视媒体融合在业务、内容、生产流程、市场经营等层面上的表现可圈可点：微融合大连接，微信摇电视和微电视成为2015年业务融合的一个新亮点；电视娱乐内容的IP化和电视新闻的数据化是内容融合突出的表现；中央厨房式全媒体生产代表了生产流程再造的方向；T2O电视+电商开拓了市场经营的新模式。最后，报告从四个方面阐述了中国电视媒体融合的发展趋势，即格局上两极分化，“造船出海”与“借船出海”并行，互联网电视成为未来融合业务重点以及跨屏移动端商业经营空间巨大。

关键词： 媒体融合 电视媒体 互联网转型

媒体融合，这一诞生于20世纪80年代的概念和名词，30年来在中国的电信、传统媒体和互联网领域被不断地提及、关注、讨论和阐释。然而，媒体融合在文化产业中成为理论和实践的焦点，却是在习近平总书记在2014年8

---

* 于烜，北京电视台高级编辑，博士，研究方向为新媒体。

月 18 日中央全面深化改革领导小组的讲话以及《关于推动传统媒体和新兴媒体融合发展的指导意见》出台之后。一年多来，各种实践探索和理论研究百花齐放。当媒体融合从产业层面上升为国家战略，并代表着中国文化体制改革方向时，中国传统电视媒体面对行业发展的严峻形势，在中央的最高指示下纷纷集结起来，媒体融合也从形式上“合”转入全方位“融”的时代。

媒体融合作为一个理论概念至今尚无一个统一的定义，不同产业和领域关注的侧重点也不同。本文探讨的中国电视媒体融合，指的是传统电视的互联网转型，即在传统广电的互联网转型过程中传统电视媒体与网络新媒体的融合。从实践看，目前中国电视媒体融合大多处在网台融合、网台联动阶段，主要表现在两个方面：一是基于具体节目的、局部的、项目式的联动；二是内容发布的全媒体化，亦即物理层面的渠道相加。就媒体融合模式而言，现阶段国内尚没有普遍意义的模式可循，传统媒体转型融合之路依然还在探索之中，战略性的改革和转型尚在路上。但是，回望 2015 年这一重要历史节点，中国电视媒体融合正在发生前所未有的变化。本文以实证资料和数据为基础，从整体态势、热点和创新、发展趋势等三个部分观照 2015 年中国电视媒体融合的发展。

一 整体态势

（一）媒体融合成为国家战略

2014 年 8 月，中央全面深化改革领导小组第四次会议审议通过了《关于推动传统媒体和新兴媒体融合发展的指导意见》（以下简称《意见》），这是中央首次从深化改革的战略高度对媒体做出的重大部署，也是第一次将媒体融合提升到国家战略的高度。《意见》明确指出“要着力打造一批形态多样、手段先进、具有竞争力的新型主流媒体，建成几家拥有强大实力和传播力、公信力、影响力的新型媒体集团”。① 以往，中央发布的通常是文化体制改革的指导性文件，具体到媒体改革，则由政府主管部门依据中央精神制定。而此次《意见》不但对媒体担负的意识形态使命做了明确要求，而且也为媒体改革划

① 《〈关于推动传统媒体和新兴媒体融合发展的指导意见〉审议通过》，凤凰财经网，http://finance.ifeng.com/a/20140821/12967438_0.shtml。

定了明确目标，这是中央第一次就媒体改革下达的专门部署。2015 年李克强总理在政府工作报告中提出“互联网 +”战略，鼓励互联网与传统产业结合，从国家产业结构转型升级的层面对文化产业的互联网化转型提出了要求。正是在这样的形势驱动下，2015 年中国电视媒体融合才出现了新的转机。

2015 年中国电视媒体融合深深地打上了国家战略的印记，一场国家战略高度下的产业融合开始启动。

（二）局部渠道拓展向整体产业融合转变

2015 年以来，中国电视媒体融合出现了新的转机，开始由局部渠道拓展向整体产业融合转变。湖南广电的“芒果 TV 生态圈”、上海广电的“BesTV”、浙江广电的“中国蓝 TV”等一批整合后的新媒体平台和品牌的集中亮相，表明了中国电视互联网转型的新态势。

在电视业界，电视湘军敢为天下先。2014 年湖南广电宣布内容“独播战略”之后，展开了与互联网企业的正面博弈，开始了以内容为驱动自谋发展的转型，通过统一市场主体下的内容产品、运营团队、基础业务的深度融合，缔造以“芒果 TV”为品牌的互联网娱乐视频帝国。金鹰网和原芒果 TV 视频网站合并之后，湖南广电新媒体视频资源和所有新媒体视频业务均整合到了快乐阳光公司中，2015 年全面发力“芒果 TV 生态圈”建设，依托独有的内容，把优质电视内容转变为 IP 产品，以“芒果 TV”为品牌，打造全产业链——“芒果 TV 生态圈”。在横向上，形成视频网站、互联网电视、移动互联网视频、湖南 IPTV 等多平台、多终端的娱乐视频业务；在纵向上，构建“内容 + 渠道 + 终端 + 应用 + 用户”的立体生态体系，内容方面有“电视节目 + 芒果 TV 自制 + 影视”等内容集合，平台方面形成“湖南卫视为核心的电视频道 + 芒果 TV 为核心的互联网视频平台 + 电广传媒为标志的资本运营平台”；应用上有游戏、移动社交应用 App“呼啦”；终端上积极发力互联网电视一体机和机顶盒业务，截止到 2015 年 12 月，芒果 TV 已经和 40 多家软硬件厂商进行了合作，推出互联网电视一体机、机顶盒以及其他家庭智能设备。[①] 由此，湖南

---

① 《芒果 TV 以全屏加速度的姿态诠释芒果台“互联网 +”行动战略》，21CN 网，http://it.21cn.com/itnews/a/2015/1206/23/30347350.shtml。

广电通过形成纵横结合的全产业链格局，完成由单一渠道经营到构建媒体融合生态圈的转变。2015 年，芒果 TV 互联网全平台日均独立用户超过 3100 万，用户峰值达 6000 万，移动端 App 累计下载突破 1.4 亿；广告签约 8 亿元，同时完成 A 轮融资 5 亿元，公司估值突破 70 亿元。①

SMG 媒体产业融合始于 2014 年大小文广的合并，经过合并将东方明珠的资产注入百事通公司，通过资产并购重组，成立新的上海东方明珠新媒体股份有限公司（以下简称“东方明珠新媒体”），SMG 拉开了广电互联网转型的大幕。2015 年以来，东方明珠新媒体进一步明确了战略定位和发展思路——要成为新型互联网媒体集团，打造互联网电视业务第一入口，建立互联网媒体生态系统。以资本为纽带，上海广电旨在打造以 BesTV 为互联网媒体品牌、以 OTT 电视业务为主打的网络媒体系统。

在湖南、上海以各自的优势探路媒体融合之时，浙江广电也开始了深度融合的转型探索。2015 年夏，浙江广电整合浙江卫视及其他频道资源，推出以综艺为主的网络视频平台“中国蓝 TV”，由浙江新蓝网络传媒有限公司运营，至此形成了包括中国蓝 TV、中国蓝移动客户端（新闻客户端、娱乐客户端）、新蓝网在内的多终端视频业务。

综上所述，在打造新型主流媒体的目标下，广电媒体的互联网转型呈现出由局部渠道拓展向整体产业融合转变的新态势。

（三）多路径的市场化探索

由于传统广电媒体各自资源优势不同，因此对媒体融合的路径选择也不尽相同。湖南广电的融合是由内容驱动的。2014 年 4 月湖南台宣布“芒果独播”，收回所有自制节目的互联网版权，停止版权对外分销，《快乐大本营》《天天向上》《爸爸去哪儿》《我是歌手》等湖南卫视栏目和三大剧场以及其他频道自制栏目均由芒果 TV 全网独播。

作为一个互联网内容平台，2015 年芒果 TV 的内容开始以点播专区的形式分发到地方 IPTV 平台。芒果 TV 与地方 IPTV 运营商合作，从 2015 年 6 月开始，“芒果 TV 专区”先后在大连、深圳、广东、广西的 IPTV 平台播出。

① 吕焕斌：《湖南电视台的新媒体发展战略》，《中国广播电视学刊》2016 年第 1 期。

如果说湖南广电的媒体融合是内容导向的，那么SMG的转型则由资本驱动。2014年底SMG百视通公司并购东方明珠，并收购其旗下尚氏影业、五岸传播、文广互动、东方希杰四个公司，成立新上市公司东方明珠新媒体，公司总股本达到26亿股，整个SMG 70%的业务资产、收入和利润被装进此公司，此外东方明珠新媒体还肩负着未来SMG整体上市的使命。① 和湖南广电深挖内容资源不同，上海广电则发挥自身在资本市场的优势，旨在通过整合后的上市公司实现广电资产的证券化，一方面通过资本的溢价，获得媒体融合发展的资金，以资本推动融合发展；另一方面，试图以市场机制倒逼传统电视体制的转型。

湖南广电以内容为驱动展开与互联网企业正面竞争，开创了广电媒体融合的先河。但是由于广电媒体资源和发展的局限，与互联网公司合作仍然是探索自身转型的重要路径。与湖南广电自谋发展不同，浙江广电选择了与互联网巨头腾讯强强联合。继《中国好声音4》和《燃烧吧少年》在腾讯视频进行版权独播后，2015年底浙江广电集团与腾讯签署了战略协定，双方将互为平台，在内容、广告、宣传等方面开展全面深入的合作。通过芒果TV树起的内容驱动的新标杆，传统电视看到优质内容是撬动其他资源和渠道、实现快速成长的支点。广电新一轮的台网联合试图转变之前充当内容供应配角的被动局面，为广电自身转型争取更大的发展空间。

总之，无论是湖南的内容驱动，还是上海的资本导向；无论是浙江的战略联合，还是即将成立的北京新媒体集团，多路径的市场化探索构成了2015年中国电视媒体融合的新风向。

二　热点和创新

（一）业务：微融合大连接

在移动互联网时代，当手机成为人们获取信息的“第一媒体”、微传播成为主流传播方式时，在社交媒体上如何使内容与观众连接起来，成为电视媒体

① 《传媒巨像转身记》，腾讯科技网，http：//tech.qq.com/a/20150317/010835.htm？pgv_ref=aio2012&ptlang=2052。

实现有效传播的前提。随着微信在中国的快速崛起，到 2015 年 9 月，微信平台日登录用户已达5.7 亿，一线城市渗透率达到93%，二线城市为 69%，① 成为使用范围最广、黏性最高的即时社交平台，也是电视与观众及用户之间的交流、连接的平台，借助微信这一社交平台，单向传播的电视得以与网络对接。微信成为移动互联网时代媒体融合的重要力量和平台。2015 年，微信摇电视和微电视是广电媒体融合业务的新亮点。

1. 微信摇电视

2015 年羊年除夕央视春晚的“摇红包”，引爆了腾讯微信“摇一摇”与传统电视的跨屏互动热潮。紧随其后，从大年初一开始，北京卫视、湖南卫视、江苏卫视等地方卫视春晚也成为“摇电视”的首批尝鲜者。3 月 10 日，微信宣布“摇电视”作为“摇一摇”的常规功能，正式对外开放，在栏目摇一摇的基础上，又出现“全频道摇电视”风潮。7 月，继 CCTV8 启动全天全频道摇一摇功能后，BTV 生活频道摇电视首发省级地面频道全频道的第一摇；10 月安徽卫视宣布启动全国省级卫视全频道第一摇；11 月 18 日河南卫视及河南地区 40 个电视频道同步播出“首届河南微信摇电视狂欢夜”节目。作为摇电视技术服务商，2015 年天脉聚源传媒科技有限公司从地面频道到省级卫视已经与 50 多个频道合作开展“摇电视”业务。② 2015 年，摇电视在电视频道中遍地开花，成为炙手可热的新媒体业务。

2. 微电视

电视媒体的微信公众号具有发布节目信息和提供互动的功能。2015 年，电视媒体的微信公众号中普遍增加了节目视频的功能，提供节目直播、点播、回看服务。比如在浙江卫视“中国蓝”公众号，粉丝可以随时点播观看《中国好声音》《奔跑吧兄弟》。湖南卫视、山东卫视的微信订阅号也开通了类似服务。四川卫视官方微信推出了《咱们穿越吧》《我知道》《喜剧班的春天》三档季播节目的回看专区。北京电视台官方微信接入全台 12 个频道直播信号，同时具有边看边聊和推送抽奖的互动功能。在移动化、社交化的

---

① 《腾讯首次公布微信数据（完整版）这才叫大数据!》，搜狐网，http：//mt. sohu. com/20151030/n424727906. shtml。

② 资料来源于天脉聚源传媒科技有限公司执行总裁尹逊钰访谈，http：//mt. sohu. com/20151028/n424445882. shtml。

趋势中，微电视体现了传统媒体利用移动社交平台满足观众碎片化、场景化需要。

（二）内容：电视娱乐内容IP化、新闻数据化

电视娱乐内容的IP化和电视新闻的数据化是2015年广电内容融合最突出的表现。

1. 电视娱乐内容IP化

2015年电视娱乐内容的IP化开发成为电视媒体的共识。电视节目IP化，简单说就是把单一电视节目转变为知识产权、版权资源，进行产业延伸开发，通过版权经营实现内容资源的多次变现。湖南广电是国内内容IP化模式的开创者，湖南卫视在内容IP化的生产之后，由芒果传媒负责IP运营，基于IP不同的产品形态，芒果传媒向旗下子公司授权并开展相应的业务。《爸爸去哪儿》就是将优质内容变为IP资源进行全版权运作的典范。在电视节目《爸爸去哪儿》热播后，芒果TV推出点播及衍生栏目，此外同名电影、动画片、手游、图书以及可穿戴设备也被相继开发。《爸爸去哪儿》第一季电影收获了超过7亿元的票房，手游创下了1.2亿次下载量，[①] 此外节目还带动了“亲子生态游”等旅游产业以及同款服装的销售。

继湖南广电之后，上海广电也开始着手内容的IP化探索。2015年4月，SMG发布了全新的内容战略体系“SMG智造”。“SMG智造”是涵盖了SMG原创内容产品的全流程孵化科学系统、SMG原创内容产品的全方位品牌管理系统以及SMG原创内容产品的前瞻性战略实践系统。“SMG智造”实质上就是以内容创作为核心，通过内容产品化、IP化，重建SMG内容IP产业链。未来三年，SMG每年将在IP产品的运营和管理上投资大约4.1亿美元。[②] 此外其他省级卫视也在进行娱乐节目的IP化尝试，如现象级节目《奔跑吧兄弟》播出后，浙江卫视开发了同名大电影、手游及线下旅游商业；深圳卫视《极速前进》、东方卫视《花样爷爷》、江苏卫视《最强大脑》、安徽卫视《男生女生向

① 《湖南广电手游反哺综艺“爸爸去哪儿”下载破亿》，人民网，http://media.people.com.cn/n/2014/0328/c40606-24759290.html。

② 《SMG全球发布内容战略体系“SMG智造”　汇全球创意讲中国故事》，SMG官网，http://www.smg.cn/review/201504/0164000.shtml。

前冲》等节目热播后，各卫视也都推出了同名手机游戏。

内容是电视产业的核心资源，内容IP化既是以媒体融合为前提，同时也推动着媒体融合的深入发展。

2. 电视新闻数据化

在大数据时代，随着数据库技术、云计算和云存储、机器学习、文本和情感分析以及可视化技术的成熟，通过对大数据的挖掘和分析，数据变成为信息。

数据新闻是新闻业与大数据融合的产物。数据新闻指通过对数据的搜集、整理、分析，运用图形、动画、图像等可视化手段进行新闻报道，可视化是数据新闻的呈现手段。数据新闻最早应用于报业，如2009年英国卫报网站的数据博客专栏。近年来国内纸媒和网站也在进行数据新闻的实践，2014年央视与百度合作推出“据说”系列新闻报道，首次将大数据与电视新闻相结合，开创国内电视数据新闻的先河。2015年，央视推出13期两会系列报道《数字两会》，将数据新闻规范化。在央视的示范作用下，各省级电视台紧随其后，在春运报道中数据新闻表现抢眼，北京卫视、山东卫视、江苏卫视、辽宁卫视等春运系列报道推动数据新闻走向常态化。可视化在2015年电视数据新闻中表现突出。以往初始阶段的国内数据新闻大多采用静态图表配文字的形式，2015年数据可视化不但有二维图表，还有三维动画和其他的视觉符号（如表情符号）、物品符号等；演播室采用了虚拟现实技术，将虚拟和实景结合，虚拟演播室和三维立体成像技术共同构成人机互动叙事空间。数据新闻、虚拟现实技术等是大数据带给媒体融合的新机遇。

（三）生产流程：中央厨房式全媒体生产

中央厨房式生产流程重构成为2015年中国电视互联网转型的一个关注热点。传统的大众传播是单向的、线性的封闭传播，各栏目面向电视播出进行一次性生产。在融媒体时代，传统的单一内容采集、分散制作加工、单渠道发布的生产流程已经严重滞后，需要向多信源采集、共平台生产、全多终端发布转变，在生产流程上需要变分灶开伙为中央厨房，即一个内容生产，面向多个平台（有线电视、PC端、移动端、互联网电视、IPTV）进行集成、发布，最终在多终端播出。于是，依托统一的技术支撑平台，进行一次采集、多种生成、多元传播的“中央厨房”应运而生。采编流程再造最先始于浙报集团、广州报业集团等纸媒的实践。2015年新华社、《人民日报》在两会报道中“中央厨房”高调亮相，不但使得中央厨房成为一个热词，而且成为媒体融合的一项重要举措。目前各媒体中央厨房式的生产流程再造尚处于局部、阶段性试点阶段，如对两会的报道等。

SMG新闻中心流程再造的实践经历了从点到面、局部到系统的过程。自SMG新闻中心旗下看看新闻网上线后，SMG新闻中心就开始了生产流程转型的努力，首先是实现与看看新闻网共享素材库，之后着手对电视新闻中心、看看新闻网的采编实施统筹管理，促进向全媒体新闻中心的转型。2014年SMG新闻中心成立了全媒体指挥室，由来自电视、网络共8个业务部门的主管领导组成，初步拟定了全媒体新闻业务流程，通过选题共享、采编统筹等推进全媒体新闻生产。2015年SMG新闻中心着力于全媒体生产流程的系统性重构，一方面继续完善采编流程体系的再造，另一方面与看看新闻网联合打造“看看新闻”App向移动端拓展，同时着手与上市公司东方明珠联合，运营BesTV互联网电视平台的“看看新闻”专区。①

中央厨房式的全媒体内容生产，需要变革传统频道及部门间条块分割的管理结构，没有顶层设计下的持续推动，难以实现融合的生产流程再造。

（四）市场经营：T2O电视+电商

T2O是TV to Online的缩写，是“电视+电商”的一种商业经营模式，被通俗地解释为“一边看电视一边购物”。T2O模式在国外早已有成功案例，比如韩国从2009年出现的“Shopperama”，就是“Shopper购物者+Drama电视剧”的一种T2O模式。2015年初，电视剧中的“边看边买”首次亮相东方卫视。东方卫视与天猫合作，观众在看开年大剧《何以笙箫默》的同时，可以通过天猫客户端购买男女主角的同款商品，这一“边看边买”引发了广泛的热议。然而电视与电商的结合在中国并非首次出现，早在《舌尖上的中国2》播出时，天猫在首页就设置了同名专题入口，在电视节目播出时同步推出相关美食的促销，曾引发一波网购热潮，这一无心插柳的尝试开始引起业内人士对“电视+电商”模式的注意。2014年东方卫视《女神的新衣》、旅游卫视《鲁

① 资料来源于看看新闻网站总经理方佶敏访谈，http://toutiao.com/i6258161034171777537/。

豫的礼物》的播出使得“电视＋电商”的T2O概念浮出水面，2015年T2O模式在各类节目中遍地开花，且内涵被不断拓展。继开年大剧之后，东方卫视在《女神的新衣第二季》、户外真人秀《极限挑战》，湖南卫视在《越淘越开心》、“天猫2015双11狂欢夜”直播晚会中均延续与天猫的合作。除了实物购买，2015年电商模式开始向服务领域延伸。江苏卫视电影评论类节目《一票难求》与电影票务App格瓦拉合作，打通线上播出、线下购买通道，在观众看节目时通过App购买热议影片的电影票。在线旅游平台OTA（online-travel-agent）也看好T2O商业模式，驴妈妈旅游网先声夺人，独家冠名东方卫视户外综艺节目《报告！教练》，用户登录驴妈妈官方App为所支持的明星投票后即可获得1000元红包代金券。这将使部分观众在看节目时，进入OTA平台，将消费需求转移到OTA的平台上去。之后驴妈妈旅游网以独家冠名方式，与东方卫视《我爱挑战》和广东卫视《丹独约见》进行跨界合作。

T2O模式也受到视频网站追捧，2015年启动了视频电商业务。爱奇艺除了与电商平台合作《奇葩说2》《爱上超模》以外，还宣布上线爱奇艺商城；优酷视频也联合阿里巴巴推出营销产品“边看边买”。

尽管从目前商业利润看T2O模式尚不尽如人意，但以电视节目为入口，通过电商平台，打通线上线下，将观众变为用户和消费者，实现传统媒体、电商平台、实体企业的跨界贯通，这在媒体融合转型中具有积极的意义。

三　发展趋势

中国电视媒体融合发展趋势可以有多种预测，从不同的角度、层面进行解释会有不同结果，本文依据基本逻辑，立足对未来电视业融合发展的实践指导，从以下4个方面阐述中国电视媒体融合的趋势。

（一）格局上两极分化

随着媒体融合窗口期的临近，电视媒体的互联网转型将不可避免地出现两极分化，传统电视格局中的马太效应很快再现。在上述《意见》出台后，电视媒体融合在产业层面的目标指向已经十分清晰，即建立全媒体生态体系和全产业链的新型传媒集团，在纵向上构建内容、渠道、平台、应用、终端、用户的传媒生态，横向上形成网络视频、互联网电视、移动互联网视频、IPTV、有线电视等全媒体、多终端业务。这就要求媒体一方面整合内部资源，另一方面融合外部资本。广告、受众、内容是传媒产业三种最为重要的资源，强势广电集团在三种资源上的既有优势以及借此而形成的规模优势无疑使其在向互联网转型中占据了先机，湖南、上海在此轮融合中的领先说明了母体在转型中的巨大作用。而市场中的资本逐利性使得它先天性地青睐行业中的领先者。在媒体融合 3～5 年的短暂窗口期之内，内部资源和外部资本均匮乏的广电媒体，在融合中实现逆袭的可能性几乎为零，一旦窗口期关闭，被边缘、被分化、被消解将成为必然。因此，媒体融合也许会成为媒体管理改革的契机，为改革中国电视“四级办”体制提供了想象空间。

（二）“造船出海”与“借船出海”并行

从现阶段中国电视媒体的互联网转型实践看，除了湖南台明确提出“自谋发展”，与互联网企业展开正面博弈外，其他电视台大多或多或少地试图在“借船出海”的过程中积蓄、壮大力量，寻找转型突破。互联网企业掌控网络入口，网络媒体占据平台优势，在进行产业链整合时，正在向着上游内容生产延伸。2015 年爱奇艺、腾讯视频、优酷土豆以及乐视视频、搜狐视频等互联网视频纷纷加大力度发展自制内容，优酷土豆拿出 6 亿元用于内容建设，爱奇艺的《盗墓笔记》投资高达 500 万元/集。2015 年，5 家视频网站自制节目达到了 106 档，平均每天生产 214 分钟，网络自制迎来井喷式发展，其中网综、自制剧的数量和质量达到历史高峰。以网综为例，2015 年 5 大视频网站推出真人秀、脱口秀、综艺节目达到 43 个，节目品质精良，不输于主流卫视节目水准，形态上多元化、类型化，既有《奇葩说》这样的原创类，也有《我们 15 个》这样的引进模式类。[①] 其中《晓说》《侣行》《谁是歌手》《爱上超模》《我们 15 个》等反向分销到不同的卫视频道。“渠道 + 内容”的产业链融合是在市场竞争中降低成本、获得竞争优势的必然趋势。面对互联网企业依托平台力量向内容扩张的势头，传统广电在无法正面博弈的情况下，“借船出海”不失为一种选择。2016 年，在向新型媒体集团转型的关键窗口期，将会有更多

① 《2015 视频网站自制节目大盘点》，http：//toutiao. com/i6246261317330534914/。

的电视台选择“借船出海”，在与互联网企业互相借力、优势互补中寻找转型突破。

（三）互联网电视成为未来融合业务重点

大多数省级广电发展新媒体通常视“两微一端一站”＋IPTV、互联网电视的业务组合为理想标配。尽管目前许多广电媒体在移动端投入不菲，但是，未来互联网电视将会成为传统广电融合转型的重点。

无疑我们处于移动互联网时代，但基于移动端的视频业务发展空间已经十分狭小。移动视频App处于竞争对手如林的一个充分竞争的市场，传统电视视频App只有在与互联网巨头BAT、在线视频网站和电信运营商等众多强手的竞争中虎口夺食，才能生存，目前也只有芒果TV具备了竞争的入场券，其他视频App甚至连入场资格都没有。2015年TalkingData移动视频应用行业报告数据显示，移动视频应用中，从数量看，电视视频款数最多，占比24.2%，综合在线视频占16.6%，但是从覆盖率来看，移动视频覆盖率TOP20的应用中，位于前三的腾讯视频、优酷视频、爱奇艺视频占据70%的覆盖率，而传统电视中只有芒果TV入选，占比仅为4.83%。活跃率TOP20的应用中，排名前三的爱奇艺视频、腾讯视频、优酷视频的活跃率均超过10%，而芒果TV则为1.52%。从细分领域排名第一的覆盖率对比看，视频门户的综合在线视频最高占到27.6%（腾讯），电视视频只有4.83%（芒果TV），低于聚合视频（暴风影音7.78%）。①

而传统广电发展互联网电视则具备政策准入上的先天优势。2015年政策出重拳严管OTT互联网电视，最高人民法院、最高人民检察院、公安部及新闻出版广电总局四大部门联合发布229号文件，严厉打击非法电视网络接收设备违法犯罪活动。同时，新闻出版广电总局再次重申关于互联网电视管理的181号文件，互联网电视内容只能在获准的7家国有广电系牌照商的集成播控平台上呈现，集成播控平台也必须选择有广电播出机构参与的内容服务，其他机构既不能单独展开集成播控业务，也没有单独提供内容的资质。此前在

① 《TalkingData：2015年移动视频应用行业报告》，http：//www.doc88.com/p-4962196786643.html。

2014 年新闻出版广电总局的整顿中，小米、乐视等互联网企业“自由生长”、自建平台的体制外模式遭遇了腰斩，此后均逐渐转向同牌照商合作的模式。经过此轮政策重塑，中国互联网电视正在进入一个新的战国时代，掌握牌照优势的广电媒体，在新一轮的厮杀中也应该有所作为。

2015 年是中国互联网电视用户增长最快的一年，用户实现 100% 增长，活跃用户在 2700 万 ~ 3000 万，激活率提升到 80%，[①] 而且用户向全年龄段扩张。在具备用户规模后，广告、用户付费、电商、应用增值等均可成为变现的模式。因此，对传统电视来说，互联网电视带来新的营销价值，“互联网 +”概念下互联网电视的大屏价值潜力巨大。

（四）跨屏移动端商业经营空间巨大

1. T2O 模式的新发展

T2O 以用户为核心，通过跨屏互动，将电视产业与电商产业融合在一起，实现传统广告之外价值增值。在电视广告日渐萎缩的趋势下，T2O 将会迎来新的发展。

第一是在现有基础上，T2O 节目的系列化、族群化开发。作为新生事物，目前的 T2O 节目仅仅是基于某个电视节目和电商个体的尝试性合作，随着 T2O 模式的成熟，未来将会形成“电视 + 服饰”“电视 + 美食”“电视 + 家装”“电视 + 旅游”的系列化族群模式，最终形成新的产业集群，而由此带来的价值有着非常广阔的想象空间。

第二是 IP 内容 + T2O。T2O 模式是以节目内容价值为依托，实质以用户为中心的电视内容价值链的扩展。经过两年的电视内容 IP 化开发，已经形成相对成熟的 IP 运营模式，《爸爸去哪儿》《奔跑吧兄弟》的成功带动更多娱乐内容 IP 化开发，高辨识度 IP 必然会整合用户从而实现节目中物品、服务的商品化。

2. 微信摇电视实现广告电商

微信摇电视将电视与用户联系起来，可以实现电视广告的直接触达。通过摇电视，大屏幕上的广告可以显示在观众的手机上，电视广告即可以变身为广告电商，广告商品可以点击进入，通过微信支付的成熟通道实现直接购买。广告商品及服务的直接变现将为电视媒体带来增量利润。

---

① 张余、邵以丁主编《中国互联网电视发展蓝皮书》，中国传媒大学出版社，2016。

B.16

2015年报业新媒体新三板挂牌企业竞争格局研究

夏 涌*

摘 要： 自2014年8月18日以来，在习近平总书记媒体融合要求感召下，全国各大报业集团积极响应，不仅大力推动网站、客户端等新媒体阵地建设，而且积极借助资本市场的力量不断壮大报业新媒体的实力。2015年，新三板市场日益成为热议的词汇，那么报业新媒体在新三板市场发展状况究竟如何？本文通过统计分析截至2015年底在新三板上市的报业新媒体——舜网传媒、荆楚网、龙虎网、北国传媒、大江传媒等五家企业的区域分布、业务结构等特点，深入研究了其经营绩效和竞争实力，并以建立报业新媒体差异化竞争优势为着眼点，提出战略导向、发展机制、产业链和企业微观四个维度的建议。

关键词： 新三板 报业新媒体 竞争力

一 研究背景

近年来，随着受众阅读习惯的改变，报纸、期刊等传统媒体收入水平连连下滑。清华大学新闻与传播学院发布的《传媒蓝皮书：中国传媒产业发展报

* 夏涌，成都传媒集团新媒体中心副主任，主任记者，西方经济学硕士，从事媒体融合和新媒体发展工作。

告（2015）》显示，报纸发行量事实上下降了25%左右。此外，对30多家都市类报纸的调查结果显示，2015年第一季度报业广告下滑严重，普遍下降20%以上。[①] 近年来，宏观经济增长乏力，企业普遍压缩了广告支出，加之新媒体对传统媒体广告市场的不断挤压，预计2015年全年报业发展形势依然非常严峻。与此同时，新媒体的发展却一派欣欣向荣，从前几年的微博、网站，到近两年的微信、客户端，它们逐渐取代传统媒体成为广告主的新宠。面对这一新形势，全国各大报业集团纷纷推出自己的"两微一端"，不仅力图重新获得用户青睐，扩大舆论引导权，而且努力紧跟行业发展态势，重夺市场主导权，比较典型的如上海报业推出的"上海观察""澎湃新闻""界面"等新媒体产品或项目，以及最近各地遍地开花的新闻客户端，号称形成了"东澎湃、西上游、南并读、北无界"的格局。不过，发展新媒体需要强大的资金实力支撑，仅仅依靠行政手段难以长久，关键还是要建立市场化的造血功能，通过不断扩大融资渠道，才能助力报业新媒体的可持续发展，在这方面BAT（百度、阿里巴巴、腾讯）借助资本市场手段，不断介入影视、娱乐、体育等领域的经验值得各大报业集团学习和借鉴。

作为我国多层次资本市场的重要组成部分的新三板市场，近年来取得突飞猛进的发展，为报业新媒体企业拓宽融资渠道，规范公司治理，找到了一条较为便捷的通道。

二　报业新媒体新三板挂牌企业竞争格局分析

据不完全统计，截至2015年已正式挂牌新三板上市的报业新媒体企业包括舜网传媒（430658）、荆楚网（830836）、龙虎网（831599）、北国传媒（832647）、大江传媒（833072）等五家，以已公开发布的2015年上半年年报数据为依托，分别从上市时间、地域分布、主营业务、经营绩效等因素进行竞争格局分析。

---

① 崔保国：《传媒蓝皮书：中国传媒产业发展报告（2015）》，社会科学文献出版社，2015，第5页。

（一）上市时间和地域分布分析

从公开资料发现，2014 年 2 月 14 日，由济南日报报业集团发起成立的山东舜网传媒股份有限公司（简称舜网传媒）在新三板正式挂牌，成为首家在新三板挂牌的报业新媒体企业；2014 年 2 月，湖北日报传媒集团控股的湖北荆楚网络科技股份有限公司（简称荆楚网）改制重组上市总体方案获批，2014 年 7 月 1 日在新三板正式挂牌；2014 年 12 月，南京报业传媒集团控股的江苏龙虎网信息科技股份有限公司（简称龙虎网）在新三板正式挂牌；2015 年 2 月 2 日，辽宁日报传媒集团有限公司发起设立的辽宁北国传媒网络科技股份有限公司（简称北国传媒），6 月 16 日在新三板正式挂牌；2015 年 1 月 26 日，江西日报传媒集团控股的江西大江传媒网络股份有限公司（简称大江传媒）完成股份制改造，7 月 28 日在新三板正式挂牌。

可见，第一，从上市时间来看，报业新媒体在新三板上市主要集中在 2014～2015 年两年，尤其是 2014 年 8 月 18 日习近平总书记发表媒体融合重要讲话之后，大有加速的趋势，但相对其他行业而言，报业新媒体进入新三板市场的时间比较晚；第二，从区域分布来看，东北一家（北国传媒）、华北一家（舜网传媒）、中部两家（荆楚网、大江传媒）、华东一家（龙虎网），目前看西部地区、华南地区暂时无一家挂牌；第三，从隶属关系来看，省级报业集团三家、市级报业集团两家，说明省级报业集团在推动整合资源方面有一定的优势。

（二）主营业务分析

舜网传媒运营的网站——舜网是国务院新闻办批准的济南市唯一的新闻网站、山东省重点新闻网站，主营业务是互联网广告、移动增值业务、信息及技术服务等。

荆楚网致力打造基于传统互联网、移动互联网和物联网的新媒体新闻信息服务平台，业务形态涵盖新闻网站、手机报、舆情服务、户外媒体、动漫、移动客户端、电子商务、金融信息服务、无人机航拍、大数据服务、网站代建代维、音视频直播录播等，日均受众突破 3000 万人次。

龙虎网着力打造区域社区 O2O 领军品牌，并以此为契机为客户提供一系列移动互联网和线上线下整合营销服务。

北国传媒主营业务包括提供新闻资讯服务、互联网广告服务、户外广告服务、移动增值服务、信息及技术服务。

大江传媒立足于互联网信息服务业，业务范围覆盖网站运营、手机报、移动客户端、电子商务、网站代建代维、专业软件研发等领域，依托中国江西网（大江网）和江西手机报几大运营平台形成的品牌和影响力，建立了互联网广告、信息及技术服务、舆情服务、移动增值服务、电子商务为主的稳定的盈利模式，是江西省影响力最大、传播力最强的新媒体传播平台。

2015 年上半年五大报业新媒体新三板挂牌企业主营业务结构如表 1 所示。

表 1　2015 年上半年报业新媒体主营业务结构

业务类型	舜网传媒		荆楚网		龙虎网		北国传媒		大江传媒	
	收入（万元）	占比（%）	收入（万元）	占比（%）	收入（万元）	占比（%）	收入（万元）	占比（%）	收入（万元）	占比（%）
广告（含互联网广告、户外广告等）	891.78	65.08	2477.83	54.50	1384.03	75.71	2124.54	95.50	2511.41	88.29
信息及技术服务	175.50	12.81	571.96	12.58	426.95	23.35	18.63	0.84	0	0
移动增值服务	206.38	15.06	1188.73	26.15	17.20	0.94	81.49	3.66	92.92	3.27
其他收入（如电子商务、信息咨询）	96.60	7.05	307.97	6.77	0	0	0	0	240.20	8.44
总收入	1370.26	100	4546.49	100	1828.18	100	2224.66	100	2844.53	100

注：本表收入数据由于四舍五入，故和年报数据有所差异。

表 1 表明，第一，从业务发端来看，五家企业基本是从最早的网站广告业务开始，延伸至手机报、客户端等业务方向，业务起源比较一致，且严重依赖于广告收入，表现在五家单位广告收入占总收入比重都在 50% 以上；第二，从业务类型来看，五家企业都聚焦在互联网广告、信息及技术服务、移动增值服务等方面，业务结构比较趋同和单一，而如电子商务、信息咨询等其他收入占比较少，龙虎网、北国传媒此类收入占比为 0；第三，从业务体量来看，以 2015 年上半年为例，营业总收入最高的是荆楚网（4546.49 万元），最低的是舜网传媒（1370.26 万元），五家企业的总收入水平都在 5000 万元以内，相对

于沪深市场的人民网（7.25 亿元）、博瑞传播（6.56 亿元）、浙报传媒（15.05 亿元）等相差至少一个数量级。

（三）竞争能力分析

企业综合竞争力涉及方方面面，但是这种竞争力是由企业自身特点以及经营环境等因素形成的难以模仿的竞争优势，是企业在激烈变化的竞争环境中长期和持续获得的。要想清楚地知道报业新媒体之间各自的竞争能力如何，既可以定性描述也可以定量计算。通常来讲，从定量角度看，可以用盈利能力、偿债能力、运营能力、成长能力等四个指标来衡量企业竞争能力。

1. 盈利能力分析

企业经营的目的是创造价值，即盈利。反映企业盈利能力的指标通常有主营业务毛利率、主营业务利润率、资产净利率、资本保值增值率、净资产收益率。按照《全国中小企业股份转让系统挂牌公司半年度报告内容与格式指引（试行）》等要求，主要会计数据与关键指标包括盈利能力、偿债能力、运营能力、成长能力和自愿披露指标五个部分。其中，盈利能力指标包括营业总收入、毛利率、归属于挂牌公司股东的净利润、加权平均净资产收益率和基本每股收益。①

2015 年上半年五大报业新媒体新三板挂牌企业盈利能力指标如表 2 所示。

表 2　2015 年上半年报业新媒体盈利能力指标

报业新媒体	营业总收入（万元）	毛利率（%）	归属于挂牌公司股东的净利润（万元）	归属于挂牌公司股东的扣除非经常性损益后的净利润（万元）	加权平均净资产收益率（%）	基本每股收益（元/每股）
舜网传媒	1370.23	28.87	-198.13	-229.33	-16.65	-0.20
荆楚网	4546.59	25.59	495.65	-221.13	5.26	0.09
龙虎网	1829.03	29.85	135.65	121.86	1.64	0.02
北国传媒	2224.67	4.71	974.02	-175.88	14.89	0.19
大江传媒	2844.53	41.59	913.74	433.40	26.87	0.61

① 《全国中小企业股份转让系统挂牌公司半年度报告内容与格式指引（试行）》，http://www.neeq.com.cn/index。

表2表明，从营业总收入看，五家企业收入体量差别不大，基本停留在千万元级别，总体水平在5000万元以内；从毛利率看，四家企业维持在20%以上，仅有北国传媒一家在10%以下；从归属于挂牌公司股东的净利润看，仅有舜网传媒一家亏损，其余四家盈利在100万~1000万元；从归属于挂牌公司股东的扣除非经常性损益后的净利润看，北国传媒、荆楚网获得比较大的政府支持，2015年上半年非经常性损益数额较大；从加权平均净资产收益率看，五家企业差异比较明显，高的如大江传媒达到26.87%，低的如舜网传媒为-16.65%；从基本每股收益看，仅有舜网传媒一家为负值，不过其余四家每股收益都在1元以下的低水平徘徊。

总体上看，从盈利能力角度分析，大江传媒无论从毛利率，还是归属于挂牌公司股东的扣除非经常性损益后的净利润，或者基本每股收益来看都是五家之中最高的，这与其积极介入网站运营、手机报、移动客户端、电子商务、网站代建代维、专业软件研发等领域，建立了互联网广告、信息及技术服务、舆情服务、移动增值服务、电子商务为主的稳定的盈利模式密不可分，而舜网传媒亏损是因为其电子商务、移动互联网等新业务处于起步阶段，投入大于产出，致使企业整体净利润下滑。

2. 偿债能力分析

偿债能力是企业经营风险的重要衡量标准，其偿债压力的大小直接关系着企业生存的能力。通常来讲，偿债能力分为短期偿债能力和长期偿债能力，短期偿债能力指标主要是流动比率、速动比率、现金负债比率，长期偿债能力指标主要是资产负债率、产权比率、负债与有形净资产比率、利息保障倍数等。如上所述，按照《全国中小企业股份转让系统挂牌公司半年度报告内容与格式指引（试行）》等要求，偿债能力指标包括总资产、归属于挂牌公司股东的每股净资产、资产负债率、流动比率和利息保障倍数。

表3表明，从资产总计看，仅有荆楚网一家企业过亿，其余四家停留在千万元级别；从负债总额看，龙虎网、舜网传媒两家企业不到1000万元，其余三家企业在1900万~2800万元；从归属于挂牌公司股东的净资产看，荆楚网接近亿元大关，其余四家停留在千万元级别；从归属于挂牌公司股东的每股净资产看，仅有大江传媒一家在2元以上，其他四家在1元左右；从资产负债率看，五家企业均在50%以下，龙虎网仅有7.14%，说明资产可扩展潜力还比

较大；从流动比率看，龙虎网达到 12.69%，说明其资产流动性较好，其余四家均在 10 以下。

表 3　2015 年上半年报业新媒体偿债能力指标

报业新媒体	资产总计（万元）	负债总额（万元）	归属于挂牌公司股东的净资产（万元）	归属于挂牌公司股东的每股净资产（元）	资产负债率（%）	流动比率（%）	利息保障倍数
舜网传媒	1926.90	621.06	1097.82	1.10	32.23	2.76	—
荆楚网	13110.15	2453.12	9089.34	1.14	18.71	4.62	—
龙虎网	9050.40	646.14	8345.68	1.11	7.14	12.69	—
北国传媒	8960.74	1932.93	7027.81	1.41	21.57	9.70	—
大江传媒	6686.15	2746.23	3857.33	2.57	41.07	5.21	0

总体上看，从偿债能力角度分析，大江传媒归属于挂牌公司股东的每股净资产较高，具备较为强大的抵御偿债风险的能力，而龙虎网流动比率较高且资产负债率较低，与企业着力从事区域社区 O2O，为客户提供一系列移动互联网和线上线下整合营销服务这类高频轻资产交易服务有很大的关系。

3. 运营能力分析

运营能力主要通过企业资金周转、管理水平等指标反映其资产利用的效率，指标通常包括应收账款周转率、存货周转率、总资产周转率、固定资产周转率等。如上所述，按照《全国中小企业股份转让系统挂牌公司半年度报告内容与格式指引（试行）》等要求，运营能力指标包括经营活动产生的现金流量净额、应收账款周转率和存货周转率。

表 4 表明，从经营活动产生的现金流量净额看，仅有北国传媒一家实现净流入，其余四家均为净流出，说明这五家企业还没有形成比较有规模的现金流业务；从应收账款周转率看，五家企业均在 10 以下，大江传媒最高，达到 4.73%，说明其应收账款回收较快，资产流动性较高；从存货周转率看，龙虎网、大江传媒分别达到 38.86%、10.82%，说明其存货周转速度较快，资金使用效率较高。

表 4　2015 年上半年报业新媒体运营能力指标

报业新媒体	经营活动产生的现金流量净额(万元)	应收账款周转率(%)	存货周转率(%)
舜网传媒	-335.21	3.85	—
荆楚网	-3452.01	1.66	—
龙虎网	-162.49	2.71	38.86
北国传媒	1294.45	3.34	—
大江传媒	-196.38	4.73	10.82

总体上看，从运营能力角度分析，龙虎网作为互联网整合服务商，通过打造南京精准家庭用户数据库，建立大数据实施营销、优质线下服务分成营销等模式，通过轻资产运营，实现较好的资产、资金流动性，同时大江传媒依托中国江西网（大江网）和江西手机报等运营平台形成的品牌和影响力，也促使政府项目回款加快。

4. 成长能力分析

成长能力是企业竞争潜力的表现，体现为企业在维持生存的基础上扩大再生产的能力。通常来讲，成长能力指标包括营业增长率、资本累计率、总资产增长率、固定资产成新率等。如上所述，按照《全国中小企业股份转让系统挂牌公司半年度报告内容与格式指引（试行）》等要求，成长能力指标包括总资产增长率、营业收入增长率和净利润增长率。

表 5 表明，从总资产增长率看，五家企业增长差异非常显著，北国传媒实现 41.95% 的高速增长，而另外四家要么维持低增长，要么负增长，荆楚网总资产增长情况较差；从营业收入增长率看，北国传媒增长最为可观，舜网传媒、大江传媒、荆楚网三家也实现了 50% 以上的较快增长；从净利润增长率看，五家企业差异也非常明显，大江传媒、荆楚网两家实现 50% 以上的增长，舜网传媒、龙虎网两家却是负增长。

表 5　2015 年上半年报业新媒体成长能力指标

报业新媒体	总资产增长率(%)	营业收入增长率(%)	净利润增长率(%)
舜网传媒	2.90	78.75	-607.49
荆楚网	-12.04	58.38	54.71
龙虎网	2.05	7.42	-16.33
北国传媒	41.95	1086.86	—
大江传媒	-0.04	66.38	161.47

总体上看，从成长能力角度分析，北国传媒无论从总资产增长还是营业收入增长角度看都表现较为突出，主要是因为2015年初，随着北国传媒收购航高传媒业务，其户外广告业务范围延伸至机场，由于航高传媒业务体量大，从而导致自2015年始公司营业收入增长很大。此外，随着移动互联网技术变革越来越快，在跟随技术变革和市场变化的能力上，报业新媒体不占优势，总的来说成长的稳定性较差，想要依托单一的网站、客户端或者手机报实现高增长已是难上加难。

三　提升报业新媒体新三板挂牌企业竞争力的思考与建议

随着新媒体技术的日新月异，虚拟现实（VR）、数据可视化、Wi-Fi等技术应用不断渗透到新闻宣传和产业经营中，可以预计在未来两三年，新三板市场由于其定位清晰准确、交易制度简便、挂牌成本较低等优势，将会吸引越来越多的报业新媒体登陆，力图通过资本市场壮大传媒的力量。

以下从战略导向维度、发展机制维度、产业链维度和企业微观维度，为报业新媒体寻找差异化战略的突破口提供几条建议。

（一）战略导向维度

报业新媒体要紧紧围绕2014年8月18日，习近平总书记提出的“坚持先进技术为支撑、内容建设为根本，推动传统媒体和新兴媒体在内容、渠道、平台、经营、管理等方面的深度融合”的要求，一是要顺应互联网发展大势，勇于创新、勇于变革，利用互联网特点和优势，推进理念、内容、手段、体制机制等全方位创新，本质上就是要在差异化创新上做文章，报业新媒体需要通过增量改革来带动存量改革，既然读者和受众的习惯发生了改变，那么就要求报业新媒体紧紧跟随新媒体技术发展的步伐，通过自主创新、模仿吸收再创新等手段，嫁接媒体的内容优势，牢牢地将读者和受众的眼球吸引住，而不是简单地、一窝蜂地做几个客户端的问题；二是要研究把握现代新闻传播规律和新兴媒体发展规律，强化互联网思维和一体化发展理念，推动各种媒介资源、生产要素有效整合，推动信息内容、技术应用、平台终端、人才队伍共享融通，本质上就是要在差异化融合上做文章，报业新媒体不能成为游离于报业母体的第三者，要通过引入先进的技术、超前的理念、雄厚的资本和灵活的机制，将传统媒体和新兴媒体打通统筹考虑，找到自身最容易产生融合化学反应的小切口，用新媒体的鲢鱼效益带动媒体的深度融合。

（二）发展机制维度

报业新媒体要充分借助新三板分层改革的机遇，选择适合自己的完善的公司治理差异化机制。目前新三板挂牌上市的报业新媒体企业，不仅成立时间短，而且发展的底子薄，比如按照全国股转系统新三板创新层的财务数据要求，有三个参考标准：一是“净利润＋净资产收益率＋股东人数”标准；二是“营业收入复合增长率＋营业收入＋股本”标准；三是“市值＋股东权益＋做市商家数”标准。[①] 经《每日经济新闻》等统计，符合标准一的约57家，符合标准二的约237家，符合标准三的约88家，三者合计不考虑重复统计，共计382家入围，占全部新三板挂牌企业的不到10%，而目前报业新媒体无一家入选。因此，报业新媒体在新三板挂牌上市不是最终目的，而是要通过上市建立一个持续督导企业不断完善公司治理的机制，要摒弃急功近利的思维，借助新三板分层改革的机遇，做好底层铺垫，始终树立以改善公司治理、履行社会责任、回报股东为主要目的的发展理念，努力在技术创新、产品创新、市场创新、管理创新等方面寻求突破口，那么不论从盈利角度、收入角度还是规模角度三者选其一，都能用扎实行动提高企业竞争力，为企业奠定坚实的可持续发展基础。

（三）产业链维度

报业新媒体要善于从产业链、价值链的角度，选择适合自己的进入渠道，发掘未来增量的发展空间。迈克尔·波特在《竞争优势》一书中指出：“每一个企业都是在设计、生产、销售、发送和辅助其产品的过程中进行种种活动的集合体。所有这些活动可以用一个价值链来表明。”[②] 只有始终处于产业技术

① 《全国股转系统挂牌公司分层方案》，http：//www. neeq. com. cn/index。

② 〔美〕迈克尔·波特：《竞争优势》，陈小悦译，华夏出版社，2005，第36～45页。

前沿的企业才能在竞争中始终保持主动。新媒体产业链既包括从事新媒体技术研发的上游，也包括从事新媒体产品生产、销售的中游，还包括从事新媒体产品消费的下游。不论是价值链U形理论还是倒U形理论，都证明一点：产业链的价值分配是不均匀的，因此对于报业新媒体企业而言，一定要紧紧抓住“互联网+媒体”未来移动化、社交化、增值化等的发展趋势，选择高附加值、高收益的一环，比如“新媒体+金融”“新媒体+社区服务”“新媒体+数据”等，才能获取未来巨大的增量发展空间。

（四）企业微观维度

报业新媒体要结合自身实际存在的问题，及时补齐发展短板，全面夯实企业竞争力的基础。企业竞争力是一个企业综合实力和企业价值的直接体现，由于报业新媒体企业处于不同的生命周期和发展阶段，表现在竞争指标上参差不齐、高低各异，但是企业务必以全面、系统的观点来夯实竞争力的基础，深入分析盈利能力、偿债能力、运营能力、成长能力等方面业已存在的短板，通过优化资本结构、提高资金使用效率、建立良好的企业内部发展环境、选择适合企业的竞争战略、建立以竞争力管理为中心的企业管理体系、形成有特色的企业文化等方式，尽快补足由于某些竞争指标带来的“短板”，实现较为均衡、稳健的发展和运行体系。

B.17

2015年从“+互联网”到“互联网+”传媒转型研究报告*

刘友芝　王蕾**

摘　要：2015年是互联网进一步深度嵌入我国社会经济和民生生活的一年，媒体生态格局呈现出以互联网为主导的大变局。传统媒体的互联网转型之路逐步由“+互联网”走向“互联网+”，呈现出两种截然不同的探索模式：一是由传统媒体集团探索的以互联网思维和运行逻辑为主导的“互联网+”之道；二是由互联网巨头倒整合传统媒体的“互联网+”之道。前者以浙报传媒、上海报业和湖南广电等三大传统媒体为典型代表；后者以阿里巴巴为典型代表。目前，我国传统媒体的“互联网+”转型取得了良好的阶段性成果，但尚存在一些不足。传统媒体“互联网+”的全面转型，需要以植入“互联网基因”为主导，全面“练内功”与“携外力”双措并举。

关键词：传媒转型　“+互联网”　“互联网+”　互联网基因　“倒整合”

* 本研究属于国家社科基金项目“以资本运营推动传统媒体与新兴媒体产业融合一体化发展研究”的阶段性研究成果（项目编号15BXW018）。

** 刘友芝，武汉大学新闻与传播学院教授，研究方向为媒介经营管理；王蕾，武汉大学新闻与传播学院硕士研究生，研究方向为媒介经营管理。

一 传媒转型从“+互联网”到“互联网+”的时代背景

（一）内驱力：互联网深度嵌入下的媒体生态大变局

1. 我国互联网已深度嵌入社会经济民生各方面

随着手机终端的大屏化和手机应用体验的不断提升，手机作为网民主要上网终端的趋势愈加明显。互联网对个人生活方式的影响进一步深化，搜索引擎、网络新闻作为互联网的基础应用，使用率均在80%以上。1/3媒介时间被视频占据，移动端由于即时、便捷的特性更好地契合了网民的商务类消费需求，伴随着手机网民的快速增长，移动商务类应用成为拉动网络经济增长的新引擎。从基于信息获取和沟通娱乐需求的个性化应用，发展到与医疗、教育、交通等公用服务深度融合的民生服务。[①] 互联网正逐步发展成为我国社会经济民生生活的基础设施。

2. 互联网对传统媒体的生存威胁正逐年加大

央视市场研究CTR发布的2015年数据显示，我国传统媒体广告市场全面下跌。其中，报纸广告“断崖式”下跌，降幅高达35.4%；电视广告、广播广告、户外广告和杂志分别下降4.6%、0.4%、0.2%和19.8%。在传统媒体中，报纸是受到互联网尤其是移动互联网冲击最大的传统媒体，报纸广告4年连续下降，降幅越来越大，与2011年相比累计降幅达55%，报纸广告已经被腰斩。[②] 在平面媒体广告持续下降的同时，电视媒体广告也由增长转为下降，成为传统媒体广告出现负增长的主要因素之一。与此同时，网络广告市场规模持续大幅增长，2014年网络媒体广告首次超过电视广告，收入规模超过1500亿元，跃居媒体广告市场首位。[③] 2015年我国互联网广告市场规模达到2097

---

① CNNIC：第36次《中国互联网络发展状况统计报告》，中国经济网，http：//www.ce.cn/xwzx/gnsz/gdxw/201507/23/t20150723_6022843_3.shtml。

② 李淼：《去年传统媒体广告全线下降》，《中国新闻出版广电报》2016年2月5日。

③ 崔保国：《中国传媒产业发展报告（2015）》，社会科学文献出版社，2015，第6页。

亿元，同比增长 36.1%，占中国广告市场份额近 50%。[①]

总体来看，2015 年，互联网尤其是移动互联网进一步深度嵌入我国社会经济和民生生活之中，对传统媒体产生了更加深刻的革命性影响。媒体生态格局也呈现出以互联网为主导的大变局。

3. 传统媒体“ +互联网”转型模式鲜有市场成功案例

伴随新媒体的诞生，传统媒体跌跌撞撞转型和融合了 20 年，办过电子版、新闻网站，玩过 3D 报、4D 报、云报，试过手机报、二维码，装备过全媒体记者，设过官方微博微信号，也开发过新闻客户端交足了学费，却难见明显的成效。目前较为普遍的情况是新媒体项目大多成为“食之无味，弃之可惜”的鸡肋，投入很多，但产出很少，甚至成为严重耗蚀利润的一种拖累，没有一家传统媒体敢说自己成功了。这是为什么？根本原因就在于对互联网的理解和认识始终停留在表面，一直以来都是采用传统媒体思维本位主导的改良式发展模式，即“ +互联网”的新媒体转型与融合发展之道。2015 年，知名的坦帕全媒体新闻中心无法再融合发展下去，被迫拆开独立运行，一定程度上预示了以传统媒体思维为本位和主导的“ +互联网”旧模式最终也难逃失败的命运。改良式的“ +互联网”转型模式并不能让传统媒体重新回到主流媒体的位置。

（二）外推力：“互联网 +”国家战略行动计划的助推

2015 年 3 月，李克强总理在两会政府工作报告中，首次提出制定“互联网 +”国家行动计划，其本质是以互联网思维、运行逻辑和最新互联网技术改造运行效率低下的未互联网化的传统行业，促进传统行业与互联网进行化学反应式的颠覆式创新转型，使传统行业首先植入“互联网基因”，并与传统行业基因产生“生物性融合”，最终实现以互联网方式生存和发展的高效运行的新型传统行业。

“互联网 +”国家行动计划推出以来，各个传统行业加快“互联网 +”的转型步伐，更是让本身拥有“互联网基因”优势的互联网巨头有政策底气快速向传统行业渗透，大文化传媒娱乐业、传统媒体业也成为互联网巨头觊觎的

① 艾瑞咨询：《2015 年中国互联网年度热点洞察报告》，http：//www.199it.com/archives/428979.html。

传统行业。2015 年互联网巨头倒整合传统媒体的“倒媒体融合”现象频出。

互联网是最佳融合基础和平台。若传统媒体以开放、创新的心态积极拥抱互联网，以破釜沉舟的决心进行自我革命，根植互联网基因，从以传统媒体思维为本位的改良式“+互联网”转型模式向以互联网思维为主导的“互联网+”颠覆式转型模式的再转型，则依然能在互联网浪潮中找到立足之地。

二　从“+互联网”到“互联网+”传媒转型的现状

2015 年是传统媒体由以往“媒体+互联网”转型之路向“互联网+媒体”的再转型年，浙报传媒集团、上海报业集团和湖南广电集团三大传媒集团的“互联网+媒体”转型之路，呈现出更加清晰的特点和亮点。与此同时，以阿里巴巴为首的互联网巨头加快了倒整合传统媒体甚至大传媒业的“互联网+媒体”之“倒媒体融合”。

（一）传统媒体自行探索的“互联网+”传媒转型现状

1. 浙报传媒：以资本和服务为两大抓手，探索集团整体“互联网+”转型之道

浙报传媒集团从顶层入手，首先，秉承“传媒控制资本，资本壮大传媒”的发展理念，以资本战略要素作为集团整体转型的首要突破口，快速建构互联网新媒体的资本、技术、用户三大基础平台，弥补了互联网新媒体转型的短板；然后，以服务为互联网新媒体商业模式的突破口，探索和实践“新闻+服务”新商业模式，探索构建互联网为主导生态格局的新闻传媒、智慧服务、数字娱乐和文化产业投资“3+1 平台”的大传媒转型格局，形成了以资本和服务为两大抓手的“互联网+”集团整体转型之道。

首先，以集团之力打造资本大平台，快速建构资本、技术、用户三大互联网基础平台。第一步，打造资本运作平台，建立媒体融合的投融资机制。第二步，以资本平台打造技术研发平台，强化媒体融合的技术支撑。2015 年 4 月，浙报传媒以 70% 股权主控投资爱阅读公司，借此快速切入移动阅读领域，快速形成了一批浙报传媒所缺乏的新媒体技术服务项目和平台。2015 年浙报传媒拟增募资 20 亿元并全部用于“浙报传媒互联网数据中心及大数据交易中心项目”建设，进一步向大数据的新型传媒集团转型。第三步，以资本平台打造用户集聚

平台，构建媒体融合的生态基础。2015 年与话机世界签订战略合作协议，扩大公司浙江新闻 App 的推广渠道，增加用户数量，加上之前与腾讯合作建立的区域生活门户——大浙网，以及浙江区域最大的新闻门户——浙江在线，这些用户平台的建立，为浙报传媒集团推进媒体融合提供了关键用户基础。[①]

其次，以用户为中心、以服务为抓手，探索和实践“新闻 + 服务”垂直区域性媒体商业模式。以用户为中心，以服务为抓手，以数据库为内核，进行垂直领域和区域性的“新闻 + 服务”平台化媒体商业模式的探索，浙报传媒集团逐步构建起大数据、大传媒的“新闻 + 服务”战略构架：以新闻资讯、数字娱乐和智慧服务为三大主线。

2. 上海报业：以内部创业机制，自建互联网思维新媒体内容产品平台

2013 年 10 月 28 日，由原解放、文新两大报业集团合并重组的上海报业集团正式挂牌成立。自此，上海报业也拉开了与新兴媒体融合的序幕。

第一，上海报业集团推出整体的新媒体平台化转型战略计划。为了推动媒体融合，上海报业集团制定了基于平台化建设的总体新媒体发展战略，具体路径包括三个方面：一是改造老平台，升级三大报社原有网站，使其轻型化、个性化、移动化；二是借力成熟平台，与国内大型互联网公司合作，如与百度合作，在百度新闻上推出“上海频道”，打造“搜索上海的第一选择”；同时发力“两微一端”，全面布局移动互联网传播渠道；三是创建新平台，相继推出“上海观察”、“澎湃新闻”和“界面”三大“现象级”新媒体平台，构建内容生产核心竞争力。[②] 为具体落实三大平台化新媒体发展战略，上海报业集团设立了“新媒体中心”，报业集团则承担集中进行资产运作的责任，提供资金支撑。在上海报业集团的新媒体布局中“上海观察”“澎湃新闻”“界面”是被集团称为“现象级”的新媒体项目，这三个新媒体项目被集团寄予厚望，通过明星项目占领市场，同时让变革的新鲜血液流入，从而突破传统媒体的思维和体制的禁锢，欲打造成“平台级”的互联网产品，以期最终带领上海报业集团实现整体的“互联网 +”的转型。

---

① 徐园：《新闻 + 服务：浙报集团的媒体融合之道》，《传媒评论》2014 年 12 月 5 日。

② 王伟：《上海报业集团的创新、融合、转型之路》，人民网 – 传媒频道，http://media.people.com.cn/n/2015/0727/c397351-27365865.html。

第二，“互联网+”转型：以内部创业机制，自建内容新媒体产品平台。与浙报集团的“互联网+”整体转型之道所不同的是，上海报业集团在具体转型过程中采用的是以内部创业的微观创新机制，以探索基于互联网思维的三大“现象级”内容新媒体产品平台的微观转型为特色，以探索新的报媒转型投石问路之道。上海报业集团为了打造创新创业的内部环境，出台了内部创新创业扶持计划。

在实践运作中，“澎湃新闻”由《东方早报》团队运作，试图探索一套传统媒体和新兴媒体融合发展、一体化运作的新模式。《东方早报》原有各部门继续保留，并保证重要岗位的采编力量；“澎湃新闻”在各部门下设多个栏目小组（中国政库、中南海、打虎记、自贸区连线等），实行栏目主编负责制，服务于“澎湃新闻”各栏目。同一班记者人马，同时两边供稿，报网资源共享；两班编辑队伍，各自独立运作，应对不同载体的呈现需求。而“界面”则由于异于“澎湃新闻”的股权结构，从而自建一支实力强劲的管理、原创报道团队，他们曾参与创办《经济观察报》和《第一财经周刊》，团队骨干还来自《华尔街日报》中文网、《财富》中文版、《21世纪经济报道》、《南方周末》、财新传媒等；同时他们必须依靠业绩获得董事会的认可才能获得相应的奖励。

无疑上海报业走在我国媒体融合实践探索的前列，对其他传统媒体的互联网化转型升级起到了一定的示范作用。上海报业三个新媒体项目互联网化程度不断深入，实现“互联网+媒体”融合发展模式要求的层面越来越多，但要达到“互联网+”模式所需的颠覆式创新和互联网基因的真正植入，还有待突破。

3. 湖南广电：自建独立运营的新媒体平台，促“互联网+”传媒转型

2014年4月湖南广电集团将金鹰网和芒果TV整合为芒果TV网络视频平台，并以“独播战略”开启了湖南广电“互联网+”传媒转型的序幕。

一是以我为主的优质内容资源，自建独立运营新媒体平台。2014年4月，湖南广电把快乐阳光旗下的新媒体平台金鹰网和芒果TV整合升级为全新的芒果TV网络视频平台（简称芒果TV），成为国内首个具有广电背景的视频网站，拉开了进军互联网视频领域的序幕。为了支持芒果TV的发展，推动全平台视频业务进程，2014年5月，湖南广电提出“独播战略”。优质内容驱动平台战略效果显著，仅用一年多的时间，芒果TV就从之前注册用户不足20万的单一视频网站，发展至拥有包括PC端、移动端和Pad端的全平台，日均浏

览量从之前不足30万发展至日活跃用户逾3000万、用户峰值破6000万、日均视频播放量破8000万。此外，芒果TV互联网电视激活用户超过1100万；IPTV业务在湖南已经覆盖200万以上的家庭用户，人均单日观看时长3.2小时。① 除了流量和用户得到突飞猛进的增长，芒果TV的吸金能力也与日俱增，打通了广告系统对旗下多终端的多段覆盖，并推出了全新广告产品“灵犀”。数据显示，以“灵犀”为承载的互动广告点击率高达10%，远远超出行业一般水平，2015年，伊利、吴太感康、唯品会、紫竹药业、亚宝集团下丁桂、百雀羚、通用、雅诗兰黛、华润三九、奥妙等陆续以千万元级资金加入芒果TV重点独播综艺项目网络广告合作之列。

二是依托优质核心节目为新平台导流，打造芒果媒体生态圈。根据用户的个性化需要，设置如轮播频道、综艺频道、电视剧频道、电影频道、微电影频道等12个细分频道；在硬件方面，芒果TV网罗各大终端播放平台，大力发展终端业务，打造了一系列芒果家族产品。芒果TV联合三星、TCL、长虹等40多家软硬件公司推出多款互联网电视一体机；联合华为、百度、英菲克等公司推出芒果派、芒果嗨Q等自主机顶盒，其中芒果嗨Q上市半年销售量就超过了110万台；携手湖南有线打造“芒果TV专区”，覆盖湖南有线500万用户。此外，芒果TV还与支付宝、微信支付、银联等合作，开展了互联网金融服务等。芒果TV业务涵盖了网络视频、手机电视、IPTV和互联网电视等多个方向，而不再是单纯的湖南广电官方网站。这也宣示了湖南广电从被动式、单点式的“融合”，迈向了主动的、整体性的媒体融合之路。

除了上述三家代表性先驱性媒体，还有诸多传统媒体都开始走上“互联网+媒体”的新媒体转型及融合发展道路，并各有各的特点和亮点，如上海文广集团整合内部平台百视通和东方明珠成为统一的资本平台，以资本驱动优质内容版权数据库积累，以优质内容驱动用户入口，以带动整体转型升级；南方报业集团以品牌资源驱动新旧媒体一体化发展；苏州广电把手机客户端与本地服务完美结合，创造了被争先效仿的“无线苏州”模式等。各传统媒体根据自身的条件和特点，制定了新的媒体融合发展战略，并以技术引进、体制机

① 吕焕斌：《以我为主 建设新型主流媒体——湖南广播电视台“双平台”带动战略阐释》，《中国广播电视学刊》2016年第1期。

制改革、新媒体人才聘用等手段配套，推动了植入“互联网基因”的“互联网+”传媒转型的再转型与升级。传统媒体自身探索的“互联网+”转型取得了良好的阶段性成果。

（二）互联网巨头倒整合传统媒体的“互联网+”传媒转型现状

回溯2015年“互联网+”背景下传统媒体的转型之路，发现正当传统媒体近年来为捍卫互联网咄咄逼人态势下的生存权，向“互联网+媒体”转型而投石问路之时，以阿里巴巴为首的互联网巨头加快了倒整合传统媒体甚至大传媒业的“互联网+媒体”传媒转型。

2015年作为中国互联网三大巨头之一的阿里巴巴集团对传媒业包括传统媒体进行了较为密集的倒整合的一系列参股投资行为。

互联网巨头以资本和技术为内在支撑，携外在的巨型平台和用户资源，用资金和技术整合媒体，采取各种手段进军乃至整合传统媒体机构进行跨界融合，互联网巨头成为“互联网+媒体”新型媒体融合发展模式的“主发起者”，与长期以来由传统媒体主发起和主导的“以老推新”的“常规”型媒体融合路径截然相反，呈现出“反常规”的“倒媒体融合”现象，这种现象在PC互联网时代就曾出现过。近年来，伴随移动互联网逐步进入快速变迁阶段，互联网整合传统媒体的“倒媒体融合”现象开始频频发生，甚至有观点认为传媒业已进入“倒整合”时代。[①]“倒整合”在世界范围内成为潮流。自2013年10月亚马逊创始人杰夫·贝索斯以2.5亿美元收购华盛顿邮报公司旗下包括《华盛顿邮报》在内的报纸业务以来，通过近2年的改造和整合，《华盛顿邮报》这家新闻机构被注入新的活力，显现出良好的发展势头，[②] 2015年国外互联网巨头苹果、谷歌、Facebook等纷纷寻求与传统媒体合作，搭建“平台型媒体”。[③]

---

① 郭全中：《传媒业迎来“倒整合”时代》，新华网，http://news.xinhuanet.com/newmedia/2013-08/20/c_125208626.htm。

② 郭全中：《2015年传媒经营回顾　互联网媒体成传媒业市场主导力量》，《青年记者》2015年12月下。

③ 张志安、曾子瑾：《从“媒体平台”到“平台媒体”——海外互联网巨头的新闻创新及启示》，《新闻记者》2016年第1期。

三　传统媒体“互联网＋”转型存在的主要问题

在内有生存压力、外有国家政策推动和互联网巨头倒整合传统媒体的现实情形下，上述三家代表型传媒集团率先开始反思以往以传统媒体思维为逻辑本位的“媒体＋互联网”转型模式，率先尝试向基于互联网思维和运行逻辑为主导的“互联网＋媒体”模式转型，各自基于对互联网运行规律和发展趋势的认知和判断，以各自不同的具体切入口尝试“互联网＋”的再转型探索，并呈现出具体的特色和亮点，也取得了阶段性的成效，但与真正的“互联网＋媒体”转型要求尚有较大的现实差距，与具有强大经济实力、传播力、引导力、影响力、公信力的新型主流媒体（集团）的最终转型目标相差更远。

一是对于浙报传媒集团而言，应该说基于互联网快速变迁时代运行逻辑的资本平台型和服务投问路的方式，取得了良好的阶段性“互联网＋”传媒转型效果。但浙报传媒集团现阶段的“互联网＋”也存在着阶段性问题，与其战略目标尚有一定的差距：浙报传媒集团的传媒转型目标为“互联网＋传媒集团”，即互联网枢纽型传媒集团，现阶段其在互联网枢纽型探索方面取得了阶段性成就，但在新型传媒集团的主业探索方面，尚有不足，如在其新闻传媒、智慧服务、数字娱乐和文化产业投资“3＋1”平台大传媒格局中，最弱的是作为主业的新闻传媒以及作为互联网枢纽型新闻传媒“三圈环流”战略格局的核心圈，如“浙江新闻”移动客户端、新版浙江手机报、浙江在线新闻网站和视频新闻为核心圈的浙江权威新媒体平台的建设尚未达到预期目标，表现在互联网业务突飞猛进，而传统主业却逐年下滑。传媒主业的成功转型是传媒集团转型的最终目标，浙报传媒集团的互联网新闻传媒主业不强，是其下一阶段亟待解决的突出问题。与此同时，其传媒转型思路是“内部转型、外部扩张、孵化未来”，后两者目前取得了令人瞩目的成绩，打造了较完整的外部生态圈，但“内部转型”尚未看到明显的效果，这些问题都是下一阶段要重点突破的问题。

二是对于上海报业集团而言，这一“互联网＋”转型模式只是微观层面的局部性转型，上海报业集团旗下的新媒体项目目前尚未完全打开市场局面，尚存在着一些需要进一步突破的现实问题和必须应对的现实挑战：原创新媒体内容产品平台虽然相对大多数传统媒体的内容数字化转型沿用的“旧酒”装“新瓶”的“媒体+互联网”模式有了较大的形式上的改进，即用共性的“新酒”装“新瓶”的“互联网+媒体”内容转型模式，只在某些表层上实现了“互联网+”转型，如用户思维的运用、内容呈现形态的个性化、多元盈利模式的探索等，但总体上仍然没有真正植入互联网基因，传统媒体基因依然起着主导作用。

三是芒果TV实现了真正的“互联网+媒体”转型吗？现在还不能妄下定论。首先，虽然与其他广电集团的新媒体平台相比，芒果TV的确居于前列，但与互联网视频巨头相比还是有一定的距离，芒果TV并没有改变视频网站排名格局。“独播战略”让芒果TV在短时间内得到了迅猛发展，但这也成为它的短板。芒果TV过度依赖阶段性综艺节目，导致它的流量随着节目的上档下档波动变化。因此，仅仅依靠自家的节目，难以支撑起芒果TV的流量，也无法与其他聚合型的视频网站相抗衡。其次，技术短板在短时间内难以补齐，在操作体验、播放流畅度等方面有待大幅提升，且技术人员配比严重失调。另外，在盈利模式方面，芒果TV主要依靠广告收入，且招商能力还有限，会员收入和点播收入占比小，整体上对背后的湖南卫视依赖性很大。总之，湖南广电融合发展要实现真正的“互联网+”转型目标，需要从根本上转变电视基因为互联网基因，打造完整的互联网平台生态格局，还需更进一步。

四　传统媒体“互联网+”全面转型的对策

（一）理解移动互联网时代“互联网+”传媒转型模式的本质

伴随着移动互联网广泛而深入的应用，时至今日，互联网不再是一个“虚拟世界”，它像水、电一样已成为社会不可缺少的基础设施。互联网所指代的意义，早已不仅仅是站在传媒、零售、金融、教育、旅游出行等传统行业竞争边界的“野蛮人”，更应是一种融入传统行业的血液和基因的思维方式。互联网思维体系主要包括用户思维、大数据思维、简约思维、极致思维、迭代思维、流量思维、社会化思维、平台思维、跨界思维等九大思维。这些互联网思维体系是互联网行业和互联网人“打劫”传统行业（包括传媒业）的制胜法宝。

“互联网＋”传媒转型，首先需要传统媒体人从上而下、由外而内，媒体价值链的每个环节都树立上述互联网思维，将其置入每个传媒人的血液之中，然后，以互联网运行逻辑整体设计从内容生产、发布平台到商业模式、业态、体制机制等战略层面和具体操作层面的转型路径、方式。

（二）全方位练内功：从“＋互联网”到“互联网＋”的颠覆式创新转型

目前业界对“互联网＋媒体”融合发展模式还处于初步探索中，处于从“＋互联网”到“互联网＋”的过渡阶段，不同媒体集团在不同层面运用互联网思维进行转型升级，还没有完全用“互联网＋媒体”的融合发展模式转型的成功案例。历经二十多年融合实践未取得实质性成效的传统媒体，逐渐转变了对互联网的认识，从“工具论”“渠道论”“业务论”等过渡到“系统论”，意识到互联网不仅仅是平台和工具，还是观念、思路、方式和手段的系统，是一种能重构传媒新业态的巨大力量。

从实践角度来看，传统媒体要完成从“＋互联网”到“互联网＋”的颠覆式变革，就务必在传统媒体集团的战略层面，将基于传统媒体主导的“以老推新”的“媒体＋互联网”的传统媒体融合发展战略，变革为基于以互联网为主导的“强新拉老”的媒体融合发展战略，务必由上而下、由外而内地全方位地变革不适应互联网运行逻辑的“媒体＋互联网”融合发展模式和道路。

（三）携外力：拥抱互联网巨头，快速弥补传统媒体的“互联网基因”短板

传统媒体的新媒体业务转型二十多年来，因缺乏巨量资本的后盾支持，使得其互联网技术创新总是滞后于互联网巨头，导致技术创新驱动的用户连接失效，这是传统媒体新媒体业务转型陷入困境的主要根源。同时，依靠对网络用户的基础服务业务（包括新闻资讯和音视频）的免费共享而吸引巨量用户流量换取网络二次售卖的资本，是互联网的基本商业运行逻辑，这需要巨量资本的长期支持，而逐步陷入生存困境的传统媒体，是很难承担长期的新媒体内容

免费带来的“烧钱”损失的。此外，传统媒体集团因体制或战略的限制，缺乏天然的“互联网基因”，即缺乏强大的资本资源、持续技术创新能力以及有效连接用户的巨大平台，而这三点都是互联网巨头新媒体所拥有的优势资源。

伴随移动互联网发展进入基于“互联网+”产业跨界融合阶段，2015 年移动互联网经济的主战场转入基于本地化位置的 OTO 服务，区域性传统媒体独特的本地化内容资源价值和公信力资源再次成为互联网巨头所缺乏的社会稀缺品，得到了海外互联网巨头的价值重估，如移动互联网金融的大规模商业运用需要强大的原创财经资讯供应能力的有力支撑；城市一站式线上线下生活服务需要来自城市生活新闻资讯的有力支撑；移动互联网巨头短期内难以建立这些优质内容资源，反而大大提升了传统媒体的内容资源价值，强化了移动互联网巨头以资本参股方式迅速切入传统媒体内容资源的现实动力，并给予传统媒体较高的资本估值。

展望 2016 年，移动互联网广告和电商的发展趋势是逐步向下沉，垂直性的本地化的生活服务和社交化将是重要发展趋势之一，拥有本地化全媒体资源和地方行业资源的传统媒体将迎来发展机遇期。然而，传统媒体天然地缺乏“互联网基因”——资本、技术（用户连接能力）、用户资源，基于共同的战略转型目标和优势资源互补，传统媒体与互联网巨头合作将是双赢格局。

传 播 篇

Communication Research

B.18

中国云传播发展报告*

李卫东　陈文泰**

摘　要：　随着云计算、大数据、移动互联网、物联网和智慧城市等技术的不断发展和普及，云传播逐步成为传统媒体和新媒体转型升级的共同选择。开放平台作为云传播的支撑平台，能够连接互联网与移动互联网中的“信息孤岛”，实现网络空间的信息资源共享。本报告梳理了我国云传播的发展状况，分析了云传播发展的基本趋势，提出了我国云传播未来发展的对策建议。

关键词：　云传播　新媒体应用　开放平台

* 本文系教育部人文社会科学规划基金项目“大数据环境下移动社交网络治理体制研究”部分研究成果（编号：4YJA860007）。

** 李卫东，华中科技大学新闻与信息传播学院副教授、博士生导师、国家认证系统分析师；陈文泰，华中科技大学新闻与信息传播学院博士生。

引　言

近年来，随着云计算、大数据、移动互联网、物联网和智慧城市等技术的不断发展和普及，云传播逐步成为传统媒体和新媒体转型升级的共同选择。云传播可看作一个基于云计算的社会信息系统，其传播机制是“共享”，以“云服务”为传播媒介，其传播过程主要在云端完成。① 云传播具有更强的自动化、更强的智能化和更强的个性化特征，具有移动性、位置性、泛在性、实时性和大数据性等革命性特征。② 开放平台作为云传播的支撑平台，是平台服务商邀请其他企业或用户在现有平台上构建应用程序的一种方式，其开放的内容包括开放客户和产品数据，开放功能和服务，开放应用程序接口和源代码三个层次。但我国云传播发展到了什么程度，如何把握云传播发展的趋势，如何更好地推进云传播的发展？这是当前必须认清的基本形势，事关传统媒体和新媒体融合的大局，事关网络安全和信息化建设的整体布局。本报告具有显著的现实意义。

一　中国云传播发展概况

由于新型信息技术颠覆了传统的线性、单一的社会结构和形态，要在新形势下的竞争中占据优势，了解和掌握新型信息技术就尤为重要。云计算作为一种新型计算模式，能替代传统的计算模式，近年来发展迅速，已经广泛适用于我国信息产业当中。据统计，2010 年我国云计算产值仅为 167.3 亿元，随着移动互联网的发展，电子产品制造业、软件和信息服务业对云计算产业的需求度不断提高，2014 年云计算产业规模达到 1189.6 亿元，环比增长率达 96%，预计 2015 年其产业发展将达到 1680 亿元。③ 2015 年，企业对于云计算和大数据这两类新技术有所认知的比例分别为 58.0% 和 52.7%，已采用或计划采用

① 李卫东、张昆：《云传播的概念模型和运行机制》，《当代传播》2016 年第 1 期。

② 李卫东：《云传播：信息传播新模式》，中国社会科学网，2014 年 2 月 13 日。

③ 速途研究院：《2015 年云计算产业报告》，http：//www.sootoo.com/content/655725.shtml。

相关技术的比例分别为14.7%和12.6%（见图1），读者可以发现，企业对新技术发展和使用愈发关注。①

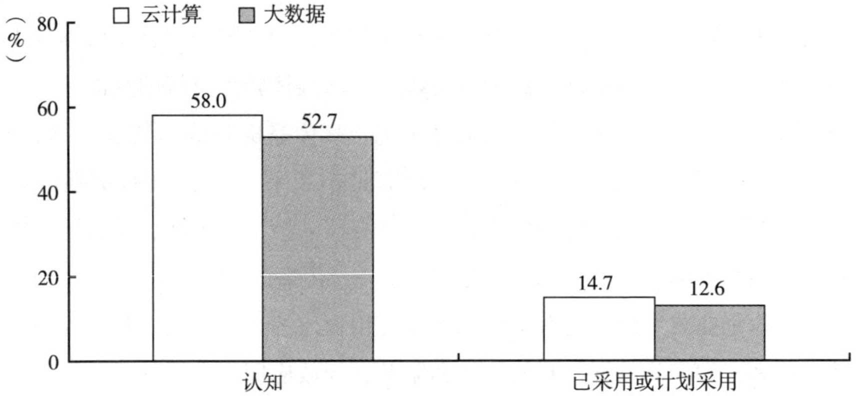

图1　企业对新技术的认知和采用情况

作为一种新型人类信息传播模式，云传播的发展需要借助大数据、云计算等先进信息技术作为支撑，实现传播过程中云端信息的储存、共享和云服务的使用，以促进媒体的创新和融合发展。对于云服务，截至2015年12月，有68.8%的企业听说过云服务，但仅有15.2%的企业使用过云服务。② 通过统计数据可以看出，企业对于云服务的了解和使用还处于初级探索阶段。

移动互联网时代传统媒体和新媒体主要是通过公共云与专有云两种渠道提供相关云服务。公共云是指基础设施由某一组织所有，面向公众或某一行业提供云计算服务的部署模式。③ 在我国较大的公共云平台主要包括阿里云、腾讯云和百度云等大型互联网企业，也包括世纪互联、Ucloud以及华云数据等专业云技术公司。专有云是指将云基础设施与软硬件资源部署在内网中，供机构或企业内各部门使用的云计算部署模式。④ 媒体及企业在专有云平台的建设上往

① 中国互联网络信息中心：第37次《中国互联网络发展状况统计报告》，2016年1月。

② 中国互联网络信息中心：第37次《中国互联网络发展状况统计报告》，2016年1月。

③ 中国信息通信研究院：《2015年中国公共云发展调查报告》，http://www.catr.cn/kxyj/qwfb/bps/201509/P020150910332584376475.pdf。

④ 中国信息通信研究院：《2015年中国专有云发展调查报告》，http://www.catr.cn/kxyj/qwfb/bps/201509/P020150910332823414235.pdf。

往是采取软硬件集体采购的方式进行自身专有云的部署，之后在其内部开放平台上进行开放，实现系统内资源的共享。

云服务是基于云计算提供的各类在线服务，主要包括软件即服务（SaaS）、平台即服务（PaaS）、构架即服务（IaaS）、Web 服务和按需计算等，[①] 企业和用户以及第三方应用可以根据自身需求选择不同的云服务进行云平台上的活动。在公共云平台上，媒体往往将平台即服务（PaaS）的云服务方式作为自身在公共云上开展云传播的具体方式。微信公众号及微博作为典型的平台，其服务都在云端完成，媒体、用户以及各种第三方应用通过公共云开放平台进行信息数据和应用的收集与接入，起到沟通和服务用户及窗口的作用，本质是平台上信息和服务的资源共享。截止到 2016 年 1 月，微信是我国活跃用户数量最多的移动应用，月活跃用户数量高达6.21亿，[②] 已经成为人们生活中的重要组成部分，平均每天打开 10 次以上的用户达到 55.2%，近八成用户关注了微信公众号，[③] 表明在公共云开放平台中，云服务能够满足用户的需求，提高使用黏度，对于提高媒介及应用的影响力有巨大的帮助。

根据新媒体应用模式的基本类型，本研究主要从开放平台视角，对信息获取、互动交流、电子商务与视频娱乐四类新媒体应用的云传播发展状况进行梳理和分析。

二　信息获取类应用的云传播发展

（一）开放平台的发展状况

根据易观智库以移动应用使用活跃人数为标准发布的 2016 年 1 月移动 App 排行榜为排名依据，笔者统计了我国各新闻客户端平台开放情况。在移动新闻应用排名前十中，传统门户网站开设的新闻客户端占 7 个，内容聚合类新

① 〔美〕迈克尔·米勒：《云计算》，姜进磊等译，机械工业出版社，2009。

② 易观智库：《2016 年 1 月移动 APP 排行榜 TOP500》，http://www.wtoutiao.com/p/18cqcow.html。

③ 《企鹅智酷丨解密微信：微信平台首份数据研究报告》，http://tech.qq.com/a/20150127/018482.htm#p=1。

闻客户端占 2 个，而传统媒体进行数字移动转型设立的新闻客户端只有人民日报一家，排名第十（见表 1）。①

表 1　信息获取类应用开放状况

单位：万人

排名	应用名称	活跃用户排名	2016 年 1 月活跃用户数	API 接口开放情况					
				是否支持一键登录	是否支持一键分享	是否提供位置服务	是否提供信息同步	是否支持评论转发	是否提供兴趣推荐
1	腾讯新闻	14	12093.5	是	是	是	是	是	是
2	今日头条	20	9373.1	是	是	是	是	是	是
3	搜狐新闻	23	8695.1	是	是	是	是	是	是
4	网易新闻	29	6199.6	是	是	是	是	是	是
5	凤凰新闻	52	3203.4	是	是	是	是	是	是
6	新浪新闻	58	3037.6	是	是	是	是	是	是
7	百度新闻	80	1952.5	是	是	是	是	是	是
8	一点资讯	134	1026.1	是	是	是	是	是	是
9	天天快报	267	385.8	是	是	是	是	是	是
10	人民日报	279	364.5	是	是	是	是	是	否

通过统计可以发现，在活跃用户数前 100 名的移动应用中，移动新闻客户端占了 7 个，表明用户通过使用新闻客户端来获取新闻信息是其进行网络活动的重要组成部分，活跃人数大多超过 1000 万，其中腾讯新闻的月活跃用户达 1.2 亿人，在整个移动应用活跃用户排行中排在第 14 位。排名前十的移动新闻客户端发展中均采取云传播战略，开放了自身的 API，第三方程序接入可以使用户通过接入应用的账号进行登录，实现超级账号一键登录，用户信息云端储存，避免了用户在使用过程中重复注册、方便管理的麻烦。通过开放 API，用户在使用时可以对自己所感兴趣的内容进行评论、分享，并且通过 LBS（基于位置服务）可以获取自身所在位置周边的信息。基于云计算和大数据技术的兴趣推荐是根据用户平时的浏览阅读习惯，通过相应的算法为用户推送其可

① 易观智库：《2016 年 1 月移动 APP 排行榜 TOP500》，http：//www.wtoutiao.com/p/18cqcow.html。

能感兴趣的新闻信息，在移动新闻应用前十名中，除了人民日报没有提供兴趣推荐服务，其他九个新闻应用均提供兴趣推荐服务，满足用户在使用过程中的相关需求，有效提高了客户端自身的用户黏性。值得一提的是，相对于传统门户网站建立的新闻客户端，今日头条和一点资讯作为我国聚合类新闻客户端的代表，正是由于通过对用户信息行为的数据挖掘，为其分发相应信息，在近两年发展迅猛。而它们的迅猛发展也证明了在移动互联网竞争中，如果能够短时间内为用户提供最优质服务，就能够有效占领市场，提高自身竞争力。

（二）公共云平台使用状况

从我国活跃用户数前 10 名的移动新闻应用公共云平台的发展状况来看，除腾讯新闻外，其余 9 个移动应用均开设了微信公众号；就易信公众号开通的情况而言，今日头条、搜狐新闻、网易新闻和一点资讯有相应的公众账号，其中只有网易新闻在易信公众账号上进行新闻信息的发布和更新，其余 3 个新闻应用仅仅是开通账号，并没有进行日常的运营和维护；在官方认证的新浪微博运营上，除聚合类资讯应用天天快报外，其余 9 个应用均注册了新浪微博，其中有 7 个应用的官方微博粉丝数达到百万，人民日报官方微博更是高达 4500 万；在腾讯微博的运营上，新浪新闻和天天快报没有开通自身的腾讯微博；而在头条号的开设上，活跃量排名前十的信息获取类移动应用除今日头条作为头条号的支持平台外均未开设自身头条号（见表 2）。通过移动新闻应用在各个公共云平台的发展来看，移动新闻应用对自身微信公众号、新浪微博和腾讯微博的发展更加重视，表明信息获取类移动应用已经开始借助公众云平台的巨大影响力和用户流量资源为自身提供更好的传播渠道。此外，头条号作为媒体、自媒体的信息发布平台，与各类信息获取类应用的功能及服务存在重合，各信息获取类应用对于头条号的重视程度稍有欠缺。通过统计可以发现，在公共云平台中，微信和微博是各信息获取类移动应用使用云服务的主要渠道。截止到 2015 年 12 月 31 日，我国报纸微信公众号有 1455 个，电视公众号有 657 个，广播类公众号有 529 个，[①] 可以看出，报纸、电视和广播作为传播媒体的代表，也已经开始借助云服务进行自身的数字转型和融合发展。

① http：//www. gsdata. cn/rank/detail？ gid =0。

表 2　信息获取类应用公共云平台发展状况

排名	应用名称	活跃用户排名	2016 年 1 月活跃用户数（万人）	是否开通微信公众号	是否开通易信公众号	是否开通新浪微博	新浪微博粉丝数量(人)	是否开通腾讯微博	腾讯微博粉丝数量(人)	是否开通头条号
1	腾讯新闻	14	12093.5	否	否	是	305359	是	10371237	否
2	今日头条	20	9373.1	是	是	是	4514918	是	367447	是
3	搜狐新闻	23	8695.1	是	是	是	1136853	是	180018	否
4	网易新闻	29	6199.6	是	是	是	2105981	是	14080	否
5	凤凰新闻	52	3203.4	是	否	是	1383838	是	81833	否
6	新浪新闻	58	3037.6	是	否	是	8293463	否	N/A	否
7	百度新闻	80	1952.5	是	否	是	316377	是	456878	否
8	一点资讯	134	1026.1	是	是	是	1271366	是	40760	否
9	天天快报	267	385.8	是	否	否	N/A	否	N/A	否
10	人民日报	279	364.5	是	否	是	45237904	是	16213001	否

注：报告中对于新浪微博及腾讯微博粉丝数量统计数据均截止到 2016 年 3 月 20 日。

（三）专有云平台建设状况

专有云不仅为移动新闻应用提供了内容、渠道的支撑，对传统媒体自身业务形态的转型也发挥着重要作用。《京华时报》通过将传统报纸与新媒体结合，在 2012 年推出云报纸这一全新的产品形态，其原理是将传统形态报纸作为一个终端接口，在终端背后架有云服务器，为终端提供与之相对应的各种云信息，人们在观看报纸时可以通过手机对报纸进行拍照，通过图像识别技术调取云端与之对应的信息，既满足了在观看报纸中新闻资讯的延伸，又满足了对信息立体整合的需要。云报纸作为传统纸媒转型探索中的尝试，在业内引发共鸣，2013 年全国 60 余家媒体在北京启动成立了全国云报纸技术应用平台，其中 29 家全国主流报纸签约该平台，① 在该平台上读者可以获取所有的共享信息，平台成员媒体也可以通过平台互联网接口得到整个云端收集、分析到的数据，为自身内容生产、广告分发、电子商务的发展提供强有力的支撑。在广播领域，2015 年中央人民广播电台和中国科学院携手建立中国广播云平台，改变传

① 《全国云报纸技术应用平台启动 29 家主流纸媒签约》，人民网，http://media.people.com.cn/n/2013/0520/c40606-21535841.html。

统的采编系统和模式，通过云计算、大数据、智能检索技术将中国广播云平台打造成全国广播的资源库，打通广播电台间的壁垒，使得全国广播媒体都可以进行资源共享，通过云端进行资源整合，促进广播行业的转型。除各中央媒体进行专有云的建设外，地方媒体也都对专有云平台的搭建进行了探索。“长江云”是湖北卫视打造的一款信息获取类移动应用，依托自身新闻、广电相关信息资源，并与政府相关部门及腾讯进行合作，汇聚27个厅局的40多个移动端产品及服务，搭建的自身专有云平台。该平台不仅为用户提供各类新闻信息，视频直播、点播，还可以满足用户对于各类公共服务的需要，形成一个集新闻、政务为一体的互动平台，实现新闻信息与政务服务的公开和共享，成为服务群众的便民“掌中宝”。

三　互动交流类应用的云传播发展

移动社交类网络应用随着移动互联网浪潮的推动呈现出强劲的发展势头，越来越多的社交产品通过兴趣、位置、通信等方式深耕包括即时通信、娱乐、私密、职场、匿名以及婚恋等多种内容，形成一种社交多元、垂直细分的态势。

（一）开放平台的发展状况

2015年微信白皮书显示，2015年9月微信月平均登录用户为5.7亿人次，日活跃用户从2014年的49%提高到64%，[①] 微信公众平台上的公众号已经成为微信的主要服务之一，近八成用户关注了微信公众号。截至2015年9月，新浪微博月活跃人数也已达到2.12亿，较2014年同期相比增长48%；日活跃用户达到1亿，较2014年同期增长30%。[②] 数据表明，微信、微博已由传统的互动交流类应用逐渐转变为一种平台化的应用。面对微信、微博平台化的趋势，以陌陌、YY、人人网为代表的互动交流类应用通过对自身定位的重塑，从位置私密社交、视频娱乐社交和熟人实名社交的角度进行差异化竞争，形成在本领域内的竞争优势。

① 腾讯公布2015年最详细的微信白皮书，http://mt.sohu.com/20151024/n424061830.shtml。

② 新浪微博数据中心：《2015年度微博用户发展报告》。

在平台开放方面，陌陌、QQ 空间、YY、旺信、人人网客户端都开放了自身的数据接口供第三方应用接入，可使第三方应用通过开放的 API 获取用户阅读及使用信息、接入自身应用程序等。用户也可以通过接入的应用程序满足自身评论分享、内容搜索、位置定位等需求。除 QQ 空间以外，其他四个应用还接入支付功能，方便用户及时应用在移动生活中的相关服务，并且可以帮助完善自身业务的闭环构建（见表 3）。

表 3　互动交流类应用开放状况

应用名称	API 接口开放情况					
	是否支持一键登录	是否提供位置服务	是否提供支付功能	是否支持分享收藏	是否提供用户数据	是否提供搜索服务
陌陌	是	是	是	是	是	是
QQ 空间	否	是	否	是	是	是
YY	否	是	是	是	是	是
旺信	是	是	是	是	是	是
人人网	是	是	是	是	是	是

陌陌作为位置、匿名类互动交流的网络应用，其最大的特点就是专注于位置服务。有别于微信和微博，陌陌的社交模式通过 GPS 技术来对用户地理位置和周围的陌生人进行定位，通过精准的定位建立联系并将自身游戏中心打造成为开放平台，为开发者提供移动社交用户量并接入 SDK 系统，实现开发和运营的平台化。通过平台化的发展，陌陌已经成为我国位置、匿名类移动社交领域中最有影响力的应用产品。社区类应用在进行移动社交转型中同样采取云传播的方式进行自身的转型，如豆瓣在其移动端添加了即时讨论的功能，为有共同兴趣而产生交集的用户提供交流的平台，强化了社交关系，并通过开放 API 接口使开发者接入豆瓣社区、读书、电影、音乐、同城中的信息内容和用户资源等。

（二）公共云平台使用状况

互动交流类移动应用本身具有平台的功能，通过对自身平台的开放就可以为用户提供云服务，互动交流类移动应用在公共云平台的建设中，投入较少精力。在微信公众号开设上，陌陌和旺信没有开设自身的微信公众号，而 QQ 空间、YY 和人人网虽开设了微信公众号，但在运营上并没有投入过多精力，每天的推送和文章浏览量较低；在易信公众号开设上，除人人网外，其余4个互动交流类移动应用均未开设；在新浪微博平台上，YY 没有认证自身的官方微博，其余四个应用均认证了官方微博，但除陌陌在微博上投入一定精力进行运营和宣传外，其余应用较少将精力放在其中，更多的是聚焦于自身产品的平台打造和开放；QQ 空间依托自身腾讯出品的优势，在腾讯微博中有较强影响力，粉丝达到3351万，而陌陌、YY 和旺信没有开通腾讯微博；在头条号的开设上，仅陌陌一个应用创建了头条号，能够在今日头条的平台上发出自己的声音（见表4）。

表4　互动交流类应用公共云平台使用状况

单位：人

排名	应用名称	是否开通微信公众号	是否开通易信公众号	是否开通新浪微博	新浪微博粉丝数量	是否开通腾讯微博	腾讯微博粉丝数量	是否开通头条号
1	陌陌	否	否	是	7154591	否	N/A	是
2	QQ 空间	是	否	是	24133	是	33512672	否
3	YY	是	否	否	N/A	否	N/A	否
4	旺信	否	否	是	8093	否	N/A	否
5	人人网	是	是	是	960709	是	18301	否

注：根据2016年1月移动社交类活跃用户数进行排行统计，由于微信、QQ 空间和微博平台化趋势明显，故未将其纳入统计当中。

四　电子商务类应用的云传播发展

通过分析2016年1月电子商务移动应用活跃人数排行前十名的情况可以看出，淘宝和京东作为传统 C2C 和 B2C 的行业龙头，在移动应用方面领先于其他电商。从类型上看有6个应用属于传统的 C2C、B2C 电子商务模式，4个应用属于本地生活服务（O2O）类，表明作为电子商务的一种形式，本地生活服务（O2O）随着云计算技术的普及，近两年来发展迅猛，涵盖团购、出行、美食等方面，线上消费、线下体验的方式也受到了广大用户的认可。

（一）开放平台的发展状况

从我国电子商务类应用的开放情况可以看出，在登录方面，淘宝、天猫和滴滴出行，不支持超级账号一键登录，没有开放登录 API；在位置应用接口上，楚楚街作为以特卖为主的移动电商平台没有将位置信息作为其开放的内容；除滴滴出行作为出行类的 O2O 移动应用没有开通分享收藏和兴趣推荐的开放接口外，排名前十的其他所有电子商务移动应用对于用户数据、分享收藏、兴趣推荐和支付功能都进行了不同层次的开放（见表 5）。在满足用户网购需求的同时，电子商务移动应用还能够使第三方应用或平台的服务商接入自身开放平台，获取用户浏览、购买行为的数据深度分析，以便制定更好的营销和发展策略，提高业务效率。

表 5　电子商务类应用开放状况

单位：万人

排名	应用名称	活跃用户排名	2016 年 1 月活跃用户数	API 接口开放情况					
				是否支持一键登录	是否提供位置服务	是否提供支付功能	是否支持分享收藏	是否提供用户数据	是否提供兴趣推荐
1	淘宝	5	15470.1	否	是	是	是	是	是
2	大众点评	45	4330.2	是	是	是	是	是	是
3	京东	47	4011.2	是	是	是	是	是	是
4	美团	48	3930.9	是	是	是	是	是	是
5	唯品会	54	3109.5	是	是	是	是	是	是
6	天猫	60	2971.8	否	是	是	是	是	是
7	滴滴出行	81	1908.9	否	是	是	否	是	否
8	美丽说	89	1693.5	是	是	是	是	是	是
9	百度糯米	105	1366.0	是	是	是	是	是	是
10	楚楚街	112	1282.2	是	否	是	是	是	是

（二）公共云平台使用状况

在公共云平台的使用中，活跃用户量排名前十位的电子商务类应用都开设了自己的微信公众号和认证官方微博（新浪微博），除大众点评和楚楚街外，其余应用官方微博粉丝数都达百万级别，天猫官方微博粉丝数量更是达到

1145 万；在易信公众号开设上，仅有京东、大众点评、唯品会和美丽说开通了易信公众号，但并未对公众号进行较好的运营和维护，内容信息更新不够及时；除滴滴出行和百度糯米外，其余 8 个电子商务类应用还在腾讯微博上开通自身官方微博，其中美丽说拥有 1852 万粉丝，表明其相当重视自身公众云平台的发展；值得一提的是，头条号作为信息发布与获取类的公共云平台，用户活跃量前五的电子商务类移动应用均未开通头条号（见表 6）。通过数据表明，电子商务类应用十分重视自身在公共云平台上的传播，通过在公共云平台上用户流量的大量聚集，提高用户黏性度，进而促进用户的购买行为。此外，是否充分利用各类公共云平台也是电子商务类移动应用在发展中要考虑的问题。

表 6　电子商务类应用公共云平台使用状况

单位：人

排名	应用名称	是否开通微信公众号	是否开通易信公众号	是否开通新浪微博	新浪微博粉丝数量	是否开通腾讯微博	腾讯微博粉丝数量	是否开通头条号
1	淘宝	是	否	是	4898236	是	268794	否
2	大众点评	是	是	是	152400	是	390183	否
3	京东	是	是	是	4001900	是	139328	否
4	美团	是	否	是	2871073	是	1465701	否
5	唯品会	是	是	是	6241177	是	184246	否
6	天猫	是	否	是	11449270	是	1136722	否
7	滴滴出行	是	否	是	1167741	否	N/A	否
8	美丽说	是	是	是	5534058	是	18524900	否
9	百度糯米	是	否	是	2513151	否	N/A	否
10	楚楚街	是	否	是	71380	是	3068357	否

五　视频娱乐类应用的云传播发展

（一）开放平台的发展状况

在开放程度上腾讯视频、爱奇艺、优酷视频、搜狐视频以及乐视视频接入微信、QQ 空间以及微博的登录接口，可以使用户通过社交应用账号进行登录，并且能够将用户信息、观看记录、评论分享记录等信息储存在云端，用户无论何时通过任何终端都可及时调出自己的相关信息与记录；五大应用都开放了视频托管和嵌入的数据接口，视频托管保证了无论是机构还是个人在上传视频后，视频信息即刻上传至云端，在线用户均可进行观看，实现视频资源的共享；而视频嵌入接口则能够将云端视频资源嵌入接口接入开放平台的第三方应用，提高接入应用的信息内容呈现效果，通过音频、视频、H5 等方式可以改变应用风格，易被用户接受（见表 7）。

表 7　视频娱乐类应用开放状况

单位：万人

排名	应用名称	活跃用户排名	2016 年 1 月活跃用户数	API 接口开放情况						
				是否提供一键登录	是否支持视频嵌入	是否提供视频托管	是否提供评论分享	是否支持云端储存	是否提供用户数据	是否提供兴趣推荐
1	腾讯视频	6	14362.2	是	是	是	是	是	是	是
2	爱奇艺	7	14129.7	是	是	是	是	是	是	是
3	优酷视频	10	13504.2	是	是	是	是	是	是	是
4	搜狐视频	24	8234.0	是	是	是	是	是	是	是
5	乐视视频	34	5647.7	是	是	是	是	是	是	是

（二）公共云平台使用状况

在公共云平台的使用中，活跃用户数量排名前五的视频娱乐移动应用均开通了微信公众账号、新浪微博和腾讯微博，其中 5 个应用新浪微博粉丝数量均达到百万以上，腾讯视频依托腾讯优势，在腾讯微博中拥有 2331 万粉丝，有较强的影响力；此外，优酷、搜狐和乐视视频还开通了易信公众号；在头条号的使用中，爱奇艺和乐视视频开通了头条号，可以依托信息内容公共云平台促进自身品牌的传播和发展（见表 8）。在使用云服务过程中，通过建立自身视频与公众云平台的链接关系，视频娱乐类应用可以获得大量的用户流量和点击率，提高自身应用的使用率和影响力。

表8　视频娱乐类应用公共云平台使用状况

排名	应用名称	活跃用户排名	2016年1月活跃用户数（万人）	是否开通微信公众号	是否开通易信公众号	是否开通新浪微博	新浪微博粉丝数量（人）	是否开通腾讯微博	腾讯微博粉丝数量（人）	是否开通头条号
1	腾讯视频	6	14362.2	是	否	是	1346720	是	23309427	否
2	爱奇艺	7	14129.7	是	否	是	5990684	是	186370	是
3	优酷视频	10	13504.2	是	是	是	7355481	是	913108	否
4	搜狐视频	24	8234.0	是	是	是	2379294	是	53015	否
5	乐视视频	34	5647.7	是	是	是	5710930	是	123914	是

六　中国云传播发展趋势及建议

（一）中国云传播发展趋势

1. 页面应用（Web App）和混合应用（Hybrid App）逐步成为新媒体应用未来发展的主要形态

网络与新媒体应用系统的产品形态主要有原生应用（Native App）和页面应用（Web App）。目前，原生应用也即人们俗称的“客户端”本地应用，是新媒体应用的主要形态。但从长远来看，页面应用顺应云计算发展的潮流，适合长尾化的轻量级服务，是未来发展的主流趋势。同时，介于原生应用和页面应用之间的混合应用（Hybrid App）也正在悄然发展。混合应用也称为套壳应用（Shell App），具有一定程度的跨平台特性。同时具备两种产品形态的技术优势，将会成为新媒体应用提供商的主要选择。

2. 云服务浏览器将成为人们获取新媒体应用的主要入口

在未来，随着云计算的发展和广泛运用，获取云服务将成为用户上网的基本需求。云服务浏览器是浏览器未来发展的主要方向，浏览器与云服务深度整合将成为手机浏览器发展的必然趋势。

3. 信息资源共享和大数据应用逐步泛在化

信息资源共享是人类追求的美好理想，云传播能更进一步地推进全社会各类信息资源的全面共享，能实现信息资源共享的泛在化，能实现“数据共享、合作共赢”的共享经济模式，能为大数据应用的实现打下坚实的基础。

在云传播模式下，借助云端的海量存储能力，各类数据能不断汇集、共享和整合，形成真正意义上的大数据；借助云端的强大计算能力，真正意义上的大数据分析和使用得以实现，能让大数据应用无处不在。

（二）中国云传播发展建议

1. 推进云传播的全面发展，实现新媒体和传统媒体在云端的自然融合

当前，不管是新媒体还是传统媒体都需全面实施云传播战略，将自己的核心业务在“云端”实现。因此，云传播战略能实现新媒体和传统媒体在云端的自然融合：云计算中心是媒体融合的基础平台，云传播应用是媒体融合的关键，云传播战略是媒体融合的总体战略。随着云传播的发展，由“媒介云、媒介终端和媒介内容”组成的新型大众媒介体系将形成，能在云端形成一种“全终端、全网络、全媒体、全开放”的新旧媒体融合新格局。云传播时代，新旧媒体转型的方向主要包括媒介云服务提供商、媒介终端提供商和媒介内容提供商。传统媒体和新媒体可以选择适合自身发展的转型目标。在未来，媒介终端仅仅为一个获取云服务的节点和端口，媒介终端之间的媒体属性差异进一步减少，以苹果手表、谷歌眼镜、健康手环、社交牛仔裤等为代表的新型智能穿戴型媒介终端将不断涌现。专业化媒介内容提供商需要从单一的内容生产机构逐步转化为集文字、图片、音频、视频、动画、电子书和3D电视电影为一体的综合性内容生产和发行机构。只有这样，专业化媒介内容提供商才能在激烈的竞争中立于不败之地。

2. 完善网络安全体系，确保云端的数据安全

习近平总书记在中央网络安全和信息化领导小组第一次会议上提出的“没有网络安全就没有国家安全，没有信息化就没有现代化”的观点表明，在互联网技术和应用飞速发展的时代，网络安全已经上升到国家战略的高度。通过实施云传播战略，数据及应用都保存在云端服务器中，能为广大网民及互联网服务商提供便利，在一定程度上能有效避免数据信息丢失、泄露等互联网信息安全问题。但云端服务器可能分布在世界的各个角落，一旦出现信息数据的丢失、泄露就会引起巨大的社会问题，乃至影响整个国家的发展。这就要求我国出台一系列云计算和大数据的法律法规，建立云安全体系，打造互联网

“云端防火墙”，完善互联网安全管理的长效机制，实现互联网云安全治理的新常态。

同时，加强对云计算、大数据相关领域的人才培养，开发具有自主知识产权的云计算和大数据核心技术，也是筑牢国家网络安全的重要基石之一。

3. 进一步充分利用公共云平台，防止重复建设和浪费

当前，多数传统媒体和新媒体在实施云传播战略的过程中，其实无须建立独立的专有云平台。在资金和技术实力有限的情况下，专业化媒体内容提供商应该充分利用公共云平台，以减少自己的基础设施投资成本，将更多的精力放在应用模式的创新和内容生产上面。特别是对于地方传统和小型新媒体机构，在实施云传播战略过程中应充分利用已有不同类型、不同品牌的公共云平台，借助其渠道和流量优势发展自己的核心业务。因此，国家需要做好公共云平台建设的总体规划和顶层设计，做好专有云平台的统筹发展，防止盲目发展和重复建设，防止出现云平台的过剩、闲置和浪费。

总之，以云为“媒”的云传播战略，能模糊网络空间与物理空间的边界，能实现互联网、移动互联网、物联网的无缝互联互通，能实现全社会信息资源的全面充分共享，能实现传统媒体和新媒体的自然融合和深度融合，能够形成一种“无处不在，无时不有”的云传播生态。

B.19

2015年微视频现状与变革走向

——以新华网、秒拍、YY、微视为例

刘 君*

摘 要： 在移动终端浏览微视频普及、智能硬件拍摄开始流行的背景下，本文以秒拍、YY、微视等商业公司在2015年的发展为例，分析了微视频更短与更长并存、有趣与出位混搭；交互和自制花样更多；造星与粉丝经济、植入广告等多样商业模式的最新特点。同时，本文集中阐述了国企新华网的微视评、炫视、动新闻、健康解码、图视等多个微视频栏目在2015年的发展，并预测了视频交友与视频信息深度融合，助推实时实地新闻；无人机、VR、AR、MR、运动极限摄像机让全场景信息传递渐成现实等微视频未来发展趋势。

关键词： 微视频 媒体 交互 智能硬件 动新闻

科技进步历史也是人类生活方式的改变史，同时确立了某个阶段的生活模式。工业革命，尤其是以电子计算机为代表的第三次工业革命，深刻改变了人类的生活和思维方式。有观点认为，科技进步让人类社会由人受物支配的必然王国向人支配物的自由王国逐步转变。① 其实，物对人的反作用，是同样影响人类生活的重要趋势。某个大师的创新思维，创造了新的产品，如乔布斯带来苹果创新了智能手机和Pad，随着这些产品的普及，这些产品就成为行业标准

---

* 刘君，新华网主任记者，新华微视评、新华炫闻、健康解码等栏目终审人。

① 李金华：《从三次工业革命看中国制造强国的历史抉择》，《光明日报》2015年4月22日。

乃至人们生活的标准。智能手机和PAD让年轻人看视频的终端，从电视大屏变成了小屏，而且很多人在公交车、地铁、路边等户外进行移动阅读，微阅读，尤其微视频成为大家的现实选择。2015年GoPro（带摄像功能的极限运动相机的代表）让旅行中、运动中的微视频更多，VR和AR让360度还原现场的视频更多，无人机让鸟瞰美景和灾难现场的视频更多。

与不少时长1小时左右的微电影、网络电影相比，网络短片或微视频因为播出环境更多是在手机、公交电视等移动媒体上，片子更短，内容和商业模式更加多样。2015年，微视频基于手机等移动互联网终端的特性越来越明显。2015年在制作、分发和盈利模式等方面，微视频与长视频乃至电影、传统电视台路径也有了更明显的不同。虽然微视频一般以短于30分钟为标准，其实，实际情况是，微视频通常都少于5分钟，甚至少于1分钟。10秒、15秒、30秒、1分钟、5分钟的分布在2015年表现得更鲜明。除了趋向短，微视频在内容风格上也更趋于有趣，甚至惊世骇俗，社交和自制功能在2015年进一步加强，盈利模式更加多样。

一　2015年微视频现状：更短与出位、交互与自制、造星与盈利

微视频的长度，在2015年有更短和更长两种分野，但是，更长一般也长不过5分钟，也比微视频定义的30分钟或20分钟的边界短得多，因此，短是总的趋势，长是太短后，增加1分钟乃至5分钟时段微视频的一种回补。微视频内容方面，官方媒体在网言网语中诉说的也多是阳春白雪，商业公司的微视频则更倾向下里巴人。微视频从高大上的微视评，到商业片、科普片，生活片、搞笑片，甚至是色情片无所不包，但以娱乐生活为主，尤其是网民拍摄上传的微视频。2015年随着拍摄视频工具的多样化，尤其是手机的视频制作软件和传播软件的丰富，微视频形态更加多样。随着专业设备的降价，专业级别的摄像机也开始更多地进入家庭、社团或中小企业，例如价格不到4000元，却能达到4K的运动摄像设备GoPro。专业级、准专业级机器，拍出片子分为微电影、微纪录片、微专题片、微广告片、微视评、微科普、微宣传片、微MV等；而家庭DV拍摄的多是记录生活片段的微DV片。但是，在2015年，

随着技术进步，千元以下的智能手机因为清晰度已经大大超过网络要求，有的网站要求其压缩抽丝后才让上传，因此手机拍摄的片子，逐渐成为UGC的主导形式，涵盖各种形式、各种内容，而自拍是重要组成部分。另外，还有发烧友改编的微视频，或把原来视频剪辑拼接的短片等。而价格7000元左右，甚至更便宜的VR设备在2015年，是微视频的一个新亮点。

我们看看2015年微视频的情况及变化趋势。

1. 微视频更短与更长并存、有趣与出位混搭

微视的2014年12月10日版本，推出“比长更长”的5分钟版本，方便用户更完整地记录生活。YY在2015年围绕“短拍”连推3个版本，向更短的微视频发展。而“秒拍”过去以10秒和30秒微视频为主打。一些明星、大V或者有需求的人，向秒拍提出更长时间的申请，才能获得延长节目时间的特权。而2015年1月8日秒拍推出的新版本，开始支持60秒这样的更长微视频。2015年12月1日秒拍推出的新版本，向所有用户放开了最长15分钟超长视频的上传，而拍摄视频也最多放宽到1分钟。微博2015年第三季财报数据显示：微博内视频日均播放量环比增长82%，而微博+秒拍的整体视频播放量环比增长率则达到140%。这组数据说明，相较于已处于高速增长的视频业务，以秒拍为代表的短视频行业增速更加惊人。据悉，秒拍已经拥有超过1500位明星入驻，其中“秒拍”产品每日视频上传量超过100万，日均播放次数则达到5.1亿次；而“小咖秀”产品，上线短短半年，日活跃用户已突破500万大关。作为微博的官方应用，秒拍在未来的成长和对微博的“强力助推器”作用将更加明显。用户在短视频的消费已经开始爆发。① 看来，秒拍把时间延长到分钟，乃至5分钟的战略，在光缆更多入户、资费更低的今天，是成功的。不过，“小咖秀”应用较多的还是30秒格式。

过去讲“言之无文，行而不远”，今天是“言之无趣，行而不远”。这在视频，尤其是微视频方面，表现得更加突出。趣味包括有趣的内容和有趣的人。更短的微视频，决定了内容必须是浓缩的趣味，在趣味中让大家认识世界。而趣味和低俗乃至色情往往只有一线之隔。因此，不少微视频是打擦边球

① 《微博2015第三季财报超预期，秒拍引领短视频消费大爆发》，中原网，http：//news.zynews.com/2015－11/20/content_ 10432953.htm。

的。例如，有的微视频软件直接标志“宅男福利”噱头。不少微视评软件被苹果应用商店评级为“17+”，例如秒拍就被苹果认为有频繁的幻想、惊悚、恐怖、性暗示等，建议17岁以上的人下载。而微视、YY等也都被苹果评为“17+”，就连微信苹果也被认为偶尔有轻微的色情内容或裸露现象，被定为“12+”。当然，这些软件中的绝大多数微视频是轻松的生活趣味，与色情无关。“他们既追求‘新奇特’，又在感性和理性之间达成合理平衡。”“创业、搞笑、行业顶级玩家、圈子文化、生活技能、女性、游戏等选题永远是最吸引眼球的，用户黏性也高。”① 而有趣的人，2015年以各种直播平台的主播，最火爆。他们收粉丝们花钱买的虚拟礼物，再卖掉这些虚拟礼物，从而盈利。随着2015年8月18日秒拍推出新版本，普通用户也能当话题主持人了。但2016年3月某软件网络主播为搏出位，校内直播强吻女生，被警方定位为猥亵妇女的事件，也划定了主播追求趣味的边界。②

2. 微视频的标配：交互和自制

交互，包括信息的交互拥有，更重要的是各个平台上所有好友的整合，以及好友的好友的交互拥有。登录微视频软件，不少是用微信、微博、QQ和手机号目前最流行的这四种社交号码，登录后，软件直接把登录用的号码曾经积累的好友，推荐给你。而自己制作完的视频，会直接给出分享的按钮。而软件中设置的“同城”，是看附近人的作品，作为就近陌生人、半熟人社交的由头。2015年2月10日秒拍推出的新版本，新增了“同城视频”。2015年4月22日秒拍推出的新版本，增加了“视频发布后同步分享到微信”的功能。2015年7月8日秒拍推出的新版本，增加了“看热搜，找达人”功能。YY在2015年2月18日的版本中，增加了“私聊”功能，让普通用户可以和主编私聊；神曲频道的直接打赏，是用金钱社交，是社交中的盈利模式。秒拍2015年4月3日版本又增加了“好友间的语音聊天”功能。而微视，直接标榜为“短视频分享社区”。在2014年12月20日版本中，微视推出“更新推送通知”，让用户第一时间获知最关注人的更新，为交流提供由头。没有交互的微视频，就如

---

① 《那些超赞的微视频原创内容是如何炼成的》，Yesky天极新闻，http://news.yesky.com/prnews/195/68258695.shtml。

② 《网络男主播街头校内强吻女生　警方称其涉嫌猥亵》，中国网，http://shehui.china.com.cn/2016-03/23/content_38093532.htm。

没有联网的电脑一样，使用价值大大降低。而苹果应用软件中，输入“视频交友”，软件排名为天天夜约爱、相遇视频交友、全球交友中心、YY、夜都市Hi等。

自制，是将自己拍摄和下载的图片、视频和背景音乐重新剪辑、修改、编排、整合，从而形成新的视频文件。多数视频软件提供了多种视频制作的方式，模板化是趋势，即用户选择自己喜欢的模板，直接导入视频、图片即可。复杂的制作，包括制作字幕（如人名、滚动和报幕等），有的还包括合成假报幕视频、处理摄像机的MTS格式视频文件等。2015年4月14日秒拍推出的新版本，提供全新电影特效，为用户自制微电影增加素材。2015年2月2日微视3.0版本上线，推出“视频拼接”功能，让用户按自己的创意随意拼接。而简单的视频制作软件（如App），打开后没有任何可看的内容，就是要求用户先制作视频，选择包含音乐和节奏的视频软件提供的模板，选择并上传自己现拍的视频，或曾经拍摄的照片和视频，不少人是拿自己本人、家人、朋友的照片和视频来合成。专业公司的微视频，更讲究质量和各个流程的衔接，请参看下文的新华网微视频的案例。

3. 造星与粉丝经济、公司定制微视频、植入广告、大赛等商业模式如影随形

微视频造明星，比长视频成本低，也更容易流传。YY是依靠把草根打造成明星，让明星主播多盈利，让明星和钱（虚拟礼物）一起飞，进而实现YY盈利。2014年12月27日的YY版本，不仅优化了送礼物，还增加了神曲投票和“做任务”，提升造星速度。2015年1月14日版本，增加了评论版的点赞、亲情卡私人定制并送礼，开通春节红包、明星陪你飞（回家）等功能，推进造星和盈利。而YY最新的版本把“我”更名为“个人中心”，主要是更方便地“查看自己的开播收益”。

据不完全统计，2015年有如下微视频大赛：共青团中央网络影视中心、咪咕视讯科技有限公司共同主办的“2015青春影像全国大学生微电影大赛”；中国传媒大学承办的“2015第三届旧金山亚洲学生微电影节”；北京科技视频网举办的“2015北京科技微视频大赛”，是第三届面向全国科技影视爱好者举办的赛事。微视频大赛不一定都能直接盈利，这要取决于赞助商的数额和运营成本的把控。但是通过举办大赛，举办方都可以拿到大量免费的优质内容，从某种意义上说，这也是一种盈利。

二 新华网微视频：微视评、炫视、动新闻、健康解码、VR和无人机

与第一部分较多介绍的商业公司微视频相比，新华网微视频属于国企媒体的原创微视频。但由于新华网从2010年已经开始全员聘任制的公司化管理，所以成本控制和盈利意识也是比较强的。新华网的PGC微视频制作，遵照了主流思想、视觉艺术、商业模式三者结合的方向。相比于服务垂直领域的“健康解码”、“微视评”、“炫视”、“图视”和“动新闻”，PGC走的是综合媒体的路径，选题范围宽，对观众覆盖面宽，虽然也有风格方面的定位，但对特定企业和商品的吸引力不够集中。图视、健康解码分别是2014年11月和12月创办的，做起来是在2015年。而动新闻、VR和无人机视频，是2015年创办的新产品。

1. 微视评、炫视、图视：分别对应于高端、娱乐、唯美的综合微视频

新华微视评，定位于“温度、深度、锐度”，是相当于视频形式的新华网网评，以时政、科技、环保、文化为主的多领域视频评论，平均每期节目2～5分钟不等，以3.5分钟左右为多。微视评每期节目，基本会采访专家，而为了提高效率，多是电话采访，并以电话机、专家照片、同期声、字幕和与内容相关的视频画面，组成整个采访画面。节目的制作分为四个流程，第一个流程是编导撰写、一读和终审脚本，脚本一般采用开头和结尾是主持人串词的方式。第二个流程，主持人一般在虚拟演播室出镜，拍摄主持人串词部分，其余的画面台词，就需要主持人在不出镜的情况下配音了。第三个流程就是配画面、合成。第四个流程就是终审视频和发布视频了。2015年是微视评开播后的第二个年头，节目从2014年的每周两期，增加到周一至周五每天一期，节目内容几乎覆盖了整个年度的重要事件，持久关注了“互联网+”、环保、电影文化、“三农”等话题。

新华炫视是新华网悠久的微视频，定位于娱乐或在欢快气氛中科普，多没有采访和主持人出镜，而是以饱含调侃情绪的配音和轻松画面来取胜。新华炫视关注的也多是轻松愉快、生活气息浓厚的话题。2015年新华炫视还推出了客户端。新华炫视的目标人群是年轻人，甚至是喜欢八卦的学生或工作没几

年、充满青春活力的人群。新华炫视为新华网受众年轻化做出了贡献。而新华图视，是把照片连起来变成配乐视频的节目，从“大美中国”“图片故事”“异乡风情”“保健知识”等栏目名称，读者就能知道这是一个在优美画面和动人音乐中，进行科普、传递知识的节目。

2. 动新闻可还原湮灭新闻、健康解码能垂直服务

动新闻是指用动画、动漫还原新闻现场最珍贵瞬间，融合当时留下的图片和视频，再现新闻事件过程，也可以理解为把过去静态的文字报道、图片新闻，用动漫、视频和音频等流动比特，在互联网或手机等终端，再现新闻事件的音、视现场。2015 年，不少媒体蓬勃发展动新闻。新华网的动新闻频道也是 2015 年创办的，不仅成功还原了尼泊尔地震时没被记录的尼泊尔最著名的比姆森塔（又名达拉哈拉塔）倒塌的过程；“青天云怒：‘8·14’抗日空中大血战”用动漫和事实资料，复原了中国空军击落日机实现零的突破的场景。动新闻也会仅仅把数据图、图片、视频素材经过重新剪辑，从而整合成新闻。动新闻从领导人活动、国企改革到 2.5 天休假、“你是中产阶层?”等内容，无所不包。

健康解码每期节目一般由两部分组成，前面是用动漫表达老百姓对某个健康问题的疑虑，而后面是邀请专家针对这个问题进行视频答复。所以，健康解码前半部分和动新闻表现形式很像。只不过动新闻再现的是曾经发生的事实；而健康解码是再现人们思想上对健康的曲解或疑虑。由于健康解码是健康领域的垂直服务节目，节目开播不久就拿到了广告冠名，2015 年还承办了会议，仅在爱奇艺点击收费，每次 5 元，2015 年收入了 20 万元。

3. 无人机的天眼看世界和 VR 的360度眼观六路

无人机和 VR 都是 2015 年开始大热的拍摄工具，新华网也是 2015 年开始布局的。2015 年 6 月 15 日，新华网改版时，正式推出无人机。而在天津化学品大爆炸事件中，在一个角度照片都稀缺的当时，新华网无人机第一时间提供了全景的、大量的影像，满足了人民的知情权。除了硬新闻，无人机大多提供的是软新闻，例如：航拍 2016 年铁路春运；在世界互联网大会前，无人机提供了乌镇水乡的河道密布又环环相连的影像；在南方初雪和博鳌论坛开幕式，无人机都提供了全景的唯美影像。

VR 是新华网专门定制的适合拍摄的设备。由两个大于 180 度的鱼眼相机

组成，360 度的影像是两个互相配合的鱼眼镜头的重合，是靠后期加工来剪裁好互相重合的部分。而观看者需要带着特定的设备，才能清晰再现立体的新闻现场。如果不带设备，也能随着鼠标滑动，看到 360 度现场，只是不够立体，也不够清晰。

三　微视频发展趋势和建议

媒体转型，一是转型到移动互联网、物联网和智能硬件领域，二是转型到视频领域。而二者的交叉是互联网视频、移动互联网视频和智能硬件视频。2015 年大热的 GoPro、无人机和 VR 视频，就属于智能硬件视频的范围。视频，尤其是低成本、流传广的微视频是媒体转型的重要角色。

1. 深度与明星主播在快乐情绪和节奏中并列发展

快乐，越来越成为微视频必有的元素，即使是深度、严肃题材，其画风依然在快乐的节奏中，只有这样才能让网民接受。在互联网娱乐至上甚至娱乐至死的大环境下，微视频不可能不受其影响。在快乐中，诉说严肃话题乃至悲剧，成为许多编导必备的素质。在北京的公交车上，2015 年大家热议的《秀逗爱生活》，虽然被不少乘客说幽默得有点浅，但更多人的更多时间，会是在路上。这种在公交车、出租车、地铁和飞机等出行工具上的真人秀，是未来媒体转型的方向。新华网 2015 年的微视频，在脚本撰写、配乐、节奏，尤其是标题上，力求互联网化，尽量使用网言网语，尽量接近互联网快乐的基调。但也有特例，新华微视评的时政评论，在新华社客户端的流量多是 50 万以上，有些超过百万。这是因为普遍缺少时政视频评论内容。

另外，除了电视台，各家媒体比较缺少明星主持和明星记者。媒体包装、运营自己的名人，是向视频，尤其向微视频成功转型的重要办法。微视频，无论是机构的 PGC，还是普通用户的 UGC，在深度和明星中可择其一。当然，明星有深度，谁也挡不住，如高晓松的《晓说》和任志强的《大炮有约》。因此，有明星且有深度的微视频，是媒体转型的上选。

2. 视频交友与视频信息深度融合助推实时实地新闻

媒体转型，无论是走深度，还是走明星，离不开娱乐，更离不开社交功能。离开社交功能，什么类型的微视频也走不远。因此，对微视频，好的信息和强大的交友功能，一个也不能少。只要媒体提供用户社交的功能和好的信息，就能吸引用户主动社交。一方面是用户和编辑、作者的社交，另一方面是用户之间的社交。

交友中产生的补充信息和评论，是用户之间，用户和作者、编辑进一步交往的由头。如果信息引发部分网友的不同看法，与另一部分网友发生争议，这种疾风暴雨式的交流，会大大促进信息的转载量和浏览量，也会吸引更多用户注册。另外，如果视频交友引发故事，也会大大提升这个视频交流的热度。视频交友和视频信息，可以相互促进。不过，是以信息为主，还是以交友为主，就看媒体微视频栏目的定位了。另外，未来运动摄像机、无人机、VR、AR 和 MR 设备不仅能产生全景全息信息，也将让视频交友实现实时全景的人际交流。

3. 无人机、VR、AR、MR、GoPro 让全场景信息传递渐成现实

无人机、VR、AR、MR、GoPro 等智能硬件设备拍摄的视频，按照其风格，在未来会有新的微视频栏目。GoPro 让人在运动中拍摄的微视频，就如我们行进中眼睛看到的；无人机带来动态俯瞰视频；VR 带来 360 度的全角度视频；把 VR 装在无人机上进行拍摄；MR 能把虚拟的 360 度视频和实景无缝对接；动新闻依靠动漫复原没被记录的影像，所有这些让我们未来的影像尽可能地呈现没有信息湮灭的全场景信息。

在未来，已经出现的数据新闻将会更多地实现视频化，成为动新闻或其他微视频的一部分。另外，未来更多的人，在网络上会用一段视频做头像，并用视频跟帖、点评或评论，与网上的朋友、半熟人、陌生人互动，都将成为未来的另一个趋势。需求有，盈利的模式也有，但缺乏王牌的视频社交应用软件，如果哪家媒体能够先行一步，并把产品做好，迭代也跟得上，取代微信、微博的王者地位，都是有可能的。

B.20
中国企业海外主流社交平台舆论生态研究

郭悦　黄妍　范克妙　计利红*

摘　要：在国家“大外宣”格局的影响下，伴随着“一带一路”战略的不断推进，中国企业对自身在海外市场的品牌形象愈加重视，并通过积极布局海外新媒体等方式，传递品牌声音，构建品牌影响力。笔者通过梳理海外主流社交媒体舆论生态，观察中国企业在海外社交平台传播的特点、亮点，总结影响传播的若干因素及问题，提出搭建运营海外社交平台的思路。笔者认为，中国企业海外品牌形象构建应从意识、渠道、议题、形式等方面入手，通过翔实分析，以期为中国企业品牌形象“走出去”提供有力依据。

关键词：海外社交媒体　海外传播　中国企业海外形象构建　Facebook（脸谱）　Twitter（推特）

一　海外主流社交媒体舆论生态及发展趋势

伴随中国企业“走出去”的步伐，海外主流社交媒体成为企业进行海外宣传的第一落脚点。2015 年，社交媒体直播服务诞生，视频服务也在各大社交网络上发展得风生水起。2016 年，“社交”的范畴将持续扩大，新功能也会不断涌现，社交媒体将出现哪些发展趋势？让我们一起来预测。

* 郭悦、黄妍、范克妙、计利红，艾利艾智库/中国传媒大学互联网信息研究院研究员、分析师，主要研究方向为互联网信息与安全、互联网新技术与新应用管理。

（一）社交媒体撼动传统新闻媒体地位

随着智能手机和平板电脑成为访问内容的首选设备，社交媒体在重大突发事件中的优势愈发显著，传统新闻媒体面临挑战，社交媒体与传统媒体融合的趋势也在不断加强。公众已经不再像10年、20年前那样信任新闻机构，而是对社交圈表现出更多信任，获取信息的渠道在发生变化。到2015年，社交媒体已经成为人们获取信息的主要渠道之一，63%的Twitter用户和63%的Facebook用户都将社交网络平台作为新闻来源，通过社交媒体浏览信息的人越来越多。①

（二）社交媒体加速演变成全能平台

Facebook从2015年起推出的Instant Articles项目可以让传统新闻媒体将内容发布在社交媒体平台，这样传统新闻媒体自身的品牌价值将被削弱。截至2015年12月，已经有三百多家媒体与Facebook签约，其中不乏《纽约时报》、嗡嗡喂（BuzzFeed）和《赫芬顿邮报》等传统主流媒体。社交平台相较网络媒体的优势将进一步凸显。

（三）社交媒体使用人群更加广泛

移动设备的普及导致使用社交媒体的人群不断增长，2005～2015年，美国社交媒体用户比例从7%增长到65%。② 同时，65岁以上人群的社交媒体使用率正在快速增长。2015年，65岁以上使用社交媒体的美国人已经达到35%，这一数据在2010年仅为11%。当然，18～29岁的年轻人仍然是使用社交媒体的主要人群，达到90%。

（四）直播将成为未来主流传播形式

直播的发展速度飞快，未来将成为包括社交媒体在内多平台上的主流传播形式。Twitter于2015年3月收购了流媒体直播服务运营商Periscope，该直播服

① 〔美〕Lee Rainie：《变革中的数字世界——2015年美国新媒体研究报告》，美国皮尤研究中心（Pew Research Center）。

② 〔美〕Lee Rainie：《变革中的数字世界——2015年美国新媒体研究报告》，美国皮尤研究中心（Pew Research Center）。

务自 2015 年 4 月上线后，几个月内获得 1500 万注册用户。直播给企业提供了一个沉淀粉丝的机会，直播的内容可以是会议、产品演示等，通过直播可以满足用户获得最详细信息的需求。观看者都是企业的忠实粉丝，内容也可以及时分享，变向帮助企业扩大影响力。比如通用电气 2015 年 7 月利用这项服务将公司的无人机展览做成为期一周的直播，包括喷射发动机制造测试过程等真实的内容。

（五）视频打败静态内容更具传播优势

Facebook 公布的最新用户报告显示，2015 年 Facebook 全球用户发布视频的数量增长了 75%，而在美国，这一增长达到了 100%。利用 Facebook 平台访问视频的人数在不到一年内从 40 亿人次增加到 80 亿人次。按照这样的趋势发展，社交媒体将成为 YouTube 等视频网站最强大的竞争对手，用户对视频内容的热爱远远超过链接或者图片。对于企业而言，打开摄像机镜头拍摄视频或许能更好地促成一次优秀的传播活动。

（六）虚拟现实成为下一代内容霸主

正如视频比图片更具有参与感一样，虚拟现实内容将成为下一代更有参与感的内容形式。早在 2014 年，Facebook 就耗资 20 亿美元收购虚拟现实技术公司 Oculus Rift，众多科技企业也在加速布局这一领域，如 2016 年初《纽约时报》创建推出的虚拟现实内容，向用户提供浸入式报道，受众利用纸板头盔便可以观看纪录片、身临新闻现场。预计不远的未来，虚拟现实内容将在社交媒体等平台普及并盛行。

二　中国企业进驻海外社交平台现状

本调研抽样选取 2015 年“世界品牌 500 强”① 中的 29 家中国企业，以 2016 年 3 月 15 日为时间节点，对其海外社交平台布局进行观察，总结中国

① 世界品牌 500 强：由世界品牌实验室（World Brand Lab）编制的品牌排行榜。世界品牌实验室 2003 年成立，由 1999 年诺贝尔经济学奖得主罗伯特·蒙代尔（Robert Mundell）博士担任主席，致力于品牌评估、品牌传播和品牌管理，其专家和顾问来自哈佛大学、耶鲁大学、牛津大学、剑桥大学等世界一流学府。

企业海外社交平台形象传播现状调研者发现，七成以上企业已经开通 Facebook 或 Twitter，其中，科技互联网类企业的表现较为出众。大部分企业的发挥不太稳定，虽然有单条趣味信息点赞量突破十万次，但是月平均点赞量并不理想。同时，中国企业之间或者企业总分账号间的配合联动较少。具体特征如下。

（一）开通情况

1. Facebook 与 Twitter 是中国企业出海第一着陆点

海外社交平台是我国企业接触海外年轻消费群体、提高海外影响力、宣传企业核心价值观最便捷和最灵活的渠道，部分中国企业已开始布局海外社交传播矩阵。本调研抽样的 29 家中国企业中，已有 22 家开通 Facebook 或 Twitter 账号，其中两者均开通的企业达到 18 家。部分企业还以地域或企业产品为标准进行分类，开通多个账号。比如华为在 Twitter 社交平台上，除主账号@ Huawei Technologies（华为技术公司）外，还有以产品为核心的@ Huawei Voice 及以服务为核心的@ Huawei UBB 等账号。

2. 建筑、能源行业海外社交平台布局起步相对较晚

笔者调研发现暂未在海外社交平台布局传播的中国企业集中于建筑、能源等行业，这一现象与企业所在行业及业务特征相关：一是企业所在行业准入门槛高，竞争压力相对较小；二是企业海外业务主要在东南亚、中东、非洲等海外社交媒体欠发达地区。

（二）发布能力

1. 互联网企业月均发布量稳居第一

2016 年 1 月 1 日至 3 月 15 日时间段内，在所调研中国企业中，Twitter 发布量最高账号@ Huawei Technologies（所属企业：华为）达到 568 条，发布量最低的账号@ china teleglobal（所属企业：中国电信）仅有 9 条；Facebook 方面，发布量最高的账号@ Baidu India（所属企业：百度）达到 127 条，而发布量最低的账号@ State Grid Brazil Holding S. A.（所属企业：国家电网）仅有 2 条，月均发布能力差距明显。通过综合观察可见，通信和电子行业、互联网行业发布能力最强，交通运输、商贸快消行业处于第二梯队，能源行业发布能力较弱（见图 1）。

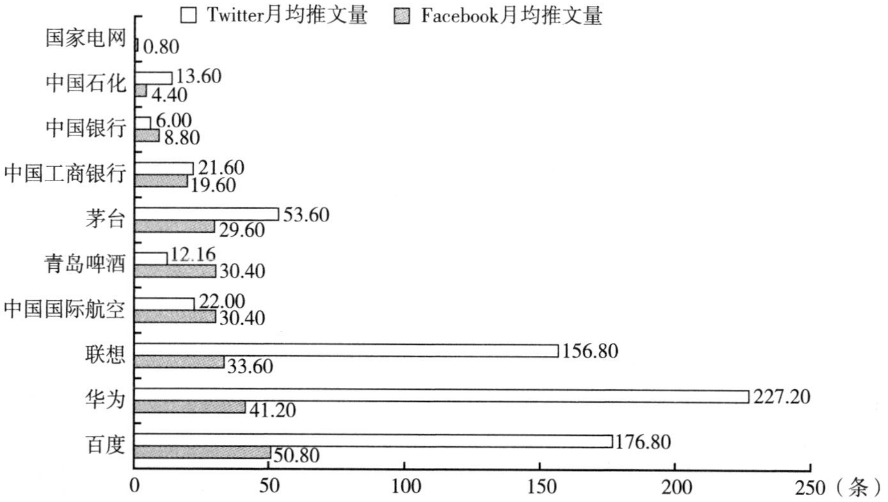

图 1　部分企业 Twitter 和 Facebook 月均推文量分布

资料来源：艾利艾智库/中国传媒大学互联网信息研究院。

2. 多数中国企业忽视账号间的配合

部分国内企业账号日均发文量高于同类外国企业，但账号间联动能力、与用户互动程度与国外同类企业相比差距明显，主要表现为两方面。一是账号间的传播矩阵尚未搭建完善。以国内开通同平台账号较多的华为为例，其主页点赞数超过 1000 的 Facebook 账号有 7 个，而同类竞争对手思科的相关账号有 53 个，这些账号既包括如@ Cisco Security 等以产品分类的账号，也包括@ Cisco HK 等以地区分类的账号，还包括思科员工自建的账号。同时中国企业的同平台账号互动有限，缺少互相转推或者配合宣传，相比之下国外企业各账号紧密配合、联动转发较多。二是与用户互动程度不足。国内企业对评论的回复次数明显低于同类国外企业同时间段内日均回复用户次数，在一定程度上影响了用户参与程度。

（三）传播效果

1. 发挥不稳定，发文量与总点赞量不成正比

调研发现，在相同时间段内，企业发布推文的频次高低与总点赞数不成严

格正比。以 Facebook 活跃度较高的 13 家中国企业为例,[①] 截取 2016 年 1 月 1 日至 3 月 15 日时间段内的信息研究发现，联想 Facebook 账号@ Lenovo 发布量为 84 条，而总点赞量为 211.3 万，是发布量达到 127 条的@ Baidu India（所属企业：百度）和发布量达到 103 条的@ Huawei Technologies Co. , Ltd（所属企业：华为）的十几倍。此外，企业总推文数量与粉丝沉淀亦不成正比。比如关注者最多的联想 Facebook 账号总推文数虽低于华为和百度所属账号，但关注者却达到 518.7 万，遥遥领先于其他企业（见图 2）。

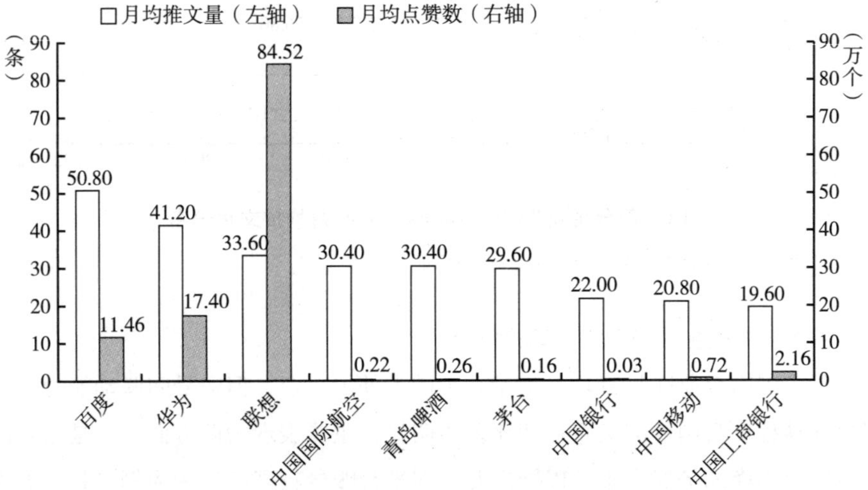

图 2　部分企业 Facebook 账号月均推文量与月均点赞数

资料来源：艾利艾智库/中国传媒大学互联网信息研究院。

2. 单条趣味信息点赞数破十万，短期效果较好

调研发现，形成上述现象的原因在于传播内容。趣味性高、贴近网民生活的推文，传播效果优于简单的企业信息发布。比如@ Lenovo（所属企业：联想）的一条推文，讲解了如何利用夹子整理办公桌上的电线与各种插头，并配以有趣的带有联想电脑的图片，点赞数达到了 12 万，同时让人记住了联想品牌。可见内容仍然是传播效果的关键因素，格调亲民、有趣有料的内容能在短时间内集聚粉丝，增强传播效果。

① 选取依据为 1 ~3 月推文总数 10 篇以上。

（四）议题设置

1. 偏爱结合节假日策划议题

课题组调研 Facebook 活跃度较高的 13 家中国企业后发现，企业更多立足海外品牌定位，量身打造专属企业品牌议题，进行主动传播。其特点表现有三，一是主动策划选题。如海尔在海外主打智能厨房形象，其 Facebook 主页通过设置#ChefDana#、# HaierHome#以及“Monday to Friday Tips”等专题策划进行议题的主动传播。二是以正面积极阐释企业战略主导对外传播。比如“2016 联通国际商企客户大会”期间，中国联通在 Facebook 以及 Twitter 平台上主动传播，通过集中发稿、现场直播、互动游戏等方式，增大其参会的“声音”，吸引用户注意，传递企业战略价值。三是结合行业发展趋势，解读世界的同时阐释自己，如华为在其 Facebook 主页运用大量视频和图片对互联网新技术进行科普，从“科技改变世界”、“智慧生活”等角度切入，主导传播议题，在阐释互联网新技术带给人类影响的同时传递华为技术领先的国际形象。

此外，企业在海外社交平台上对“节日营销”亦青睐有加，偏好借用国际节日如元旦、情人节、国际妇女节或中国传统节日如中国新年，进行及时主动传播。节日前后，企业均参与其中，结合自身品牌进行议题设置，发挥社交平台联动性。

2. 多数企业不盲目追随热点

企业海外社交平台议程设置主题广泛，议题多元，对于生活类、文化类议题设置效果明显，重大新闻类议题和国际热点关注度较低。调研显示，企业通过社交平台发布的消息首先为产品与服务类信息，这与中国企业“走出去”的目标宗旨相一致；其次是互动活动类信息，体现出企业在社交平台与新闻网站传播的差异性。值得一提的是，企业议题设置角度不盲目跟随热点，善于借用网民日常生活图片，进行轻松、亲民的话题讨论，亲民格调凸显。亦有少数企业通过社交平台进行公共价值的传送，借助图片、视频倡导呼吁节能低碳、绿色环保等生活方式来传递企业精神，展示企业性格。

（五）用户覆盖

1. 科技互联网企业表现出众

笔者通过观察 10 家同时开通 Facebook 和 Twitter 并有效运营的中国企业账号

发现，企业 Facebook 用户覆盖率远超 Twitter，企业在 Facebook 主页最高点赞人数超500 万，最低点赞人数也在5 万以上，而相应企业所在 Twitter 平台，粉丝量最高才超50 万，最低不足100 人。从企业类别上看，以 Facebook 为例，联想和阿里巴巴两家互联网 IT 企业最受粉丝欢迎，吸粉量均在50 万以上；其次，青岛啤酒、国航以及华为等与日常生活密切相关的企业，受欢迎度亦较高（见图3）。

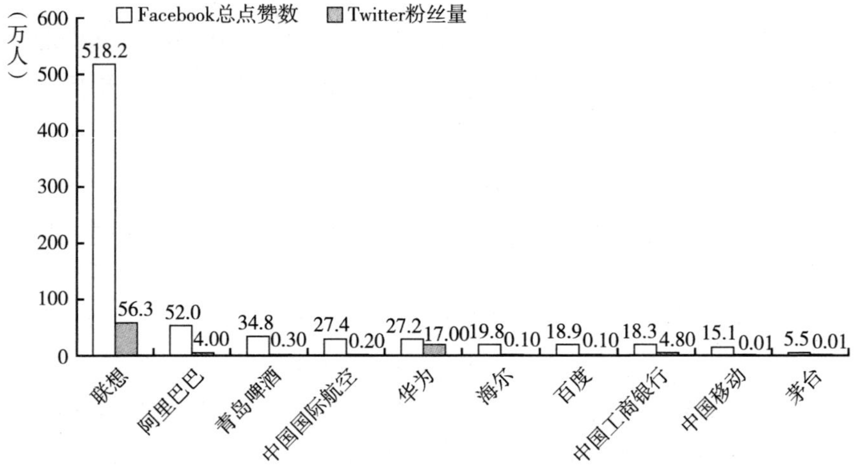

图3　部分企业 Facebook 及 Twitter 账号粉丝量对比

资料来源：艾利艾智库/中国传媒大学互联网信息研究院。

2. 双平台的话题区分度不高

中国企业在海外主流社交平台 Facebook 与 Twitter 布局上存在话题趋同的共性。企业偏好同时运用 Facebook 和 Twitter 进行双平台传播，尤其是对突出企业服务理念的传达和产品的推广上。笔者针对 Facebook 与 Twitter 两个社交平台企业粉丝量与信息传播效果调研发现，Facebook 在粉丝聚集量及相同信息的传播效果上都优于 Twitter，Facebook 平台企业原创性较高，Twitter 平台企业注重转推与互动，因此企业可以将 Twitter 作为突发事件或者突发新闻回应的主要渠道，将 Facebook 作为主要形象传播发布平台。

（六）报道形式

1. 图文结合的发布方式已成为企业惯用手法

中国企业进驻海外社交平台，图文结合的信息发布形式已成为普遍手法。

以 Facebook 平台为例，通过统计活跃度较高的 13 家企业 2015 年 1 ~3 月博文发现，除中国电信外，其他企业图片类信息量占比均达 90% 以上。分析各企业 Facebook 主页发现，阿里巴巴、海尔、中国工商银行、中国移动、中国银行、茅台、国航、青岛啤酒、联想、百度等 10 家企业的 Facebook 文章图文信息量达到 100%。Twitter 平台上，除中国电信配图量少、青岛啤酒注重转推或回复粉丝推文外，其他企业所发推文均配有相关图片。相对而言，由于企业在 Twitter 上布局战略与 Facebook 不同，企业 Twitter 平台图文发布率较低，Facebook 平台图文发布率 100% 的企业超六成，而 Twitter 平台几乎没有（见图 4）。

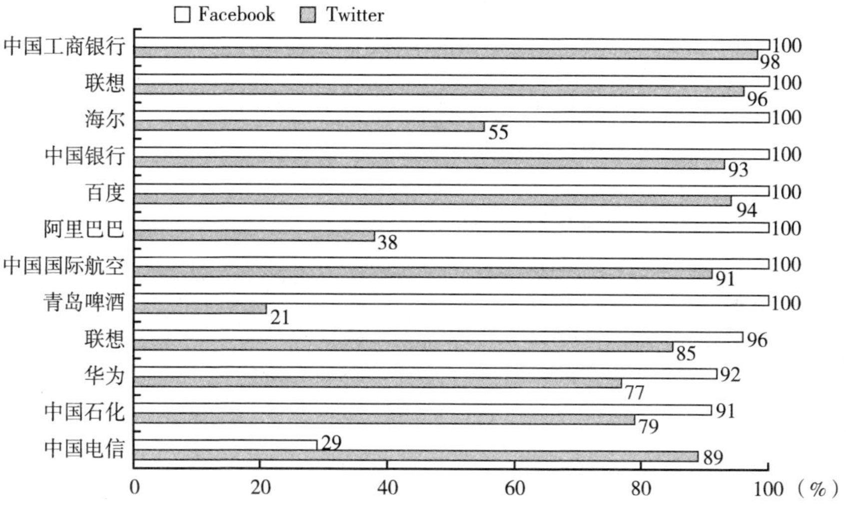

图 4　部分企业 Facebook 及 Twitter 账号图文信息占比

资料来源：艾利艾智库/中国传媒大学互联网信息研究院。

2. 视频、动画等富媒体传播紧跟国际潮流

调研中国企业 Facebook 账号视频、动画信息发布情况，各企业对 GIF 动图、视频、动画等立体化传播方式采用率超六成。其中海尔 Facebook 账号、中国银行 Facebook 账号根据议题进程有计划、有系列地更新图片相册，增强内容连贯度；与此同时，海尔 Facebook 账号还尝试通过现场视频、GIF 动图、动画制作等方式多方位展现企业形象，收效良好。个别企业开创性地采用短视

频形式，借助视觉化方式进行信息传递，如华为采用短视频现场报道某国马拉松比赛。此外，个别企业还尝试利用3D、航拍等新型信息表现方式丰富信息维度，如国航Facebook账号发布3D熊猫拜年短视频等。

三 问题与挑战

（一）整体传播布局不完善

据艾利艾智库研究，以社交媒体为代表的微传播已经成为全球主流的传播方式，中国企业纷纷选择Facebook和Twitter等主流社交媒体作为海外传播的第一着陆点，但已经布局海外社交媒体的中国企业仍然占少数，特别是一些自身产品已经在全球范围内有一定影响力的企业，缺少对外主动传播，缺乏塑造品牌形象，缺少与海外公众互动以及对突发事件回应的渠道。整体来看，中国企业的海外社交媒体布局尚待完善。

（二）与用户缺乏有效互动

研究发现，不少中国企业对海外社交媒体平台的利用依旧停留在将国内新闻稿编译并发至社交平台的单向宣传阶段，这种运营模式更像网站。社交媒体是一个强调互动的平台，可以对人、设备、服务进行连接，一些企业未能充分掌握社交媒体的这一特性，缺乏与粉丝之间的互动，也不能主动制造和抛出议题，导致粉丝培养效果欠佳。

（三）总分账号间联动不足

中国企业在社交媒体运营中，尚未形成总分账号甚至品牌间的矩阵化布局或横向联动的态势。虽然一些集团公司的总分账号已经互相关注，但是在日常运营时仍然各自为政，处于“半隔绝”状态。同时，内容发布没有根据账号的地域、信息类型进行针对性投放。这样分散的运营方式不能互相借力进行转发扩散，不仅造成资源的重复浪费，而且不利于对外形象宣传。

（四）议题设置缺乏“本土化”

目前，海外社交媒体用户群体仍然主要来自欧美国家，而中西方文化差异明显，用内宣的路径办外宣，常使中国企业在海外传播“水土不服”。研究发现，一些中国企业在对外发布信息时，未能考虑到海外受众的兴趣点，议题设置仍然采用中国思维，缺乏“本土化”，或者忽略了英语传播的语境和细节，导致发布的信息与品牌推广目标背离。例如某些企业社交媒体账号为了抢夺首发时机，发布信息比较仓促而出现语句不通甚至拼写错误等失误，即使被粉丝指出也未能及时更改，对企业品牌建设较为不利。

（五）对争议话题缺乏回应

多数已经开设海外社交媒体账号的中国企业倾向于发布保守、温和的话题内容，对于境外媒体提出的质疑、指责、批评等具有争议性的话题都缺乏有效回应，导致海外受众在缺乏了解甚至对企业产生怀疑时，无法通过官方渠道获得解答，从而更容易被外媒错误引导，造成企业形象受损。

（六）忽视传播技巧和细节

在运营海外社交媒体过程中，中国企业往往会忽视一些细节，导致内容推广效果欠佳。一是舆论场活跃时间差异。企业在推送信息时对海外舆论场特性考虑较少，忽略了用户活跃时段。二是语言风格不同。除特别策划的营销活动外，中国企业日常推送的内容多以企业动向类信息为主，语言风格缺乏亲和力，不太“接地气”，不符合社交媒体的语言风格。三是账号信息完整度不够。一些企业存在社交媒体账号头像的识别度较低、企业信息介绍不完整或仍然只有中文介绍等问题。

四　建议及策略

（一）渠道上：了解用户诉求多维布局

加强对用户情感诉求的了解，可为中国企业形象海外传播奠定良好舆论基础。西方不同年龄层民众对中国印象差异明显，以美国为例：一方面，美国年轻人乐于接受中国正面形象，倾向于通过轻松娱乐的平台或诙谐、讽刺政治的节目获取新闻信息，易于接受新鲜观点；另一方面，50 岁以上的美国人对中国持有正面印象的比例不高，仍倾向于通过传统知名媒体获取新闻，且对华态度坚决。因此针对不同的年龄层、知识层、兴趣层选择不同的社交媒体渠道进行传播更为有的放矢。

一是多维布局海外各社交平台。比如在海外，尤其是欧美国家，Facebook，Twitter，YouTube 等社交媒体的利用仍占据主流，企业可优先布局此类主流社交媒体账号；其次，根据不同人群的情感诉求及阅读习惯，可考虑在诸如 Instagram，Interest，Google + 等平台上开设相应企业账号。此外，一些特定地区也有着当地流行的非英语社交平台，如俄罗斯社交媒体 VK（中文译名为“保持联系”）月活跃用户量为 1 亿，覆盖多数以俄语为主要语言的独联体、中亚及部分东欧国家。对此类具有当地特色的社交媒体的利用也尤为重要，它们可以帮助企业更快地融入当地舆论环境，也可作为企业后期考虑进驻的海外社交媒体备选。

根据对 Facebook 与 Twitter 的用户数据调查分析发现，Twitter 的用户主要为职场白领和青少年用户群，这类用户更喜欢互动性强的碎片化消息，而 Facebook 在粉丝聚集量及相同信息的传播效果上都优于 Twitter。因此，Twitter 适合作为企业回应突发事件或突发新闻的渠道，Facebook 则更适合作为企业形象传播发布的平台。

二是企业自身通过多账号联通提升传播效果。笔者通过总结外媒社交平台传播经验发现，西方跨国媒体机构在海外社交平台上依据地区、领域、角度、新闻类型等创建了多个账号，分类发布信息内容。一般来说，主账号担任发布重大事件信息的角色；分账号则可重点关注特定领域中的信息。当分账号关注领域中出现爆炸性新闻或重大事件时，主账号仅需转发分账号推文或博文，即可丰富信息内容，同时获得较高的发布效率和受众覆盖率。

（二）内容上：策划贴近民生“软议题”

第一，根据海外网民阅读需求创建议题。议题设置角度对传播效果影响颇大，通过对海外受众关注话题领域进行分析研究得出，除政治军事话题外，经济、文化、科技、环境、民生成为海外受众普遍关注的五大方向。中国企业在海外社交平台传播中可以通过公关公司调研民众兴趣点，设置有利于宣传的议题，如通过设置商业、产品、文化等贴近民众生活的议题，软化其间差异，获得大众舆论关注。几点注意事项如下：一是精准定位海外用户群体，寻求跨文化情感与价值共性；二是策划为先，多角度立体化传播；三是淡化官方色彩；四是重在文化传播，打造消费理念；五是不回避争议问题，深耕国际热点，主动出击；六是避免军事色彩词语，强化“共赢”立场；七是做到小而精，寻小切口讲好中国企业品牌故事。

第二，根据不同社交平台特征创建议题。根据不同社交平台上的人群属性，在不同的社交平台创建不同的社交媒体非常重要。如果企业想发挥社交平台最大的优势，就需要使发布的内容与平台目标受众具有一致性。比如，一贯被视作本土化运营代表的华为，通过分析发现，在 LinkedIn 上，关注华为的人群主要来自信息与通信技术领域；在 Twitter 上，华为的关注者包括新闻记者、政策制定者；而在 Facebook 上，华为的粉丝则是遍布世界的华为硬件产品消费者。基于此，华为一直在试验什么样的内容更讨用户的欢心。

（三）方式上：创新传播形式与传播技巧

一是实行富媒体传播，使议题内容更具感染力。社交媒体的传播需紧跟国际潮流，注重新技术的利用。除文字信息外，一方面可利用趣味图片、漫画图片表现企业特质；另一方面增加数据新闻、视频新闻、动画新闻的比例，增加用户黏性。

二是结合海外舆论场活跃时间来安排信息发布。研究表明，每天下午 1 ~ 4 点是 Facebook 平台受众活跃度最高的时间段，为此，可以结合企业 Facebook 粉丝页后台统计的粉丝在线数据，选择发布信息的最佳时机，以获取更多的关注。

三是充分利用社交媒体扩展功能及外部营销工具。近年来，全球各大社交平台为了保持用户黏性，不断推出各类营销工具，这些工具可以通过用户的浏览足迹了解其兴趣、生活方式、购买习惯等。企业借助这类营销工具即可掌握粉丝的作息时间、对粉丝进行分类并进行内容定向推送等，达到增强粉丝黏性的目的，从而培养更多的忠实用户。同时还可充分利用社交媒体自带的推广工具进行营销，如整合运用 Facebook 自带的插件、购买 Facebook 上的广告、使用 Facebook 的“@功能”与粉丝互动，添加链接按钮到企业官网等。

B.21

基于影响力指数相关性分析的政务微信优化实证研究

——以浙江省为例*

王 井**

摘 要： 随着越来越多政府部门微信公众号的开通，政务微信的影响力也日益受到关注。以浙江省为例，通过梳理其当前政务微信的发展状况，设计其影响力指数并进行相关性分析，找出影响政务类微信公众号影响力的关键变量及其相互关系。根据分析结果，从内容、呈现方式、后台数据以及打造品牌四个方面分别提出优化政务微信建设运营的对策建议。

关键词： 政务微信 影响力指数 传播效果

引 言

习近平总书记在2013年全国宣传思想工作会议上指出，做好舆论引导工作，一定要把握好时、度、效，“时”与“度”最终的落脚点在“效”上，即影响力上。当前政务微信建设蔚然成风，已经成为电子政务综合平台的重要组成部分，在公共事件舆论引导、权威信息发布、民生沟通服务等方面发挥了重要作用。但在当下政务微信发展运营过程中还存在诸多不足，如何提高政务微

* 本文为国家社科基金青年项目“地方政务微博受众影响力研究”成果之一，项目编号：15CGL074。

** 王井，中共浙江省委党校副教授，博士。

信的影响力，已成为摆在我们面前一个亟须解决的问题。

目前已有学者对政务微信影响力进行了不少的研究，但仍存在一定的局限性。或是完全基于理论研究，缺乏必要的数据分析；① 或是仅基于抓取数据展开因子分析，在内容归纳和数据准确度上缺乏说服力；② 或是基于指数变量的直接比较以探讨影响力建设方向，缺乏对数据内涵的深层次挖掘。③ 本文以前人的理论研究为基础，结合内容和数据对政务微信影响力因素进行研究。通过分析政务微信公众号影响力的指数变量及其相互关系，提出进一步推进政务微信建设、提升政务微信影响力的相关建议。

一 政务微信信息发布内容分析

本文以浙江省数据为例，统计了 2015 年 1～9 月 17 期浙江省政务微信公众号阅读排名前十的文章。根据这 170 篇文章的信息属性，将其分为城市人物、景点游玩、时事政治、文化教育、生活养生、金融经济、暴恐灾情、交通出行、医疗卫生 9 大类别，分别统计其阅读量占比与点赞数。

根据图 1 所列热点分布情况，可得出城市人物（21.18%）、景点游玩（20.59%）、时事政治（17.65%）三大类位居前三，其次为文化教育（11.76%）、生活养生（11.18%）和金融经济（7.65%），最后是暴恐灾情（5.29%）、医疗卫生类（2.94%）和交通出行（1.76%）。热点分布情况与阅读量占比、点赞数呈正向对应关系。根据以上数据，可以得出如下结论。

1. 微信传播模式变革

从城市人物、景点游玩、文化教育、生活养生等类别阅读量位居微信热点前列得出，在移动互联网背景下，政务微信公众号显现出鲜明的传播模式变革，逐步从传统的“政务告知”模式向“文化对话”模式转变，更多地通过典型人物、区域风情、历史文化等载体，增强微信黏着度、传播主流正能量、凝聚社会新共识。比如，在公众号阅读 TOP 25 文章中，“湖州新形象片”“温

① 董立仁、郭林涛：《提高政务微信质量，提升应急管理水平》，《决策探索》2013 年第 8 期。

② 范晓明：《政务媒体影响力分析——以微信为例》，《传播与版权》2015 年第 5 期。

③ 俞中坚等：《温州政务类微信公众号影响力的实证研究》，《温州职业技术学院学报》2015 年第 1 期。

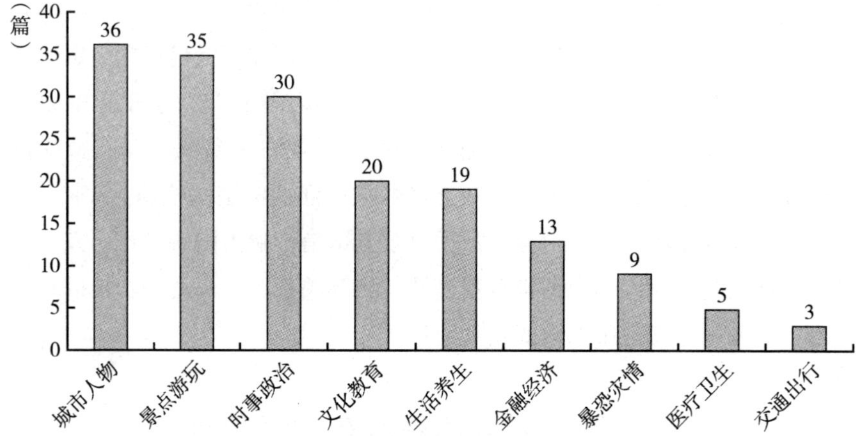

图 1　2015 年 1～9 月浙江省政务微信公众号阅读 TOP170 热点分布

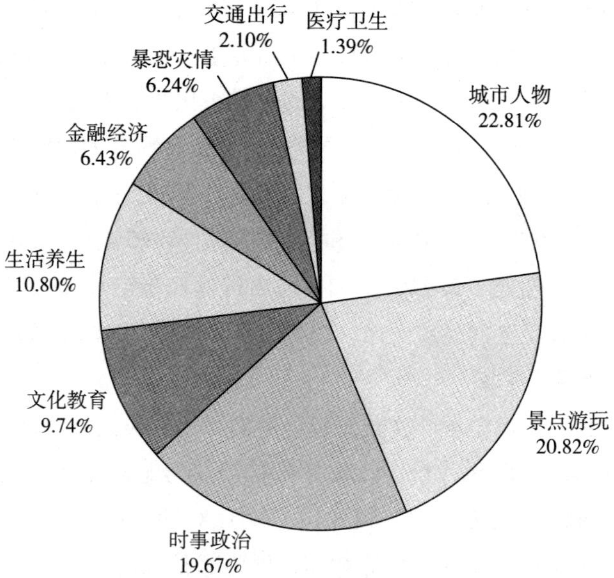

图 2　2015 年 1～9 月浙江省政务微信公众号阅读 TOP170 阅读量占比

州 11 县市最美古村”“王丹萍，好样的!”“有诸暨的将军带领方阵走过天安门”“衢州旅游宣传大片，美翻了!”“世界级主题乐园将落户海盐”等分别从现代性、历史性，以及人物、风光等角度建构城市形象，凝聚城市认同感和自

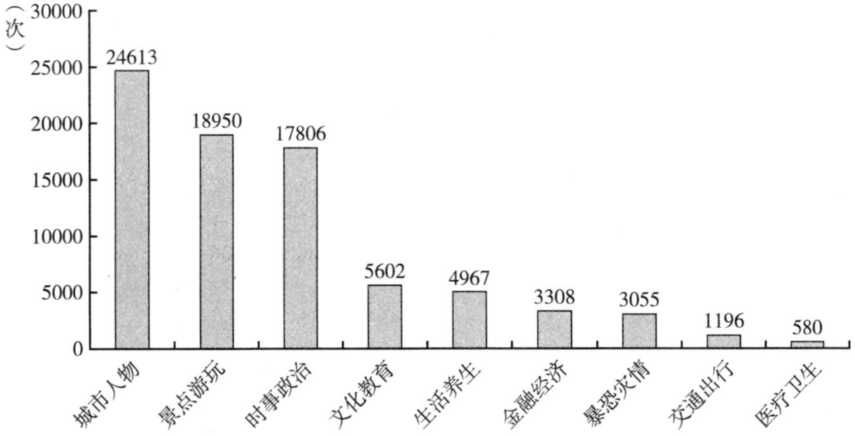

图3　2015年1~9月浙江省政务微信公众号阅读TOP170点赞数

豪感。

2. 政务核心功能凸显

从时事政治位居热点第三，可以分析得出，受众已习惯通过政务微信公众号获取信息，政务微信公众号作为权威信息发布、热点事件回应、民生信息服务新渠道的核心功能日益凸显。比如，在公众号阅读TOP25文章中，《温州市公安机关成功抓获暴恐团伙》《大阅兵，这些细节你没注意到?》《杭州获得2022年亚运会主办权》等阅读量达到10万以上，点赞数超千次。

3. 原创时效逐步提升

从城市人物推广类文章上看，政务微信借鉴性较好。1月，淳安发布的文章"您好，我叫淳安，今年1806岁了，这是我的简历"，2月，青田发布的文章"我叫青田，这是我的简历，请多关照"，以及紧跟其后发布的"当世界遇上湖州，华丽丽撞脸了"和"当世界遇上青田，脸都被撞肿了"，虽然标题结构相似，但文章在内容上完全呈现出不一样的地方风格。除此之外，纵观1~9月公众号阅读TOP170，前两月还有"日子就是要这么过""好神奇的一碗水，治感冒咳嗽都靠它"等生活养生类微信文章，到后来则更多地联系时事热点、关注社会群体，政务微信文章的原创性和时效性逐步提升。

4. 地方发布崭露头角

从发布主体来看，1月至3月上半月TOP170的政务微信杭州发布均位居阅读点赞数榜首，并在前五名中占据三位，而在后几个月中，温州、桐庐、淳安等发布均有登顶榜首，且在各半月前十名中排名靠前。从内容方面来看，上半年地方发布贴近生活，如景点宣传、疾控预警、政务时事等文章发布上榜。6月服务资讯抢占半壁江山，7月凸显历史彰显正义，8月民生新政及时推送，9月阅兵亚运双管齐下。下半年地市、县域发布平分秋色，政务发布逐渐凸显地方特色，受众关注重心逐渐从中心地市转移至县市区域。

二　政务微信信息发布影响力分析

1. 微信公众号影响力指数

本文以清华大学沈阳教授提出的微信影响力指数 *WCI* 为标准①，微信影响力指数 *WCI* 是通过微信公众号推送文章的传播度、覆盖度及公众号的成熟度和影响力来反映微信公众号整体热度。该指数主要通过对公众号推送文章的传播度、覆盖度和点赞率予以加权计算，以此反映公众号整体热度和发展走势。

在时间维度为2015年1月至9月的半年多时间中，浙江省政务微信公共号累计阅读总数为47310681次，共推送文章34998篇，累计获得点赞总数为448261次。计算得出，浙江政务微信公众号影响力指数位居前三的分别是萧山发布、平湖发布、杭州发布，影响力指数分别为：625.01、615.3、398.6。这三个地区分别是省会城市、省市辖区、市辖区。在83个微信公众号的所有

---

① $$WCI = \begin{cases} [60\% \times In(70\% \times R + 25\% \times \frac{R}{N} \times 5 + 5\% \times R_{max} \times 3) + 40\% \times In(70\% \times Z + \\ 25\% \times \frac{Z}{N} \times 4.5 + 5\% \times Z_{max} \times 2 + 2\% \times \frac{Z}{R} \times 1000)]^2 \times 10 \qquad if(1000 \leqslant R) \\ [60\% \times In(70\% \times R + 25\% \times \frac{R}{N} \times 5 + 5\% \times R_{max} \times 3) + 40\% \times In(70\% \times Z + \\ 25\% \times \frac{Z}{N} \times 4.5 + 5\% \times Z_{max} \times 2)]^2 \times 10 \qquad if(R < 1000) \end{cases}$$

上述公式中，*N* 为总文章数，*R* 为总阅读数，*R/N* 为平均阅读数，*Rmax* 为最高阅读数，*Z* 为总点赞数，*Z/N* 为平均点赞数，*Zmax* 为最高点赞数，*Z/R* 为点赞率。

推送文章中，受众平均阅读量达到1352次，点赞平均数达13次。其中有多篇微信文章阅读量超过10万次，收获点赞数千余次，最高达到3656次。

由此可见，虽然政务微信从出现至今，发展时间较短，很多问题仍在探索中，但不可否认，政务微信已经成为政府与公众及时沟通的重要桥梁。受众对于政务微信持有较高的关注度和信任度，已经开始较多地从微信公众号中了解政务信息。尤其以萧山发布、平湖发布、杭州发布为代表的政务类微信公众号，已经得到受众的广泛认可，并成为在当地具有影响力的政务微信。

2. 影响力指数变量相关性分析

为探究政务微信公众号影响力的具体作用因素，本文将使用Pearson相关系数对有关数据（影响力指数、阅读总数、文章总数、头条文章阅读数、单条最大阅读数、单条最大点赞数）进行分析，以准确了解公众号影响力与相关变量之间的量化指标关系，同时测量变量之间相互联系的紧密程度。

其中，正负值分别代表变量之间呈正负关系，即正相关和负相关；0则代表零相关。相关系数的绝对值距离0越远，则表示变量之间的关联度越强，反之亦然。

根据表1相关变量的分析数据，可以得出如下结论。

（1）影响力指数与文章总数关系不大，而与阅读总数、点赞总数、头条文章阅读数、单条最大阅读数、单条最大点赞数关系较大。政务微信公众号应在文章质量上下功夫，绝不能一味追求文章数量，因为盲目追求数量并不能对影响力指数带来直接影响。

表1　影响力指数变量相关性分析

		影响力指数	阅读总数	点赞总数	文章总数	头条文章阅读数	单条最大阅读数	单条最大点赞数
影响力指数	Pearson 相关	1	0.986**	0.993**	0.128	0.995**	0.990**	0.778*
	显著性(双尾)		0.000	0.000	0.784	0.000	0.000	0.040
阅读总数	Pearson 相关	0.986**	1	0.994**	0.264	0.996**	0.988**	0.703
	显著性(双尾)	0.000		0.000	0.568	0.000	0.000	0.078
点赞总数	Pearson 相关	0.993**	0.994**	1	0.227	0.996**	0.985**	0.743
	显著性(双尾)	0.000	0.000		0.624	0.000	0.000	0.056

续表

		影响力指数	阅读总数	点赞总数	文章总数	头条文章阅读数	单条最大阅读数	单条最大点赞数
文章总数	Pearson 相关	0.128	0.264	0.227	1	0.181	0.124	-0.402
	显著性(双尾)	0.784	0.568	0.624		0.697	0.791	0.371
头条文章阅读数	Pearson 相关	0.995 **	0.996 **	0.996 **	0.181	1	0.996 **	0.761 *
	显著性(双尾)	0.000	0.000	0.000	0.697		0.000	0.047
单条最大阅读数	Pearson 相关	0.990 **	0.988 **	0.985 **	0.124	0.996 **	1	0.789 *
	显著性(双尾)	0.000	0.000	0.000	0.791	0.000		0.035
单条最大点赞数	Pearson 相关	0.778 *	0.703	0.743	-0.402	0.761 *	0.789 *	1
	显著性(双尾)	0.040	0.078	0.056	0.371	0.047	0.035	

* 相关性在 0.05 水平上显著（双尾）。

** 相关性在 0.01 水平上显著（双尾）。

（2）单条最大点赞数、头条文章阅读数与文章总数成反比，即文章发布越多，单条最大点赞数和头条文章点击率越低。因此，政务微信公众号一般每期控制在 3～5 篇文章，发布太多会分散受众注意力。

（3）单条最大阅读数与头条文章阅读数紧密相关，即受众阅读最多的是头条文章。同时，单条最大点赞数却与头条文章关系不大，表明受众并不完全认可头条文章，因此在头条文章的主题选择和内容制作上还有待改进。

（4）单条最大阅读数（即头条文章阅读数）越大，公众号阅读总数就越大。这说明头条文章可以吸引受众涉猎其他文章。

综上可知，微信公众号的影响力与阅读总数、点赞总数、头条文章阅读数、单条最大阅读数、单条最大点赞数有关，但与文章总数关系不大。其中，头条文章是阅读数最大但不是点赞数最大的文章，其直接影响阅读总数但不影响点赞总数。

3. 影响力指数关键变量分析

为了探究微信公众号影响力的关键作用因子，本文采用主成分分析法，对主要因子进行分析，并采用 Varimax 正交法进行因子旋转，得到碎石图（见图 4）。本文按照特征值大于 1 的标准，结果发现在本文涉及的维度中，大于 1 的公共因子共 2 个。由总方差解释表得出，这两个因子的累计贡献率为 98.596%。

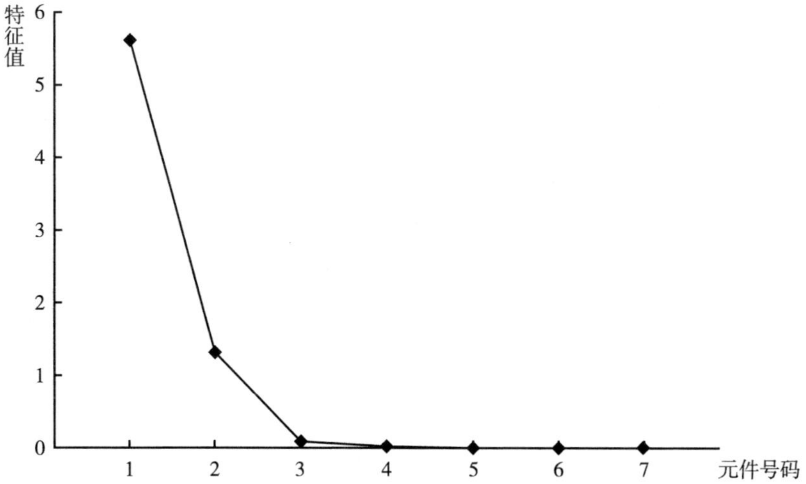

图 4　因子分析的碎石图输出结果

两个因子的载荷矩阵（见表 2）揭示了其与原始指针间的线性关系。假设 F 为主因子，上述因子可定义为 F1、F2。

表 2　旋转后的因子载荷矩阵

	元件	
	F1	F2
影响力指数	0.895	-0.001
阅读总数	0.889	0.134
点赞总数	0.894	0.090
文章总数	0.140	0.980
头条文章阅读数	0.998	0.048
单条最大阅读数	0.896	-0.010
单条最大点赞数	0.798	-0.557

注：撷取方法：主体组件分析。转轴方法：具有 Kaiser 正规化的最大变异法。a. 在 3 迭代中收敛循环。

第一主因子 F1 除文章总数、单条最大点赞数未能达到 0.800 外，影响力指数、阅读总数、点赞总数、头条文章阅读数、单条最大阅读数均超过

0.800，其中头条文章阅读数0.998为变量中最高，因此仅采用数值最大的头条文章阅读数为第一主因子F1，所以可将第一主因子F1命名为头条文章阅读数因子；第二因子F2在文章总数上为0.980，故将第二因子F2命名为文章总数因子。则微信公众号影响力的关键作用因子是头条文章阅读数和文章总数。

上文指出，主因子F1、F2分别代表头条文章阅读数、文章总数。根据因子分析可知，主因子F1的方差贡献率为2个因子中最大的，达到80.035%，主因子F2方差贡献率为18.561%。需要注意的是，F2方差贡献率大幅低于F1方差贡献率，虽然文章总数系数达到0.980能够较好解释F2因子，但F2因子稀释度较低，因子稀释值偏低未能较好地解释问题，因此F2因子在此次研究中剔除。由此可以看出，头条文章阅读数是影响政务微信初期发展时较为核心的指标。

三　政务微信公众号优化建设的相关建议

（1）重新审视头条文章内容。由上述分析可知，文章总数与微信影响力指数无关，头条文章阅读数则成为影响政务类微信初期发展时最为核心的指标。相较于大量发布的政务文章，受众更为关注首条发布的内容以及标题，这成为影响头条文章阅读数的重要因素。因此，政务微信需要进一步选取头条主题，以契合读者心理，吸引受众关注。

（2）注重信息的呈现方式。政务微信可以发布文字、图片、音视频等多媒体形式的信息，多媒体的政务信息表现形式多样化，可视、可读、可感，进一步增强政务微信平台的吸引力、亲和力。上文分析表明，受众最认可的政务微信文章并非头条文章，而是采取了拟人化、形象化手段，进行多媒体发布的互动性文章。

（3）分析后台数据，提升传播效率。微信公众平台为政务微信运营提供了丰富的数据收集和统计功能，不仅可以获得订阅用户的地域、姓名、性别等个人信息，还可以对订阅用户的变化情况、信息发送情况以及受众的阅读情况等有所了解。政务微信运营者可以将这些内容以图表等可视化的方式反映出来，从而进一步优化文章内容以满足受众的阅读需求。

（4）打造品牌信息栏目。品牌栏目会增强政务微信的可识别性，彰显政务微信的个性特征，提升政务形象，同时也降低了受众获取信息的成本。根据上文分析可知，受众点赞数最多的不一定是头条文章，有可能是更具特色的栏目信息。政务微信可以通过打造系列富有风格特色的报道、评论、互动性的栏目，获取更高的关注度，拉近政府与受众的距离。

B.22

网络空间精神文明建设研究

——以河北省为例

梁跃民*

摘　要：网络空间精神文明建设既面临着重大发展机遇，也面临着错综复杂的严峻挑战。河北省网络空间精神文明建设坚持以服务大局和正面宣传为方针，努力弘扬主旋律，打好主动仗，取得了初步成果。本文以网络精神文明建设围绕提升网民素质和网络文明程度这个总目标，就进一步加强网络空间精神文明建设的总体思路、重点任务、载体手段、体制机制和保障措施等提出对策建议。

关键词：网络空间　精神文明　建设

当前，全国深入持续开展打击网络谣言专项行动，开展网络安全教育，加强网络内容生产，让网络空间清朗起来。为了进一步深入贯彻落实习近平总书记系列重要讲话特别是关于社会主义精神文明建设的重要精神，以改革创新精神加强新形势下网络空间精神文明建设工作，推进其走向深入，就成为当前网信工作的一个重要课题。本文通过深入调查河北省 11 个设区市以及长城网、河北新闻网、环渤海网等省内主要新闻网站，以搜集资料、发放问卷、召开座谈会等方式，就河北省网络空间精神文明建设工作的基本情况进行梳理，提炼概括网络空间精神文明建设工作的成功经验，分析制约当前工作开展的突出问题并就具体问题提出对策建议。

---

* 梁跃民，河北省社会科学院新闻与传播学研究所副所长，研究员。

一　网络空间精神文明建设面临的复杂形势分析

（一）网络空间精神文明建设面临重大发展机遇

当前河北省网络空间精神文明建设面临重大发展机遇。一是全省广大网民对加强网络空间精神文明建设有强烈期待。河北省绝大多数网民认识到，网络是社会共创、共有、共享的家园，净化网络环境事关每一个网民切身利益。在调查中，当问及“您希望网络环境得到净化吗”时，大多数被调查样本希望净化网络环境，其占比为89.4%，“无所谓”占比7.8%，而选择“不希望”仅为2.8%。从调查结果显示，被调查样本对网络环境亟待净化有普遍认识和共同期待。二是网络空间精神文明建设具备了坚实的基础。调查发现，全省各地市在网络空间精神文明建设上“八仙过海，各显神通”，特别是在弘扬社会主义核心价值观方面，积极推动“善行河北”“网聚河北正能量”主题宣传活动，既努力满足全省网民不断增长的精神文化需求，又积极营造建设经济强省、美丽河北的浓厚网络氛围，取得令人满意的成效。三是党和国家高度重视网络空间精神文明建设。当今时代，互联网的快速发展正在深刻改变社会结构和社会关系，网络化生存成为一种常态。做好精神文明建设工作，必须主动适应这个大趋势大潮流，把网络作为重要阵地，把网民作为重点对象，增强其网络意识、网络思维，利用互联网即时、海量、交互、跨界等优势，创新内容形式、方式方法，倡导网络道德和网络文明，繁荣发展网络文化，传递真善美、传播正能量。

（二）网络空间精神文明建设面临错综复杂的严峻挑战

在面临重大发展机遇的同时，网络空间精神文明建设也面临错综复杂的挑战。网络不是一个单纯的、不受社会利益格局影响的虚拟空间，而是现实社会的延伸，是社会关系、社会利益、社会角色在虚拟世界的真实再现。互联网具有汇聚海量信息、丰富人们的精神文化生活的特殊功效，但同时也因其进入门槛低，具有自主、开放、匿名等特性，也对不良信息的传播和泛滥起到推动作用。

二　河北省网络空间精神文明建设的基本做法和实践经验

河北省网络空间精神文明建设坚持以服务大局和正面宣传为主的方针，努力弘扬主旋律，打好主动仗，其基本做法和成功经验如下。

（一）网络空间精神文明建设的主要做法

1. 发挥网络媒体互动优势，组织开展网络公益活动

主要新闻网站按照主流媒体、责任媒体的定位，借助网络媒体资源，与社会公益组织、企事业单位、爱心人士合作，建立了“网络公益联盟”，持续开展了“长城微公益”“爱心润春蕾”“农村助学”等品牌公益活动。各地市也根据自身实际，组建“爱心时间银行”“阳光志愿协会”“爱先行公益组织”“顺风车队”等网络公益团体，开展了关爱留守儿童、尊老敬老、关怀残障人群、公益环保、捐资助教、医疗保健、心理健康、无偿献血、公益救援、法律援助、小动物保护等多项网络公益活动，让更多的人参与社会服务工作，在社会上引起了强烈的反响。

坚持把社会效益放在首位、经济效益服从社会效益的原则，长城网通过“两微三端”平台，常年在首页显著位置免费发布公益广告，如《图说我们的价值观》、《勿忘国耻　圆梦中华》、《“经济强省·美丽河北”》系列公益广告作品、《弘扬社会主义核心价值观　共筑中国梦网络视频展播》、《善行河北·讲文明树新风》、《美丽河北最美人物、最美景物推选展示》等，通过文字标语口号、创意图片、微视频等形式，持续做好社会主义核心价值观和群众性精神文明宣传工作。同时，创新开发 H5 特刊、图解新闻、漫画新闻、沙画新闻等新媒体作品，通过通栏广告发布、专题链接推广等方式，在长城网及“长城 24 小时”客户端、手机长城网、官方微博、官方微信公众号等多个平台重点推广。

河北新闻网组织开展“阳光流动课堂——为山区孩子上堂课”大型社会公益活动，开辟活动官网、招募志愿者，赴山区学校授课，为山区学校捐款捐物；“河马公益”板块通过持续不断的公益活动集聚了大批爱心志愿者；“走进巍巍太行·网络名人追寻抗日足迹”“家乡的色彩随手拍”等家乡系

列大型摄影活动，“再给妈妈一个吻”感恩母亲节等系列公益活动的开展，活跃了网络氛围，加深了网民认知度。特别是“善行河北·善美家风”系列活动采用“融媒体报道+视频+评选活动”的方式，打组合拳，并推出了融媒体报道专题、善美家庭评选专题、家风征文专题等。

2. 做好“接地气”的网络典型宣传

省内主要新闻网站组织记者深入基层一线，常态化开展“走转改”活动，深入挖掘推出一批奋斗在基层一线、平凡岗位的先进典型。比如在组织开展的“最美河北人”发布厅活动中，通过策划实施系列纪实性采访拍摄、典型人物专题片制作、线下发布厅活动组织、线上专题全媒体呈现等工作，形成持续性宣传声势。在组织开展的“有情有义河北人”网上系列互动访谈节目中，通过面对面访谈、网上互动交流的形式，持续推出100期节目，营造了善举如潮的氛围。在组织开展的“草根好人”评选活动中，通过网上征集、网友评选、专家评审、记者采访、集中表彰等环节，推出大量的平民典型，形成社会新风气。其中，石家庄市积极探索运用新媒体开展网络空间精神文明宣传活动。石家庄文明网于2007年开通，2012年正式加入“中国文明网”联盟网站，网站紧紧围绕文明城市创建，大力加强内部建设和新技术新应用研发，主动协调有关部门组织策划网上活动，努力营造健康向上的网络空间精神文明。网站现有“文明播报”“文明创建”“讲文明树新风”等专栏22个和“道德讲堂”“学习雷锋精神　弘扬社会新风”等专题31个，平均每月采编稿件160余篇，累计采编视频节目20G。充分利用微博、微信、客户端等互联网新媒体，以其传播快、覆盖广、影响大等特点，广泛开展新闻宣传、网络文明传播，因此新媒体在网络空间精神文明工作中发挥着越来越重要的作用。

承德市本着“点亮一处，照亮一片”的原则，发展具备条件的各级道德模范、承德好人、优秀志愿者建立自己的网站、朋友圈、博客圈、QQ群，以一带十，以十带百，发展以道德典型为骨干的网络文明传播公益组织，开辟网络空间的道德阵营，占领了网络空间文明高地。据统计，目前，承德市有网络文明传播公益网站1个，即“承德好人网”；发展了包括网络公益团队、网络论坛、网友俱乐部等网络文明传播公益组织100多个；建立了包括QQ群、博客圈、朋友圈等网友组织5000多个。现有网络文明传播志愿者近10万人、粉丝数百万人，每年在全国范围内开展网络助学、网络义捐义卖会、网络连心桥等网络公益活动近万次。其中“珲能量”爱心公益团队、隆化爱心联盟 QQ 群、平泉论坛网友社区、丰宁“爱心 e 族”等网络文明传播爱心组织已由承德走向全国。

廊坊市利用网络传播优势，积极推动各项评选活动。从 2014 年开始，廊坊积极组织开展了“善行河北 · 最美廊坊人”主题道德实践活动。在活动开展前期，廊坊市主要新闻网站均在首页设置活动专题，大力宣传此次活动；在群众推荐阶段，网站开通邮箱，接受网友推荐；在评选投票阶段，开通网络投票平台，方便群众投票；在社会公示阶段，专题页面展示入选人员的相关事迹，同时开通反馈专栏，收集异议；在表彰及宣传阶段，在首页对好人事迹进行集中展示，并将“最美廊坊人”的事迹制成视频，进行网上展播。同时，抽取二维码，在双微一端和报纸的展播页面设置“一键分享”和扫一扫功能，让网友可以随时转发视频、了解更多平凡英雄的事迹。

唐山市坚持创建与宣传并举，在内容、品牌及途径下功夫，推动网络空间精神文明建设工作再上新台阶，不断增强网络文明正能量。一是与市直媒体相结合，建立了资源共享机制。二是与网络文明传播志愿者相结合，组织网络文明传播业务骨干加入全国网络文明传播体系。三是紧跟互联网 + 时代步伐，开通了“大爱唐山”微信、微博公众服务平台。2015 年唐山坚持以“善行河北 · 大爱唐山”为主题，先后组织推进全国文明城市常态化建设、“争当培育和践行社会主义核心价值观排头兵”品牌创建年、“咱村里的文明事”、“培育和传承好家风好家训”等一系列活动。2013 年以来，唐山市先后组织了 3 期网络文明传播培训班，邀请中央、省文明办等部门领导和全国知名博主、专家授课，全市 100 多名网站工作者和 2650 名网络文明传播志愿者参加了培训。

3. 做大做活主题宣传和成就宣传

各地市和全省主要新闻网站紧紧围绕中国梦赶考行、社会主义核心价值观、京津冀协同发展、经济强省美丽河北建设、善行河北、脱贫攻坚、生态环境建设、供给侧结构性改革等中心工作，精心谋划、认真组织系列专题报道。比如在弘扬社会主义核心价值观方面，长城网积极开展“善行河北”“网聚河北正能量”主题宣传活动；借助全国网联成员单位资源优势，持续举办“全国网络媒体河北行”活动，邀请全国知名新媒体走访河北、推介河北；创新策划实施“广场舞网络风采大赛”“文明交通　荧光同行”等系列接地气活动。在打造“美丽河北”宣传品牌方面，依托互联网媒体平台，建设并维护河北美丽乡村网，开设美丽河北专题，持续开展“美丽河北”推选展示、“美丽乡村燕赵行”活动，不断强化“美丽河北”品牌形象宣传。河北新闻网围绕“善行河北”主题道德实践活动和社会主义核心价值观，精选善行事迹、讲述善行故事、设置善行话题，与广大读者充分互动、交流，倾力打造“善行河北”品牌。与省内主流报纸、网络媒体互为补充，充分发挥手机报这一第五媒体的特性，为广大市民、用户提供内容丰富、交互性强的精短善行消息。

（二）网络空间精神文明建设的实践经验

近年来，河北省网络空间精神文明建设的主要经验如下。

1. 坚持行业自律和日常管理相结合

河北省坚持把网络空间精神文明建设的要求落实到网站建设和日常管理之中，从内容建设、管理制度等方面入手，逐步完善各项细节，不断推进网站建设向深度和广度拓展。同时，加强属地网站内容审核管理，建立网站备案，新闻网站年检，违规网站认定、约谈、整改、关停等一整套互联网行业从进入到退出的管理制度，并以实践促完善。对河北省重要新闻网站，制定严格的发稿审核制度，积极推送正能量稿件。同时严格掌控网站首页相关内容，禁止集中出现大量负面消息。

2. 集中开展网络治理专项活动

各市始终把深入开展净化网络环境摆到重要位置。为打造清朗的网络空间，市互联网信息办公室统筹协调，涉网管理部门各负其责、密切配合，协调联动，联合开展了“网上扫黄打非”“打击网络敲诈和有偿删帖”“整治婚恋网站严重违规失信”“整治招聘网站严重违规失信”等一系列专项网络整治行动，并使这项工作常态化、机制化，从而正确引导网络民意表达，牢牢掌握网上舆论工作的领导权、管理权、话语权。

3. 发动网民强化监督举报

各市网信办在省互联网违法和不良信息举报网上向公众公开了举报网址、邮箱和电话，其受理属地网站存在的违法和不良信息举报，依法依规处置攻击党和政府、涉暴恐、色情、低俗、诈骗、赌博以及谣言等有害信息。各新闻网站、商业网站、政府网站等建立辟谣机制，加强互联网信息内容审核，加大对微博、微信等新媒体发布内容的管理力度，坚决不为不良信息提供传播渠道。

4. 重视网络内容生产

充分利用移动互联网新颖活泼的内容生产方式和多渠道多维度的传播方式，传递正能量，凝聚各方力量，使网络空间精神文明建设覆盖面积、影响力最大化，让精神文明建设始终充满生机活力，以正面声音引领多元多变的网上舆论。

5. 加强网络传播创意

在互联网时代，创意已成为吸引受众眼球的最主要的手段，一条富有创意的微博或微信在几分钟内转发量可超过10万次，一个“网红”创意作品可在网上迅速成为热点话题，但是传统的新闻宣传、活动推广、公益广告等宣传形式很难达到这样的效果。因此如何创新宣传手段、按需生产创意作品，是有效推进网络空间精神文明建设的重要抓手。

三　河北省网络空间精神文明建设存在的问题

（一）网络虚假信息泛滥

网媒为了提高所谓的知名度、抢浏览量、争点击率，一味地追求用另类标题制造噱头，刺激受众眼球，让人滋生灰暗心理和不满情绪，激化社会矛盾。

（二）网络正气彰显不足

当前，由于大量网络打手，兴风作浪，起哄谩骂，混淆视听，致使网络戾气恣意弥漫，甚嚣尘上。网络正气不彰，导致网络极端暴力事件频频发生，客观上为网络邪气生存、生长提供了空间。相关监管部门必须认识到，刻意放大社会负面信息，对人格的健康养成和社会的和谐发展很不利。

（三）提高网络管理科学化仍是当务之急

在某种程度上，当前河北省对于互联网的管理，还存在高层重视、中层茫然、基层害怕的局面。在网络管理的权责划分上，相关部门之间职能交叉、九龙治水的现象仍然突出，管内容的不管技术，管网络企业的不管内容审核，管文字的不管视频，没有形成一个统一的监管体制，更不能实现无缝对接，一个号令对外发声，一个步调展开行动。网络信息资源共建、共享、共用的良好局面远未形成，网络管理存在死角，管理能力削弱，不利于网络精神文明建设的推进。

四　进一步改进网络精神文明建设的对策建议

在以上调查分析基础上，结合国家制定的“十三五”规划，围绕提升网民素质和网络文明程度这个总目标，下文就进一步加强网络精神文明建设的总体思路、重点任务、载体手段、体制机制和保障措施等提出对策建议。

（一）加强新媒体创意作品开发，为网络精神文明建设注入新活力

各地市和省主要新闻网站都要开动脑筋，创新宣传方式，创作开发系列微动漫、微电影、微电视等网络系列文化创意作品，深入挖掘红色太行、壮美长城、诚义燕赵、神韵京畿、弄潮渤海等河北特色文化元素，借助寓教于乐的方式讲好河北故事，以平民化的视角宣传推介网络精神文明建设的成果。

（二）依托“互联网+”，推动志愿服务制度化、常态化

志愿服务是网络空间精神文明建设的一种有效形式。全国要以省（自治区、直辖市）为单元，积极探索打造本地“PC+手机端”志愿服务综合平台，逐步实现网上志愿者报名、信息录入、信息生成、信息查询及供需对接的程序更加方便快捷安全，志愿服务活动实现线上线下互动、服务效果明确、评价体系科学等。要积极推介网络志愿者模范，按照新媒体传播规律，采取有力度的激励举措，引导网络空间形成“向善”氛围。

（三）完善网络精神文明建设长效机制

要充分发挥地方主要新闻网站的示范带头作用，使之成为网络空间精神文明建设的主阵地。同时，各级政府类网站和政务微博都要开设精神文明建设专栏，为网络精神文明建设注入正能量。

（四）因势利导强化工作策划

要坚持精神文明重在建设的方针，积极利用建设性抵制破坏性。在实际工作中，除了要加强管理，采取“围堵”方法外，还要充分利用互联网的传播优势，将更多正能量传播出去。为此，笔者建议要以各级省委互联网信息办公室为主体，加强网络宣传策划创意工作，吸收学界专家和业界精英，成立网络宣传指导策划工作小组，定期召开网络宣传策划创意例会，对一个时期的宣传热点和重点，由网络宣传策划专家和管理人员共同商讨正面引导对策，充分调动方方面面的力量，采取组合拳的方式打好网络空间精神文明建设战役。

B.23

2015年中国网络信息安全状况、问题及对策

王 颖*

摘 要： 网络信息安全问题是2015年互联网领域的重要话题。移动互联网、物联网的发展让传统安全边界发生变化，信息泄露事件的频发使得人人可危。另外，接二连三的网络安全问题使得国家对网络安全高度重视，对内加快立法脚步，对外开展国际合作。与此同时，网络安全产业也发展成为移动互联网的一大领域。

关键词： 网络安全 信息泄露 国际合作 网络安全法 自律

互联网的飞速发展深刻改变世界的方方面面。从国家基础设施到百姓衣食住行，它为国家的管理模式、社会的运行机制、个人的生活方式都带来变化。伴随互联网发展而来的网络安全问题也成为与国家、社会、个人息息相关的大问题，可谓关系国策与民生。互联网越发达，网络信息安全问题越突出。在2015年，网络信息安全问题成为最被重视的、最迫切需要解决的问题之一。

一 网络安全成为国家战略

2014年，中共中央网络安全和信息化领导小组成立，这标志着我国开始高度重视网络信息安全，在信息安全方面将要有所作为。2015年，在国家政策法规和行业技术领域，对网络信息安全方面有许多实质性的举措，管理部门

* 王颖，中国社会科学院新闻与传播研究所助理研究员，研究方向为媒体法规、政策。

着力于立法层面、政策调整、国际合作等方面，互联网行业加强自律，规范行为。

（一）制定相关法律法规

2015年，我国的网络安全法治建设的进程明显加快，各相关管理部门出台了各项涉及网络安全的法律法规，应对现实中不断出现的问题，逐步完善以法治网的长效治理机制（见表1）。

表1　2015年有关网络安全的法律法规

时间	发布单位	法律法规	立法目的
2月	公安部联合各部委	《互联网危险物品信息发布管理规定》	加强对互联网危险物品信息的管理、规范信息发布行为等
6月	国务院办公厅	《关于运用大数据加强对市场主体服务和监管的若干意见》	对加强网络信息安全保护等七个方面提出保障措施
7月	全国人大常委会	《国家安全法》	首次以法律形式提出维护国家网络空间主权
8月	全国人大常委会	《刑法修正案(九)》	涉及公民个人信息和网络安全的犯罪方面

资料来源：作者对网络资源的整理。

特别值得关注的是，全国人大常委会于2015年6月审议《网络安全法》草案，《网络安全法》草案自7月6日起至8月5日向社会公开征求意见。目前立法进入最后阶段，正式推出在望。该草案是针对网络信息安全做出的专门立法，内容涉及保障网络产品和服务安全、保障网络运行安全、保障网络数据安全、保障网络信息安全等方面。该草案将成为具有真正指导意义的行业法规，其意义在于有利于相关单位在信息安全投入上更加常态化，有利于信息安全行业的发展。

（二）多次召开有关网络安全的会议、活动

2015年度有关网络安全的会议、活动几乎贯穿全年。这表明从政府管理部门到业内人士都充分意识到解决网络安全中现实问题已经迫在眉睫，并着手积极应对当前出现的问题。

表 2　2015 年涉及网络安全的会议

时间	会议名称	主题
6 月	第二届国家网络安全宣传周	共建网络安全,共享网络文明
7 月	2015 互联网大会	强化网络安全管理
9 月	中国互联网安全大会	数据驱动安全
11 月	中国互联网安全领袖峰会	共建安全新生态
12 月	第六届中国信息安全法律大会	网络安全领域的法治发展
12 月	第二届世界互联网大会网络安全论坛	交流网络安全技术、促进全球网络安全合作

资料来源：根据对网络资源的整理所得。

（三）签署行业自律公约

在政府部门组织下，行业签订针对漏洞信息披露和处置的自律公约。国家互联网应急中心（CNCERT）与国内 32 家单位共同签署了《中国互联网协会漏洞信息披露和处置自律公约》，以行业自律的方式共同规范安全漏洞信息的接收、处置和发布，应对网络安全事件的频频发生。

（四）广泛开展国际合作

互联网的广泛联系性使得网络安全问题成为国际社会共同面临的难题，它不可能是某个国家或地区仅依靠自己力量就能解决的问题。因此，我国政府也开展了广泛的国际合作。5 月，中俄签署《中华人民共和国政府和俄罗斯联邦政府关于在保障国际信息安全领域合作协定》。协定规划了中俄开展合作的主要方向，包括建立共同应对国际信息安全威胁的交流和沟通渠道，在打击恐怖主义和犯罪活动、人才培养与科研、计算机应急响应等领域开展合作。7 月，中德互联网产业圆桌会议召开，两国寻求在网络安全等方面的深化合作。8 月，联合国信息安全问题政府专家组召开会议，中国等 20 个国家首次同意约束自身在网络空间中的活动。9 月，习近平主席访美多次就网络安全议题发表讲话。中美就应对恶意网络活动、制定网络空间国家行为准则达成了一致意见。10 月，中英互联网圆桌会议召开，中英签署首个网络安全协议。这个协议是中英迈向网络安全合作的第一步，是中英两国首次在网络安全领域许诺共同合作。

二　网络安全的状况

（一）网络安全问题频发

1. 恶意程序数量增长

根据国家互联网应急中心的数据，2015 年全国经检测发现的移动互联网恶意程序已超过 145 万件，较 2014 年增长 52%。

360 安全中心发布的《2015 中国互联网安全报告》显示，2015 年移动端监测到 Android 用户感染恶意程序达 3.7 亿人次，较 2014 年增长了 15.0%，移动端恶意程序类型中资费消耗占比达 73.6%；其次为恶意扣费（21.5%）和隐私窃取（4.1%），手机恶意程序趋利性极为明显。可见，恶意程序向手机蔓延势头严重。这些恶意程序主要是恶意扣费、信息窃取，这些行为已经严重影响网民的财产安全和信息安全。对此，监管部门应该定期巡视检查，及时整治，对相应的应用市场或者手机论坛应提高审核标准，渠道方对上架应用市场要严格监管。据工信部统计数据，2015 年，3545 款 App 受到举报和应用商店的下架处置。这些 App 中，2714 款具有恶意行为，1851 款具有恶意广告行为。

2. 网络诈骗案件高发

腾讯研究院发布的《中国网络生态安全报告》指出，当前网络犯罪猖獗。在众多案件中，网络诈骗首当其冲，是主要且高发的犯罪类型。在网络犯罪案件类型中，19.2% 为网络诈骗，11.9% 为电信诈骗。这些犯罪行为主要是通过 QQ、微信和微博等社交工具，伪装欺骗受害人汇款、充值等。广大网民是网络诈骗的受害者，因此，2015 年 5 月 12 日，北京市公安局网络安全总队与 360 互联网安全中心共同发起成立了网络诈骗全民举报平台——猎网平台，发动广大网民共同抵制网络诈骗。网民可以通过该平台向 360 互联网安全中心举报恶意软件、不良网站等，为警方提供线索。2015 年该平台共收到全国用户有效理赔申请的网络诈骗 24886 例，举报金额 1.27 亿元，人均损失超过 5000 元。各种诈骗类型中，虚假兼职居首位，其次是网游交易诈骗、虚假中奖、欺诈退款等。

3. 移动支付、智能硬件领域安全风险增大

近年来，移动支付市场出现爆发式增长。移动支付与消费者生活紧密结合，网民的移动支付习惯逐步养成。一方面政府和企业发展“智慧城市”与“无线城市”建设，公共无线网络迅速普及。无线网络成为网民在一些公共场所接入互联网的首选方式。另一方面是移动互联网更加贴近生活，各种基础应用、商务贸易、网络金融、生活服务等个人应用日益丰富，例如在线教育、网络医疗、网络预约出租车等公共服务项目已经深入用户生活。中国互联网络信息中心（CNNIC）发布的第37次《中国互联网络发展状况统计报告》数据显示，截至2015年12月，手机网上支付用户规模达到3.58亿，增长率为64.5%，网民使用手机网上支付的比例由39%提升至57.7%。然而使用便捷的同时，网络安全风险伴随而来。移动支付在2015年频频出现安全困扰。5月，支付宝的大面积瘫痪导致全国多个省市支付宝用户出现电脑端和移动端无法转账付款、余额错误等问题。从4月份起，仅翼支付绑定银行卡被盗刷事件就出现7起，盗刷金额从几百元到几万元不等。其中，连接不安全的免费Wi-Fi是支付风险的主要诱因。一些恶意、山寨程序应用往往借助“双十一”等电商促销、用户使用移动支付的高峰时段进行诈骗。目前，市场上第三方支付机构越来越多，安全问题亟待解决。2015年7月，央行发布《非银行支付机构网络支付业务管理办法（征求意见稿）》，意在建立统一的非金融机构支付服务市场准入制度和严格监督管理机制。随着移动支付的持续发展，移动支付的使用频率越来越高，支付金额也越来越大，网络安全性至关重要。

近年来，中国用户逐步进入移动智能时代。随着智能硬件的不断增多，公众在生活中也将面临越来越多的隐私、财产与人身安全问题。例如爆发的X-code Ghost事件，一些苹果App开发者使用非官方的苹果应用开发工具，但是这些工具被植入恶意代码。这些App下载到用户手机后，泄露了用户信息、账号密码，甚至银行账户密码。未来的智能设备中也将接入这些操作系统，而智能硬件的安全问题将会更加严重。

（二）网民网络安全意识、能力有待提高

在网络账号的密码设置方面，公众普遍意识不强。《我国公众网络安全意识现状调查报告（2015）》显示，多账户使用同一密码的情况非常普遍，占到

75.93%，其中，青少年多账户使用同一密码高达82.39%。虽然个人密码的安全性直接影响个人数据和信息安全已经是基本常识，但是调查数据显示仍有相当比例的网民的密码设置安全系数不高，44.7%的被调查者使用安全系数较高的复杂组合设置密码，有44.42%的使用生日、电话号码等设置密码，将近10.88%的被调查者设置弱密码。

无线网络时代，随时随地搜索免费Wi-Fi成为民众生活习惯。根据Wi-Fi联盟的数据，我国已经成为Wi-Fi需求量最大的市场。移动互联网时代，智能手机、平板电脑等移动设备使用普遍，连接Wi-Fi成为生活习惯，而这一习惯使得黑客有机可乘。2015年“3·15”晚会曝光了免费Wi-Fi的使用问题，演示了黑客利用免费Wi-Fi窃取用户账号和密码以及基本的设备信息等。对此，我国政府应该加强指导网民安全使用公共领域的Wi-Fi，不使用来路不明的Wi-Fi，一些个人信息登录时使用3G或4G网络，养成良好的Wi-Fi使用习惯，安装安全软件等。

三　网络安全保护对策、建议

（一）立法常态化、精细化、体系化

正在推进的《网络安全法》自草案公布起就引起社会广泛关注。可以说，该草案的提出代表着我国网络安全法治化进入快车道。该草案将成为真正指导意义上的行业法规，有利于有关部门和其他相关单位在网络信息安全上更加常态化。而网络安全问题复杂、不断出现新情况，例如移动互联网领域，存在法律相对空缺的重要问题，这就需要今后的立法工作适应现实需要，针对不同诉求与矛盾，进行精细化制定。同时我们要借鉴国际经验，根据本国国情完善有中国特色的互联网法律体系，大力打击网络犯罪，充分发挥法律的保障力量。

尽管我国已经加快网络立法的脚步，相继出台了各类与网络安全相关的法律、法规，以法治网格局初现。但是与发达国家相比，我国网络安全立法还是明显滞后。首先，现行法律法规体系尚有待完善，涉及网络安全的法律法规中，比例较大的还是各部门规章，缺乏整体统筹与协调。其次，我国现行的网络安全法律法规中，有些具体规定与传统的法律法规难以协调。再次，法律的

生命在于执行。网络安全领域的法律法规在现实执行中需要有力支持。目前，国务院授权国家网信办负责互联网信息内容监督管理执法，国家网信办加大查处违法违规网站和违法行为，同时起草了《互联网信息内容管理行政执法程序规定》，此外，还形成8项涉网跨部门执法业务司局间协调工作机制，提高其执行管理水平。

（二）保障行业自律规则发挥实效

网络安全领域需要业界的自我约束和规范。2015年6月，国家互联网应急中心与32家单位共同签署了《中国互联网协会漏洞信息披露和处置自律公约》，这是首次以行业自律的形式共同规范漏洞信息的相关处置。在相关法律法规不健全的情况下，加强行业自律对各种现实问题的规范管理具有很重要的意义。我国刚刚成立首个网络安全领域的全国性社会团体——中国网络空间安全协会。协会囊括了国内主要互联网企业和网络安全企业、科研机构。

网络安全保护并不是单靠法律法规就能解决的，更需要行业和用户的参与，大力倡导行业自律，通过自律把行业带上良性发展道路，建立健全互联网用户权益保护机制，营造公平公正的市场竞争环境。

（三）网民的网络安全意识有待提高

我国网民数量庞大，但整体媒介素养仍待提高。中央网信办鲁炜主任提出要做“中国好网民”，需要有高度的安全意识、文明的网络素养、守法的行为习惯、必备的防护技能。培育网民网络安全意识，特别需要关注青少年的网络安全教育。青少年触网率极高，但是其网络安全知识匮乏，更需要培养上网的安全技能、强烈的安全意识，以免其受到网络违法犯罪的侵害。因此，未来的互联网宣传、教育应以学校为主体、社会广泛参与的形式，向青少年传授网络保护的知识，保证网络时代成长的青少年不受侵害。

（四）加快发展网络安全产业

2015年以来，各大互联网公司纷纷加强在网络安全领域的研发能力和战略部署。6月，阿里巴巴集团宣布收购国内最早做APT防御的安全公司翰海源，翰海源加入阿里巴巴安全部，将借助阿里的资源继续安全技术的研究。阿里进一步扩充自身的安全技术研发能力。而腾讯于3月份就对网络安全公司知道创宇进行第二轮投资；6月又与企业安全厂商启明星辰开展战略合作，推出面向企业终端的网络防病毒系统。另一大互联网巨头百度则全资收购了知名互联网安全公司安全宝，以加强百度为企业客户提供安全防护的服务。

网络信息安全保护中，公众往往难以知道何时、何地、以什么方式被侵害了，自我保护是难以实现的。未来，把个人信息交给专业的安全保护软件进行处理会成为新的趋势，信息安全产业将成为移动互联网发展的一大领域。

参考文献

奇虎360安全中心：《2015中国互联网安全报告》。

猎网平台：《2015年网络诈骗趋势研究报告》。

《2015中国网络安全发布 网络诈骗最常见》，http：//it. sohu. com/20160109/n434014374. shtml。

产 业 篇

Sector Reports

B.24

2015年新媒体产业发展报告*

郭全中 郭凤娟**

摘 要： 2015年，在消费升级和政策利好的推动下，我国新媒体产业①继续高歌猛进，互联网广告、网络游戏、电影、大数据、VR等产业都快速发展，且互联网内容创业者迎来春天。媒体业投资和并购金额超过2200亿元，BAT等互联网巨头的生态系统更加完善。在未来，“互联网+”与“大数据+”促进产业快速融合，移动化、智能化媒体产业成为主流。

关键词： 新媒体 产业 移动化 智能化

* 国家社科基金重点项目“新媒体环境下传统媒体的转型战略研究”的阶段性成果，项目编号：13AXW006。

** 郭全中，国家行政学院社会和文化教研部高级经济师，管理学博士；郭凤娟，北京市资产评估师协会员工。

① 本文所指的新媒体产业主要是互联网媒体产业，包括网络广告、网络游戏、网络视频、大数据、VR等。

一 外部环境鼓励新媒体产业发展

1. 国家频繁出台利好政策

2015 年，国家加大对新媒体产业的扶持和支持力度，出台了一系列利好政策，主要如下：一是国家新闻出版广电总局、中华人民共和国财政部以新广发〔2015〕32 号印发《关于推动传统出版和新兴出版融合发展的指导意见》，对于新闻出版企业的转型升级有真金白银支持；二是文化部办公厅正式印发《2015 年扶持成长型小微文化企业工作方案》，对内容创业者这些成长好的小微文化企业有较大的帮助；三是国务院印发《关于大力推进大众创业万众创新若干政策措施的意见》，在财税、融资和平台建设等多个方面有利好；四是国务院发布《关于积极推进“互联网+”行动的指导意见》，助推互联网从消费互联网向产业互联网转型；五是国务院以国发〔2015〕50 号印发《促进大数据发展行动纲要》，对于大数据产业的发展是重大利好；六是国务院通过《中华人民共和国电影产业促进法（草案）》，以提升文化产业水平、促进电影产业健康发展；七是国务院办公厅印发《三网融合推广方案》，加快在全国全面推进三网融合，推动信息网络基础设施互联互通和资源共享。

2. 新媒体产业的基础更为扎实

互联网尤其是移动互联网发展的基础是为数众多的网民和手机网民，经过 20 多年的发展，我国的网民数、手机网民数以及市场渗透率都处于世界首位。根据中国互联网络信息中心（CNNIC）发布的第 37 次《中国互联网络发展状况统计报告》，截至 2015 年 12 月，中国网民规模达 6.88 亿，互联网普及率为 50.3%，首次超过 50%；手机网民规模达 6.2 亿，同比增长 6303 万人，市场渗透率提升至 90.1%，手机网民数在 2014 年超越 PC 网民数的基础上，进一步拉开了和 PC 网民数的差距。

二 新媒体产业依然延续高速增长态势

（一）互联网广告超越传统媒体广告

1. 网络广告市场规模超过2000亿元

根据艾瑞咨询的数据，2015 年我国互联网广告市场规模超过 2000 亿元，达到2096.7亿元，同比增长36.1%，是2010年的325.5亿元的6.44倍。从表1可以看出，随着互联网市场基数的快速增加，互联网增速也有所放缓，首次低于40%，但是依然保持35%以上的高速发展。

表1　2010~2015年我国网络广告收入及增速

单位：亿元，%

年份	广告额	增速	年份	广告额	增速
2010	325.5	—	2013	1100.0	46.1
2011	513.0	57.6	2014	1540.0	40.0
2012	753.1	46.8	2015	2096.7	36.1

资料来源：根据艾瑞咨询的数据整理。

2. 互联网市场规模超过传统媒体

由于国家工商总局2015年的广告业数据尚未公布，我们这里以国家工商总局2014年的广告数据为基数，采取央视市场研究（CTR）发布的《2015中国广告市场回顾》中的增长率计算出传统媒体2015年的广告数据。根据CTR的数据，2015年电视广告下跌4.6%，报纸广告下跌35.4%，杂志广告下跌19.8%，广播广告上涨1.1%，进而可以计算出2015年广电报刊四大传统媒体行业的广告之和为1743.53亿元，远远低于互联网广告市场规模。这充分证明2015年我国传媒业市场发生了本质上的革命性变化，互联网媒体的广告收入首次超过电视、报纸、广播和杂志四家传统媒体广告收入之和，从市场规模上看，互联网媒体成为真正的主导，而传统媒体则更加式微（见表2）。

表2　互联网广告和传统媒体广告比较

单位：亿元

	2013年	2014年	2015年
互联网	1100.0	1540.0	2096.7
电视	1101.1	1278.5	1219.69
报纸	504.7	501.67	324.08
广播	141.18	132.84	134.30
杂志	87.2	81.62	65.46
传统媒体广告收入之和	1834.18	1994.63	1743.53

资料来源：根据国家广电总局、CTR、艾瑞相关数据整理。

3. 电商广告增长迅速

根据艾瑞的数据，2015 年，在淘宝广告高速增长的带动下，电商广告市场占比从2014 年26.0%上升到28.2%，市场规模为591.27 亿元，仅次于搜索引擎广告的708.68 亿元。此外，分类广告和以原生广告为主的其他广告增长迅速，其广告市场份额从2014 年的7.7%增长到2015 年的8.5%（见表3）。

表3 2015 年互联网主要细分市场情况

单位：亿元，%

类别	收入	市场份额	类别	收入	市场份额
搜索引擎广告	708.68	33.8	富媒体广告	171.93	8.2
电商广告	591.27	28.2	其他广告	178.22	8.5
品牌图形广告	320.80	15.3			

资料来源：根据艾瑞咨询的数据整理。

4. 移动化能力强的互联网媒体高速增长

随着手机网民的快速成长，我们已经进入移动互联时代，2015 年，百度、阿里巴巴、腾讯、乐视网和猎豹移动等移动能力强的互联网媒体依然保持较高的增长速度，并且带动整个互联网媒体广告市场高歌猛进。根据已经披露的财报，2015 年百度、阿里巴巴、腾讯、搜狐、新浪、网易、搜房、乐视网等11 家互联网上市公司的销售收入为3321.16 亿元；净利润为1400.17 亿元，同比增长93.59%；广告收入为1641.12 亿元，同比增长45.37%；市值为4979.73 亿美元（见表4）。

表4 2015 年互联网媒体广告收入及增速

公司	销售收入			净利润			广告收入			市值（亿美元）
	2014 年（亿元）	2015 年（亿元）	增速（%）	2014 年（亿元）	2015 年（亿元）	增速（%）	2014 年（亿元）	2015 年（亿元）	增速（%）	
百度	490.63	663.82	35.30	131.96	336.64	155.1	485.13	640.37	32.00	657.34
阿里巴巴	—	943.84	—	269.70	688.44	155.26	375.10	541.00	44.23	1918.8
腾讯	789.32	1028.63	30.00	242.24	291.08	20.16	83.18	174.68	110.00	1910.41
搜狐	108.08	125.13	15.78	-11.05	-3.29	—	45.78	72.16	57.62	20.49
新浪	49.47	56.89	15.00	11.42	1.66	-85.46	41.39	48.01	16.00	31.92
网易	117.13	228.03	94.68	47.57	67.35	41.58	13.45	17.89	33.01	191.90

续表

公司	销售收入			净利润			广告收入			市值（亿美元）
	2014年（亿元）	2015年（亿元）	增速（%）	2014年（亿元）	2015年（亿元）	增速（%）	2014年（亿元）	2015年（亿元）	增速（%）	
搜房	45.41	57.07	25.70	16.36	-0.98	—	45.41	57.07	25.70	23.22
汽车之家	21.33	34.64	62.4	8.10	11.031	36.2	10.75	18.863	75.5	29.33
凤凰新媒体	16.4	16.10	-1.83	2.631	0.736	-72.03	11.90	12.30	3.10	3.27
乐视网	68.19	130.17	90.89	15.72	5.73	57.41	15.72	26.34	67.53	168.94
猎豹移动	17.64	36.84	108.9	0.679	1.77	160.68	13.23	32.44	145.2	24.11
合计	—	3321.16	—	723.25	1400.17	93.59	1128.96	1641.12	45.37	4979.73

注：市值为2016年3月18日休市时；阿里巴巴的广告数据为艾瑞数据。

资料来源：根据上市公司财报整理。

从表4可以看出，阿里巴巴的净利润超过600亿元，其中有较大部分来自财务投资等收益，百度的净利润也在300亿元以上，腾讯的净利润也近300亿元；在广告方面，百度的收入最高，为640.37亿元；阿里巴巴次之，为541亿元；广告收入增长率最高的是猎豹移动，同比增长145.2%，腾讯同比增长110%。

此外，智能传播平台的典型代表今日头条2015年的广告收入在16亿元左右，未来会有更大的发展潜力和空间。

（二）网络游戏公司依然保持高增长

2015年，腾讯、网易、搜狐等3家上市的网络游戏公司的收入为780.16亿美元，同比增长34.32%，远远高于全国平均速度，这也说明游戏业的马太效应进一步凸显，而网易以86.86%的增速居首，搜狐的增速仅为1.33%。需要指出的是，腾讯和网易的手机游戏都呈现高速增长态势，如2015年腾讯智能手机游戏的收入约213亿元，同比增长53%。

（三）大数据产业进入爆发期

2013年是我国的大数据元年，经过2年多的发展，大数据作为基础，已经开始渗透到各行各业，主要包括电子商务、互联网广告、网络安全、舆情分析、情报分析、互联网金融、人工智能、健康医疗和公关服务等领域。

综合 IDC、易观智库和中国信息通信研究院的数据，2015 年我国的大数据产业的规模为 100 亿元左右，同比增长 40% 以上，这里的大数据产业仅指独立的大数据产业，不包括大数据的交叉应用。

（四）VR 产业开始进入商用

2015 年是 VR 元年，VR 被称为下一代互联网和下一代移动计算平台。目前，在用户、技术、硬件、内容、开发者、渠道、资本等七大力量的推动下，资本投资青睐，创业团队激增，越来越多的创业者和内容团队开始进入 VR 领域，分发渠道和线下渠道正在逐步建立，VR 产业进入快速发展期。

目前，VR 设备主要有 VR 头盔、VR 一体机和 VR 眼镜三大类，综合多个市场调研结果，中国 VR 浅层用户有 1700 万，重度用户近百万，潜在用户 2.86 亿，基于上述分析，VR 产业的潜力巨大、对新媒体产业的贡献大。当然我们也必须清醒地认识到，VR 产业的发展一方面会倒逼互联网和大数据技术实现新突破，另一方面又受限于互联网带宽等因素。

三　传媒业的并购活跃且以新媒体为重点

1. 融资并购数量和金额双高

根据上市公司财报、wind、投中等相关机构的数据，据不完全统计，截至 2015 年 12 月 31 日，传媒行业共发生融资与并购事件 283 起，比 2014 年数量略高，除未透露金额的案例之外，融资和并购金额为 2148.8 亿元；其中融资案例 105 起，涉及金额 205.6 亿元，并购案例为 178 起，涉及金额为 1943.2 亿元，涉案金额增长 50% 以上。

2. 传媒行业并购金额近千亿元，位居细分行业第一位

在百视通吸收合并东方明珠、阿里巴巴收购优酷土豆等重大并购事件的推动下，2015 年，传媒业的并购金额为 966.19 亿元，位居细分行业的第一位，其中百视通吸收合并东方明珠交易总金额为 492.24 亿元（2014 年公布交易，2015 年交易完成），阿里巴巴收购优酷土豆涉及金额为 45 亿美元（2015 年公布交易，交易尚未完成）。

排在第二位的是游戏行业，涉及金额为613.56亿元；其次是影视行业，涉及金额为217.78亿元。其他行业共涉及金额为245.67亿元。

3. 传媒企业继续通过各种方式融资

首先，通过VC/PE方式进行融资。其中融资金额最大的是华谊兄弟非公开发行股票获阿里创投等参与认购，募集资金总额36.00亿元，其中阿里创业投资有限公司认购金额为15.33亿元。

其次，通过IPO方式上市融资。在传媒业市场快速增长和政策利好的推动下，传媒企业继续通过IPO方式上市融资，其中包括万达院线、中文在线、读者传媒、江苏有线等公司，其中江苏有线公司以32.66亿元的募集资金居首位，万达院线募集资金12.81亿元，中文在线募集资金2.04亿元，读者传媒募集资金5.86亿元。

最后，到新三板挂牌融资。2015年，在新三板市场的进一步发展和完善下，传媒类新兴企业纷纷到新三板挂牌，总计超过60家，其中游戏类公司超过30家，影视公司超过10家，新闻出版类超过10家。

4. 通过借壳上市进行并购

首先，“网游回归第一股”巨人网络借壳世纪游轮上市。根据世纪游轮发布的重组公告，世纪游轮拟以29.58元/股的发行价格，向巨人网络的全体股东非公开发行4.43亿股，作价131亿元购买巨人网络100%股权，由此巨人网络成功借壳回归A股，巨人网络创始人史玉柱成为世纪游轮实际控制人。

其次，传统媒体为了打通直接融资渠道进行更好转型，除了通过IPO直接上市之外，还通过借壳上市的并购方式来打通直接融资渠道。

四 互联网巨头继续打造生态系统

2015年，国内的阿里巴巴、腾讯、百度等互联网巨头都是利用其庞大的用户群、先进的技术和巨大的资金实力进一步布局传媒业，完善泛娱乐产业链，打造以IP为核心的泛娱乐生态系统。

1. 阿里巴巴投资的主要公司

2015年，阿里巴巴在泛传媒产业、OTO、电子商务、网络安全、硬件、社交和交通物流等互联网产业进行全线布局（见表5）。阿里巴巴一直致力于实现人与消费的连接，继续围绕着人与消费进行深耕布局。2015年，阿里巴巴规模最大的两次投资，分别是入股苏宁云商和以45亿美元收购优酷土豆。

表5 2015年阿里巴巴投资的互联网企业

序号	被投资企业	类型
1	华人文化控股	泛传媒产业
2	第一财经传媒有限公司	泛传媒产业
3	南华早报	泛传媒产业
4	光线传媒	泛传媒产业
5	优酷土豆	泛传媒产业
6	58到家	OTO
7	Snapdeal	电子商务
8	Zulily	电子商务
9	苏宁云商	电子商务
10	魅力惠	电子商务
11	翰海源	网络安全
12	魅族科技	硬件
13	Micromax	硬件
14	Snapchat	社交
15	圆通速递	交通物流
16	One97	其他

资料来源：根据阿里巴巴财报资料整理。

2. 百度投资的主要公司

2015年，百度投资了18家公司，分属于泛传媒产业、电子商务、OTO、网络安全、交通物流和工具等产业（见表6）。百度一直围绕着人和信息，致力打造属于自己的生态系统，但是其在PC互联网领域所建立的入口优势在移动互联网时代有所削弱，2015年百度重点通过搭建O2O消费场景，以重新提升自身的入口价值。在OTO方面，主要体现为两个方面：一是以百度糯米、地图、手机助手等核心搭建起来的中高频O2O；二是以百度直通车为主的产品，则覆盖了线下长尾、低频消费的本地生活服务。

3. 腾讯投资的主要互联网企业

2015年，腾讯投资了21家公司，分属于泛传媒产业、电子商务、OTO、

表 6　2015 年百度投资的主要企业

序号	被投资企业	类型
1	星美控股	泛传媒产业
2	popin	泛传媒产业
3	tonara	泛传媒产业
4	我买网	电子商务
5	优信拍	电子商务
6	蜜芽	电子商务
7	糯米网	OTO
8	客如云	OTO
9	医护网	OTO
10	百姓网	OTO
11	e 袋洗	OTO
12	安全宝	网络安全
13	天天用车	交通物流
14	UBER 中国	交通物流
15	51 用车	交通物流
16	16wifi	工具
17	华视互联	工具
18	Taboola	工具

资料来源：根据百度财报资料整理。

社交、金融 & 游戏、交通物流和工具等产业。腾讯一直围绕着人和交流，致力于延伸人的连接，为用户提供更好的交流体验。2015 年，腾讯投资布局的关键在于两点：一是继续加大对 IP 资源的投资，二是加大 OTO 的布局，使微信和手机 QQ 成为 O2O 的入口，真正成为 O2O 领域的连接器。

五　未来发展趋势展望

1. 总体判断

在我国进入消费升级新时代的历史大背景下，在“互联网 +”与“大数据 +”的政策推动下，我国新媒体产业将依然处于高速增长阶段。在未来，PC 互联网会逐渐衰落，而基于移动化、智能化、数据化的新媒体产业将接过新媒体产业发展的接力棒，更好地满足和激发用户的潜在需求，创造更大的新媒体产业市场。

2. 关于未来的五大判断

（1）新媒体产业将成为主导产业

在传统媒体产业快速衰落而新媒体产业高速增长趋势下，新媒体产业将把传统媒体产业远远甩在身后，并成为媒体产业的主导和主流，未来必将是新媒体产业的天下，正可谓得新媒体者得天下。

（2）移动化、智能化成为主流

预计到2016年底，我国网民数和移动网民数将双双破7亿，在庞大用户的基础上，基于移动化和智能化的新媒体产业将高速发展，而PC互联网产业将步传统媒体的后尘而被替代。

（3）大数据成为产业融合的利器

随着大数据技术的进一步发展，互联网和大数据正在成为整个社会的底层架构和操作系统，互联网是骨骼，大数据是血液，“互联网+”和“大数据+”交相辉映，成为所有产业转型、融合和升级的基石，共同促进新媒体产业的发展。当然，我们也必须认识到，由于政府数据开放的滞后，大数据的发展受制于数据数量和质量。

（4）新独角兽出现

在移动化、智能化的大趋势下，在移动端和智能化占据优势的今日头条、B站和芒果TV成为新媒体产业的潜力股，也成为新的独角兽。

（5）中概股私有化步伐加快

目前，一方面由于国内资本市场的市盈率远远高于海外市场，另一方面由于国家对互联网媒体的管理会趋向严格，相信会有更多的中概股从国外资本市场退市，或借壳或IPO在国内资本市场上市。

参考文献

上市公司财报。

万得、投中集团等数据资料库。

CNNIC：第37次《中国互联网络发展状况统计报告》，http：//www.cnnic.net.cn/

gywm/xwzx/rdxw/2016/201601/t20160122_ 53283. htm。

中国音数协游戏工委、伽马数据和国际数据公司：《2015 年中国游戏产业报告》，http：//data. lmtw. com/yjbg/201512/125237. html。

央视市场研究：《2015 中国广告市场回顾》，http：//www. a. com. cn/info/domestic/2016/0217/287401. html。

艺恩：《2015 年国产电影发行市场白皮书》，http：//www. 199it. com/archives/429652. html? from = timeline。

B.25
2015年中国移动阅读产业发展报告*

吴信训　吴小坤**

摘　要：2015年中国移动阅读产业增速发展，随着互联网巨头入主移动阅读内容产业，该领域的市场格局出现调整。内容多渠道发布、跨界经营、“阅读+”产业模式试水，移动阅读产业集群化发展，产业链各部分之间逐步贯通。多渠道经营和衍生开发能力将成为移动阅读企业未来的发展重点；同时，强化内容生产监管，培育优质内容和付费盈利模式仍是移动阅读产业发展过程中的难点问题。

关键词：移动阅读　市场布局　动向　趋势

伴随高速网络环境的建成、移动阅读终端的普及和移动阅读内容的规模化增长，我国的电子阅读产业在2015年继续保持高速发展，一方面表现为内容资源和产业服务的市场竞争升级，另一方面表现为优质内容竞争、全版权运营背后的产业格局的改变。同时，在“互联网+”背景下，新型“阅读+”产业模式逐渐形成，互联网巨头公司深度布局电子阅读市场，产业链日趋贯通。

一　移动阅读市场扩张主要动向

易观智库发布的数据显示，2015年中国移动阅读市场规模达到101亿元，

---

* 本文为上海市社会科学创新研究基地/工作室、上海市高校“高原学科”建设项目“新媒体与社会发展”阶段性成果。

** 吴信训，教授、博导，上海市社会科学创新研究基地/工作室首席专家；吴小坤，上海大学新闻传播系副教授、博士。

较2014年增长14.3%。[①] 而开卷公司发布的数据则显示，2015年中国移动阅读市场规模达108亿，同比增长22%。[②] 尽管两家公司发布的数据有出入，但总体来看，2015年是移动阅读市场当量增长迅猛的一年。

1. 纸质阅读的下降与电子阅读规模的上升

另据比达数据中心的调查，2012～2015年国民年均阅读纸质书的数量逐年减少，与之相应的是阅读电子书的数量逐年上升。同时，用户阅读方式迅速向移动端转移。在受调查的用户中，使用移动端进行阅读的占77.2%，其中使用手机进行阅读的为54.4%，使用平板电脑的有16.7%，使用电纸书的5.5%，通过其他移动渠道阅读的有0.6%。

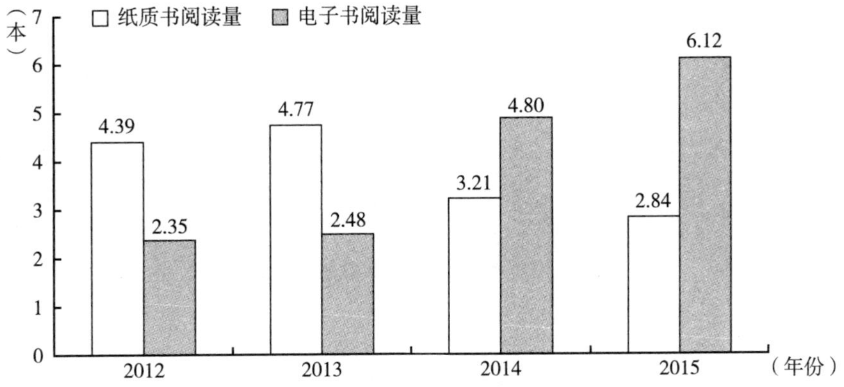

图1　2012～2015年国民年均阅读电子书与纸质书数量

资料来源：根据Bigdata数据中心公布的数据绘制。

与之相应的是移动阅读用户规模的持续上升。根据易观智库的统计，我国2012年移动阅读用户数为1.34亿，2013年为1.86亿，2014年为2.42亿，2015年预计为3.28亿。

2. 移动互联网应用的阅读相关功能备受青睐

在移动阅读收入规模扩大的背后，是移动互联网应用的快速增长与其中和

① 易观智库：《中国移动阅读市场专题研究报告2015年》，http：//auth2. analysys. cn/cas－auth－server/login? service＝http% 3A% 2F% 2Fwww. analysys. cn% 2Freport% 2Fdetail% 2F14340. html。

② 《2015年移动阅读市场达108亿元 实体书店遇冷》，《京华时报》2016年1月9日。

阅读相关应用的高渗透率。数据显示（见图2），中国移动互联网细分应用市场上，社交网络用户渗透率为93.1%，即时通信为89.8%，资讯/阅读为59.1%。在实际的用户应用时，微信和微博等社交网络也包含了大量的阅读内容，成为移动阅读的重要应用平台。同时，移动阅读中的听书功能，也与视频类互有交叠。

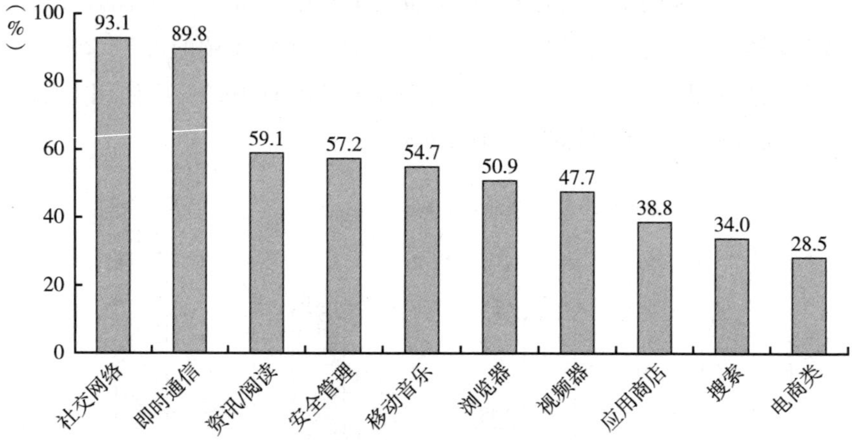

图2　2015年中国移动互联网细分用户

资料来源：根据易观智库2015年监测报告绘制。

3. 移动阅读内容规模增大，付费阅读逐渐成形

对移动阅读产业来说，内容资源是其重要的支撑。2015年，主流移动阅读平台通过与出版社合作、打通原创文学网站或内容并购等方式，在阅读内容资源上形成了强大的积聚（见图3）。到2015年底，原创文学网站“起点中文网”的移动端应用起点读书拥有的电子阅读内容资源达到160万册；拥有广泛用户资源和流量优势的QQ阅读，继续整合阅文集团的原创小说资源，已拥有90万册电子阅读内容资源；网易云阅读长期与多家出版社保持合作关系，拥有60万册电子阅读内容资源；掌阅加大了购买力度，电子阅读资源在2015年达到42万册；爱阅读、塔读文学以每季度增加几万册作品的速度来丰富平台内容。多看阅读强调精品阅读内容，通过接入阅文集团，内容规模迅速提升，目前已拥有24.8万册内容资源。①

① 《易观国际：2015年Q4中国移动阅读　市场规模26.8亿元》，199IT互联网数据中心，http：//www.199it.com/archives/449704.html。

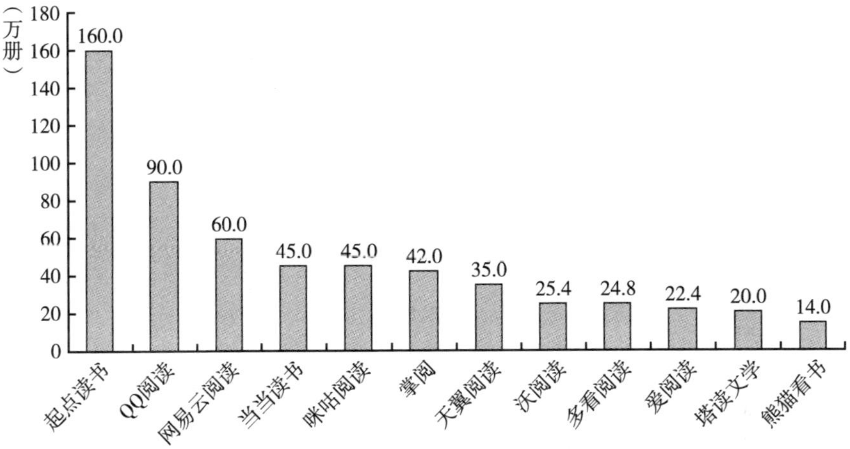

图3　2015 年底中国部分移动阅读平台内容规模

资料来源：根据易观智库 2015 年第 4 季度监测数据绘制。

随着移动阅读内容资源逐渐成为重要的支撑，移动阅读的收入规模也逐年上升，易观国际的数据显示 2012 年为 38.7 亿元，2013 年 70.5 亿元，2014 年 94.3 亿元，2015 年为 101 亿元。这说明，我国的付费阅读市场正在以更快的速度成形。

4. 移动互联网巨头入主，移动阅读产业集群化发展

2015 年移动阅读成为互联网 BAT 争夺的阵地。① 5 月 26 日，阿里文学首次召开战略发布会，宣布将以移动阅读为突破口，推出版权战略。此外，阿里文学还与新浪阅读、塔读文学和长江传媒达成深度战略合作协议，在微博自媒体平台的作品互动传播、新锐作者的联合签约培养、依托大数据的作品定制出版，以及影视和游戏 IP 衍生等多方面进行合作，通过多平台曝光增加对作者的吸引力。

有评论认为，其主要是因为移动互联网正重估一切内容价值。② 2015 年 BAT 分别布局的百度文学、阿里文学、阅文集团占据移动阅读的最大市场，围绕知识产权借助移动阅读内容打通文学、游戏、影视等泛娱乐产业链，这将对

① 速途研究院：《2015 年 Q4 移动阅读市场报告》，速途网，http：//www.sootoo.com/content/660775.shtml。

② 《BAT 巨头布局移动阅读，意欲何为?》，豆瓣网，https：//www.douban.com/note/511385202/。

网络平台上的短剧、游戏和其他文化娱乐产品带来新的机遇。其背后是电子阅读内容产业经过前十几年的发展，已经逐渐形成一个盈利链条，现在互联网巨头企业希望通过 IP 建立一个泛娱乐的数字生态圈。

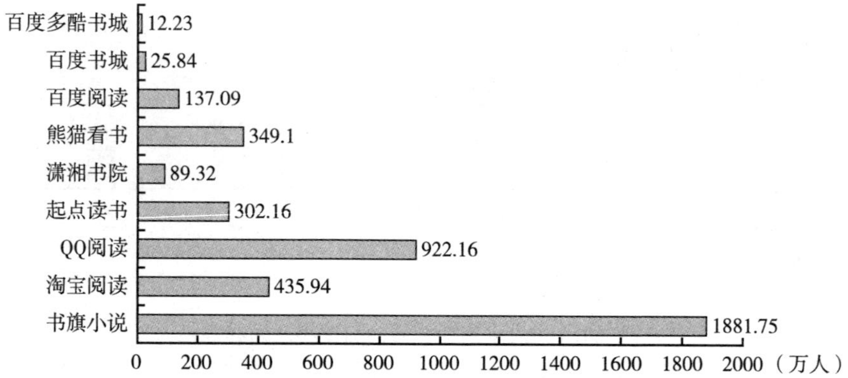

图 4 2015 年第 2 季度阅读 App 月均活跃用户数

资料来源：Bigdata Research 数据中心，2015 年 5 月。

随着互联网巨头入主移动阅读产业，自有模式与合作模式相结合成为 2015 年该领域产业发展的大趋势。阿里文学自有书旗小说和淘宝阅读，并与新浪阅读、塔读文学和长江传媒合作；腾讯的阅文集团自有 QQ 阅读，并与起点中文网、创世中文网、红袖添香、潇湘书院、小说阅读网等合作，整合原有 PC 端的优势资源；百度文学自有熊猫看书和百度阅读，收购了纵横中文网，并与苏宁阅读合作。这些并购和合作带动了移动阅读产业的集群化发展，并重新规划产业地图。

二 2015年移动阅读产业布局调整

自 2008 年起，我国投入了专项基金并通过优惠政策扶植，在上海张江、重庆北部新区和杭州等地建设数字出版国家基地，希望这些基地能够在网络文学、网络游戏、电子书和数据库等方面发挥聚集效应。2015 年 BAT 互联网巨头企业在数字内容产业方面的市场投入和竞争，标志着我国移动阅读产业从依靠政策扶植和基金支持正式转向大众消费市场。

1. 产业链各部分逐步贯通

2015年移动阅读产业图景显示，文字阅读、有声阅读、移动阅读应用App、支付服务、终端设备、终端厂商、网络运营商、版权管理已经相对完备，产业链各部分逐步贯通，这将使移动阅读产业形成良性盈利模式，并在未来的几年中更加成熟和稳定发展。

在文字阅读领域，有起点中文网、小说阅读网、纵横中文网、豆瓣阅读等诸多内容平台，并有北京出版集团、中国出版集团公司等原有纸质出版集团加入；在有声阅读领域有天方听书网、酷听、鸿达以太等；在移动应用App中，有QQ阅读、塔读文学、掌阅iReader、爱阅读、熊猫看书、咪咕阅读等；在支付服务领域，移动阅读与苹果支付、支付宝、财付通、微信支付等链接起来；在终端方面，既有移动阅读硬件厂商，又有中国三大网络运营商的合作支持，为电子阅读移动渠道提供支撑；版权管理虽然仍然是个艰难的话题，但随着国家版权局、中国新闻出版广电总局，中国版权保护中心等的加入，移动阅读内容资源的IP核心正在完善。

2. “阅读+”产业模式试水

2015年3月，腾讯文学和盛大文学联合成立的阅文集团挂牌，其CEO吴文辉的内部邮件列出了阅文集团未来的8项举措，其中包括：扩充内容、内容精排、强化搜索、产品全移动化、研发电子书终端、提升网络原创、维护版权开发和全渠道全平台。① 这份邮件在引起外界高度关注的同时，也引起了不少的质疑，包括对内容结构调整的理由、版权管理的强度，以及终端设备的必要性方面。然而，从阅文集团所想要实现的全移动、全渠道、全平台目标来看，似乎在重复盛大文学的原有思路。所不同的是，该集团目前已拥有300余万册图书，近1亿的访问用户，年收入近20亿元和1200名员工的团队；同时，腾讯文学的渠道优势也似乎令其更有底气。

事实上，不仅阅文集团，整合后的电子阅读企业都在期望通过电子阅读内容的建设和优质IP，向游戏、影视和文学三端发展，能够对内容进行二度开发，形成内容资源、IP孵化、区块对接以及游戏和电影等全产业链条。掌阅

---

① 《阅文集团正式挂牌　吴文辉内部邮件多处引用“最”字》，凤凰网财经频道，http://finance.ifeng.com/a/20150317/13558328_0.shtml。

iReader 邀请到“汪涵”代言并以联合冠名电视节目等方式迅速提高了品牌知名度。除了网络原创文学领域外，掌阅还在游戏、影视等方面开展合作。同时推出了掌阅电纸书硬件产品，依靠硬件概念提升品牌估值。2015 年掌阅已完成约 1 亿美元的融资，就 IP 衍生内容进行布局。成立于 2010 年的塔读文学，拥有较为稳定的安卓用户资源。2015 年，塔读文学与阿里文学达成战略合作伙伴关系，在版权输出方面进行合作。同时，塔读文学还与三星、华为、HTC 等终端厂商保持深度合作，进一步打通产业链的资源共享。

阿里文学 2015 年成立，旗下拥有书旗小说、淘宝阅读、UC 浏览器、神马搜索、PP 助手、天猫图书六大入口。成立不久就推出了“光合计划”，以打造开放合作的 IP 衍生模式为目标，认为以 IP 为核心的新网络文学商业模式是未来趋势，其中包括游戏改编、电视剧和电影制作等。

3. 社交化与创新服务提升

以 BAT 为代表的内容、电商和社交巨头对移动阅读产业的入主，也赋予了“阅读 +”上述领域的市场意蕴。腾讯的 QQ 阅读在 2015 年 5 月推出了 5.0 版本，将网站推荐和个人数据结合起来向用户提供“智能化阅读”服务，这一方式借鉴了社交媒体的关系链特征，将移动阅读向社交概念靠拢。同时，还推出了微信读书 App，在向用户推荐书籍的同时，还允许用户查看微信好友的阅读动态以及与好友讨论正在阅读的书籍。

当当读书依托当当网接入了 40 万册电子书，并借助当当电商的渠道优势迅速占领了一部分市场份额。2015 年当当读书开始试水社区，在 5.0 版本中加入社区和社交的元素，推出频道、书吧、赠书、社交聊天、等级积分等全新互动板块及纸书购买功能，用户可以看到周鸿祎、苏岑、丁一晨等人气作家推荐的书单，并与他们进行互动。另外，当当数字业务将不断进行业态升级，从图书社区电商升级为内容社群电商，搭建集场景化购书、精致阅读、大数据分析、IP 开发为一体的数字业态生态圈，并利用当当大数据通过用户标签等方式为用户挖掘好书，进行精准推荐。① 随着媒体功能的跨界融合，还将有更多的移动阅读企业借助社交功能提升其创新服务能力。

---

① 《易观智库：2015 年中国移动阅读市场实力矩阵解读》，中商情报网，http：//www.askci.com/news/chanye/2016/03/11/1521301ggh_ 2. shtml。

三　中国移动阅读产业未来发展趋势

随着智能手机、平板电脑和电纸书的进一步普及，同时在政府的推动下，电信运营商和一些大的电子阅读平台企业布局电子阅读产业基地，电子阅读市场开始进入加速发展期。这一时期，版权制度逐渐完善，互联网巨头介入并重点打造移动阅读领域，开始探索成熟的商业模式。从上述产业的发展历程来看，移动阅读终端的普及，网络环境、内容市场的优化，版权规范、付费模式的建立，产业链的合理搭建，以及后续盈利模式的培育，是推动移动阅读市场进一步成熟的前提要素。

1. 多渠道经营和衍生开发能力将成为移动阅读产业未来的发展重点

2015 年，移动阅读领域市场格局随着 BAT 巨头企业的加入呈现出更多的跨界经营取向。一方面，移动阅读内容通过应用商店和终端内置方式在 App 上进行分发；另一方面，移动阅读内容的建设也通过自有渠道和合作渠道等展开，形成跨平台、跨行业的共营模式。根据易观智库的报告（见图 5），QQ 阅读、掌阅、熊猫看书、塔读文学等都与国内手机市场上的主流终端设备厂商展开了合作，在手机和平板阅读器里内置 App 应用，或者在各个应用商店里上架，让用户能够轻松下载使用。

同时，跨界经营的移动阅读企业将进一步整合资源，对网络内容产业衍生产品的开发将引起新一轮的激烈竞争。从现实的情况来看，百度文学入股了星美影院，开始了衍生布局；阿里拥有阿里影业、九游平台、阿里妈妈等平台资源的支持，在影视剧、网络短剧、话剧、游戏等方面已表现出较强的衍生开发能力；腾讯阅文整合了盛大文学的内容资源优势，并与游戏、动漫、影视等跨行业的泛娱乐业务进行了 IP 合作与联动。可以预见，在下一轮竞争中，对移动阅读内容产品的衍生开发经验和衍生开发能力，将提高移动阅读产业的进入门槛，也将考验整合后的互联网入主企业。

2. 强化内容生产监管，培育优质内容和付费盈利模式将成为移动阅读产业发展过程中的难点

2015 年 3 月，中国音像与数字出版协会大众数字出版工作委员会由国家新闻出版广电总局批准成立，与专业、教育、电子及数字传媒等 9 个工作委员会共同为中国数字出版行业服务。大众数字出版主要包括小说、非小说在内的

表1　易观智库：移动阅读平台渠道能力分析

移动阅读应用		QQ 阅读	掌阅	熊猫看书	塔读文学	阿易云阅读	书旗小说	多看阅读
App分发渠道	终端内置	魅族,锤子,华硕,PPTV,金立,朵唯,青橙,亿通等	华为、三星、联想、微软、OPPO VIVO 等	联想、华为、酷派、中兴、OPPO 等	三星、华为、HTC、联想、鼎开、帆越等	三星、诺基亚、联想、华为等	HTC 等	小米
	应用商店	应用宝 手机百度 小米应用商店 安卓市场	手机百度 应用宝 小米应用商店 PP 助手等	百度手机助手 小米应用商店 联想乐商店 华为智慧云等	手机百度 应用宝 安卓市场 豌豆荚等	手机百度 应用宝 360 应用商店 PP 助手 豌豆荚等	手机百度 应用宝 360 应用商店 PP 助手 豌豆荚等	小米应用商店 应用宝 安卓市场 豌豆荚等
内容分发渠道	自有渠道	微信读书 QQ 书城 腾讯网书城 QQ 浏览器	掌阅电纸书	百度浏览器 百度贴吧 和阅读专区	欧朋浏览器	网易门户读书频道 网易新闻客户端	UC 浏览器 淘宝阅读	小米小说 小米电视 小米盒子
	合作渠道	和阅读 沃阅读 天翼阅读	和阅读 沃阅读 天翼阅读	和阅读 沃阅读 天翼阅读	和阅读 沃阅读 天翼阅读	和阅读 沃阅读 天翼阅读	和阅读 沃阅读 天翼阅读	和阅读 沃阅读
	其他	多看阅读 传统出版商 喜马拉雅 FM	传统出版商	掌阅 塔读传统出版商	书旗小说 掌阅 UC 小说 传统出版商	掌阅 塔读文学 传统出版商	新浪微博读书 塔读文学	传统出版商
综合评分		4.6	4.2	4.2	3.9	4.0	3.7	3.6

资料来源：易观智库《中国移动阅读市场专题研究报告 2015》，2015 年 12 月。

各类大众数字读物。该委员会的首要任务是倾力做好数字出版导向工作，引导行业企业、机构不断提升产品质量，加快优质内容生产、出版和传播，生产更多大力弘扬主旋律、传播正能量的优秀作品，努力使健康向上的出版内容牢牢占领网络宣传思想文化的主阵地。①

① 《中国音像与数字出版协会大众数字出版工作委员会成立》，中国网，http：//science. china. com. cn/2015 -03/30/content_ 7786054. htm。

这是继2010年6月，原国家新闻出版总署针对网络文学的色情、低俗和暴力等问题出台网络文学出版服务办法，加强准入和内容管理；以及2014年4月，全国“扫黄打非”工作小组办公室、国家互联网信息办公室、工业和信息化部、公安部联合发布公告，在全国范围内统一开展打击网上淫秽色情信息专项行动，对网络进行大规模整治之后的又一轮大范围治理。2014年的那次行动中，大部分文学网站自查下架多部作品，并加强了对作品的内容审核。

内容监管针对网络内容生产领域的不规范和低俗作品，其力度的增大促使网络原创文学领域的很多作品无法上架或被迫下架。对内容的监管除了来自行业协会外，还有网络文学运营商的自我审查。在2015年政策推行之后，一些大型网站的自我审查标准提高，使得网络原创文学写手转向较小的网站发布其作品。这意味着，尽管现在还只有很小的一部分，但付费阅读市场已经开始出现再分流。现阶段，在大而全的平台建设思路下，既要打造“优质内容”又要稳固“收费阅读”盈利模式，还需要探索更为多元的商业模式。

B.26

2015年中国电视融媒体产业创新发展报告*

高红波**

摘　要：　我国电视融媒体产业的核心要素是“互联网＋电视”。2015年，国内广电上市公司纷纷响应“互联网＋”的国家战略向“宽带广电”和“新视听”方向发展，爱奇艺、优酷土豆、腾讯视频等视频网站在“泛媒体化”思维下加速对视频产业生态布局，海信电器、TCL集团和创维数字等智能电视及机顶盒设备生产厂商趋向“互联网＋制造”“互联网＋智能”。展望未来，在传统媒体与新兴媒体融合发展的新阶段，电视融媒体产业的发展趋势将从“相加”向“相融”转变。

关键词：　媒体融合　互联网＋　电视融媒体产业

2015年7月1日，国务院发布《关于积极推进“互联网＋”行动的指导意见》（国发〔2015〕40号），明确指出：“‘互联网＋’是把互联网的创新成果与经济社会各领域深度融合，推动技术进步、效率提升和组织变革，提升实体经济创新力和生产力，形成更广泛的以互联网为基础设施和创新要素的经济社会发展新形态。”① 这标志着“互联网＋”已经成为我国经济社会发展的国

---

* 本文为2015年度河南省社科规划项目“电视媒体融合发展创新研究”的阶段性成果，项目编号：2015BXW009。

** 高红波，河南大学新闻与传播学院副教授，硕士生导师，传播学博士，主要研究方向为广播电视与新媒体，传媒经济与文化产业。

① 国务院：《关于积极推进“互联网＋”行动的指导意见》，http：//www.gov.cn/zhengce/content/2015－07/04/content_ 10002.htm。

家战略。毋庸置疑，以互联网为基础设施和创新要素，也将成为传统媒体与新兴媒体融合发展的主流方向。至此，中国电视融媒体产业创新发展的趋向更加明晰。

一 “互联网 + 电视”：电视融媒体产业的核心要素

电视新媒体的研究主要有四个维度，即电视新媒体融合之维、电视新媒体平台之维、电视新媒体内容之维和电视新媒体产业之维。① 由于互联网时代的媒介环境发生了剧变，具有“单向传播、线性播出”的大众传播特性的传统电视媒介，在“加快推动传统媒体与新兴媒体融合发展”的传媒领域深化改革的时代号角中，正在与以互联网为代表的新兴媒体积极融合，渐渐植入“双向互动、时移、点播”的互联网传播特性。比如增强了互动点播功能的有线数字电视（Cable TV），广电与电信合作的交互式互联网协议电视（IPTV）、互联网电视（OTT TV）、手机视频（Mobile TV）和互联网企业创办的视频网站（Website TV）等等。这几种电视新媒体形态同属于传统电视与新兴媒体融合发展的产物，成为电视融媒体产业的重要组成部分。

2014 年 8 月 18 日，中共中央全面深化改革领导小组第四次会议审议通过了《关于推动传统媒体和新兴媒体融合发展的指导意见》。2015 年 7 月 1 日，国务院发布《关于积极推进“互联网 +”行动的指导意见》。前者掀起了中国传媒业与互联网融合发展的新一轮热潮，后者则为传统电视媒介的发展指明了方向。实践证明，“互联网 + 电视”的行业发展特征愈发明显，电视融媒体产业的核心要素也日渐凸显出来。

所谓“电视融媒体产业”，笔者曾称之为“大电视产业”，是指在“互联网 + 电视”的传统媒体与新兴媒体融合发展过程中形成的电视新媒体产业，主要由原本分属于传媒产业和信息产业的电视机构、电信企业、互联网公司、硬件设备厂商等市场竞争主体共同构成，以视频为中心的硬件设备生产和视频内容产业，主要包括有线数字电视、IPTV、OTT TV、手机视频和视频网站等。其中，“互联网 + 电视”是“电视融媒体产业”的核心要素，也是“电视融媒

① 高红波：《电视新媒体研究的四个维度》，《声屏世界》2015 年第 12 期。

体产业”的识别标志。

从新媒体产业发展的视角来看，电视融媒体产业大大拓展了传统电视产业“内容生产”、“广告销售”与“电视机设备生产”的市场发展空间，为传统电视产业带来诸如“面向多种终端的节目定制分发”、“有线广播电视网络信息服务”、“机顶盒设备生产”和“智能电视机设备生产”等新的增量空间。①本文通过考察与传统电视产业有明显区分的“互联网 +”融合发展特质，可以为电视新媒体产业研究提供一种新的观察角度。

目前，中国电视融媒体产业的创新与发展，可以重点考察三个领域，即国有广播电视机构上市公司、网络在线视频、智能电视终端。这三个领域的“互联网 + 电视”的特征最为鲜明，最能体现中国电视融媒体产业的创新与发展。

二　广电上市公司：电视融媒体产业“互联网 +”的风向标

目前，我国广电上市公司共有 9 家：歌华有线、华数传媒、天威视讯、电广传媒、湖北广电、吉视传媒、广电网络、江苏有线、东方明珠（百视通）。从这些广电上市公司的“互联网 +”行动中，可以看到 2015 年我国电视融媒体产业发展的新风向。

1. 歌华有线（股票代码600037）

北京歌华有线 2015 年“互联网 +”行动主要有：②（1）拓展新媒体新业态，发展“高清交互数字电视新媒体”，发起组建“中国电视院线联盟”，积极筹备“电视游戏产业联盟”。（2）推进“家庭宽带业务”和“集团数据业务”。（3）提升云平台应用能力，实现云游戏、云飞视、云博物馆、国学诵读等云业务。

2. 华数传媒（股票代码000156）

2015 年，杭州华数传媒的“新媒体”“新网络”业务的竞争优势较为明

① 高红波：《融媒时代大电视产业的形成动因、竞争格局与发展流向》，《视听》2016 年第 1 期。

② 引自歌华有线 2015 年上半年报。

显：[①]（1）完备的经营资质使华数传媒列居全国新媒体和三网融合第一阵营。（2）多网融合的竞争优势。（3）在新媒体领域，华数为全国20多个省100多个城市广电网络提供互动电视内容、增值服务及解决方案，覆盖全国90%广电企业。华数传媒的互联网电视业务在全国拥有60%以上的市场份额。

3. 天威视讯（股票代码002238）

深圳天威视讯2015年上半年报告显示：[②]（1）"百万超清计划"的"威视4K"智能高清机顶盒的研发已完成，其市场推广和安装维护策略也已确定。（2）已启动智慧社区的方案设计，并展开了"智慧家庭、智慧社区M2M物联云项目"的合作研发；"酷啦狐视""酷啦云盘"等业务已正式上线。（3）有线宽频业务升级。报告期内，天威有线宽频在网用户20M以上带宽用户已占90%。

4. 电广传媒（股票代码000917）

2015年，湖南电广传媒积极推进"互联网+传媒"战略升级，围绕"平台+内容+渠道+终端"布局构建新媒体生态圈。主要举措有：[③]（1）重点推进广电网与互联网业务的融合发展，通过网络并购实现在天津、大连、广州、河北、青海、新疆等地的跨区域合作。（2）拓展新媒体整合营销业务，与芒果TV签订新媒体广告业务合同。（3）并购亿科思奇、九指天下、久游网和金极点等四家公司，向移动广告平台、移动新媒体、游戏、移动音乐等延伸布局。

5. 湖北广电（股票代码000665）

湖北广电2015年上半年在"互联网+电视"方面的主要进展情况：[④]（1）努力实现"内容、渠道、平台"全要素、"云、管、端"全链条、"经营、研发、服务"全业务的"三全"发展。（2）构建"互联网+新媒体""内容+平台"的新业态，致力于打造我国首家"文化+科技+金融"广电文化创意产业示范园，加速布局电视互联网、移动互联网、家庭物联网、云计算和智能终端等产业。

---

① 引自华数传媒2015年上半年报。

② 引自天威视讯2015年上半年报。

③ 引自电广传媒2015年上半年报。

④ 引自湖北广电2015年上半年报。

6. 吉视传媒（股票代码601929）

2015年，吉视传媒在“互联网+”方面的主要做法：[①] （1）对原“吉视悦享”融合产品策略、一体机套餐策略进行调整，对用户进行“大数据”精准营销。（2）农网数字化整转进入尾声，双向化改造稳步推进。（3）“吉视阅视”、“屏屏通”、“警视通”、“电视淘宝”与“支付宝”等新产品与新业务受到欢迎。

7. 广电网络（股票代码600831）

陕西广电网络2015年“改革创新，转型发展”体现在：[②] （1）“智慧城市”项目陆续推进并不断创造新模式，“互联网+”和“电视+”新兴业态不断涌现。（2）拟与中国广播电视网络有限公司合作开展全国有线电视网络互联互通平台视频互联网业务，与上海东方明珠新媒体股份有限公司在资本、版权、平台、频道落地、互动点播业务等方面进行战略合作。

8. 江苏有线（股票代码600959）

2015年，江苏有线股票上市，提出要做“先进思想的引领者、智能电视的主导者、新内容新产业的开拓者、综合信息平台的提供者、转型升级发展的践行者”的发展思路，着力从“整合、融合、创新、服务”四个方面入手，推动新发展战略的实施。坚持开展与新媒体融合、与科技融合、与资本融合，着力做好五个方面的创新，即发展理念创新、技术创新、业态创新、市场营销创新和服务创新。[③]

9. 东方明珠（股票代码600637）

2015年，通过吸收合并，“百视通”变更为“东方明珠”，成为中国A股市场首家市值超过千亿的综合文化传媒上市公司。目前，东方明珠正以强大的媒体业务为根基，以互联网电视业务为切入点，加快建立互联网媒体生态系统、商业模式与体制架构，打造中国最具市场价值和传播力、公信力、影响力的生态型互联网媒体集团。[④]

---

① 引自吉视传媒2015年上半年报。
② 引自广电网络2015年上半年报。
③ 引自江苏有线2015年上半年报。
④ 引自东方明珠2015年上半年报。

三　网络在线视频：电视融媒体产业“互联网+”的增长极

2016 年 1 月，中国互联网络信息中心发布的第 37 次《中国互联网络发展状况统计报告》数据显示：[①] 截至 2015 年 12 月，中国网络视频用户规模达 5.04 亿，较 2014 年底增加 7093 万，网络视频用户使用率为 73.2%，较 2014 年底增加了 6.5 个百分点。其中，手机视频用户规模为 4.05 亿，与 2014 年底相比增长了 9228 万，增长率为 29.5%。手机网络视频使用率为 65.4%，相比 2014 年底增长 9.2 个百分点。

2015 年，网络视频行业马太效应愈发凸显，爱奇艺、优酷土豆、腾讯视频三强领跑的局面基本确立。整体来看，2015 年网络视频行业的发展主要呈现以下两个特点：[②] 其一，各大视频网站的用户付费业务明显增长，收入结构更加健康。主要视频网站 2015 年新增付费用户数超过之前的积累，用户付费收入在整体收入中的占比增大，预计未来会成为视频网站重要的收入来源。其二，大型视频网站纷纷加强生态布局，构建视频产业生态圈。

1. 爱奇艺：中国领先的视频门户

2015 年，百度旗下视频网站爱奇艺的“新闻动态”一栏，共发布信息 138 条，分析其内容可以看到爱奇艺在电视融媒体产业发展方面的创新发展状况。具体如下：[③]（1）在视频网站盈利模式方面，爱奇艺开创了“会员+广告”双赢模式。由于《盗墓笔记》《心理罪》《校花的贴身高手》《蜀山战纪》等“超级网剧”的付费会员可以优先“上线看完全剧”的“会员排播模式”，爱奇艺付费会员呈“井喷”式增长，6 月份就突破了 500 万。（2）在视频产业生态布局方面，爱奇艺重视网络剧等优质内容及 IP 网剧游戏开发，注重上下游产业链的延伸。借《花千骨》手机游戏和网页游戏公测的良机，爱奇艺实现了《花千骨》电视剧和游戏的相互跳转，树立了影游互动的新标杆。爱奇艺

① 中国互联网络信息中心：第 37 次《中国互联网络发展状况统计报告》，2016 年 1 月。

② 中国互联网络信息中心：第 37 次《中国互联网络发展状况统计报告》，2016 年 1 月。

③ 爱奇艺新闻动态，http://www.iqiyi.com/common/news.html。

还推出“30＋超级网剧计划”，同时宣告成立业内首个文学版权库，挖掘优质IP资源。（3）在视频电商营销模式方面，2015年5月，爱奇艺商城正式上线，标志着爱奇艺视频电商不断升级，并已深入内容生产、视频营销、电商服务的各个层面。目前，爱奇艺已在全行业内首推电影票在线购票业务，并先后在《非诚勿扰》《爱上超模》等节目中实现了视频与电商互动合作，京东商城、苏宁易购、唯品会、美丽说、蘑菇街等商家，都在爱奇艺“随视购”和视频托管上有着密切的合作。爱奇艺已经逐渐成为电商品牌探索新型营销模式的首选。

2. 优酷土豆：中国视频行业领先者

2015年11月6日，互联网巨头阿里巴巴与优酷土豆上市公司合一集团达成协议，将以每股27.60美元全资收购优酷土豆，大约折合人民币238亿元。预计交易将于2016年4月初完成，交易完成后，优酷土豆将从纽交所退市。[①]互联网巨头阿里巴巴集团离其“实现打造中国领先数字娱乐平台的梦想”又近了一步，优酷土豆总裁古永锵则将与阿里的融合发展定义为“文化娱乐生态与电子商务的联动”。在视频营销方面，2015年优酷土豆（合一集团）除了开发《歌手是谁》《Fun盛典》《Super＋》《我是谁》《看理想》等“重磅自制项目”外，还计划推出拥有全球知识产权的“移花接木视频广告技术”，让品牌主借势热门IP在优质视频内容中轻松植入品牌与产品，视频电商项目也不断升级，联想、GoPro等合作伙伴品牌体验店相继上线。

3. 腾讯视频：中国领先的在线视频媒体平台

腾讯视频（v.QQ.com）是中国最大的在线视频平台，拥有丰富的优质流行内容和专业的媒体运营能力，是集热播影视剧、优质独家出品内容、体育赛事、大事件、新闻资讯等为一体的综合视频内容平台。[②]腾讯控股有限公司（股票代码00700）发布的2015年第4季度业绩显示：[③] 2015年第四季度腾讯

---

① 时光网：《阿里全资收购优酷土豆将完成》，http：//news.mtime.com/2016/03/15/1553443.html。

② 腾讯网：《业务体系——网络媒体事业群（OMG）》，http：//www.tencent.com/zh－cn/ps/omg.shtml。

③ 腾讯网：《腾讯公布2015年第四季度及全年业绩》，http：//www.tencent.com/zh－cn/at/pr/2016.shtml。

控股有限公司总收入为304.41亿元，其中来自视频和新闻等平台的品牌展示广告收入为28.17亿元。

腾讯主席兼首席执行官马化腾表示：[①]“2015年，腾讯为中国移动互联网以及一个健康的‘互联网+’生态的发展做出了贡献。我们的QQ和微信社交平台持续提高自身服务，保持创新，巩固了它们作为中国最受欢迎的社交应用的地位。我们引领业界，尝试数种移动游戏新类型，并推动互动娱乐产业的发展。我们在数字音乐、视频和文学服务领域大力投资，支持了内容产业的蓬勃发展。我们推出新的社交广告形式、技术，帮助广告主触达互联网用户的同时，推动我们效果广告收入的快速增长。我们也拓展了移动支付服务，为用户和商户提供更多方便。展望未来，我们将一如既往地执行‘连接’策略，通过投资于我们的自有平台以及和垂直领域的领先企业合作，持续地为用户提供优质的体验，培育一个丰富的‘互联网+’生态系统。”

四　从“相加”到“相融”：中国电视融媒体产业发展的未来趋势

2016年2月19日，习近平总书记在党的新闻舆论工作座谈会上发表重要讲话，特别强调要高度重视并大力推动媒体融合发展，要主动借助新媒体传播优势，实现从“相加”到“相融”。这为广电媒体融合发展向纵深推进、为以科技创新推动广播影视全面转型升级，提供了强大思想武器和根本遵循。[②]从“相加”到“相融”无疑将成为中国电视融媒体产业发展的方向。

1.“宽带广电”：电视与新兴媒体“相融”的基础

2015年国内广电上市公司的定期报告中，凸显出向“云计算”“物联网”“大数据”的“互联网+”方向快速发展的态势，“新媒体生态圈”“智慧社区”“智慧家居”“平台+内容+渠道+终端”等关键词频频出现，反映出广电网络的变革趋势。其中，“宽带广电”成为一个重要的关键领域。2016年3

① 腾讯网：《腾讯公布2015年第四季度及全年业绩》，http://www.tencent.com/zh-cn/at/pr/2016.shtml。

② 田进：《加快融合创新 推动广电全面转型升级——在CCBN 2016主题报告会上的主旨演讲》，http://www.sarft.gov.cn/art/2016/3/28/art_58_30349.html。

月，国家新闻出版广电总局党组成员、副局长田进在《加快融合创新 推动广电全面转型升级》的演讲中明确表示："要加快实施'宽带广电'战略"，指出"宽带广电"是广电与互联网深度融合的重要基础，并"要加快推进网络双向化宽带化智能化"。① 2016 年是"十三五"开局之年，可以预见的是，未来几年内中国广播电视网络有限公司将有可能发挥出更加强大的作用。

2. 视频网站布局"泛媒体化"思维下的产业生态

2015 年，电视融媒体产业的重要增长极——视频网站，受到国内互联网巨头百度、阿里巴巴、腾讯（三者简称 BAT）的青睐。BAT 旗下网站爱奇艺、优酷土豆、腾讯视频等，纷纷布局其"视频产业生态圈"，注重网络原创视频内容的生产和 IP 价值的开发。更为重要的是，这些视频网站找到了"会员 + 广告"的双赢模式，突破了困扰视频网站多年的盈利难题。视频电商、互动娱乐、社交连接等新生态的构建，暴露出视频网站天然的"互联网思维"。在这里，"视频"只是手段而不是目的，其直接的目标是如何完成"文化娱乐生态与电子商务的联动"。在互联网巨头的字典里，"互联网 + "的特质"用最简洁的方式来表述的话，应该是八个字：跨界融合，连接一切"。② 由此可见，在电视融媒体产业的未来发展中视频网站的视频产业生态布局，会在"泛媒体化"思维下进行，视频应用的媒体特性将会逐步被泛化和消解。

3. 设备厂商热衷"智能终端"的产品设计和生产

2015 年，智能电视终端硬件的生产厂商纷纷朝"智能制造""智能研发""智能 + 互联网""产品 + 服务""互联网 + 制造""内容 + 终端 + 服务"等方向发展，"智能化"成为智能电视机和各种机顶盒等电视融媒体产业硬件的一种特质和根本属性。顺应广电与新兴媒体融合发展的趋势，生产各类机顶盒产品的创维数字有限责任公司将其未来发展策略定位在两个方面：③ 一是内生性增长和深耕服务平台，在拓展多功能、多系列的智能盒子等智能产品的同时实施云平台战略，基于智慧家庭、智慧社区、智慧生活等围绕视频、健康、教育、游戏、娱乐、医疗、购物、广告等方面深耕发展。二是外延式扩张与丰富

---

① 田进：《加快融合创新 推动广电全面转型升级——在 CCBN 2016 主题报告会上的主旨演讲》，http：//www. sarft. gov. cn/art/2016/3/28/art_ 58_ 30349. html。

② 马化腾等：《互联网 + ：国家战略行动路线图》，中信出版集团，2015，第 46 页。

③ 引自创维数字 2015 年年度报告。

生态链，通过对外合作在产业布局上向智能摄像、虚拟现实仿真技术相关硬件与服务领域进行外延式扩张。由此可见，电视融媒体产业中的设备厂商更加热衷于“智能终端”产品和服务的设计与创新。

总之，如果我们将电视媒体与新兴媒体融合发展的媒介环境看作是一个相对完整的生态系统，那么，呈现在我们面前的这个由电视机构、视频网站、IT企业、设备厂商共同组构而成的新的电视融媒体产业，实质上是一个以“视频”为核心要素，以“互联网＋电视”为典型特征的新兴产业链条。在这个新兴产业链条中，各个门类的企业纷纷响应“互联网＋”和创新创业的时代呼唤，努力构建和布局平台化、智能化、视频化的新媒体生态圈。

B.27

媒体融合背景下的视听竞争格局与发展态势报告*

王建磊**

摘　要：从三网融合到媒体融合，视听产业在政策驱动和市场竞争的驱动下，形成了传统电视台、视频网站、通信运营商、IT巨头、新兴互联网公司多元主体白热化竞争的格局。本报告从核心资源、业务形态、竞争策略三个角度总结视听产业主体的发展态势，研究指出：随着媒体融合趋势的不断深化，视听产业主体的竞合不仅扩大了固有传播系统的结构，更是推动优质内容不断出新，从文化、思想层面给社会带来耳目一新的传播面貌。

关键词：媒体融合　视听产业　业务形态　竞争策略

在视听产业成为行业焦点之前，中国视频格局由广电机构所垄断。直到2000年前后，这一状态才开始由电信企业涉足在线直播（如互联星空）以及互联网公司在网络上试水Flash、播放盗版电影打破。2005年以后，随着基础宽带的提速和普及，互联网视频作为一种被确认的媒介形态正式立足，由此也给传统的视听格局带来了更猛烈、持续的冲击。2015年，这样一组数据展示了当前视听媒体生态的新面貌：全国上线播出的网络原创节目达到334万个，

---

* 本文为上海市社会科学创新研究基地/工作室、上海市高校“高原学科”建设项目“新媒体与社会发展”阶段性成果。

** 王建磊，深圳大学传播学院副研究员，博士。

涵盖了网络剧、微电影、网络综艺等各种节目类型；其中网络点播1亿以上的剧目达到51部，总点播量达229亿次；网络视听产业的营收规模已达531.5亿……①在此情形下，我们有必要追溯中国视听产业格局的形成、演进过程，并从核心资源、业务形态、竞争策略三个角度展示各视听产业主体的发展态势。

一　三网融合启动，电信企业入场

2009年5月，三网融合作为国家战略正式落定，2010年1月12日，国务院颁布《推进三网融合的总体方案》（国发〔2010〕5号）。根据该《方案》的指示，2010～2012年将重点开展广电和电信业务双向进入试点，探索形成保障三网融合规范有序开展的政策体系和体制机制。这是"双向进入"政策首次被国家最高层体认，破解了广电与电信之间存在多年的政策壁垒，由此也引起了视听领域的第一次剧变。

（一）电信企业的核心资源：基于宽带的综合信息服务

近年来，电信运营商着眼于互联网将持续高速发展的大趋势，大力发展宽带接入业务，并逐渐将宽带接入业务发展成为支撑其综合信息业务体系的核心业务。这逐渐演变为电信运营商应对三网融合的战略规划，即突破原来基于语音的单一的业务结构，全面发展包括语音通信、信息资讯、数字影音、娱乐休闲和各类信息化服务在内的全方位的综合信息业务。具体表现在策略层面，即电信运营商围绕个人、家庭的日常工作、生活，在影视娱乐、数字家庭、生活信息化等方面推出了一系列的信息业务，诸如中国电信的号码百事通、互联星空、IPTV和中国移动的移动MM、无线音乐等信息业务，都已经具有非常可观的用户基础和创收能力，其中与视频内容最为相关的就是IPTV业务。

（二）电信企业的业务形态：视频增值业务

根据三网融合政策，电信企业通过与广电共建IPTV的方式进入视听领域。

① 《2015年中国网络视听产业营收超530亿元》，人民网，http://sh.people.com.cn/n2/2016/0107/c134768-27489990.html。

随着政策的推进，部分试点地区的 IPTV 在内容集成上，不仅有上百路的直播频道、若干的高清频道，还形成了海量的影视剧、实时分类新闻、综艺、体育、教育等节目点播库。

在功能实现方面，电信的 IPTV 除了直播、点播、回看这些标配视频服务之外，还探索推出了一些创新产品，如三屏互动业务产品——“翼视通”，该业务产品能在手机、PC、电视、魔屏等多种具备通信功能的终端上为用户提供内容跨屏交互功能，实现了同一内容在不同设备间的多种丰富应用，通过不断满足用户多元化需求来进一步提升用户体验。①

（三）电信企业的竞争策略：定制化内容服务

组建内容团队、研发创意内容并不是电信企业的天然优势。实际上，电信企业“曲径通幽”。其主要通过购买版权节目和集成的方式建设视听内容，在占有大量内容资源的基础上，积极探索内容的设计，对节目库内容重新打包，提高节目利用率。以国内最大的 IPTV 运营商——百视通为例，其经过 6 年的扎实探索，将传统电视内容融入互联网元素，多元化、多角度集成编排，满足不同层次细分受众的需求，走出了“从海量到精品”、“从集中到集成”、“从电视内容到互联网产品”的视听内容发展之路。

2012 年 6 月，广电总局 43 号文确立了 IPTV 运营的“1 + 1 + 1”模式，即“总平台牌照商（CNTV） + 分平台牌照商（地方电视台） + 传输服务牌照商（中国电信、中国联通等电信运营商）”。这样，电信企业在三网融合中的主要角色变为渠道运营商，尤其在三网融合试点城市，广电牢牢掌握着内容播控平台，电信企业则大多成为 IPTV 市场推广的重要力量，这就大大挫伤了其在视听内容生产上的积极性。在三网融合发展的后期，电信企业虽然不在内容领域投入过多精力，但是双向进入政策的确立等于擦除了广电内容垄断的红线，为视听市场引入更多元的竞争主体打开了切口；并且，电信与广电合作而生的 IPTV 在促进业务类型创新和内容产业创新方面也起到了不容低估的作用，种种因素导致 IPTV 迅速成为中国主流的视频传播媒体之一。

---

① 《中国电信推出三屏互动产品“翼视通”》，人民网，http：//it. people. com. cn/GB/13170935. html。

据工信部数据：2015 年国内 IPTV 用户达 4589.5 万户（含中国电信和中国联通）。① IPTV 连续十年实现递增，并与其最大的竞争对手——有线数字电视，呈现真正的相互抗衡和此消彼长之势。

二 资本市场看好，视频网站发力

2005～2006 年，国内的土豆网、56 网、激动网、PPTV、优酷网等相继上线，拉开了网络视频产业的序幕。随后，搜狐、新浪、网易、腾讯四大门户网站也依托其平台资源开始涉足网络视频领域。经过 3～5 年的残酷竞争和优胜劣汰，于 2010 年前后由优酷、土豆等几大视频网站最终确立了行业定位和媒体地位。2012～2015 年又经过深度调整和并购重组，形成了如今的优酷土豆、腾讯视频、爱奇艺（PPS）三足鼎立之势。依据用户规模、流量和广告收入等硬指标，目前视频行业排位基本落定，但也不排除诸如搜狐视频、乐视网等第二军团的突然发力，继续搅乱这一充满变数的格局。

（一）视频网站的核心资源：基于资本的资源整合

截至 2015 年 12 月，中国网络视频用户规模达 5.04 亿，较 2014 年底增加 7093 万，网络视频用户使用率为 73.2%，较 2014 年底增加了 6.5 个百分点。其中，手机视频用户规模为 4.05 亿，与 2014 年底相比增长了 9228 万，增长率为 29.5%。手机网络视频使用率为 65.4%，相比 2014 年底增长 9.2 个百分点。② 正是基于如此庞大的用户基础，网络视频领域成为各类资本和广告商角逐之地。2012 年，优酷和土豆通过 100% 换股的方式合并；2013 年，爱奇艺并购 PPS，搜狐收购 PPTV；2014 年 4 月，阿里入股优酷土豆；2016 年 3 月，新晋平台斗鱼获得腾讯价值投资……可以说，我国网络视频行业的数度洗牌和行业剧变，其背后都有资本力量的主导，以资本为纽带，整合上下游的网络视频产业已经成为媒体融合时代的重要一极。

---

① 《2015 年通信运营业统计公报》，中华人民共和国工业和信息化部网站，http：//www.miit.gov.cn/n1146290/n1146402/n1146455/c4611243/content.html。

② 中国互联网络信息中心：第 37 次《中国互联网络发展状况统计报告》，http：//www.cac.gov.cn/2016－01/22/c_ 1117858695.htm。

如今，网络视频行业的比拼早已不再是单项的比拼，而是一场综合实力的较量。上游需要有良好的内容供应商支撑，需要获取更丰富的版权资源，形成内容规模；中游需要有良好的客户体验，个性化的服务，需要研究用户不断发展变化的视频消费习惯，对内容进行精加工，尽可能“一站式”地满足用户的精神需求；下游还需要有强大的市场营销和视频分销能力，比如与影视制作中心、二级视频网站等合作，借助其知名度、凝聚力集合影视、音乐创作的创新源，包装和推广优质作品，从而走出一条良性发展的道路。

（二）视频网站的业务形态：大集成式服务

视频网站在内容服务方面大致经历了 UGC、正版化和大集成三个阶段。国内最早一批的视频网站包括土豆、优酷等早期都模仿 YouTube，靠 UGC 开拓市场、积累用户与提升品牌影响力。但是 UGC 虽然题材丰富、形式多样，但质量水准普遍较低，且因为版权不明等问题难以受到广告主认可，虽耗掉巨大的带宽成本却不能带来收益，于是视频网站纷纷转战长视频。

长视频主要指的是正规版权的影视剧内容，既包括国产影视剧，也包括美剧、韩剧、日剧等海外剧。转战长视频是因为网站自身谋求上市的需要，另外则是行业环境对于正版化、规范化的要求。实践证明，长视频能够有效增加用户的观看时长，提升网站黏性，因而颇受广告主的青睐。对于影视制作机构来说，他们将版权出售给视频网站，等于又增加了一轮版权销售，在 2011 ~ 2013 年，影视剧版权价格呈现迅速暴涨又逐渐回归的轨迹，不得不说，视频网站因长视频在流量和广告收入上受益，但也因高昂的版权费用陷入“烧钱”困局。

在大集成阶段，网络视频的聚沙成塔和按需服务成为突出优势。视频网站经过长期建设、积累，内容形态从广电机构的新闻、综艺节目到影视剧到 UGC 和自制内容，形成了最为丰富、全面的节目类型。尤其很多广电版权内容，比如新闻、综艺节目为了扩大自身影响力，甚至免费提供给视频网站，促使视频网站通过“集成”的办法规避自身生产力的不足，最终反而以内容丰富、渠道多元建立了竞争优势。以优酷土豆、爱奇艺为代表的商业视频网站经过合纵连横，形成了无所不包、有容乃大的“航母级”内容，成为 5 亿网络视频用户首选的网络观看平台。

（三）视频网站的竞争策略：差异化的自制策略

近两年，网络视频业最引人注目的动作除了重组并购，就是网络视听内容的生产和崛起。不管是网络自制剧还是自制综艺，都吸引了社会资本的注入、影星大咖的加盟以及大量网民的追捧，随着传统广电对于综艺节目版权出口的逐步收窄，以及海外版权引进节目难度的增加等，“自制剧 + 自制综艺”成为视频网站在差异化竞争策略方面的具体体现。

在电视真人秀节目大盘的带动下，网络自制综艺也呈现出逐渐升温、个性纷呈的状态。截至 2015 年 7 月，中国六大主流视频网站上线自制综艺数量已突破 60 档，仅大型季播节目就接近 20 档，包含访谈、脱口秀、智力问答、娱乐八卦等多个节目类型。从数字上看，网络自制综艺同样战绩不俗。腾讯出品的第一季《你正常吗》10 期节目获得了 3 亿的播放量，成为 2015 年同期的“自制之王”；第二季《你正常吗》乘胜追击，以 4 亿播放量再登同期自制节目之首。爱奇艺的品牌节目《奇葩说》第一季以播放量 2.6 亿次完美收官，第二季上线 12 期播放量便突破 3 亿次，微博累计讨论量 73.2 万次，相关话题阅读量超过 16 亿次。最新的自制综艺《我去上学啦》开播之后，两期节目播放量破亿次，三期告破 2.2 亿次。伴随节目话题、热度、口碑、影响力等方面不断发酵，这几档网络自制综艺播放量仍在攀升。

如今，主流视频网站的流量、市场规模已经不输二三线城市的地方卫视，就生产内容的方式和水准来说，也在逐步缩小与广电机构的差距，因而其最有可能在未来形成一种颠覆广电的力量。总的来说，视频网站的出现和崛起，对于传统的视听内容市场的冲击注定是剧烈和持久的。

三　行业模式创新，互联网巨头登台

传统视频企业在生产模式、盈利模式上已经形成固定的套路，但在这个充满不确定性的市场上，因循守旧意味着淘汰风险的加大，也意味着给竞争对手提供了颠覆的可能。互联网巨头正是这样一种新势力，其裹挟着创新思维和资本力量，从理念、运作、模式等各个层面给视频行业带来了改造和提升。

（一）互联网企业的核心资源：创新实力

从2000年的互联网泡沫，到2011年互联网思维被提出然后开始渗透到各个领域，可以说，这十年互联网行业发生了逆转性的变化。随着移动互联网的兴起，越来越多的实体、个人、设备都连接在了一起。互联网已不再仅仅是虚拟经济，而是主体经济社会不可分割的一部分。互联网与万物共生共存成为大趋势。

互联网企业的崛起既顺应时势，同时又缔造新的机遇。而伴随着社会资源、多方资本以及专业人才向这一行业的集中流动，互联网企业迫切需要有力举措来维护和扩大这一利益格局，在其不断地摸索和试探中，创新实力作为互联网企业的核心资源得到了普遍共识。

一方面，以技术创新而立足的互联网企业天生具备创新基因，另一方面，只有保持创新力，才能保持产品和技术的快速更迭，保证各类社会资源的有效使用。所以以谷歌、苹果为代表的海外互联网巨头，从其甫一诞生到发展壮大，就依托着创新法宝，不仅自上而下地形成创新文化，还通过制度创新来保证创新所需的各种条件。国内以BAT为代表的互联网巨头，以及以奇虎360、小米为代表的互联网新秀，也正是把创新精神发挥到极致，围绕企业核心竞争力做创新，甚至时刻准备自我颠覆，才得以在各个领域独占鳌头。正是借由这些领头公司的推动，不仅在互联网行业中形成了创新文化，也使得创新精神成为社会流行风尚，使人类的创新文化发展到一个新的高度。

（二）互联网企业的业务形态：内容+硬件的联动服务

事实上，一些互联网巨头并不以生产视频内容见长（比如阿里、百度、小米等），但因互联网视频被认为将是未来视频业务的主流形态，所以这些企业通过资本入股、并购、硬件生产等多种方式来切入这一领域。

首先，以资本换内容。2014年4月，阿里集团以65.36亿元入股华数传媒（占其20%股份），试图共同布局文化传媒产业链上下游，在视频业务上进行深度的协同合作，最终实现优势互补、互利互惠的双赢目标。这一资本动作换来了阿里集团对视频内容和牌照的一定操控权限。同月，阿里还战略投资了最大的视频网站优酷土豆（占其16.5%股份），进一步彰显其在视频内容上的野心。2015 年 6 月，阿里投资 12 亿元入股第一财经，欲打造具有全球影响力的新型数字化财经媒体，这一布局使其内容生态更加完善。

其次，推出智能硬件产品，介入 OTT TV 产业链。OTT TV 指通过公共互联网面向电视传输的 IP 视频和互联网应用融合的服务。它既是一种新的业务形态，同时也形成了新的产业模式。在国内，形成了以牌照为核心，由硬件厂商、内容供应商、平台播控商共同组成的产业链条。各互联网巨头选择硬件产品的投放来实现对电视大屏的占领。阿里在 2013 年 7 月推出了天猫盒子，同年在“双十一”以近乎免费发放的形式快速完成了终端布局；小米也于 2013 年推出了其第一代小米盒子，庞大的米粉群体成为其忠实用户；腾讯于 2014 年联手海美迪推出 Q + 盒子，这三大巨头的 OTT 盒子几乎占领了当前 60% 的终端市场。

这样，互联网巨头以资本换购内容，在掌握大量版权内容资源之后，通过 App 产品布局手机“小屏”，通过 OTT 盒子进入电视“大屏”，以“内容 + 硬件”“小屏 + 大屏”的联动方式为用户提供闭环式、一站式视频解决方案。不仅带来了行业模式的创新，也推动大视频产业进入新一级发展阶段。

（三）互联网企业的竞争策略：内容产品化策略

在互联网文化语境中，产品比内容有着更为精确的内涵，因为产品具备新媒体的按需、互动等要素。对于互联网巨头来说，仅仅提供差异化的内容并不是其目的所在，也不能体现其创新实力，对内容进行符合用户需求的多维度改造才是其创新的指向。

内容产品化策略首先意味着内容与产品适配，即根据用户在不同屏幕上消费内容的偏好，将同一内容合理分发到不同终端，并从不同的角度进行效果评估。既保证用户体验的一致性，也充分发挥各终端不同的技术特性。以腾讯在 2015 年 6 月推出的大型互动素人真人秀《我们 15 个》为例，该节目在 PC 端提供 24 小时 200 多个不同监控视角的不间断直播，在手机端提供投票、讨论、问答等多样形式的交互，在电视端提供每天半小时的精简版内容，可以说充分发挥了不同终端的特性，做到了用户使用场景的深度融合。

其次，内容产品化策略意味着视听节目要拥有良好的使用性和消费体验。传统的视听内容大多只可用来观看和欣赏，是一种适合用户沉浸式消费的低级产品，而在新媒体技术的辅助之下，内容产品需具备良好的交互性，激发用户的参与热情。以腾讯的《你正常吗》为例，除了比肩电视台的专业技术水准和一线影视明星助阵外，该节目在交互、参与方面走得更远。在节目中全部问题的灵感有一半都来自用户，"众筹"的概念在这里有了新的解读，网友在节目中遇到这些题目时都有种亲切感，能立刻进入参与模式，在互动中建立了高度的融合，就此形成了互联网的视频产品模式。

最后，内容产品化策略还意味着从内容生产到交互方式的全方位创新。在内容类型从 UGC 到 PGC 的阶段之后，一些互联网巨头开始探索 LSC 的内容类型，即在 Live（直播）过程中进行 Social（社交）的跨屏互动，这需要调动企业的全部产品和渠道资源进行支持和保障，如搜狐与腾讯先后与《中国好声音》节目进行了深度合作，在合作过程中，二者均集合了自身平台的用户数最多的产品及入口渠道，形成矩阵式内容传播，有效增强了用户黏性与忠诚度。

四　视听产业面临全面升级

从延续性来说，媒体融合战略是三网融合战略的进阶与深化，三网融合关注以广电、电信为代表的市场主体机构，重点是对机构本身提出了业务发展要求；而媒体融合战略不仅关注机构个体，还注重发展主体与主体之间的协同关系，要求传统媒体与新兴媒体融合发展。在此背景下，以广电为首的视听内容生产主体，必将进一步推动内容优质化和个性化的进程，推动视听产业的新一轮全面升级。

第一，随着媒体融合趋势的深化，新兴的视听内容制播主体会不断出现，彻底改变视听内容由专业人士垄断的局面，形成"专业人士和用户共同生产内容"的新模式。例如以"罗辑思维"和 papi 酱为代表的自媒体与个人，将成为视听内容生产的重要的一极，更好地满足不同用户的需求。

第二，媒体融合将敦促各视频主体更加专注于内容创新，引领内容产品升级换代。在过去的一两年，部分广电机构不负众望，接二连三地开发出既叫好又卖座的电视节目，部分视频网站也不甘落伍，在网络综艺、网络自制剧领域奋勇开拓，获得用户大力簇拥。这些视听行业的引领者，不管是采取自主研发还是模式引进的方式，都在极力把精品意识、用户参与等理念深入贯彻下去，一改“粗制滥造”和“我行我素”的面貌，极大地提高了中国视听内容整体的艺术质量，推动视听产业进入发展新阶段。

第三，随着媒体融合趋势的不断深化，视听领域内主体的竞争与合作必将进一步深入，甚至市场主体机构或因资本、政治等力量的此消彼长而发生更替，但笃定的是，视听传播系统的结构张力将不断扩大，其在培养新的用户习惯、颠覆传统广告经营模式、改变内容生产方式的同时，会促进视听内容相关的硬件、软件、网络、多媒体等信息技术的进一步发展；还会给与产业链条密切相关的信息技术产业、信息内容产业和信息服务产业带来全新的发展；也会拉动产值数以千亿计的内容创意产业的发展，最终，也必将从文化、思想层面给社会带来耳目一新的传播面貌。

B.28
变量聚合，快速崛起：2015年我国手机视频行业发展报告

江　凌*

摘　要：2015年，手机已成为网络视频收看第一终端，我国手机视频行业也迎来了新一轮发展高峰。伴随着国家对视频版权保护力度的逐渐加大，视频网站移动端发展进程日益深化，我国手机视频行业不断涌现出新兴动态：手机付费用户快速增加，付费业务迎来全面爆发拐点；网络视频行业市场集中度进一步提高；各大视频网站打造内容生态产业链；经过多年来的蓄积发展与各方变量聚合，我国手机视频行业正迈入崛起时期。

关键词：移动终端　手机视频　自制战略　内容生态产业链

截至2015年12月，我国手机网民规模达6.20亿，较2014年底增加6303万人。网民中使用手机上网人群的占比由2014年的85.8%提升至90.1%，手机视频用户规模为4.05亿，与2014年底相比增长了9228万，增长率为29.5%。手机网络视频使用率为65.4%，相比2014年底增加9.2个百分点。①

与此同时，网络环境不断升级，无线网络覆盖率明显提升，网民Wi-Fi使用率达到91.8%，用户利用碎片化时间获取资讯和娱乐的趋势在增加。伴随着国家对视频版权保护力度的逐渐加大，视频网站移动端发展进程日益深化，我国手机视频行业不断涌现出新兴动态：手机付费用户快速增加，付费业务迎

* 江凌，上海理工大学出版印刷与艺术设计学院讲师，博士，研究方向为新媒体研究。

① 中国互联网络信息中心：第37次《中国互联网络发展状况统计报告》，2016年1月。

来全面爆发拐点；网络视频行业市场集中度进一步提高；各大视频网站打造内容生态产业链；经过多年来的蓄积发展与各方变量聚合，我国手机视频行业正迈入崛起时期。

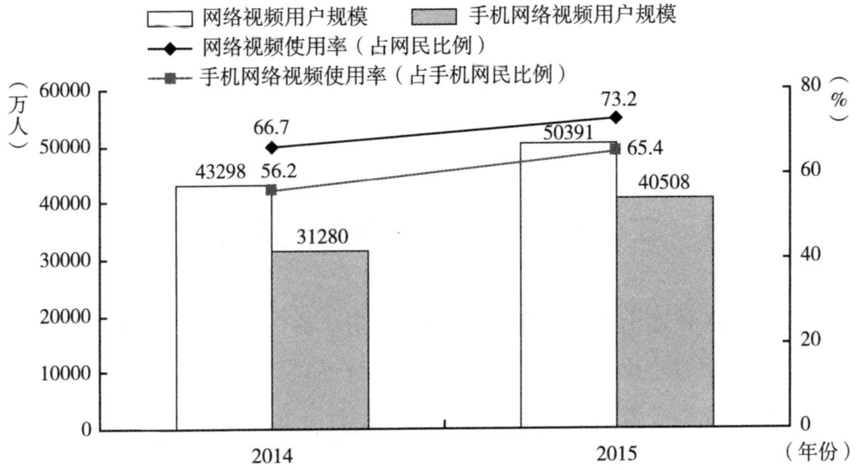

图1　2014～2015年网络视频/手机网络视频用户规模及使用率

一　手机视频产业环境

（一）无线网络覆盖率明显提升，网民Wi-Fi使用率达到91.8%

截至2015年12月，我国手机网民中通过3G/4G上网的比例为88.8%，智慧城市的建设推动了公共区域无线网络的使用，网络基础设施建设逐渐完善，移动网络速率大幅提高，带动手机网络的使用率提升，网民通过Wi-Fi无线网络接入互联网的比例为91.8%。①

（二）2015年手机成网络视频"第一终端"

手机已成为网络视频的第一终端，手机视频用户规模在过去的三年内上升

① 中国互联网络信息中心：第37次《中国互联网络发展状况统计报告》，2016年1月。

27.3%，达到3.54亿，76.7%的视频用户选择用手机看网络视频，移动端广告收入在各视频网站整体收入中的占比也不断扩大。①

（三）手机付费用户快速增加，付费业务迎来全面爆发拐点

随着国家相关部门对盗版盗链打击力度的增强，移动在线支付的普及，视频网站用户付费市场出现爆发式增长。用户付费收入在整体收入中的占比增大，预计未来会成为视频网站重要的收入来源。

二　手机视频产业多样化发展

用手机看视频逐渐变成我们生活的一部分，在工作休息期间、在回家路上、在用餐间隙等碎片化时间里，人们都会情不自禁地掏出手机看一段小视频，用手机看视频成为当下最流行的生活方式。

（一）视频网站：加强生态布局，构建视频产业生态圈

2015年，随着阿里巴巴对合一集团的收购，网络视频行业市场集中度进一步提高。视频网站行业爱奇艺、合一集团、腾讯视频三足鼎立局面基本形成，在整体市场份额、移动端份额、付费用户比例方面位于前三，并与其他的视频网站之间差距逐渐拉开。

1. 内容：打造优质核心内容

优质的内容是决定视频行业发展的关键，各大视频网站均在电视剧、节目、电影、动漫等内容上布局，打造内容产业链，吸引用户注意力。

（1）超级网剧

随着对IP的重视与深入开发，视频网站的内容制作也进入了超级网剧时代，以爱奇艺的《盗墓笔记》为例，平均单集的播放量达到了2亿次之高。2015年11月，爱奇艺出品的《灵魂摆渡2》也成功霸占了年末的榜单。传统电视剧制作商们也将在未来更多向互联网转型，加盟超级网剧的阵营。

---

① 慧聪广电网：《2015年手机成网络视频“第一终端”》，http://info.broadcast.hc360.com/2015/12/030830648495-all.shtml。

（2）自制综艺

2014 年是视频网站的自制元年。2015 年，爱奇艺凭借《奇葩说》在自制综艺战略上获取了较好的成绩，尽管制片逻辑依然是传统的电视综艺模式，只不过将播放渠道从电视端挪到了网络，栏目却打造出了基于互联网环境衍生的明星以及一条可持续可借鉴发展的内容战略。

在自制综艺方面，搜狐也从未停歇脚步：无论是大鹏出品的“屌丝”系列，还是与唐人合作的《无心法师》，与山影合作的《他来了请闭眼》，都带来巨大的流量与较好的收视效果。2016 年，搜狐提出了“青春”、“网生”和“共想”三个核心关键词的内容布局战略，力求抓住年轻群体。

（3）美剧

依靠高质量自制网剧培养起来的用户群体与美剧观影人群高度重合，而美剧的持续供给也有效填补了由于自制网剧断档造成的收视真空。美剧方面目前领先的仍然是搜狐，2015 年的美剧转播权大多被搜狐收入囊中，但随着优酷土豆签下 BBC，腾讯签下 HBO，视频网站行业的美剧战略内容大战似乎才刚刚开始。2016 年搜狐续订的美剧有《生活大爆炸》《哥谭镇》《血族》《末日孤舰》《冰血暴》《古战场传奇》《至亲血统》等。

（4）网络大电影

2014 年，网络大电影的票房分成已超 5000 万。超过 60% 的制作方能够回本，最高净利润高达 800%。而 2015 年，网络大电影的票房分成有望达到 2 亿，实现 400% 的增长率。

依靠网络大电影内容战略，爱奇艺不仅占据了市场票房分成的 80% 以上，还加强了这批具有颠覆创造性的草根创作者的用户黏性。无独有偶，乐视在 2015 年也制作出了《爸爸去哪儿2》《何以笙箫默》《消失的子弹》《鬼吹灯之寻龙诀》等作品。2016 年，《长城》《盗墓笔记之七星鲁王宫》《爵迹》等作品，同样获得较好收益。

2. 营销试水“视频电商”

视频网站用户规模大、停留时间长、传播效果好，如果能够将视频网站与电商很好融合，将成为电商最理想的导流入口。2015 年，视频网站继续试水“视频电商”，通过边看边购，上线商城业务，给用户带来一站式的购物体验，挖掘视频的电商价值和内容衍生价值。尽管用户对视频电商的认可度还不高，但视频节目尤其是影视剧、综艺节目能培养庞大的粉丝群。试水“视频电商”的目的就在于给用户带来更好的体验和一站式的服务，创造粉丝经济的同时，为电商带来收益，也为视频网站的深入发展探索一条新的路子。①

3. 产业布局上打造产业链

2015年视频网站在产业布局上打造产业链，如乐视一方面成立了影视公司，进军互联网电影产业，向上游内容制作产业链延伸；另一方面也开始加大对网络剧的开发，以优质内容为基础，与泛娱乐产业链上的文学、游戏、动漫各板块深度联动，将优质内容变现，在大的文化娱乐平台上互相推广，发挥内容的最大价值。②

（二）移动视频 App 类

2015年，移动视频 App 也迎来了发展的上升期，用户使用频率较高，学生族、上班族碎片化使用和下载，都促进了移动视频 App 的发展。除了上述讨论过的视频网站的 App 外，其他的一些 App 也受到瞩目。

1. 移动视频 App 发展现状

（1）芒果 TV

芒果 TV 以湖南广播电视台为大背景，深度挖掘湖南卫视全部电视节目内容和相关品牌资源，是湖南广播电视台旗下唯一互联网视频供应平台。

在内容方面，芒果 TV 积极开展自制内容运营，包括香港 TVB 的最新热播剧集、巨星超清 MV、演唱会等视频资源及其他多部网络节目。

（2）PPTV 聚力

PPTV 聚力是由 PPLive 精心开发的 Android 视频客户端，包含海量高清影视内容。可在线免费观看电影、电视剧、动漫、综艺、体育直播、游戏竞技、财经资讯等丰富视频节目。

（3）56 视频

56 视频手机客户端涵盖了中国最强综艺播放，覆盖资讯、娱乐、搞笑、

① 慧聪广电网：《2015年手机成网络视频“第一终端”》，http://info.broadcast.hc360.com/2015/12/030830648495-all.shtml。

② 中华网投资：《乐视打造视频网站首档春晚节目，布局乐视生态全产业链》，http://science.china.com.cn/2016-01/06/content_8498784.htm。

排名	APP名称	排名	APP名称
1	腾讯视频	6	凤凰视频
2	爱奇艺视频	7	百度视频
3	优酷视频	8	PPTV
4	搜狐视频	9	56视频
5	土豆视频	10	酷6视频

图2　2015年度中国手机视频客户端类App最新排行榜

资料来源：艾媒资讯，《2015年度中国手机视频客户端类App最新排行榜》，2016年1月6日。

拍客等多个频道的海量视频资源，精心打造自制内容品牌，包括《微播江湖》《人人那些事》《音乐下午茶》《龙斌大话电影》《美女斗秀场》《明星面对面》《大笑一方》《红人汇》等10档互联网综艺节目，以及海量精品微电影。

（4）哔哩哔哩动画

“哔哩哔哩”（bilibili）拥有大量互联网上精良、及时的动画视频内容，且100%来自用户的创作或搬运。

2. 聚合类视频App受推崇

为了走出内容同质化的竞争格局，各家视频App在内容版权上走差异化路线，受众为了收看不同节目，不得不下载不同的App，而聚合类视频App较好地满足了人们多样化选择的需求。在2016年2月份视频App综合指数TOP20的排行榜中，迅雷、暴风影音等聚合类视频App以强劲的实力瓜分了大约四分之一的天下。[①] 而如何更好地与跳转的视频网站做好合作与资源共享，还值得深入探究。

① 百度百家：《2016年2月综合视频App竞争报告》，http://aso100.baijia.baidu.com/article/356017。

（三）手机流媒体类

随着4G业务的普及，网络流畅性得到了较大提升，为视频流畅的播放和用户体验打下了基础。视频业务正在上升成为移动终端上的热门业务，移动终端上视频娱乐信息的需求开始显著性地上升。

1. 天翼视讯：免流量的“爱看4G”

天翼视讯是指结合中国电信CDMA 1X及1X增强型网络和移动流媒体技术，以视频内容为主，利用移动流媒体、视频下载等技术为用户提供影视、新闻、体育等视频内容播放和下载服务。天翼视讯总用户数累计已超过1.8亿。

“爱看4G”是天翼视讯推出的一款基于Android的客户端，该产品的一大亮点就是电信4G用户可以免流量观看。“爱看4G”的主要受众是18~35岁的视频爱好者，无广告、会员制的产品体验受到年轻人的青睐。在“爱看4G”上可以观看海量高清大片、最新热剧、热门综艺、各大电视台直播等精彩内容，还能与好友互动评论和分享。

2. “咪咕视频”：同步直播

2015年“咪咕视频”凭借全新的页面设计和内容优势，一度登上腾讯应用宝重点推荐榜。

（1）独特产品设计与营销

产品设计的独特性体现在：全新的扁平化UI界面，符合当下的主流设计理念。VIP会员体系结构，产品结构简洁清晰。试播、订购播放流程，开启先尝试后订购的模式锁住用户胃口；草根化的互动社区“发现频道”；个性化推荐“猜你喜欢”；全新的个人中心，用户个性化空间为受众带来全新体验。

（2）同步直播

咪咕视频直播专区拥有超过1000路的电视台、电台直播，涵盖了央视、卫视等直播频道，其中包括：湖南卫视、浙江卫视、东方卫视、江苏卫视、安徽卫视等超过500路卫视高清频道。节目类别既有《爸爸去哪儿》《中国好声音》《快乐大本营》《天天向上》《金星秀》等综艺节目，也有亚冠决赛、欧冠、NBA、英超、CBA、西甲、德甲、意甲等体育赛事及演唱会、音乐会等各种会场现场直播。①

（3）社区互动

社区互动实现了用户与用户之间的交流，增强了咪咕视频的互动性，也带来了更好的用户体验。

三 手机视频产业发展建议

（一）打造优质核心内容

1. 锤炼产品、狠抓用户

在移动互联网领域，产品是立足的根本，而用户是生存的关键。各大视频网站在产品创新、用户体验上实践和创新。

比如，爱奇艺以“青春”“时尚”的品牌基调以及画面清晰、播放流畅、界面友好的观影体验迅速网罗了中国最广大的年轻用户群体：利用《来自星星的你》等引爆网络的影视剧吸引众多死忠粉；采用“轻奢新主义”的 VIP 会员机制牢牢黏住已有用户，在用户的激活、拉新、留存方面表现出色。②

2. 囤积版权，抢占 IP

要想在同质化内容的视频领域获得受众青睐，走出内容同质化困局是保证独特内容的不二法宝，在经历 2014 年的版权大战后，2015 年，第一时间霸占和扩大 IP 也成为视频网站制胜的法宝。

比如，乐视不仅将年度“第一网络神剧”《太子妃升职记》召回，还拿下了央视春晚全球视频直播及点播权。此外，在央视 2016 年黄金资源广告招标会上，乐视拿下央视春晚第一标，成为春晚上唯一一个 30 秒黄金广告标的互联网公司。抢占 IP 不仅增强了品牌影响力，还将为它带来超大流量，成为其领跑的保障。③

① 中国网：《咪咕视频荣登应用宝推荐榜 安装即送流量》，http：//news. xinhuanet. com/video/2015 - 10/12/c_ 128309837. htm。

② 百度百家：《2016 年 2 月综合视频 App 竞争报告》，http：//aso100. baijia. baidu. com/article/356017。

③ 百度百家：《2016 年 2 月综合视频 App 竞争报告》，http：//aso100. baijia. baidu. com/article/356017。

无独有偶，2016 年初，继《来自星星的你》之后，爱奇艺也再度拿出韩剧这张王牌，引进“第一撩妹剧”《太阳的后裔》，据统计，该剧前两集就为爱奇艺斩获了 4 亿次的高点击量。

（二）优化产品设计

1. 打造更优的用户体验

目前，大部分的视频网站在视频应用方面提供了信息推送功能，用户会在手机上收到来自系统通知栏推送的新片信息。事实上，过于频繁的内容推送不仅会使用户厌烦，还会让手机后台程序增多，从而大大降低手机的续航功能，在用户体验方面带来很大的负面影响。甚至一些弹窗广告页会打扰用户的日常生活。因此，如何打造更优的用户体验还值得研究。

2. 社交元素的适当加入

除了基本的视频播放和上传功能外，目前手机视频 App 也开始在社交性上发力，如哔哩哔哩动画就创新性地加入了弹幕功能，运行用户在视频内容的时间节点上添加了评论，使得视频内容具有更多的社交性。除此以外，另外的一些社交化创新也开始被主流视频 App 引入使用。

（三）大数据待挖掘

视频网站应更好地利用自身资源、技术等方法进行差异化竞争。视频网站可以考虑与即时通信、社交类等使用率高的应用进行合作，获取用户在即时通信或社交类用户上的基本情况，如登录习惯、个人兴趣爱好等信息，通过对此类信息的分析，视频网站和移动客户端实现更加精准的推送，通过这样的数据资源挖掘，为用户带来更优的使用体验。

四　手机视频产业的趋势分析

（一）内容上扩大 IP

IP（Intellectual Property，知识产权）成为 2015 年的一个热词，以知识产权为核心的网络娱乐产业链在 2015 年展现出巨大商业价值。由热门的网络文学作品改编而成的影视作品获得较高的收视率；由此改编的游戏，也获得忠实粉丝的关注；影视和游戏的改编成功又反哺了网络文学本身的发展，促使文化商业模式的变化：由单纯的向用户收费转变为利用免费模式扩大受众群体，进而培养优质 IP，实现 IP 产业链的深化与长尾效应。

（二）“硬件免费、内容盈利”的互联网生态模式或成未来行业主流

以乐视、华为、小米、魅族为首的国产手机巨头开始发力：一手抓硬件，一手抓软件与生态服务。而“硬件免费、内容盈利”的互联网生态模式成为业界热捧的商业模式：生态模式、负利时代、低于量产成本定价以及更快速的 Type-C 接口快速普及。

比如，在 2015 年乐视致力打造基于视频产业、内容产业和智能终端的“平台 + 内容 + 终端 + 应用”完整生态系统。乐 1s 千元旗舰机杀手机型的推出，形成了从应用到内容再到平台和终端的完整生态链条，扩大生态红利补贴硬件的手机负利营销模式和极致的体验等优势。乐见桌面和 Live 桌面两款独创的 EUI 系统也成为亮点。两款内容应用的精准推送都是基于乐视网平台上丰富的内容资源，实现了用户对视频、音乐、体育等内容一站式的消费需求，为用户带来极致的体验。①

随着手机的同质化趋势，手机与生态内容相结合，为人们在日常的生活与工作中提供便利，成为手机厂商努力的方向。“平台 + 内容 + 终端 + 应用”的生态系统通过产业链的垂直整合、开放闭环的内容生态营造，为硬件提供极致的用户体验支持，这样的模式或许将成为未来主流。

---

① 《盘点 2015 手机行业变革，乐华小魅崛起主导市场》，百度百家，http：//bbearyang. baijia. baidu. com/article/272250。

B.29 2015年度中外数字报纸发展报告*

李 珠**

摘 要： 本报告是对2015年中外数字报纸发展情况的总结，主要分为三个部分：第一部分介绍了西方国家2015年数字报纸在受众拓展、移动优先战略的实践、新产品的尝试与改进以及付费方式的调整等方面的情况；第二部分则介绍中国的数字报纸2015年的发展状况，主要体现在媒体融合、版权维护、对移动终端和社交媒体的重视等方面；第三部分则是对国内外数字报纸发展趋势所做的分析，以及对国内数字报纸未来发展的建议。

关键词： 数字报纸 移动优先 社交媒体 媒体融合 版权维护

2015年的全球报纸行业，形势依然不容乐观。数字报纸的实践取得了一些经验，相互之间的学习与合作也加强了，不过一些问题还是没有找到合适的答案，探索仍在继续。

一 2015年国外数字报纸发展情况

对于西方国家来说，报纸的冬天并没有过去。尽管在Ovum公司的预测中，纸媒还有相当的自我发展能力，但数字化仍然是报界公认的发展方向。2015年，纸质报纸面临的困境依旧，而向数字化转型的尝试正在走向深入。

---

* 本文为上海市高校人文社会科学重点研究基地——上海大学影视与传媒产业研究基地“新媒体发展”研究课题成果，课题主持人为吴信训教授。

** 李珠，上海大学影视学院讲师，博士。

（一）全球性调查报告中的数字报纸现状

1.《数字消费出版预测》

2015 年 7 月，全球著名独立分析机构 Ovum 公司在其发布的《数字消费出版预测》中，对未来 5 年的新闻出版行业进行了预测：报纸、书籍和杂志三大行业的数字业务在 2015 年全球 50 个市场的总收入中占 14%，到 2020 年，可增长到 24%，但即便数字化转型最快的美国和英国到 2020 年的数字媒体收入也不会超过 50%（见图 1）。而纸媒在总收入中的占比会从 2015 年 86% 降到 2020 年的 75%。数字媒体收入中增长点在移动端，但是行业内竞争非常激烈，盈利模式尚待探索。①

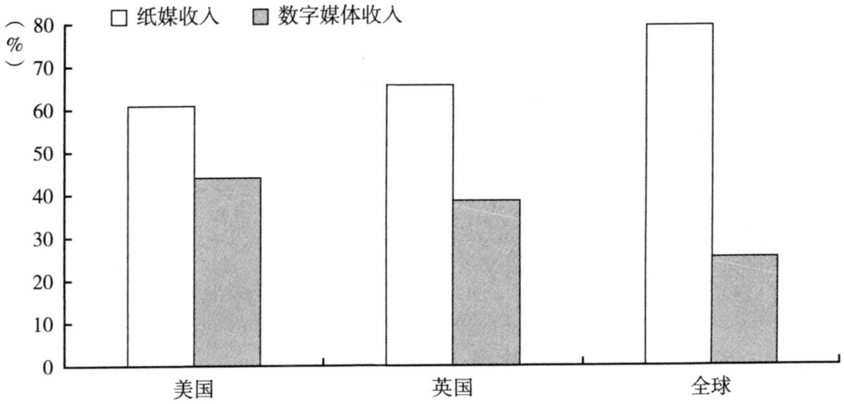

图 1　2020 年纸媒收入和数字媒体收入占比

资料来源：Ovum 公司。

不过，全球的纸媒和数字媒体的发展差异很大，这主要与当地人口结构和数字化普及程度有密切关系。从全球范围来看，大洋洲、东亚和东南亚的信息化水平偏低，新闻出版行业的数字化发展也较为缓慢。②

① 袁舒婕编译《报告显示：全球纸媒发展能力或被低估》，中国新闻出版广电网，http://www.chinaxwcb.com/2015-07/21/content_321798.htm。

② 袁舒婕编译《报告显示：全球纸媒发展能力或被低估》，中国新闻出版广电网，http://www.chinaxwcb.com/2015-07/21/content_321798.htm。

2.《数字新闻报告2015》

2015 年 6 月牛津大学路透新闻研究所（Reuters Institute for the Study of Journalism）发布了《数字新闻报告 2015》（Digital News Report 2015）。该报告更为具体地揭示了数字新闻消费的一些新趋势。①

（1）从智能手机获取新闻的消费者显著增长，而通过平板电脑访问新闻的消费者增速放缓（英国除外）。

（2）越来越多的人正在使用两个或三个设备访问新闻。

（3）美国和芬兰的在线新闻占据领先地位。

（4）社交媒体在美国、爱尔兰、巴西、意大利、法国、西班牙和澳大利亚被认为比纸质报纸更重要。而法国、德国和日本对传统媒体的忠诚度最高，接受新的数字化趋势更为缓慢。

（二）美国的数字报纸发展

1. 纸质报纸的颓势仍在继续

2015 年 6 月 3 日，普华永道发布的《全球娱乐和媒体展望报告 2015 ~ 2019》显示，在美国，未来五年中绝大多数的娱乐和媒体类别有望实现增长，只有报纸可能出现下滑，降幅约为 3%。②

受报纸广告收入低迷的影响，美国新闻集团 2015 年第一季度净利润比上年同期减少 52%，营业收入同比减少 1%。③

2015 年第一季度《今日美国》的出版收益同比下降 9%。3 月，《今日美国》裁员 90 人。④ 6 月末，甘耐特集团宣布，其旗下的《今日美国》将在未来 5 ~6 年停止纸报发行。⑤

2015 年 10 月 6 日，因为财务状况不佳，美国《洛杉矶时报》公布了一项

① 张宸编译《数字新闻消费新趋势》，传媒圈，http://www.mediacircle.cn/?p=27203。

② 《普华永道：上网开支仍将增长 报纸业将萎缩》，新浪科技，http://tech.sina.com.cn/i/2015-06-03/doc-icrvvrak2621327.shtml。

③ 王英斌编译《美国新闻集团一季度报纸广告收入大减》，新华网，http://news.xinhuanet.com/newmedia/2015-05/12/c_134231451.htm。

④ 心朗：《〈今日美国〉将停止出版纸质日报》，中国新闻出版网，http://www.chinaxwcb.com/2015-05/29/content_318238.htm。

⑤ 李强：《当报纸遇上网络，我们该坚持什么》，《人民日报》2015 年 7 月 14 日，第 5 版。

缩减员工计划，该计划缩减了80个岗位。①

2. 数字报纸稳步发展

根据2015年6月《纽约时报》发布的季度财报，该报的数字订户新增了4.7万，总数达到了95.7万，同比增加20%。短短4年时间，《纽约时报》的数字订户已经远远超过其纸报订户。②

3. 数字报纸阅读偏向手机App和社交媒体

根据皮尤研究中心在2015年8月公布的统计数据显示，在美国，29%的成年网友和36%的智能手机用户，会使用WhatsApp、Kik或者iMessage等消息类的App。而18~29岁青年用户的智能手机使用者中，消息类App使用率更是达到了49%。③

此前皮尤中心的另一项研究则表明，社交媒体正成为新闻信息源：63%的Twitter用户和63%的Facebook用户都将这些社交网络平台作为新闻来源。相较于2013年的52%（Twitter）和47%（Facebook），比例有大幅增长。④

另外，数据显示，年轻人更喜欢从社交媒体上获取新闻信息，18~34岁的青年人均有49%的用户在Twitter和Facebook上获取新闻信息，而34岁以上的分别只有31%和34%。⑤

4. 更新数字版面设计

2015年初，《纽约时报》对移动端首页进行了重新设计，突出重点新闻，强调趣味性，并调整画面大小以方便用户在移动端浏览图片。改版后，访问量直线上升，文章点击率明显提高。⑥

---

① 焦洁：《洛杉矶时报财务吃紧 请员工自愿离职》，搜狐传媒，http://media.sohu.com/20151013/n423131271.shtml。

② 李强：《当报纸遇上网络，我们该坚持什么》，《人民日报》2015年7月14日，第5版。

③ 皮尤研究中心：《2015美国移动通讯与社交媒体使用报告》，皮尤互联网，http://www.pewinternet.org/2015/08/19/mobile-messaging-and-social-media-2015/。

④ 皮尤研究中心：《2015社交媒体对新闻业影响数据报告》，皮尤互联网，http://www.journalism.org/2015/07/14/the-evolving-role-of-news-on-twitter-and-facebook/。

⑤ 皮尤研究中心：《2015社交媒体对新闻业影响数据报告》，皮尤互联网，http://www.journalism.org/2015/07/14/the-evolving-role-of-news-on-twitter-and-facebook/。

⑥ 《〈纽约时报〉移动端重新定义首页：我们比报纸做得更好》，传媒圈，http://www.mediacircle.cn/?p=34707。

5. 推出新的产品和应用

2015 年 5 月，《纽约时报》推出了 iPhone 版应用程序。① 另外，它开发了一款横竖兼容的视频产品，可以对同一视频内容生成横竖屏两种播放形式。②

2015 年 9 月，《华盛顿邮报》确定资讯短视频战略，建立 Post Video 视频系统。③ 新闻集团收购了视频广告平台 Unruly，为其用户提供更加社交化的视频。④《赫芬顿邮报》与美国全国广播公司 NBC 进行内容合作，并与 Outspeak 网站进行用户自己发布视频的平台合作。美国新闻聚合类网站 Buzzfeed 打造视频产品 BuzzFeed Motion Pictures。⑤

6.《纽约时报》的内部革新报告实施一年后的变化

2014 年 5 月，《纽约时报》在《革新报告》中提出了“数字优先”的发展战略，经过一年的努力，《纽约时报》数字业务的流量提升了 28%，而移动端流量更是上涨了 50%。总体而言，《纽约时报》在以下几个方面采取了有效的措施。

（1）新闻编辑部门不断引进与数字化有关的新人，并组建了受众拓展、数据分析和战略分析三个新团队。⑥

（2）将工作的重心放在受众拓展上，关注如何使受众愿意订阅和接受推送，采用多样化的策略，以提升时报内容的到达率。⑦

---

① 《纽约时报推出全新 NYT Now》，中国青年网，http：//d. youth. cn/newtech/201505/t20150512_ 6626689. htm。

② 路透社：《2016 年新闻、媒体、技术趋势》，腾讯科技，http：//tech. qq. com/a/20160203/010382. htm。

③ 《〈华盛顿邮报〉转型资讯短视频战略》，腾讯网，http：//news. qq. com/original/quanmeipai/duanshipin. html。

④ 《新闻集团 9000 万美元收购视频广告平台 Unruly》，腾讯网，http：//stock. qq. com/a/20150916/072182. htm。

⑤ 路透社：《2016 年新闻、媒体、技术趋势》，腾讯科技，http：//tech. qq. com/a/20160203/010382. htm。

⑥ Abigail Edge：《纽约时报：理想很美好，现实怎么样?》，郝思斯编译，搜狐传媒，http：//media. sohu. com/20150608/n414630739. shtml。

⑦ Abigail Edge：《纽约时报：理想很美好，现实怎么样?》，郝思斯编译，搜狐传媒，http：//media. sohu. com/20150608/n414630739. shtml。

（3）尝试用新的形式来呈现新闻产品，以适应移动化的内容叙述方式。①

（4）制定社交媒体战略，成为 Facebook“实时文摘”项目的九个媒体合作者之一。②

7. 对数字付费方式进行调整

2015 年 4 月，美国《纽约时报》《华尔街日报》和《华盛顿邮报》上架在线报架 Blendle，学习荷兰数字报纸的付费方式，采用单篇购买的方式收费。这项服务首先在荷兰实行。③

从 2015 年 5 月 11 日开始，原先收费的《纽约时报》专属 App“NTY Now”，由于订阅数量较少，在推出新版本后免费提供给用户。④

（三）英国的数字报纸发展

1. 纸质报纸的销量减少，数字报纸收入增长

2015 年，英国《每日邮报》纸质版的销量减少了 9.2%，镜报集团纸媒业务收入减少 9.5%，而电子媒体部分的收入则增长了 21.9%。⑤

2. 对数字收费方式进行调整

在英国，数字报纸的收费历经四年多的时间，从小规模、一次性付款，到近 3/4（71%）的持续订阅，取得了一定的进展。但距离让更多的人付费订阅的目标还很远。⑥ 因此，寻求更合适的付费方式，一直是其努力方向。

2015 年 3 月，英国《金融时报》为了加强与通过社交媒体和手机终端上网读者之间的联系，对其收费制度进行微调。读者在正式订阅之前，可以花约

---

① Abigail Edge：《纽约时报：理想很美好，现实怎么样?》，郝思斯编译，搜狐传媒，http：//media. sohu. com/20150608/n414630739. shtml。

② Abigail Edge：《纽约时报：理想很美好，现实怎么样?》，郝思斯编译，搜狐传媒，http：//media. sohu. com/20150608/n414630739. shtml。

③ 徐璐明：《美国三大报即将开启单篇付费阅读》，中国新闻出版网，http：//data. chinaxwcb. com/epaper2015/epaper/d5980/d3b/201503/54529. html。

④ 《纽约时报推出全新 NYT Now》，中国青年网，http：//d. youth. cn/newtech/201505/t20150512_ 6626689. htm。

⑤ 惠晓霜：《英纸媒逆袭出新报，首相写专栏力挺》，《新华每日电讯》2016 年 3 月 2 日，第 11 版。

⑥ 张宸编译《数字新闻消费新趋势》，传媒圈，http：//www. mediacircle. cn/? p = 27203。

1 美元无限制地访问浏览 30 天。①

3. 不断开发新的技术和产品

2015 年 8 月，《卫报》顺利完成图片管理系统 Grid 的开发并投入使用，该管理系统可以直接与用户合作，快速开发出适合他们需求和期待的产品。2015 年底 Grid 有望成为《卫报》及其各种新闻产品唯一的图像来源。②

视频是数字报纸发展的一个重要方向，2015 年，英国《卫报》正在研发相关视频产品，并和谷歌、Youtube 展开合作。鉴于竖屏视频受到用户青睐，Mashable 新闻网站、英国《每日邮报》网站等又开始尝试制作发布竖屏视频内容。③

（四）其他国家的数字报纸发展

1. 纸质报纸的衰退

2015 年 3 月日本造纸联合会公布的统计数据显示，新闻纸、广告宣传用纸等需求量大幅下降。④

2015 年 5 月，巴西的报纸发行量比上年同期减少 10. 3%，同期巴西新闻纸进口量比去年同期锐减 36. 2%。⑤

2015 年 7 月，巴西经济类报纸《巴西经济》停刊。自 2009 年以来，巴西已有《商报》和《商贸日报》等至少 10 家大报因财政危机而倒闭。⑥

2. 寻找更好的数字报纸接收方式

2015 年 5 月，加拿大魁北克省第二大报纸《新闻报》推出了“新闻报 +”。

---

① 王英斌编译《英国〈金融时报〉拟微调网络读者收费制》，新华网，http：//news. xinhuanet. com/politics/2015 -03/10/c_ 127566218. htm。

② 郝思斯编译《卫报成功秘籍：把编辑室让给程序员》，搜狐传媒，http：//media. sohu. com/20150820/n419325617. shtml。

③ 路透社：《2016 年新闻、媒体、技术趋势》，腾讯科技，http：//tech. qq. com/a/20160203/010382. htm。

④ 王英斌编译《日本纸业需求低迷向海外探寻商机》，中国新闻出版网，http：//data. chinaxwcb. com/epaper2015/epaper/d5983/d8b/201503/54595. html。

⑤ 王英斌编译《发行量锐减巴西多家报社倒闭》，中国出版网，http：//www. chuban. cc/gjcb/201507/t20150728_ 168818. html。

⑥ 王英斌编译《发行量锐减巴西多家报社倒闭》，中国出版网，http：//www. chuban. cc/gjcb/201507/t20150728_ 168818. html。

6月，最大的地方报《明星报》推出了“明星触摸”。这两个项目的目标都投向可能带来更高收益的平板电脑用户。①

3. 数字报纸的全球化战略

2015年7月23日，日本经济新闻集团收购了英国培生集团旗下的百年大报《金融时报》。②《金融时报》是英国财经领域最具声望的一份报纸，其电子版用户占用户总数的70%，而且即使采用了付费墙，电子版订阅量仍然比2014年上涨了21%。这次收购，一方面，在数字化转型上日经集团可以学到很多宝贵的经验；另一方面，也实现了日本经济新闻集团的全球化发展战略。③

二　2015年中国数字报纸发展情况

（一）纸质报纸处境艰难

1. 报纸广告市场大幅缩减

2016年2月发布的《中国报纸广告市场分析报告》显示，2015年传统媒体广告市场下降了7.2%，而报纸广告的降幅在传统媒体中最大，达35.4%，广告资源量（广告占版面积）降幅达到37.9%。2015年广告刊登额前20家报纸全部处于大幅下降状态，平均降幅超过三成，降幅最小的报纸也超过了两成。④

2. 多份报纸停刊

2015年1月1日，河北日报报业集团旗下的《杂文报》停刊；7月1日，云南《生活新报》停刊；7月12日，香港《新报》停刊；9月21日，

① 殷鹏编译《加拿大〈明星报〉重金砸向平板战略》，中国新闻出版网，http://www.chinaxwcb.com/2015－06/16/content_ 319377.htm。

②《日经新闻13亿美元收购金融时报》，新浪财经，http://finance.sina.com.cn/world/20150723/221022775185.shtml。

③ 郝思斯、翁逸骎：《〈金融时报〉卖给日本人，中国人还能看么?》，搜狐传媒，http://media.sohu.com/20150724/n417422767.shtml。

④ 李雪昆：《4年累计降幅超五成——报纸广告是否已触底》，《中国新闻出版广电报》2016年2月23日，第6版。

湖南日报报业集团旗下的《长株潭报》停刊；10 月 1 日，《上海商报》停刊。①

（二）2015年中国报纸数字化进程中的媒体融合情况

据 2015 年 11 月公布的《中国地市党报媒体融合发展年度报告（2015）》显示②：

（1）党报的融合转型是“主动转型 + 政策推动”的结果，都市报和晚报的转型动因则是市场压力，而行业报的转型相对较慢。

（2）在媒体融合的过程中，通过行业延伸进行多元创收的约占 15.6%，通过成立新媒体部或全媒体协调中心进行数字化转型的约为 68.9%，初步完成“两微一端”的布局和数字产品建设的约为 15.6%。

（3）60% 的报社进行适应数字化传播的采编流程再造，30% 的报社确立以互联网为生产核心。14% 的报社建立了规模较大、整体运作较为完善的“中央厨房”，75% 的报社则成立了新媒体部，建设了“两微一端”。

（4）新闻报道形式不断创新，多媒体新闻、可视化的数据新闻、H5 产品等得到了广泛的使用。

（5）新媒体项目整体盈利能力不强，但报业对新媒体项目盈利前景较有信心，都投入较大资金进行建设。

（三）移动传播成为数字报纸的重要工作

1. 手机成为网民主要的上网工具

2016 年 1 月 CNNIC 公布的数据显示，网民个人上网设备进一步向手机端集中。截至 2015 年 12 月，我国网民中使用手机上网的比例为 90.1%，较 2014 年增长了 4.3 个百分点，其中仅通过手机上网的网民占 18.5%。③

---

① 《不说再见，2015 年死去的报纸名单》，记者网，http://www.jzwcom.com/jzw/d6/12467.html。

② 《中国地市党报媒体融合发展年度报告（2015）》，新华网，http://www.sc.xinhuanet.com/content/2015-11/26/c_1117273976.htm。

③ 李雪昆：《第 37 次〈中国互联网络发展状况统计报告〉发布》，中国出版网，http://www.chuban.cc/yw/201602/t20160218_172432.html。

2. 报纸移动传播发展不均

据2016年3月24日公布的《2015中国媒体移动传播指数报告》显示，报纸微信、微博运营两极分化明显；报纸开始重视自有客户端的建设，但大部分报纸客户端下载量有限（见图2）。[①] 此外，报告还显示，都市类报纸在移动化传播上表现得更主动、更出色，而专业性报纸，尤其是行业报，在微信、微博等平台表现平平，入驻的新闻客户端也较少。[②]

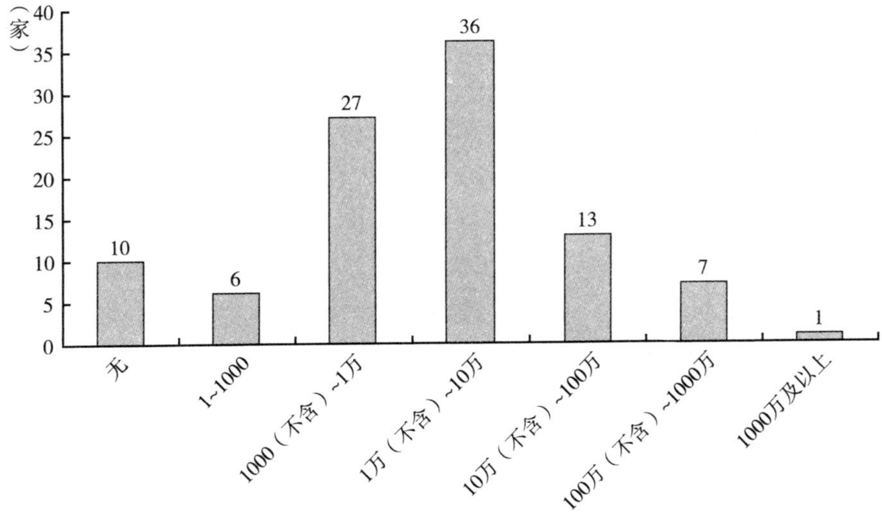

图2　报纸百强的自由客户端在安卓市场的下载量

资料来源：人民网研究院。

3. 报纸App成为建设的热点

2015年，很多报纸推出了App：4月15日，《南方都市报》推出并读新闻客户端；5月11日，华商头条App上线；9月23日，九派新闻App上线；10月10日，温都“零碎八碎”客户端上线……[③]主流传统媒体的新闻客户

① 关伟娜：《报纸客户端“冰火两重天”》，《人民日报》2016年3月24日，第14版。

② 《中国报纸2015移动传播百强榜发布〈人民日报〉第一》，人民网，http：//yuqing.people.com.cn/n1/2016/0324/c209043-28223400.html。

③ 《报纸盘点：20个关键词回顾2015中国报业》，记者网，http：//www.jzwcom.com/jzw/d4/12130.html。

端数量达到231个，形成了“东澎湃、南并读、西封面、北无界、中九派”的格局。但从地域上看，新闻客户端主要分布在经济比较发达的沿海地区。①

2015年还有一批报纸实现了App的升级：5月，《广州日报》②和《海南日报》③的App先后升级。10月8日，《人民日报》客户端三期上线。④

（四）为更好地进行数字传播而做的努力

1. 为适应数字传播进行的改版

2015年3月31日，《南方都市报》宣布改版，此次改版强调满足用户需求，以更加便利的方式将纸质内容、数字内容与用户对接；⑤10月13日，《羊城晚报》改版，目的是“把精品、本土、专业还给报纸，把快速、广泛、巨量还给网媒”；⑥10月23日，《南方日报》第12次改版，以实现流程再造，形成适应于报、网、端、微博微信、LED等终端需要的内容生产流程；⑦10月26日，《重庆晨报》改版，读者通过版面的二维码，可以方便地访问微博、新闻客户端和微信公众号矩阵。⑧

2. 报纸不断推出新的数字产品

经过2014～2015年的努力，《光明日报》已经拥有“光明微站”“光明都市传媒”“光明媒体云”等一系列数字产品。⑨2015年9月29日，《光明日

---

① 田园：《〈中国传统媒体新闻客户端发展报告〉：跑马圈地群雄争“端”》，传媒圈，http：//www.mediacircle.cn/？p＝32324。

② 《中央编辑部 启智媒时代》，广州日报大洋网，http：//news.dayoo.com/guangzhou/201601/15/143377_46154673.htm。

③ 王晓樱、魏月蘅：《〈海南日报〉喜迎创刊65周年》，《光明日报》2015年5月8日，第7版。

④ 《人民日报客户端三期正式上线 人民日报社新媒体中心成立》，《人民日报》2015年10月9日，第4版。

⑤ 徐艳：《南方都市报又改版了！读者将变成“用户”》，《南方都市报》2015年3月31日，第1版。

⑥ 《改版致读者》，《羊城晚报》2015年10月13日，第1版。

⑦ 《南方日报全新改版三大看点》，传媒圈，http：//www.mediacircle.cn/？p＝29053。

⑧ 《改版致读者》，《重庆晨报》2015年10月26日，第1版。

⑨ 张薇：《光明日报发布融媒体成果并与十四个单位签约合作》，《光明日报》2015年9月30日，第1版。

报》又推出了“光明校园传媒”和“光明云媒3.0版”。①

3. 探索新闻产品生产的新模式

2015年12月29日，《人民日报》演示了其“中央厨房”的初级版本，“中央厨房”是为了探索新闻产品“一体策划、一次采集、多种生成、多元传播、全天滚动、全球覆盖”的新模式而建设的，并将在2016年正式启用。②

4. 维护数字内容的新闻版权

围绕《今日头条》侵犯新闻版权的问题，2015年6月5日，《燕赵都市报冀中版》提起诉讼；8月10日，《楚天都市报》提起诉讼；③ 8月27日和9月30日，《现代快报》④ 和《江南都市报》⑤ 分别进行了公开谴责。

2015年11月4日，北京东城区法院受理了《新京报》起诉“一点资讯”侵犯其新闻作品版权的案件。⑥

三 2015年国内外数字报纸的发展趋势分析和发展建议

（一）国外数字报纸发展趋势分析

纸质报纸总体上的衰退是不争的事实，2015年的西方报业在一如既往地加强自身内容建设的同时，更多地将注意力集中在新技术和更好的数字付费方式上，这也将成为一段时间内国外数字报纸发展的总体趋势。

---

① 邱晓琴、李政葳：《媒体融合：我们在路上 我们在云端》，《光明日报》2015年9月30日，第9版。

② 《人民日报“中央厨房”将上线 进行最后阶段内测》，新浪传媒，http://news.sina.com.cn/m/hd/2015-12-30/doc-ifxmxxsp7309142.shtml。

③ 聂丽娟：《楚天都市报起诉“今日头条”侵权 法院立案受理》，腾讯网，http://hb.qq.com/a/20150812/008092.htm。

④ 龚菲：《新华社报纸和今日头条“开战”：谁才是真头条?》，凤凰科技，http://tech.ifeng.com/a/20150829/41466033_0.shtml。

⑤ 《〈今日头条〉，江南都市报要告你!》，《江南都市报》2015年9月30日，第1版。

⑥ 于陆：《新京报诉“一点资讯”非法转载 索赔百万》，凤凰财经，http://finance.ifeng.com/a/20151105/14056349_0.shtml。

1. 紧跟新技术，开发新产品和新应用

电子技术日新月异，对报纸传播，尤其是数字报纸传播的影响巨大。几乎每一次电子信息方面的新技术都会对数字报纸传播从内容到形式产生明显的影响。就目前可以预知的新技术来说，如苹果公司的人机互动技术，三星公司的可弯曲塑料制作的手机、新型平板电脑、可穿戴智能设备等，这些技术会给用户带来更好的使用体验，同时也使用户更依赖这些电子产品。制作更适合这些电子产品的数字内容和形式，开发新的可直达用户的应用，会成为各大报纸努力的方向。

2. 消息提醒和推送将成为数字报纸竞争的焦点

电子产品，尤其是可移动的便携式产品的普及，使用户可以随时随地得到大量信息，这在一定程度上降低了用户主动获取信息的积极性。对于数字报纸而言，可以提供大量的信息是其优势，但被动地等待点击会使优势丧失，因此主动地为用户提供他们可能需要的信息是必然的选择，也是在激烈的竞争中制胜的关键之一。消息提醒和推送可以让用户在最短的时间或者最合适的时间内直接得到信息，自然会成为数字报纸竞争的焦点。

3. 提高用户对产品和内容的黏性是工作的重点

正如《纽约时报》在过去一年中所做的，花更多的时间和精力去了解用户，尽可能准确地提供他们需要和喜爱的新闻与信息，从而增强用户对数字报纸内容与服务的认同感，同时可以提高用户对产品和内容的黏性，是数字报纸谋求发展的当务之急。借助各类调查和相关软件，对用户数据进行分析，报纸可以准确地知道用户属于哪个群体，可能有哪些阅读需求，从而为其量身定制合适的内容，进而培养其对报纸的忠诚度。

4. 付费方式的改进

对于报纸来说，盈利是基本要求，尤其在报纸经营状况低迷的情况下，数字化转型一方面是大势所趋，另一方面还承载了开辟新的盈利模式的重任。但从数字报纸开启收费制度到现在，有成功的例子，但更多是不尽如人意的。从用户的角度来说，如何进行收费才更合理，是其不断探索的问题，而这个问题也只有在不断的实践中才能被证明是否合理，可否推广。而 2015 年多家报纸在这方面的改进和调整正体现了这一思路。

5. 合作成为主流

对于单个报纸来说，平台网络国际化和手机内容个性化所产生的情况非常复杂，即便报纸在管理和采编等方面有非常好的团队也难以逐一应对。因此，报纸之间、报纸和其他媒体、报纸和科技公司很自然地采取合作的方式，取长补短。而2015年出现的一系列新的趋势，比如短视频、阅后即焚应用链接深度报道等，都需要合作才能完成。即便报业曾为了版权问题与谷歌闹得很不愉快，但2015年也显示出彼此的友好倾向，因为只有这样才能让优质的内容得以继续生产。

（二）国内数字报纸发展趋势分析和发展建议

2015年对于中国报业来说，形势十分严峻，行业不景气造成了报纸收入的大幅下滑，在关闭一些纸质报纸的同时，报业集团对于数字化转型寄予了极大的期望。在这一年里，数字报纸得到了一定的发展，出现了一些比较明显的发展势头。

1. 更关注移动传播，尤其是手机端的传播

2015年，有更多的用户将手机作为自己获取数字新闻的方式。相比台式电脑、笔记本电脑和平板电脑，手机具有的灵活性和便携性等明显的优势，是用户做出这项选择的依据。报纸关注读者，自然要关注手机，围绕着手机，先后开发出了各种新闻产品，其中微信、微博、新闻客户端（App）成为这两年发展移动传播必然涉及的领域，而新闻客户端的相对弱势，也会促使报纸不断在这方面进行改进，升级产品。

2. 寻找合适的数字报纸的盈利模式

从纸质报纸到数字报纸的转型，需要大量的投入，从设备的引进，技术的更新，到人员的培训，无不需要资金的支持。这也是数字化转型中沿海经济发达地区的完成度好于其他地区、省级报业集团优于二三线城市报业集团的原因。而且，数字技术日新月异，为了应对可能出现的不断更新的用户端的需求，报纸在这方面的投资是不间断的，因此，数字报纸的盈利问题是不得不正视和解决的。虽然目前因为看好其盈利的能力，各方都愿意出资，但尽快找到合适的盈利方式，才是数字报纸健康发展的关键。

3. 开始确立针对“用户”的服务理念

“内容为王”是报业长期形成的理念，也是非常正确的，没有好的内容，怎么能吸引受众？但是在当前媒体竞争激烈的情况下，仅仅强调以内容为核心已经不够了。因此，报业开始提出以“用户”代替“读者”，确立为“用户”服务的理念，具体说来，就是要了解自己的用户：他们在哪儿，处于什么样的年龄层，受教育程度如何，收入怎样，有什么兴趣爱好，喜欢哪些新闻，喜欢用什么形式表现的新闻，等等，只有这样，才能够选择合适的内容与形式，真正满足用户的需求。

4. 更重视对数字内容的版权保护

2015 年所发生的几起报纸维权事件，针对的都是数字内容，是作为生产原创新闻的报社对网络上基于数据挖掘的推荐引擎产品侵犯自身权益的斗争。目前，由于数字版权保护政策还不完善，这类纷争还将时有出现。但是报界对数字版权的重视和为此所做的维护版权的努力，最终会带来相关立法的完善。

经历了 2015 年的发展，中国数字报纸存在的不足和今后的发展趋向更加明确。在今后的一段时间内，关于用户的黏性、版权、人员的培训、新技术运用等应是发展中需要特别注意的。

第一，要尽可能地增加用户的黏性。

尽管业界开始转变观念，重视对“用户”的研究，但目前这种研究的力度是不够的。除了常规的调查形式外，报纸更应该运用数字技术来进行调查和研究，在网络环境下，大数据的利用就是一个有效的方式。对自己的用户进行周期性的“画像”，定期研究他们的个性和兴趣，看看是否发生改变，只有这样，才能找到他们喜欢的内容和送达的有效路径，真正为用户服务。也只有这样，才能培养出用户对报纸的忠诚度，增加其对报纸内容和产品的黏性。

第二，推动数字版权保护政策的完善。

对于数字报纸来说，盈利的手段之一是对数字内容收费，而收费的前提是要有可以吸引受众的独特的内容，使得受众愿意花钱看新闻。而要做到这一点，除了报纸积极制作原创内容以外，就是对这些内容的版权保护了。所以，对于报纸来说，与网络侵权行为的斗争，不是争一时之短长，而是为了建立数字报纸的付费环境。通过与各类数字侵权的斗争，社会形成数字版权意识，从而推动数字版权保护政策的确立和完善，是今后的重要工作。

第三，积极培养适合数字化传播的从业人员。

对于数字报纸来说，与设备的更新和技术的引进相比，人员的培训是一件更需要花时间和精力去完成的工作。

美通社在2016年1月发布的《2016中国记者职业生存状态与工作使用习惯调查报告》显示，从人员构成看，“85后”已成为中国一线新闻记者的主力军，且多为科班出身，他们本身已经具备一定的专业技术和技能，但在数字化转型中，他们也会产生迫切的培训需求。据统计，超过半数（52.5%）的一线新闻记者希望在未来增强“深度故事报道”的技能，其次是“数字可视化新闻”（43.1%）。①

除了技能的培训，对于从业人员，尤其是数字化程度不高的报纸从业人员来说，转变他们的思想观念，确立数字化意识和数字化思维是培训的重点。

第四，时刻关注新技术和新应用的运用，及时调整数字化战略。

在数字报纸的制作端和接收端，每年都有新的技术或者应用被运用到实际工作中，前者会对报纸从信息采集到内容制作都产生影响，改变从业者的工作方式；后者反映到电脑和手机上，会潜移默化地改变着用户获取信息的方式，比如之前的微博和微信。这样的改变不断发生着，对于报纸来说，关注这些新技术和新应用，及时发现它们带来的变化，调整自己的数字化战略准确应对，是在激烈的竞争中立于不败之地的前提。

① 《2016中国记者职业生存状态与工作使用习惯调查报告》，传媒圈，http：//www.mediacircle.cn/？p=33128。

Abstract

Annual Report on Development of New Media in China is a series of annual reports written and edited by the Institute of Journalism and Communication of the Chinese Academy of Social Sciences. The 2016 report contains five sections: General Report, Hot Topics, Investigations, Communication Research and Sector Reports. It is a comprehensive summary of the current status of development of new media in China. It also interprets the trends in new media and analyses its profound impacts.

In 2015, new media further permeated into social economy and people's lives in China, becoming a significant factor that influences China's future. Internet platform has become the new momentum for economic development and Internet plus is now the new engine for media convergence. The online public opinions influence government decision and Chinese political process. Communication power of the new media strategy is now demonstrated in the global communicational changing pattern.

The General Report is a summary of the trends in Chinese new media. It makes an inventory of new technologies, new applications and new modes like mobile Internet, Internet economy, network information security, Weibo, Wechat and official application, media convergence, "Internet Plus" plan, newspaper's new media and capital market, governmental new media, Internet business giants and traditional media, etc. It also analyses some hot topics and focus points of the whole society, like the top-level design of "Internet Plus" plan, national emphasis on media convergence, national information security and online public opinions, copyright development and new media governance, big data, privacy policy, Internet governance, digital commerce, new media industry, international communication effect of new media and so on. The Report then analyses the profound impact of the rapid development of Chinese new media towards the social politics, economy and culture, and brings forward some expectation of the future-developing trend of Chinese new media.

This book contains reports by dozens of specialists and scholars studying new media , exploring important areas as security of cyberspace in China, cloud communication, media convergence, big data, private policy, rumor mongering on Wechat, Internet governance, Internet international public opinions, transformation of traditional media, online media, online governance, digital commerce, searching engine websites, new media copyright and ad hoc network. Meanwhile, the book also summarizes the development of new media industries such as digital newspapers home and abroad, television convergence media, mobile reading and mobile video.

The book takes the view that in 2015, with the help of national strategies, new media and traditional media take advantage of each other. Their convergence further affects the development of all aspects of Chinese society. The influence of new media continuously expands and deepens. With the enhancement of top-level design, our government emphasizes the development of internet and information industries. New media connects multi-industries and multi-fields, becoming the significant factor in the new transition period of Chinese society. All kinds of new thought, new technologies, new applications and new modes are emerging rapidly, which promote China to become a big country of Internet.

Contents

I General Report

B. 1 "Internet +": the New Opportunity for Chinese New Media's Development

Tang Xujun, Huang Chuxin and Wang Dan / 001

1. *General Situration and Development Trerd* / 002
2. *Hot Spots and Focus Summary* / 011
3. *Communication and Effect Analysis* / 020
4. *Prospects ard Suggestions* / 033

Abstract: In 2015, new media further permeated into social economy and people's lives in China, becoming a significant factor influcing China's future. Internet platform has become the new momentum for economic development and Internet plus is now the new engine for media convergence. Internet business giants permeates into the traditional media, new media that involves government affairs becomes socialized. The online public opinions influence government decision and Chinese political process. Communication power of the new media strategy is now demonstrated in the global communicational changing pattern. Some problems also emerge in the rapid development of new media: The global cyber crimes have become a urgent issue; the copyrights of new media should be protected and the security and privacy of user data in the big data age require regulation.

Keywords: New Media; "Internet +"; Media Convergence; Internet Governance; New Media Industry.

Ⅱ Hot Topics

B. 2 Features and Development Trends of Emerging Cybercrimes

Li Huijun / 037

Abstract: At present, the situation of global cyber security is extremely complicated and frequently challenged. Cyber crimes Appear organized, large-scale, transnational and multi-platform in evidence, and always intertwine online and offline behaviors. Cyber crimes, such as fraud on online investment platforms and virtual credit are emerging in an endless stream. Within such circumstance, this report would give the cyber criminal behaviors, related industrial chain, as well as the development tends a classification and analysis in depth, which contributes corresponding suggestions to combat cybercrimes.

Keywords: Cybercrimes; Transnational; Mobility

B. 3 Report on Personal Information Security and Privacy Protection

Kuang Wenbo, *Tong Wenjie* / 050

Abstract: Through statistics of the seven important academic journals libraries and the people's daily database, this paper studies the diffusion and development process of Big data based on Innovations Diffusion Theory. It tests the hypothesis by unstructured in-depth interviews with 30 interviewees who are from Beijing, Shanghai, Shenzhen and Wuhan with different background. In order to verify the hypothesis further, it surveys a random sampling of 500 with 431 valid samples. It finally confirms that after media's persuasion for several years, people have accepted this new Application, but it needs to pay more attention on humanity in the process of its diffusion and Application, especially the mechanism of personal data security and privacy protection. At last, this paper puts forward some countermeasures and solutions to the problems.

Keywords: Big Data; Innovations Diffusion Theory; Information Security; Privacy Protection

B. 4 China Media Convergence Development Report in 2015

Huang Chuxin, Wang Dan and Peng Yunjia / 068

Abstract: In 2015, the overall situation of domestic and foreign media integration is developing rapidly. With the users' attention resources transfer to the mobile terminal strongly, the traditional media based on the characteristics of its development, seeking for the complementary area in new media and exploring the development path of its distinctive to attract users. At the same time, based on the platform which is represented by micro-blog, Wechat and App, the traditional media develop electronic business positively to broaden the new industrial chain. Meanwhile, Internet companies actively enter into the media area, and the traditional media also seize the opportunity to integrate the resources and embrace the capital market.

Keywords: Media Convergence; Traditional Media; New Media

B. 5 Report on China's Internet International Public Opinion Research (2015)

Liu Pengfei, Zhang Li and Zhou Yaqiong / 085

Abstract: Global influence of China is promoted in 2015 and a series of China-relevant news topics arose in the field of international public opinion, which asks an improvement of ability of global communication about China. The change of global opinion, enforcement of audiences' interaction capacity, weaken of media's agenda-setting ability and diverse analyzing in mobile public opinion, all these phenomenon reflect a deep influence to global media convergence by capital, technology, industry and audience. It is suggested that China should enforce the establishment of global influence of Chinese media and the evaluating system of broadcasting effects, enhance more branches, produce more targeting contents, learn international experience and raise more talents.

Keywords: Internet; Public Opinion; Global Communication; Media Convergence

B. 6 The Communication Features and the Psychological Mechanism of Rumors on WeChat

He Lingnan, Hu Lingshu, Yu Lijun and Zhang Zhian / 102

Abstract: Through case study, content analysis and questionnaire, this study explores the communication features and the psychological mechanism of the rumors published on official accounts of WeChat during the period from April 2015 to March 2016, discovering that when being exposed to rumors, the majority of people tends to hold a "rather believe it to be true" attitude, which decreases their critical thinking competence and makes them more susceptible to rumors. Based on the new features of online platform such as WeChat, this study proposes a formula regarding the influence of rumors, i. e. The influence of rumors = (the importance of an event x the uncertainty of this event) ÷ (the perception of control of the public x the critical thinking competence of the public).

Keywords: WeChat; Rumor; Uncertainty; Feeling of Control; Communication Motivation

B. 7 The Report on Development of China's E-Commerce in 2015

Ou'yang Rihui, Liu Yangxue / 119

Abstract: Under the "Internet plus" and "mass innovation and entrepreneurship" environment, China's e-commerce has grown up in 2015. During this year, the e-commerce channel has sunk and upgraded to version 2.0. Mergers and acquisitions has taken place frequently. Besides more and more people liked shopping by mobilephone . International e-commerce and rural e-commerce have been developed with an amazing speed, O2O has experienced both fire and ice and many favorable policies were taken action and so on. Meanwhile, the contradictions have been highlighted increasingly such as e-commerce and consumer's interest protection, e-commerce and regulatory system, e-commerce and the real economy, e-commerce and international trade rules, which restricted the rapid development of China's e-commerce. With the enhancement of innovation and development,

China's e-commerce will be more standardized, accelerated and internationalized in the new 2016. So we should make the most of big data , facilitate e-commerce "double hit", build credible transaction security mechanisms, promote e-commerce and the entity economic integration, advance the "one belt and one road" strategy to achieve the three changes , that is from "made in China" to "create in China" , from Chinese market to the Chinese market brand, from following the development to leading development .

Keywords: E-commerce; Real Economy; Model Innovation

B. 8 Journalism and Communication Under New Media Environment in 2015: User Behavior and Current Situation *Yin Le, Yu Xiaomin* / 140

Abstract: In 2015, the Weibo, WeChat and news clients had become important ways for traditional media to advance on the mobile Internet, and media convergence continued to develop and evolve. This paper focuses on the analysis of news access and audience behavior of public based on mobile phone terminals, the current situation, characteristics of communication, current issues and future trends of Weibo, WeChat and news client, then try to describe the changes hAppened to new media platform.

Keywords: New Media; Mobile Internet; Audience Behavior

B. 9 Realistic Picture and Responsibility of China's Search Engine Website *Zhong Ying, Li Qiuhua* / 158

Abstract: Since Yahoo's creation, search engine sites can be divided into three stages of development: navigation search site period, automated search engine period and personalized search engine era. And also China's search engine sites have experienced three stages: classified navigation site, independent search portal and smart search engine. Through the quantitative assessment of the social responsibility of China's search engine website, we found six pairs of contradiction. Finally, we provide the exploration and reflection on the promotion of China's search engine website's responsibility from the following aspects: the website operation level, the search technology level and the multi-dimensional search related body dimensions.

Keywords: Search Engine Website; Social Responsibility; Responsibility Assess; Responsibility Promotion

B. 10 Report on the Copyright Protection of New Media in China in 2015 *Zhu Hongjun, Ji Chenghao* / 176

Abstract: Many changes have hAppened in copyright protection of new media in china at the year of 2015, which was generalized from transaction, infringement and protection of copyright in this paper. Next, according the problems of judicial legislation, transaction evaluation and public custom in copyright protection of new media, some optimum suggestions of judicial, administrative, social, traditional media and new media were raised.

Keywords: New Media; Copyright Protection; Copyright Transaction; Infringement

Ⅲ Investigation Reports

B. 11 Internet Governance and Public Opinion Management: Situation and Tendency *Liu Zhiming, Yin Le* / 191

Abstract: In the era of new media and big data, Internet governance and public opinion management become essential parts of state governance and social management. This paper is devoted to analyzing the current situation of Internet governance since 2015, studying the results of two researches towards the Internet governance from the Public Opinion Research Lab of the Chinese Academy of Social Sciences and research the transformations and trends of the public opinion about social hot spots. Finally, on this basis, there are several issues and suggestions need to come up with.

Keywords: Internet Governance; Public Opinion Analysis; Social Hot Spots; Public Opinion Management

B. 12 Report on China's Development of Governmental New Media in 2015 *Yang Meiyan, Liu Hou and Li Ting* / 204

Abstract: In 2015, with the steady development of new media of Chinese Governmentalaffairs, the quantity and quality as well as spatial organization respectively multiplied based on round development of last year. The framework of "two wei plus one duan" (WeChat, Microblog and Client) constitutes a standard configuration leading to a new matrix and deepening integration; a fully functional e-government Application of comprehensive services was underway and development, such new concepts as big data and cloud computing cause the incubation of E-Government Cloud into well full play. At the same time, "last one-kilometer" service will prospectively yield a lot. The cross-domain is going to highlight collaborations of governments, distributors and cloud computing services, and the potentiality and Application prospect will be emerging in a perspective of global superiority of big data concerning e-government. Therefore, it requires immediate attention of dormant media resource, e-government digital gap as well as the cognition deficiency of e-government and new media.

Keywords: Communities of Customers; Spatial Modes; Governmental-affair Cloud; Cross-domain Collaboration

B. 13 Dcvelopment Report of Ad-hoc Network / Wireless Mesh Network Technology Application

Jiang Fei, Yu Weihua and Wu Zhanwei / 218

Abstract: Although Ad-hoc Network-based social utilities only has begun to emerge in recent years, the main field of Application of Ad-hoc Network is not social media. As a burgeoning technological base, it has a wide range of usage. During past forty years, research institutions have conducted adequate research and development projects on Ad-hoc Network at every level. Moreover, the new technology has come into various industrial fields, showing huge potential in Internet of Things, Intelligent Transportation, emergency communication, etc. This article will examine Ad-hoc Network from a macroscopic perspective in aspects of technical principle, technical parameters and social Applications.

Keywords: Internet; Ad-hoc Network; Ad-hoc Structure

B. 14 "Internet +" Action: New Trends of Media Convergence in 2015 *Meng Wei* / 235

Abstract: In the year of 2015, "Internet +" as promoting policy brings a new impetus to the development of media convergence in China. With analyzing the current situation and problems this paper studies characteristics of changes in media industrial organization, and giving suggestion from the views of technology, App communication, industrial structure, process rebuilding and content convergence, including the effective Application of visualization, data and intelligent technology, the creation of new reading experiences through multiple expression, the attention of cooperation and capital operation, the achievement of convergence results in the transformation of the producing process, and the new ways to make productivity match production in content construction.

Keywords: Internet +; Media Convergence; Technology and Content; Industrial Structure; Process Rebuilding

B. 15 Report on Chinese Television Media Integration and Development in 2015 *Yu Xuan* / 246

Abstract: 2015 has witnessed the unprecedented integration and development of China's television medias. Based on empirical documents and datas, this paper probes into the integration of China's television medias in 2015 from perspectives of the overall situation, highlights of innovation and the development trend. In light of the overall situation, the traditional radio and television stations started to shift from exploring partial channels to the integration of the whole industry. From highlights of innovation, WeChat Shake TV and Micro Television has become the brightest spots of business convergence in 2015, which connects the traditional medias with internet users in a wider range. The intellectual property commercialization of television entertainment programs and digitalization of television news are the major reflections of content integration between traditional and new medias. All-media content production in a central-kitchen pattern represents the orientation of production process. T2O television combined with electronic business has explored a new marketing pattern. Finally, the report demonstrates the development tendency of China's media integration, which is the polarization in development pattern—traditional media seeking development either by building up its own platform or borrowing an existing platform. The internet television has become a prominent business and the mobile terminal has a promising future in commercial operation.

Keywords: Media Integration; Television Media; Internet Transition

B. 16 Study on the Competition Pattern of the New Media of Newspaper Companies in National Equities Exchange and Quatations of 2015 *Xia Yong* / 259

Abstract: Since August 18 in 2014, in General Secretary Jinping Xi media fusion requires Appeal, to respond positively to the national newspaper group, not only vigorously promote the construction of website, the client and other new media positions, also actively help the power of capital market increare strength of newspaper of new media. 2015, National Equities Exchange and Quatations (NEEQ) is becoming a hot word, then how about the new media of newspaper companies in the market development situation? This paper through the statistical analysis of until the end of 2015 in the NEEQ listed companies: regional distribution of www. e23. cn, www. cnhubei. com, www. longhoo. net, www. lnd. com. cn, www. zgdjcm. com, and business structure on the basis of the characteristics, deeply study their operating performance and competitive power, and from the establishment of the new newspaper media poor dissimilation competitive advantage is the focus, and put forward the strategic orientation and development mechanism, industrial chain and micro enterprise four dimensions of suggestions.

Keywords: National Equities Exchange and Quatations; Newspaper New Media ; Competitiveness

B. 17 The Research Report of the Media Transformation from " +Internet" to "Internet +" in 2015 *Liu Youzhi*, *Wang Lei* / 270

Abstract: Internet caused deep influences on our economy and daily life in 2015, which also dominated the great changes of media ecology pattern. The way of webvergence of tranditional media has gradually converted from " + Internet" to "Internet +", which has two totally different patterns: +Internet way dominated by internet thinking and operating logic has been leaded by tranditional media groups; Internet + way is typically leaded by internet giants which integrate traditional media reversely. The representatives of former one are traditional media such as ZheJiang Daily Press Group, Shanghai United Media Group and Hunan Broadcasting System. The later one is represented by Alibaba. Currently the webvergence of traditional media have made a good stage progress, but there are several shortcomings to improve. In order to implement webvergence of traditional media completely, Placed in the "Internet gene", at the same time of improving the capacity of internal, strive for external internetl resources.

Keywords: Media Transformation; " + Internet"; "Internet +"; Internet Gene; Reverse Integration

Ⅳ Communication Research

B. 18 Report on the Development of Cloud Communication in China *Li Weidong*, *Chen Wentai* / 282

Abstract: With the development of mobile Internet, cloud communication has become the inevitable choice of the transformation and upgrading of traditional media and new media. As the supporting platform of cloud communication, Open platform can obtain information island to achieve information resource sharing of cyber space between Internet and mobile Internet. By analyzing the development status of cloud communication in China, this report may provide a reference for the future development of cloud communication in China.

Keywords: Cloud Communication; New Media Applications; Open Platform

B. 19 Trend and Prospect of Micro-video in 2015
—*Case Study of Xinhuanet, Econd Beats, YY, The Micro View*

Liu Jun / 298

Abstract: Under the background of popularizing in both browsing micro video with mobile terminal and film shooting by smart device in vogue, the case like latest technical development of commercial corporations (Second Beats, YY and the Micro View, etc.) in 2015 are analyzed. Micro-video features were concluded: (1) Concurrence both much shorter time and much longer time; (2) Mix both interesting and standing-out; (3) interaction and homemade video; (4) Many business mode such as star fans of the economy and advertising implanting, etc. At the same time, development of another columns including Micro View Comment, Dazzle View, Action News, Health Decoding and Photo Video of state-owned enterprise Xinhuanet. net in 2015 was presented intensively. The one developed trend is predicted that the real-time real-field interactive information boosted by video information will merge together with video dating more deeply, and the other trend is that unmanned aerial vehicles, VR , AR , MR Extreme Sports Camera make the whole scene information come.

Keywords: Micro-video; Media ; Interactive ; Smart Device; Action News

B. 20 The Public Opinion Ecology of Chinese Enterprises Overseas Mainstream SNS

Guo Yue, Huang Yan, Fan Kemiao and Ji Lihong / 307

Abstract: Under the background of national overseas development and the

"Belt and Road" strategy moving forward, Chinese enterprises have paid more attention to their brand images. Through the active layout of overseas new media and other ways to transfer brand sound and buildup brand influence. This research combed the overseas mainstream social media ecology of public opinion, observed characteristics and highlights of Chinese enterprises in overseas social communication platform, and summarized some of the factors and problems which affect the spread, eventually put forward to building the idea of overseas social networking platform. The study believes that the overseas brand image of Chinese enterprises should be constructed from the aspects of consciousness, channels, topics, forms and so on, through detailed analysis, in order to provide a strong basis for Chinese enterprises to "go out".

Keywords: Overseas SNS; Overseas Communication; Overseas image Construction of Chinese Enterprises; Facebook; Twitter

B. 21 An Empirical Study on the Optimization of Government WeChat Based on the Correlation Analysis of Influence Index

—*Case Study of Zhejiang Province* *Wang Jing* / 320

Abstract: With the opening of more and more government WeChat public number, the influence of government WeChat is growing concerned. The paper combs the current development of government WeChat, designs its influence index and uses correlation analysis to identify the key variables and their relationship of government WeChat public number in Zhejiang province as an example. According to the results of the analysis, the paper puts forward some countermeasures to optimize the operation of government WeChat from the content, presentation, the background data, and building brand.

Keywords: Government WeChat; Influence Index; Dissemination Effect

B. 22 Research on the Construction of Spiritual Civilization in Cyberspace

—Taking Hebei Province as an Example *Liang Yuemin* / 330

Abstract: The construction of spiritual civilization in cyberspace is not only faced with great opportunities for development, but also faces complex challenges. The construction of spiritual civilization in Hebei province insists on the policy of focusing on the center, serving the overall situation and the positive publicity, and strive to carry forward the main melody, and lay the initiative battle to obtain the preliminary results. Next, construction of spiritual civilization in the network space around enhances the quality of Internet users and the network civilization for the overall goal on further strengthening the network construction of spiritual civilization of the overall train of thought, main tasks, means as a carrier, institutional mechanism and safeguard measuresing put forward countermeasures and suggestions.

Keywords: Cyberspace; Spiritual Civilization; Construction

B. 23 Current Situation, Problems and Solutions of Network Security in 2015

Wang Ying / 339

Abstract: Network security has become not easy topic in the Internet field in 2015. The development of mobile internet and IoT makes the traditional security no longer safe, so that everyone is worried about high frequent information disclosure. In the meantime, this also presses the nation pay more attention to this issue, expand international cooperation, speed up the pace of the corresponding legislation.

Keywords: Network Security; Information Leakage; International Cooperation; The Law of Network Security; Self-regulation

V Sector Reports

B. 24 New Media Industry Report in 2015

Guo Quanzhong, Guo Fengjuan / 347

Abstract: By 2015, under the consumer upgrades and favorable policies, driven by China's new media industry continues to triumph, Internet advertising, online games, movies, big data, VR are the rapid development of other industries, entrepreneurs and Internet content usher in the spring. Media industry investment and M & A value over 220 billion yuan, ecosystems and other Internet giants BAT more perfect. In the future, the Internet and big data + + to promote the rapid integration of industrial, mobile, intelligent media industry has become the mainstream.

Keywords: New Media; Industry; Mobility; Intelligent

B. 25 A Report on China's Mobile Reading Industry in 2015

Wu Xinxun, Wu Xiaokun / 358

Abstract: Featured by multiple publishing channels, cross-board operations, "read +" pattern trial, and the forming of cooperative clusters, the mobile reading industry grew fast in 2015. With the engagement of the giant Internet companies, its market layout has been changed, the originally separated parts along the industry chain have been joint coherently. The capability of multi-channel operation and the extensive products will be the focus of the mobile reading enterprises in the future, while to develop the qualified contents for a constant pay-for-reading model in the circumstance of tighten up policies still be the nut to crack.

Keywords: Mobile Reading; Industry; Market Layout; Trends

B. 26 Report on China "Internet plus TV" Convergence Industry in 2015

Gao Hongbo / 368

Abstract: "Internet plus TV" become the core of China Mega TV industry. In 2015, China Broadcasting Networks Corporation has responsed to the national strategy "Internet plus" on "broadband" and "new audio-visual" . Iqiyi, Youku, Tencent and other video websites thinking on accelerating ecological layout of the video industry. Hisense electric, TCL group and SKYWORTH digital tend to "Internet plus manufacturing", "Internet plus intelligence" . In the future, the trend of Mega TV industry will change from "plus" to "convergence" .

Keywords: Media Convergence; Internet Plus; Mega TV Industry

B. 27 A Report on the Competition Situation and Development Trend of Audio-Video Industry under the Background of Media Convergence

Wang Jianlei / 378

Abstract: With the change of the Integration of Three Networks to Media Convergence policy, the Audio-Video Industry has formed a pattern of multiple subjects intense competition including traditional television, video website, communication operators, IT big companies, the internet start-up companies. This report summarizes the development trend of Audio-Video Industryfrom three angles of core resources, business forms and competitive strategy. The studies show that: along with the continuous deepening of the trend of media convergence, concurrence of Audio-Video Industry not only expands the communication system structure but also promotes high quality content constantly, thus brings refreshing the spread of Appearance to the society from the cultural and ideological level.

Keywords: Media Convergence; Audio-Video Industry; Business Forms; Competitive Strategies

B. 28 Report on the Development of Mobile Video Industry in 2015

Jiang Ling / 388

Abstract: In 2015 the mobile phone has become the first online video terminal; China's mobile video industry has also ushered in a new round of development peak. With the increasing of the video copyrights protection efforts, mobile video industry continues to emerge new dynamic: a rapid increase in mobile phone subscribers; mobile video industry market concentration further improved; the major video sites content to build eco-industrial chain; With the accumulation of years of development of polymerization, China's mobile phone video industry is entering a fast-rising time.

Keywords: Mobile Terminal; Mobile Video; Self-made Content Strategy; Content Eco-industrial Chain

B. 29 Development Report of Domestic and Foreign Digital Newspaper in 2015

Li Zhu / 398

Abstract: The report is a summary on the development situation of domestic and foreign digital newspaper in 2015, it's mainly divided into three parts: the first part describes the development status in the field of digital newspaper in western countries in 2015, such as audience development, the practice of the priority of the mobile, the trial and improvement of new products as well as the adjustment of payment methods; The second part briefs China's digital newspaper development condition in 2015, mainly in media convergence, copyrights protection, and the emphasis on mobile terminals and social media; The third part analyses development trend of the domestic and foreign digital newspaper, as well as makes suggestions to the future development of the domestic digital newspaper.

Keywords: Digital Newspaper; Mobile First; Social Media; Media Convergence; Copyrights Protection

法律声明

权威·前沿·原创

社会科学文献出版社

皮书系列

2016年

盘点年度资讯 预测时代前程

社会科学文献出版社 学术传播中心 编制

社长致辞

我们是图书出版者，更是人文社会科学内容资源供应商；

我们背靠中国社会科学院，面向中国与世界人文社会科学界，坚持为人文社会科学的繁荣与发展服务；

我们精心打造权威信息资源整合平台，坚持为中国经济与社会的繁荣与发展提供决策咨询服务；

我们以读者定位自身，立志让爱书人读到好书，让求知者获得知识；

我们精心编辑、设计每一本好书以形成品牌张力，以优秀的品牌形象服务读者，开拓市场；

我们始终坚持“创社科经典，出传世文献”的经营理念，坚持“权威、前沿、原创”的产品特色；

我们“以人为本”，提倡阳光下创业，员工与企业共享发展之成果；

我们立足于现实，认真对待我们的优势、劣势，我们更着眼于未来，以不断的学习与创新适应不断变化的世界，以不断的努力提升自己的实力；

我们愿与社会各界友好合作，共享人文社会科学发展之成果，共同推动中国学术出版乃至内容产业的繁荣与发展。

社会科学文献出版社社长

中国社会学会秘书长

（签名）

2016 年 1 月

社会科学文献出版社成立于1985年，是直属于中国社会科学院的人文社会科学专业学术出版机构。

成立以来，特别是1998年实施第二次创业以来，依托于中国社会科学院丰厚的学术出版和专家学者两大资源，坚持“创社科经典，出传世文献”的出版理念和“权威、前沿、原创”的产品定位，社科文献立足内涵式发展道路，从战略层面推动学术出版五大能力建设，逐步走上了智库产品与专业学术成果系列化、规模化、数字化、国际化、市场化发展的经营道路。

先后策划出版了著名的图书品牌和学术品牌“皮书”系列、“列国志”、“社科文献精品译库”、“全球化译丛”、“全面深化改革研究书系”、“近世中国”、“甲骨文”、“中国史话”等一大批既有学术影响又有市场价值的系列图书，形成了较强的学术出版能力和资源整合能力。2015年社科文献出版社发稿5.5亿字，出版图书约2000种，承印发行中国社科院院属期刊74种，在多项指标上都实现了较大幅度的增长。

凭借着雄厚的出版资源整合能力，社科文献出版社长期以来一直致力于从内容资源和数字平台两个方面实现传统出版的再造，并先后推出了皮书数据库、列国志数据库、“一带一路”数据库、中国田野调查数据库、台湾大陆同乡会数据库等一系列数字产品。数字出版已经初步形成了产品设计、内容开发、编辑标引、产品运营、技术支持、营销推广等全流程体系。

在国内原创著作、国外名家经典著作大量出版，数字出版突飞猛进的同时，社科文献出版社从构建国际话语体系的角度推动学术出版国际化。先后与斯普林格、博睿、牛津、剑桥等十余家国际出版机构合作面向海外推出了“皮书系列”“改革开放30年研究书系”“中国梦与中国发展道路研究丛书”“全面深化改革研究书系”等一系列在世界范围内引起强烈反响的作品；并持续致力于中国学术出版走出去，组织学者和编辑参加国际书展，筹办国际性学术研讨会，向世界展示中国学者的学术水平和研究成果。

此外，社科文献出版社充分利用网络媒体平台，积极与中央和地方各类媒体合作，并联合大型书店、学术书店、机场书店、网络书店、图书馆，逐步构建起了强大的学术图书内容传播平台。学术图书的媒体曝光率居全国之首，图书馆藏率居于全国出版机构前十位。

上述诸多成绩的取得，有赖于一支以年轻的博士、硕士为主体，一批从中国社科院刚退出科研一线的各学科专家为支撑的300多位高素质的编辑、出版和营销队伍，为我们实现学术立社，以学术品位、学术价值来实现经济效益和社会效益这样一个目标的共同努力。

作为已经开启第三次创业梦想的人文社会科学学术出版机构，我们将以改革发展为动力，以学术资源建设为中心，以构建智慧型出版社为主线，以“整合、专业、分类、协同、持续”为各项工作指导原则，全力推进出版社数字化转型，坚定不移地走专业化、数字化、国际化发展道路，全面提升出版社核心竞争力，为实现“社科文献梦”奠定坚实基础。

经　济　类

经济类皮书涵盖宏观经济、城市经济、大区域经济，
提供权威、前沿的分析与预测

经济蓝皮书

2016 年中国经济形势分析与预测

李　扬 / 主编　　2015 年 12 月出版　　定价 :79.00 元

◆　本书为总理基金项目，由著名经济学家李扬领衔，联合中国社会科学院等数十家科研机构、国家部委和高等院校的专家共同撰写，系统分析了 2015 年的中国经济形势并预测 2016 年我国经济运行情况。

世界经济黄皮书

2016 年世界经济形势分析与预测

王洛林　张宇燕 / 主编　　2015 年 12 月出版　　定价 :79.00 元

◆　本书由中国社会科学院世界经济与政治研究所的研究团队撰写，2015 年世界经济增长继续放缓，增长格局也继续分化，发达经济体与新兴经济体之间的增长差距进一步收窄。2016 年世界经济增长形势不容乐观。

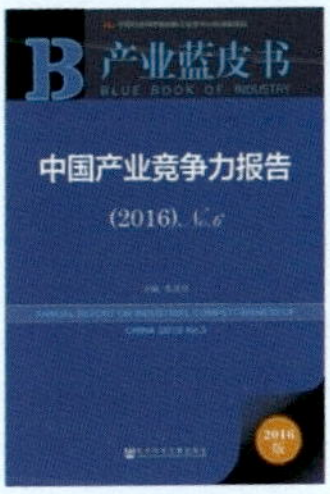

产业蓝皮书

中国产业竞争力报告（2016）NO.6

张其仔 / 主编　　2016 年 12 月出版　　定价 :98.00 元

◆　本书由中国社会科学院工业经济研究所研究团队在深入实际、调查研究的基础上完成。通过运用丰富的数据资料和最新的测评指标，从学术性、系统性、预测性上分析了 2015 年中国产业竞争力，并对未来发展趋势进行了预测。

G20 国家创新竞争力黄皮书

二十国集团（G20）国家创新竞争力发展报告（2016）

李建平　李闽榕　赵新力 / 主编　　2016 年 11 月出版　估价 :138.00 元

◆　本报告在充分借鉴国内外研究者的相关研究成果的基础上，紧密跟踪技术经济学、竞争力经济学、计量经济学等学科的最新研究动态，深入分析 G20 国家创新竞争力的发展水平、变化特征、内在动因及未来趋势，同时构建了 G20 国家创新竞争力指标体系及数学模型。

国际城市蓝皮书

国际城市发展报告（2016）

屠启宇 / 主编　　2016 年 2 月出版　　定价 :79.00 元

◆　本书作者以上海社会科学院从事国际城市研究的学者团队为核心，汇集同济大学、华东师范大学、复旦大学、上海交通大学、南京大学、浙江大学相关城市研究专业学者。立足动态跟踪介绍国际城市发展实践中，最新出现的重大战略、重大理念、重大项目、重大报告和最佳案例。

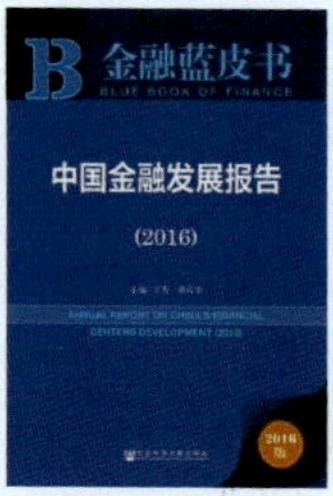

金融蓝皮书

中国金融发展报告（2016）

李　扬　王国刚 / 主编　2015 年 12 月出版　定价 :79.00 元

◆　本书由中国社会科学院金融研究所组织编写，概括和分析了 2015 年中国金融发展和运行中的各方面情况，研讨和评论了 2015 年发生的主要金融事件。本书由业内专家和青年精英联合编著，有利于读者了解掌握 2015 年中国的金融状况，把握 2016 年中国金融的走势。

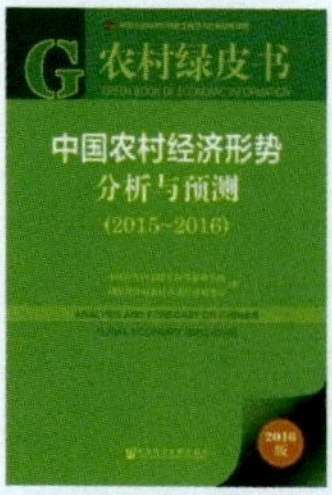

农村绿皮书

中国农村经济形势分析与预测（2015 ~ 2016）

中国社会科学院农村发展研究所　国家统计局农村社会经济调查司 / 著
2016 年 4 月出版　估价 :69.00 元

◆　本书描述了 2015 年中国农业农村经济发展的一些主要指标和变化，以及对 2016 年中国农业农村经济形势的一些展望和预测。

西部蓝皮书

中国西部发展报告（2016）

姚慧琴　徐璋勇 / 主编　　2016 年 7 月出版　　估价 :89.00 元

◆　本书由西北大学中国西部经济发展研究中心主编，汇集了源自西部本土以及国内研究西部问题的权威专家的第一手资料，对国家实施西部大开发战略进行年度动态跟踪，并对 2016 年西部经济、社会发展态势进行预测和展望。

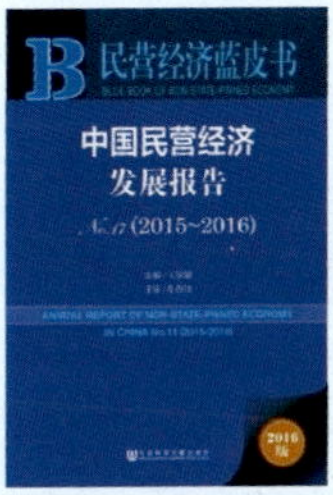

民营经济蓝皮书

中国民营经济发展报告 NO.12（2015 ~ 2016）

王钦敏 / 主编　2016 年 4 月出版　估价 :75.00 元

◆　改革开放以来，民营经济从无到有、从小到大，是最具活力的增长极。本书是中国工商联课题组的研究成果，对 2015 年度中国民营经济的发展现状、趋势进行了详细的论述，并提出了合理的建议。是广大民营企业进行政策咨询、科学决策和理论创新的重要参考资料，也是理论工作者进行理论研究的重要参考资料。

经济蓝皮书夏季号

中国经济增长报告（2015 ~ 2016）

李　扬 / 主编　2016 年 8 月出版　估价 :69.00 元

◆　中国经济增长报告主要探讨 2015~2016 年中国经济增长问题，以专业视角解读中国经济增长，力求将其打造成一个研究中国经济增长、服务宏微观各级决策的周期性、权威性读物。

中三角蓝皮书

长江中游城市群发展报告（2016）

秦尊文 / 主编　2016 年 10 月出版　估价 :69.00 元

◆　本书是湘鄂赣皖四省专家学者共同研究的成果，从不同角度、不同方位记录和研究长江中游城市群一体化，提出对策措施，以期为将“中三角”打造成为继珠三角、长三角、京津冀之后中国经济增长第四极奉献学术界的聪明才智。

社会政法类

社会政法类皮书聚焦社会发展领域的热点、难点问题，提供权威、原创的资讯与视点

社会蓝皮书

2016 年中国社会形势分析与预测

李培林　陈光金　张　翼 / 主编　2015 年 12 月出版　定价 :79.00 元

◆　本书由中国社会科学院社会学研究所组织研究机构专家、高校学者和政府研究人员撰写，聚焦当下社会热点，对 2015 年中国社会发展的各个方面内容进行了权威解读，同时对 2016 年社会形势发展趋势进行了预测。

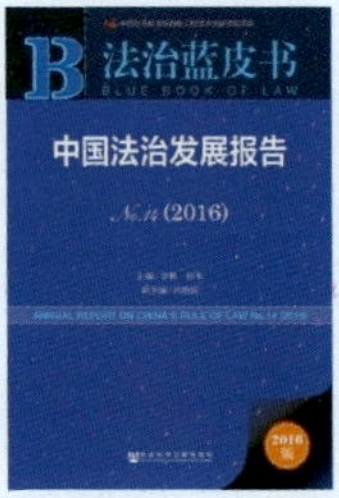

法治蓝皮书

中国法治发展报告 NO.14（2016）

李　林　田　禾 / 主编　2016 年 3 月出版　定价 :118.00 元

◆　本年度法治蓝皮书回顾总结了 2015 年度中国法治发展取得的成就和存在的不足，并对 2016 年中国法治发展形势进行了预测和展望。

反腐倡廉蓝皮书

中国反腐倡廉建设报告 NO.6

李秋芳　张英伟 / 主编　2017 年 1 月出版　估价 :79.00 元

◆　本书抓住了若干社会热点和焦点问题，全面反映了新时期新阶段中国反腐倡廉面对的严峻局面，以及中国共产党反腐倡廉建设的新实践新成果。根据实地调研、问卷调查和舆情分析，梳理了当下社会普遍关注的与反腐败密切相关的热点问题。

生态城市绿皮书

中国生态城市建设发展报告（2016）

刘举科　孙伟平　胡文臻 / 主编　2016 年 6 月出版　估价 :98.00 元

◆　报告以绿色发展、循环经济、低碳生活、民生宜居为理念，以更新民众观念、提供决策咨询、指导工程实践、引领绿色发展为宗旨，试图探索一条具有中国特色的城市生态文明建设新路。

公共服务蓝皮书

中国城市基本公共服务力评价（2016）

钟　君　吴正杲 / 主编　2016 年 12 月出版　估价 :79.00 元

◆　中国社会科学院经济与社会建设研究室与华图政信调查组成联合课题组，从 2010 年开始对基本公共服务力进行研究，研创了基本公共服务力评价指标体系，为政府考核公共服务与社会管理工作提供了理论工具。

教育蓝皮书

中国教育发展报告（2016）

杨东平 / 主编　2016 年 4 月出版　定价 :79.00 元

◆　本书由国内的中青年教育专家合作研究撰写。深度剖析 2015 年中国教育的热点话题，并对当下中国教育中出现的问题提出对策建议。

生态文明绿皮书

中国省域生态文明建设评价报告（ECI 2016）

严耕 / 主编　　2016 年 12 月出版　　估价 :85.00 元

◆　本书基于国家最新发布的权威数据，对我国的生态文明建设状况进行科学评价，并开展相应的深度分析，结合中央的政策方针和各省的具体情况，为生态文明建设推进，提出针对性的政策建议。

行业报告类

行业报告类皮书立足重点行业、新兴行业领域，
提供及时、前瞻的数据与信息

房地产蓝皮书

中国房地产发展报告 NO.13（2016）

魏后凯　李景国 / 主编　　2016 年 5 月出版　　估价 :79.00 元

◆　蓝皮书秉承客观公正、科学中立的宗旨和原则，追踪 2015 年我国房地产市场最新资讯，深度分析，剖析因果，谋划对策，并对 2016 年房地产发展趋势进行了展望。

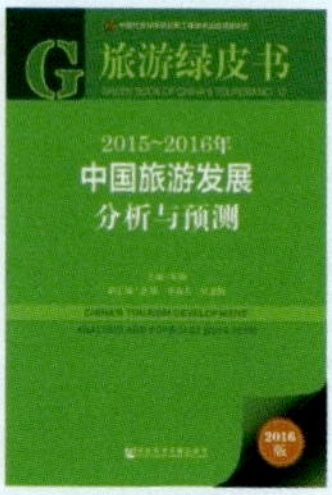

旅游绿皮书

2015 ～ 2016 年中国旅游发展分析与预测

宋　瑞 / 主编　　2016 年 4 出版　　定价 :89.00 元

◆　本书中国社会科学院旅游研究中心组织相关专家编写的年度研究报告，对 2015 年旅游行业的热点问题进行了全面的综述并提出专业性建议，并对 2016 年中国旅游的发展趋势进行展望。

互联网金融蓝皮书

中国互联网金融发展报告（2016）

李东荣 / 主编　　2016 年 8 月出版　　估价 :79.00 元

◆　近年来，许多基于互联网的金融服务模式应运而生并对传统金融业产生了深刻的影响和巨大的冲击，“互联网金融”成为社会各界关注的焦点。本书探析了 2015 年互联网金融的特点和 2016 年互联网金融的发展方向和亮点。

资产管理蓝皮书

中国资产管理行业发展报告（2016）

智信资产管理研究院 / 编著　　2016 年 6 月出版　　估价 :89.00 元

◆　中国资产管理行业刚刚兴起，未来将中国金融市场最有看点的行业，也会成为快速发展壮大的行业。本书主要分析了 2015 年度资产管理行业的发展情况，同时对资产管理行业的未来发展做出科学的预测。

老龄蓝皮书

中国老龄产业发展报告（2016）

吴玉韶　党俊武 / 编著
2016 年 9 月出版　估价 :79.00 元

◆　本书着眼于对中国老龄产业的发展给予系统介绍，深入解析，并对未来发展趋势进行预测和展望，力求从不同视角、不同层面全面剖析中国老龄产业发展的现状、取得的成绩、存在的问题以及重点、难点等。

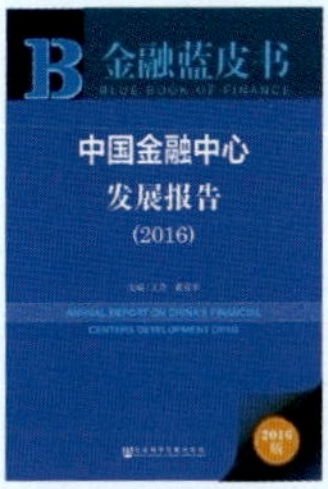

金融蓝皮书

中国金融中心发展报告（2016）

王　力　黄育华 / 编著　　2017 年 11 月出版　　估价 :75.00 元

◆　本报告将提升中国金融中心城市的金融竞争力作为研究主线，全面、系统、连续地反映和研究中国金融中心城市发展和改革的最新进展，展示金融中心理论研究的最新成果。

流通蓝皮书

中国商业发展报告（2016）

荆林波 / 编著　2016 年 5 月出版　　估价 :89.00 元

◆　本书是中国社会科学院财经院与利丰研究中心合作的成果，从关注中国宏观经济出发，突出了中国流通业的宏观背景，详细分析了批发业、零售业、物流业、餐饮产业与电子商务等产业发展状况。

国别与地区类

国别与地区类皮书关注全球重点国家与地区，
提供全面、独特的解读与研究

美国蓝皮书

美国研究报告（2016）

黄　平　郑秉文 / 主编　2016 年 7 月出版　估价 :89.00 元

◆　本书是由中国社会科学院美国所主持完成的研究成果，它回顾了美国 2015 年的经济、政治形势与外交战略，对 2016 年以来美国内政外交发生的重大事件以及重要政策进行了较为全面的回顾和梳理。

拉美黄皮书

拉丁美洲和加勒比发展报告（2015~2016）

吴白乙 / 主编　2016 年 5 月出版　估价 :89.00 元

◆　本书对 2015 年拉丁美洲和加勒比地区诸国的政治、经济、社会、外交等方面的发展情况做了系统介绍，对该地区相关国家的热点及焦点问题进行了总结和分析，并在此基础上对该地区各国 2016 年的发展前景做出预测。

日本经济蓝皮书

日本经济与中日经贸关系研究报告（2016）

王洛林　张季风 / 编著　2016 年 5 月出版　估价 :79.00 元

◆　本书系统、详细地介绍了 2015 年日本经济以及中日经贸关系发展情况，在进行了大量数据分析的基础上，对 2016 年日本经济以及中日经贸关系的大致发展趋势进行了分析与预测。

俄罗斯黄皮书

俄罗斯发展报告（2016）

李永全 / 编著　2016 年 7 月出版　估价 :79.00 元

◆　本书系统介绍了 2015 年俄罗斯经济政治情况，并对 2015 年该地区发生的焦点、热点问题进行了分析与回顾；在此基础上，对该地区 2016 年的发展前景进行了预测。

国际形势黄皮书

全球政治与安全报告（2016）

李慎明　张宇燕 / 主编　2015 年 12 月出版　定价 :69.00 元

◆　本书旨在对本年度全球政治及安全形势的总体情况、热点问题及变化趋势进行回顾与分析，并提出一定的预测及对策建议。作者通过事实梳理、数据分析、政策分析等途径，阐释了本年度国际关系及全球安全形势的基本特点，并在此基础上提出了具有启示意义的前瞻性结论。

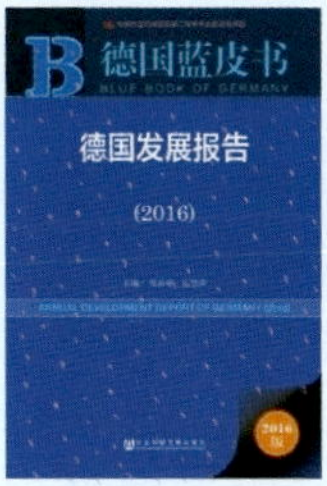

德国蓝皮书

德国发展报告（2016）

郑春荣　伍慧萍 / 主编　2016 年 6 月出版　估价 :69.00 元

◆　本报告由同济大学德国研究所组织编撰，由该领域的专家学者对德国的政治、经济、社会文化、外交等方面的形势发展情况，进行全面的阐述与分析。

中东黄皮书

中东发展报告 NO.18（2015 ~ 2016）

杨光 / 主编　2016 年 10 月出版　估价 :89.00 元

◆　报告回顾和分析了一年来多以来中东地区政治经济局势的新发展，为跟踪中东地区的市场变化和中东研究学科的研究前沿，提供了全面扎实的信息。

地方发展类

地方发展类皮书关注中国各省份、经济区域，
提供科学、多元的预判与资政信息

北京蓝皮书

北京公共服务发展报告（2015~2016）

施昌奎 / 主编　　2016 年 2 月出版　定价 :79.00 元

◆　本书是由北京市政府职能部门的领导、首都著名高校的教授、知名研究机构的专家共同完成的关于北京市公共服务发展与创新的研究成果。

河南蓝皮书

河南经济发展报告（2016）

河南省社会科学院 / 编著　　2016 年 3 月出版　定价 :79.00 元

◆　本书以国内外经济发展环境和走向为背景，主要分析当前河南经济形势，预测未来发展趋势，全面反映河南经济发展的最新动态、热点和问题，为地方经济发展和领导决策提供参考。

京津冀蓝皮书

京津冀发展报告（2016）

文　魁　祝尔娟 / 编著　　2016 年 4 月出版　估价 :89.00 元

◆　京津冀协同发展作为重大的国家战略，已进入顶层设计、制度创新和全面推进的新阶段。本书以问题为导向，围绕京津冀发展中的重要领域和重大问题，研究如何推进京津冀协同发展。

文化传媒类

文化传媒类皮书透视文化领域、文化产业，
探索文化大繁荣、大发展的路径

新媒体蓝皮书

中国新媒体发展报告 NO.7（2016）

唐绪军 / 主编　2016 年 6 月出版　估价 :79.00 元

◆ 本书是由中国社会科学院新闻与传播研究所组织编写的关于新媒体发展的最新年度报告，旨在全面分析中国新媒体的发展现状，解读新媒体的发展趋势，探析新媒体的深刻影响。

移动互联网蓝皮书

中国移动互联网发展报告（2016）

官建文 / 编著　2016 年 6 月出版　估价 :79.00 元

◆ 本书着眼于对中国移动互联网 2015 年度的发展情况做深入解析，对未来发展趋势进行预测，力求从不同视角、不同层面全面剖析中国移动互联网发展的现状、年度突破以及热点趋势等。

文化蓝皮书

中国文化产业发展报告（2015~2016）

张晓明 王家新 章建刚 / 主编　2016 年 2 月出版　定价 :79.00 元

◆ 本书由中国社会科学院文化研究中心编写。 从 2012 年开始，中国社会科学院文化研究中心设立了国内首个文化产业的研究类专项资金——“文化产业重大课题研究计划”，开始在全国范围内组织多学科专家学者对我国文化产业发展重大战略问题进行联合攻关研究。本书集中反映了该计划的研究成果。

经济类

G20国家创新竞争力黄皮书
二十国集团(G20)国家创新竞争力发展报告(2016)
著(编)者:李建平 李闽榕 赵新力
2016年11月出版 / 估价:138.00元

产业蓝皮书
中国产业竞争力报告(2016)NO.6
著(编)者:张其仔 2016年12月出版 / 估价:98.00元

城市创新蓝皮书
中国城市创新报告(2016)
著(编)者:周天勇 旷建伟 2016年8月出版 / 估价:69.00元

城市竞争力蓝皮书
中国城市竞争力报告(1973~2015)
著(编)者:李小林 2016年1月出版 / 定价:128.00元

城市蓝皮书
中国城市发展报告 NO.9
著(编)者:潘家华 魏后凯 2016年9月出版 / 估价:69.00元

城市群蓝皮书
中国城市群发展指数报告(2016)
著(编)者:刘士林 刘新静 2016年10月出版 / 估价:69.00元

城乡一体化蓝皮书
中国城乡一体化发展报告(2015～2016)
著(编)者:汝信 付崇兰 2016年7月出版 / 估价:85.00元

城镇化蓝皮书
中国新型城镇化健康发展报告(2016)
著(编)者:张占斌 2016年5月出版 / 估价:79.00元

创新蓝皮书
创新型国家建设报告(2015～2016)
著(编)者:詹正茂 2016年11月出版 / 估价:69.00元

低碳发展蓝皮书
中国低碳发展报告(2015~2016)
著(编)者:齐晔 2016年3月出版 / 定价:98.00元

低碳经济蓝皮书
中国低碳经济发展报告(2016)
著(编)者:薛进军 赵忠秀 2016年6月出版 / 估价:85.00元

东北蓝皮书
中国东北地区发展报告(2016)
著(编)者:马克 黄文艺 2016年8月出版 / 估价:79.00元

发展与改革蓝皮书
中国经济发展和体制改革报告NO.7
著(编)者:邹东涛 王再文
2016年1月出版 / 估价:98.00元

工业化蓝皮书
中国工业化进程报告(2016)
著(编)者:黄群慧 吕铁 李晓华 等
2016年11月出版 / 估价:89.00元

管理蓝皮书
中国管理发展报告(2016)
著(编)者:张晓东 2016年9月出版 / 估价:98.00元

国际城市蓝皮书
国际城市发展报告(2016)
著(编)者:屠启宇 2016年2月出版 / 定价:79.00元

国家创新蓝皮书
中国创新发展报告(2016)
著(编)者:陈劲 2016年9月出版 / 估价:69.00元

金融蓝皮书
中国金融发展报告(2016)
著(编)者:李扬 王国刚 2015年12月出版 / 定价:79.00元

京津冀产业蓝皮书
京津冀产业协同发展报告(2016)
著(编)者:中智科博(北京)产业经济发展研究院
2016年6月出版 / 估价:69.00元

京津冀蓝皮书
京津冀发展报告(2016)
著(编)者:文魁 祝尔娟 2016年4月出版 / 估价:89.00元

经济蓝皮书
2016年中国经济形势分析与预测
著(编)者:李扬 2015年12月出版 / 定价:79.00元

经济蓝皮书·春季号
2016年中国经济前景分析
著(编)者:李扬 2016年5月出版 / 估价:79.00元

经济蓝皮书·夏季号
中国经济增长报告(2015～2016)
著(编)者:李扬 2016年8月出版 / 估价:99.00元

经济信息绿皮书
中国与世界经济发展报告(2016)
著(编)者:杜平 2015年12月出版 / 定价:89.00元

就业蓝皮书
2016年中国本科生就业报告
著(编)者:麦可思研究院 2016年6月出版 / 估价:98.00元

就业蓝皮书
2016年中国高职高专生就业报告
著(编)者:麦可思研究院 2016年6月出版 / 估价:98.00元

临空经济蓝皮书
中国临空经济发展报告(2016)
著(编)者:连玉明 2016年11月出版 / 估价:79.00元

民营经济蓝皮书
中国民营经济发展报告 NO.12(2015～2016)
著(编)者:王钦敏 2016年5月出版 / 估价:75.00元

农村绿皮书
中国农村经济形势分析与预测(2015～2016)
著(编)者:中国社会科学院农村发展研究所
国家统计局农村社会经济调查司
2016年4月出版 / 估价:69.00元

农业应对气候变化蓝皮书
气候变化对中国农业影响评估报告 NO.2
著(编)者:矫梅燕 2016年8月出版 / 估价:98.00元

企业公民蓝皮书
中国企业公民报告 NO.4
著(编)者:邹东涛　2016年5月出版 / 估价:79.00元

气候变化绿皮书
应对气候变化报告（2016）
著(编)者:王伟光 郑国光　2016年11月出版 / 估价:98.00元

区域蓝皮书
中国区域经济发展报告（2015～2016）
著(编)者:梁昊光　2016年5月出版 / 估价:79.00元

全球环境竞争力绿皮书
全球环境竞争力报告（2016）
著(编)者:李建平 李闽榕 王金南
2016年12月出版 / 估价:198.00元

人口与劳动绿皮书
中国人口与劳动问题报告 NO.17
著(编)者:蔡昉 张车伟　2016年11月出版 / 估价:69.00元

商务中心区蓝皮书
中国商务中心区发展报告 NO.2（2015）
著(编)者:魏后凯 单菁菁　2016年1月出版 / 定价:79.00元

世界经济黄皮书
2016年世界经济形势分析与预测
著(编)者:王洛林 张宇燕　2015年12月出版 / 定价:79.00元

世界旅游城市绿皮书
世界旅游城市发展报告（2015）
著(编)者:宋宇　2016年1月出版 / 定价:128.00元

西北蓝皮书
中国西北发展报告（2016）
著(编)者:孙发平 苏海红 鲁顺元
2016年3月出版 / 定价:79.00元

西部蓝皮书
中国西部发展报告（2016）
著(编)者:姚慧琴 徐璋勇　2016年7月出版 / 估价:89.00元

县域发展蓝皮书
中国县域经济增长能力评估报告（2016）
著(编)者:王力　2016年10月出版 / 估价:69.00元

新型城镇化蓝皮书
新型城镇化发展报告（2016）
著(编)者:李伟 宋敏 沈体雁　2016年11月出版 / 估价:98.00元

新兴经济体蓝皮书
金砖国家发展报告（2016）
著(编)者:林跃勤 周文　2016年7月出版 / 估价:79.00元

长三角蓝皮书
2016年全面深化改革中的长三角
著(编)者:张伟斌　2016年10月出版 / 估价:69.00元

中部竞争力蓝皮书
中国中部经济社会竞争力报告（2016）
著(编)者:教育部人文社会科学重点研究基地
南昌大学中国中部经济社会发展研究中心
2016年10月出版 / 估价:79.00元

中部蓝皮书
中国中部地区发展报告（2016）
著(编)者:宋亚平　2016年12月出版 / 估价:78.00元

中国省域竞争力蓝皮书
中国省域经济综合竞争力发展报告（2014～2015）
著(编)者:李建平 李闽榕 高燕京
2016年2月出版 / 定价:198.00元

中三角蓝皮书
长江中游城市群发展报告（2016）
著(编)者:秦尊文　2016年10月出版 / 估价:69.00元

中小城市绿皮书
中国中小城市发展报告（2016）
著(编)者:中国城市经济学会中小城市经济发展委员会
中国城镇化促进会中小城市发展委员会
《中国中小城市发展报告》编纂委员会
中小城市发展战略研究院
2016年10月出版 / 估价:98.00元

中原蓝皮书
中原经济区发展报告（2016）
著(编)者:李英杰　2016年6月出版 / 估价:88.00元

自贸区蓝皮书
中国自贸区发展报告（2016）
著(编)者:王力 王吉培　2016年10月出版 / 估价:69.00元

社会政法类

北京蓝皮书
中国社区发展报告（2016）
著(编)者:于燕燕　2017年2月出版 / 估价:79.00元

殡葬绿皮书
中国殡葬事业发展报告（2016）
著(编)者:李伯森　2016年5月出版 / 估价:158.00元

城市管理蓝皮书
中国城市管理报告（2016）
著(编)者:谭维克 刘林　2017年2月出版 / 估价:118.00元

城市生活质量蓝皮书
中国城市生活质量报告（2016）
著(编)者:张连城 张平 杨春学 郎丽华
2016年7月出版 / 估价:89.00元

城市政府能力蓝皮书
中国城市政府公共服务能力评估报告（2016）
著(编)者:何艳玲　2016年7月出版 / 估价:69.00元

创新蓝皮书
中国创业环境发展报告（2016）
著(编)者:姚凯 曹祎遐　2016年5月出版 / 估价:69.00元

慈善蓝皮书
中国慈善发展报告（2016）
著(编)者:杨团　2016年6月出版 / 估价:79.00元

地方法治蓝皮书
中国地方法治发展报告 NO.2（2016）
著(编)者:李林　田禾　2016年3出版 / 定价:108.00元

党建蓝皮书
党的建设研究报告 NO.1（2016）
著(编)者:崔建民　陈东平　2016年1月出版 / 定价:89.00元

法治蓝皮书
中国法治发展报告 NO.14（2016）
著(编)者:李林 田禾　2016年3月出版 / 定价:118.00元

反腐倡廉蓝皮书
中国反腐倡廉建设报告 NO.6
著(编)者:李秋芳　张英伟　2017年1月出版 / 估价:79.00元

非传统安全蓝皮书
中国非传统安全研究报告（2015～2016）
著(编)者:余潇枫 魏志江　2016年5月出版 / 估价:79.00元

妇女发展蓝皮书
中国妇女发展报告 NO.6
著(编)者:王金玲　2016年9月出版 / 估价:148.00元

妇女教育蓝皮书
中国妇女教育发展报告 NO.3
著(编)者:张李玺　2016年10月出版 / 估价:78.00元

妇女绿皮书
中国性别平等与妇女发展报告（2016）
著(编)者:谭琳　2016年12月出版 / 估价:99.00元

公共服务蓝皮书
中国城市基本公共服务力评价（2016）
著(编)者:钟君 吴正杲　2016年12月出版 / 估价:79.00元

公共管理蓝皮书
中国公共管理发展报告（2016）
著(编)者:贡森 李国强 杨维富
2016年4月出版 / 估价:69.00元

公共外交蓝皮书
中国公共外交发展报告（2016）
著(编)者:赵启正 雷蔚真　2016年5月出版 / 估价:89.00元

公民科学素质蓝皮书
中国公民科学素质报告（2015~2016）
著(编)者:李群 陈雄 马宗文　2016年1月出版 / 定价:89.00元

公益蓝皮书
中国公益发展报告（2016）
著(编)者:朱健刚　2016年5月出版 / 估价:78.00元

国际人才蓝皮书
海外华侨华人专业人士报告（2016）
著(编)者:王辉耀 苗绿　2016年8月出版 / 估价:69.00元

国际人才蓝皮书
中国国际移民报告（2016）
著(编)者:王辉耀　2016年5月出版 / 估价:79.00元

国际人才蓝皮书
中国海归发展报告（2016）NO.3
著(编)者:王辉耀 苗绿　2016年10月出版 / 估价:69.00元

国际人才蓝皮书
中国留学发展报告（2016）NO.5
著(编)者:王辉耀 苗绿　2016年10月出版 / 估价:79.00元

国家公园蓝皮书
中国国家公园体制建设报告（2016）
著(编)者:苏杨 张玉钧 石金莲 刘锋 等
2016年10月出版 / 估价:69.00元

海洋社会蓝皮书
中国海洋社会发展报告（2016）
著(编)者:崔凤 宋宁而　2016年7月出版 / 估价:89.00元

行政改革蓝皮书
中国行政体制改革报告（2016）NO.5
著(编)者:魏礼群　2016年4月出版 / 估价:98.00元

华侨华人蓝皮书
华侨华人研究报告（2016）
著(编)者:贾益民　2016年12月出版 / 估价:98.00元

环境竞争力绿皮书
中国省域环境竞争力发展报告（2016）
著(编)者:李建平 李闽榕 王金南
2016年11月出版 / 估价:198.00元

环境绿皮书
中国环境发展报告（2016）
著(编)者:刘鉴强　2016年5月出版 / 估价:79.00元

基金会蓝皮书
中国基金会发展报告（2015~2016）
著(编)者:中国基金会发展报告课题组　2016年4月出版 / 定价:75.0

基金会绿皮书
中国基金会发展独立研究报告（2016）
著(编)者:基金会中心网 中央民族大学基金会研究中心
2016年6月出版 / 估价:88.00元

基金会透明度蓝皮书
中国基金会透明度发展研究报告（2016）
著(编)者:基金会中心网 清华大学廉政与治理研究中心
2016年9月出版 / 估价:85.00元

教师蓝皮书
中国中小学教师发展报告（2016）
著(编)者:曾晓东 鱼霞　2016年6月出版 / 估价:69.00元

教育蓝皮书
中国教育发展报告（2016）
著(编)者:杨东平　2016年4月出版 / 定价:79.00元

科普蓝皮书
中国科普基础设施发展报告（2015）
著(编)者:郑念　任嵘嵘　2016年4月出版 / 定价:98.00元

科学教育蓝皮书
中国科学教育发展报告（2016）
著(编)者:罗晖 王康友 2016年10月出版 / 估价:79.00元

劳动保障蓝皮书
中国劳动保障发展报告（2016）
著(编)者:刘燕斌 2016年8月出版 / 估价:158.00元

老龄蓝皮书
中国老年宜居环境发展报告（2015）
著(编)者:党俊武 周燕珉 2016年1月出版 / 定价:79.00元

连片特困区蓝皮书
中国连片特困区发展报告（2016）
著(编)者:游俊 冷志明 丁建军
2016年5月出版 / 估价:98.00元

民间组织蓝皮书
中国民间组织报告（2016）
著(编)者:黄晓勇 2016年12月出版 / 估价:79.00元

民调蓝皮书
中国民生调查报告（2016）
著(编)者:谢耘耕 2016年5月出版 / 估价:128.00元

民族发展蓝皮书
中国民族发展报告（2016）
著(编)者:郝时远 王延中 王希恩
2016年4月出版 / 估价:98.00元

女性生活蓝皮书
中国女性生活状况报告 NO.10（2016）
著(编)者:韩湘景 2016年4月出版 / 估价:79.00元

汽车社会蓝皮书
中国汽车社会发展报告（2016）
著(编)者:王俊秀 2016年5月出版 / 估价:69.00元

青年蓝皮书
中国青年发展报告（2016）NO.4
著(编)者:廉思 等 2016年4月出版 / 估价:69.00元

青少年蓝皮书
中国未成年人互联网运用报告（2016）
著(编)者:李文革 沈杰 季为民
2016年11月出版 / 估价:89.00元

青少年体育蓝皮书
中国青少年体育发展报告（2016）
著(编)者:郭建军 杨桦 2016年9月出版 / 估价:69.00元

区域人才蓝皮书
中国区域人才竞争力报告 NO.2
著(编)者:桂昭明 王辉耀
2016年6月出版 / 估价:69.00元

群众体育蓝皮书
中国群众体育发展报告（2016）
著(编)者:刘国永 杨桦 2016年10月出版 / 估价:69.00元

群众体育蓝皮书
中国社会体育指导员发展报告（1994~2014）
著(编)者:刘国永 王欢 2016年4月出版 / 定价:78.00元

人才蓝皮书
中国人才发展报告（2016）
著(编)者:潘晨光 2016年9月出版 / 估价:85.00元

人权蓝皮书
中国人权事业发展报告 NO.6（2016）
著(编)者:李君如 2016年9月出版 / 估价:128.00元

社会保障绿皮书
中国社会保障发展报告（2016）NO.8
著(编)者:王延中 2016年4月出版 / 估价:99.00元

社会工作蓝皮书
中国社会工作发展报告（2016）
著(编)者:民政部社会工作研究中心
2016年8月出版 / 估价:79.00元

社会管理蓝皮书
中国社会管理创新报告 NO.4
著(编)者:连玉明 2016年11月出版 / 估价:89.00元

社会蓝皮书
2016年中国社会形势分析与预测
著(编)者:李培林 陈光金 张翼
2015年12月出版 / 定价:79.00元

社会体制蓝皮书
中国社会体制改革报告（2016）NO.4
著(编)者:龚维斌 2016年4月出版 / 估价:79.00元

社会心态蓝皮书
中国社会心态研究报告（2016）
著(编)者:王俊秀 杨宜音 2016年10月出版 / 估价:69.00元

社会责任管理蓝皮书
中国企业公众透明度报告（2015~2016）NO.2
著(编)者:黄速建 熊梦 肖红军 2016年1月出版 / 定价:98.00元

社会组织蓝皮书
中国社会组织评估发展报告（2016）
著(编)者:徐家良 廖鸿 2016年12月出版 / 估价:69.00元

生态城市绿皮书
中国生态城市建设发展报告（2016）
著(编)者:刘举科 孙伟平 胡文臻
2016年9月出版 / 估价:148.00元

生态文明绿皮书
中国省域生态文明建设评价报告（ECI 2016）
著(编)者:严耕 2016年12月出版 / 估价:85.00元

世界社会主义黄皮书
世界社会主义跟踪研究报告（2015～2016）
著(编)者:李慎明 2016年3月出版 / 定价:248.00元

水与发展蓝皮书
中国水风险评估报告（2016）
著(编)者:王浩 2016年9月出版 / 估价:69.00元

体育蓝皮书
长三角地区体育产业发展报告（2016）
著(编)者:张林 2016年4月出版 / 估价:79.00元

体育蓝皮书
中国公共体育服务发展报告（2016）
著(编)者:戴健　2016年12月出版 / 估价:79.00元

土地整治蓝皮书
中国土地整治发展研究报告 NO.3
著(编)者:国土资源部土地整治中心
2016年5月出版 / 估价:89.00元

土地政策蓝皮书
中国土地政策发展报告（2016）
著(编)者:高延利 李宪文　2015年12月出版 / 定价:89.00元

危机管理蓝皮书
中国危机管理报告（2016）
著(编)者:文学国 范正青　2016年8月出版 / 估价:89.00元

形象危机应对蓝皮书
形象危机应对研究报告（2016）
著(编)者:唐钧　2016年6月出版 / 估价:149.00元

医改蓝皮书
中国医药卫生体制改革报告（2016）
著(编)者:文学国　房志武　2016年11月出版 / 估价:98.00元

医疗卫生绿皮书
中国医疗卫生发展报告 NO.7（2016）
著(编)者:申宝忠 韩玉珍　2016年4月出版 / 估价:75.00元

政治参与蓝皮书
中国政治参与报告（2016）
著(编)者:房宁　2016年7月出版 / 估价:108.00元

政治发展蓝皮书
中国政治发展报告（2016）
著(编)者:房宁 杨海蛟　2016年5月出版 / 估价:88.00元

智慧社区蓝皮书
中国智慧社区发展报告（2016）
著(编)者:罗昌智 张辉德　2016年7月出版 / 估价:69.00元

中国农村妇女发展蓝皮书
农村流动女性城市生活发展报告（2016）
著(编)者:谢丽华　2016年12月出版 / 估价:79.00元

宗教蓝皮书
中国宗教报告（2016）
著(编)者:邱永辉　2016年5月出版 / 估价:79.00元

行业报告类

保健蓝皮书
中国保健服务产业发展报告 NO.2
著(编)者:中国保健协会 中共中央党校
2016年7月出版 / 估价:198.00元

保健蓝皮书
中国保健食品产业发展报告 NO.2
著(编)者:中国保健协会
中国社会科学院食品药品产业发展与监管研究中心
2016年7月出版 / 估价:198.00元

保健蓝皮书
中国保健用品产业发展报告 NO.2
著(编)者:中国保健协会
国务院国有资产监督管理委员会研究中心
2016年5月出版 / 估价:198.00元

保险蓝皮书
中国保险业创新发展报告（2016）
著(编)者:项俊波　2016年12月出版 / 估价:69.00元

保险蓝皮书
中国保险业竞争力报告（2016）
著(编)者:项俊波　2016年12月出版 / 估价:99.00元

采供血蓝皮书
中国采供血管理报告（2016）
著(编)者:朱永明 耿鸿武　2016年8月出版 / 估价:69.00元

彩票蓝皮书
中国彩票发展报告（2016）
著(编)者:益彩基金　2016年4月出版 / 估价:98.00元

餐饮产业蓝皮书
中国餐饮产业发展报告（2016）
著(编)者:邢颖　2016年4月出版 / 估价:69.00元

测绘地理信息蓝皮书
测绘地理信息转型升级研究报告（2016）
著(编)者:库热西・买合苏提　2016年12月出版 / 估价:98.00元

茶业蓝皮书
中国茶产业发展报告（2016）
著(编)者:杨江帆 李闽榕　2016年10月出版 / 估价:78.00元

产权市场蓝皮书
中国产权市场发展报告（2015～2016）
著(编)者:曹和平　2016年5月出版 / 估价:89.00元

产业安全蓝皮书
中国出版传媒产业安全报告（2015~2016）
著(编)者:北京印刷学院文化产业安全研究院
2016年3月出版 / 定价:79.00元

产业安全蓝皮书
中国文化产业安全报告（2016）
著(编)者:北京印刷学院文化产业安全研究院
2016年4月出版 / 估价:89.00元

产业安全蓝皮书
中国新媒体产业安全报告（2016）
著(编)者:北京印刷学院文化产业安全研究院
2016年5月出版 / 估价:69.00元

大数据蓝皮书
网络空间和大数据发展报告（2016）
著(编)者:杜平 2016年5月出版 / 估价:69.00元

电子商务蓝皮书
中国电子商务服务业发展报告 NO.3
著(编)者:荆林波 梁春晓 2016年5月出版 / 估价:69.00元

电子政务蓝皮书
中国电子政务发展报告（2016）
著(编)者:洪毅 杜平 2016年11月出版 / 估价:79.00元

杜仲产业绿皮书
中国杜仲橡胶资源与产业发展报告（2016）
著(编)者:杜红岩 胡文臻 俞锐
2016年5月出版 / 估价:85.00元

房地产蓝皮书
中国房地产发展报告 NO.13（2016）
著(编)者:魏后凯 李景国 2016年5月出版 / 估价:79.00元

服务外包蓝皮书
中国服务外包产业发展报告（2016）
著(编)者:王晓红 刘德军
2016年6月出版 / 估价:89.00元

服务外包蓝皮书
中国服务外包竞争力报告（2016）
著(编)者:王力 刘春生 黄育华
2016年11月出版 / 估价:85.00元

工业和信息化蓝皮书
世界网络安全发展报告（2016）
著(编)者:洪京一 2016年4月出版 / 估价:69.00元

工业和信息化蓝皮书
世界信息化发展报告（2016）
著(编)者:洪京一 2016年4月出版 / 估价:69.00元

工业和信息化蓝皮书
世界信息技术产业发展报告（2016）
著(编)者:洪京一 2016年4月出版 / 估价:79.00元

工业和信息化蓝皮书
世界制造业发展报告（2016）
著(编)者:洪京一 2016年4月出版 / 估价:69.00元

工业和信息化蓝皮书
移动互联网产业发展报告（2016）
著(编)者:洪京一 2016年4月出版 / 估价:79.00元

工业设计蓝皮书
中国工业设计发展报告（2016）
著(编)者:王晓红 于炜 张立群
2016年9月出版 / 估价:138.00元

黄金市场蓝皮书
中国商业银行黄金业务发展报告（2015~2016）
著(编)者:平安银行 2016年3月出版 / 定价:98.00元

互联网金融蓝皮书
中国互联网金融发展报告（2016）
著(编)者: 李东荣 2016年8月出版 / 估价:79.00元

会展蓝皮书
中外会展业动态评估年度报告（2016）
著(编)者:张敏 2016年5月出版 / 估价:78.00元

节能汽车蓝皮书
中国节能汽车产业发展报告（2016）
著(编)者:中国汽车工程研究院股份有限公司
2016年12月出版 / 估价:69.00元

金融监管蓝皮书
中国金融监管报告（2016）
著(编)者:胡滨 2016年4月出版 / 估价:89.00元

金融蓝皮书
中国金融中心发展报告（2016）
著(编)者:王力 黄育华 2017年11月出版 / 估价:75.00元

金融蓝皮书
中国商业银行竞争力报告（2016）
著(编)者:王松奇 2016年5月出版 / 估价:69.00元

经济林产业绿皮书
中国经济林产业发展报告（2016）
著(编)者:李芳东 胡文臻 乌云塔娜 杜红岩
2016年12月出版 / 估价:69.00元

客车蓝皮书
中国客车产业发展报告（2016）
著(编)者:姚蔚 2016年5月出版 / 估价:85.00元

老龄蓝皮书
中国老龄产业发展报告（2016）
著(编)者:吴玉韶 党俊武 2016年9月出版 / 估价:79.00元

流通蓝皮书
中国商业发展报告（2016）
著(编)者:荆林波 2016年5月出版 / 估价:89.00元

旅游安全蓝皮书
中国旅游安全报告（2016）
著(编)者:郑向敏 谢朝武 2016年5月出版 / 估价:128.00元

旅游绿皮书
2015～2016年中国旅游发展分析与预测
著(编)者:宋瑞 2016年4月出版 / 定价:89.00元

煤炭蓝皮书
中国煤炭工业发展报告（2016）
著(编)者:岳福斌 2016年12月出版 / 估价:79.00元

民营企业社会责任蓝皮书
中国民营企业社会责任年度报告（2016）
著(编)者:中华全国工商业联合会
2016年7月出版 / 估价:69.00元

民营医院蓝皮书
中国民营医院发展报告（2016）
著(编)者:庄一强　2016年10月出版 / 估价:75.00元

能源蓝皮书
中国能源发展报告（2016）
著(编)者:崔民选 王军生 陈义和
2016年8月出版 / 估价:79.00元

农产品流通蓝皮书
中国农产品流通产业发展报告（2016）
著(编)者:贾敬敦 张东科 张玉玺 张鹏毅 周伟
2016年5月出版 / 估价:89.00元

期货蓝皮书
中国期货市场发展报告(2016)
著(编)者:李群 王在荣　2016年11月出版 / 估价:69.00元

企业公益蓝皮书
中国企业公益研究报告（2016）
著(编)者:钟宏武 汪杰 顾一 黄晓娟 等
2016年12月出版 / 估价:69.00元

企业公众透明度蓝皮书
中国企业公众透明度报告(2016) NO.2
著(编)者:黄速建 王晓光 肖红军
2016年5月出版 / 估价:98.00元

企业国际化蓝皮书
中国企业国际化报告（2016）
著(编)者:王辉耀　2016年11月出版 / 估价:98.00元

企业蓝皮书
中国企业绿色发展报告 NO.2（2016）
著(编)者:李红玉 朱光辉　2016年8月出版 / 估价:79.00元

企业社会责任蓝皮书
中国企业社会责任研究报告（2016）
著(编)者:黄群慧 钟宏武 张蒽 等
2016年11月出版 / 估价:79.00元

企业社会责任能力蓝皮书
中国上市公司社会责任能力成熟度报告（2016）
著(编)者:肖红军 王晓光 李伟阳
2016年11月出版 / 估价:69.00元

汽车安全蓝皮书
中国汽车安全发展报告（2016）
著(编)者:中国汽车技术研究中心
2016年7月出版 / 估价:89.00元

汽车电子商务蓝皮书
中国汽车电子商务发展报告（2016）
著(编)者:中华全国工商业联合会汽车经销商商会
北京易观智库网络科技有限公司
2016年5月出版 / 估价:128.00元

汽车工业蓝皮书
中国汽车工业发展年度报告（2016）
著(编)者:中国汽车工业协会 中国汽车技术研究中心
丰田汽车（中国）投资有限公司
2016年4月出版 / 估价:128.00元

汽车蓝皮书
中国汽车产业发展报告（2016）
著(编)者:国务院发展研究中心产业经济研究部
中国汽车工程学会 大众汽车集团（中国）
2016年8月出版 / 估价:158.00元

清洁能源蓝皮书
国际清洁能源发展报告（2016）
著(编)者:苏树辉 袁国林 李玉崙
2016年11月出版 / 估价:99.00元

人力资源蓝皮书
中国人力资源发展报告（2016）
著(编)者:余兴安　2016年12月出版 / 估价:79.00元

融资租赁蓝皮书
中国融资租赁业发展报告（2015～2016）
著(编)者:李光荣 王力　2016年5月出版 / 估价:89.00元

软件和信息服务业蓝皮书
中国软件和信息服务业发展报告（2016）
著(编)者:洪京一　2016年12月出版 / 估价:198.00元

商会蓝皮书
中国商会发展报告NO.5（2016）
著(编)者:王钦敏　2016年7月出版 / 估价:89.00元

上市公司蓝皮书
中国上市公司社会责任信息披露报告（2016）
著(编)者:张旺 张杨　2016年11月出版 / 估价:69.00元

上市公司蓝皮书
中国上市公司质量评价报告（2015～2016）
著(编)者:张跃文 王力　2016年11月出版 / 估价:118.00元

设计产业蓝皮书
中国设计产业发展报告（2016）
著(编)者:陈冬亮 梁昊光　2016年5月出版 / 估价:89.00元

食品药品蓝皮书
食品药品安全与监管政策研究报告（2016）
著(编)者:唐民皓　2016年7月出版 / 估价:69.00元

世界能源蓝皮书
世界能源发展报告（2016）
著(编)者:黄晓勇　2016年6月出版 / 估价:99.00元

水利风景区蓝皮书
中国水利风景区发展报告（2016）
著(编)者:兰思仁　2016年8月出版 / 估价:69.00元

私募市场蓝皮书
中国私募股权市场发展报告（2016）
著(编)者:曹和平　2016年12月出版 / 估价:79.00元

碳市场蓝皮书
中国碳市场报告（2016）
著(编)者:宁金彪　2016年11月出版 / 估价:69.00元

体育蓝皮书
中国体育产业发展报告（2016）
著(编)者:阮伟 钟秉枢　2016年7月出版 / 估价:69.00元

土地市场蓝皮书
中国农村土地市场发展报告（2015~2016）
著(编)者:李光荣　2016年3月出版 / 定价:79.00元

网络空间安全蓝皮书
中国网络空间安全发展报告（2016）
著(编)者:惠志斌 唐涛　2016年4月出版 / 估价:79.00元

物联网蓝皮书
中国物联网发展报告（2016）
著(编)者:黄桂田 龚六堂 张全升
2016年5月出版 / 估价:69.00元

西部工业蓝皮书
中国西部工业发展报告（2016）
著(编)者:方行明 甘犁 刘方健 姜凌 等
2016年9月出版 / 估价:79.00元

西部金融蓝皮书
中国西部金融发展报告（2016）
著(编)者:李忠民　2016年8月出版 / 估价:75.00元

协会商会蓝皮书
中国行业协会商会发展报告（2016）
著(编)者:景朝阳 李勇　2016年4月出版 / 估价:99.00元

新能源汽车蓝皮书
中国新能源汽车产业发展报告（2016）
著(编)者:中国汽车技术研究中心
日产（中国）投资有限公司 东风汽车有限公司
2016年8月出版 / 估价:89.00元

新三板蓝皮书
中国新三板市场发展报告（2016）
著(编)者:王力　2016年6月出版 / 估价:69.00元

信托市场蓝皮书
中国信托业市场报告（2015～2016）
著(编)者:用益信托工作室
2016年1月出版 / 定价:198.00元

信息安全蓝皮书
中国信息安全发展报告（2016）
著(编)者:张晓东　2016年5月出版 / 估价:69.00元

信息化蓝皮书
中国信息化形势分析与预测（2016）
著(编)者:周宏仁　2016年8月出版 / 估价:98.00元

信用蓝皮书
中国信用发展报告（2016）
著(编)者:章政 田侃　2016年4月出版 / 估价:99.00元

休闲绿皮书
2016年中国休闲发展报告
著(编)者:宋瑞
2016年10月出版 / 估价:79.00元

药品流通蓝皮书
中国药品流通行业发展报告（2016）
著(编)者:佘鲁林 温再兴
2016年8月出版 / 估价:158.00元

医院蓝皮书
中国医院竞争力报告（2016）
著(编)者:庄一强　曾益新　2016年3月出版 / 定价:128.00元

医药蓝皮书
中国中医药产业园战略发展报告（2016）
著(编)者:裴长洪 房书亭 吴滌心
2016年5月出版 / 估价:89.00元

邮轮绿皮书
中国邮轮产业发展报告（2016）
著(编)者:汪泓　2016年10月出版 / 估价:79.00元

智能养老蓝皮书
中国智能养老产业发展报告（2016）
著(编)者:朱勇　2016年10月出版 / 估价:89.00元

中国SUV蓝皮书
中国SUV产业发展报告（2016）
著(编)者:靳军　2016年12月出版 / 估价:69.00元

中国金融行业蓝皮书
中国债券市场发展报告（2016）
著(编)者:谢多　2016年7月出版 / 估价:69.00元

中国上市公司蓝皮书
中国上市公司发展报告（2016）
著(编)者:中国社会科学院上市公司研究中心
2016年9月出版 / 估价:98.00元

中国游戏蓝皮书
中国游戏产业发展报告（2016）
著(编)者:孙立军 刘跃军 牛兴侦
2016年5月出版 / 估价:69.00元

中国总部经济蓝皮书
中国总部经济发展报告（2015～2016）
著(编)者:赵弘　2016年9月出版 / 估价:79.00元

资本市场蓝皮书
中国场外交易市场发展报告（2014~2015）
著(编)者:高峦　2016年3月出版 / 定价:79.00元

资产管理蓝皮书
中国资产管理行业发展报告（2016）
著(编)者:智信资产管理研究院
2016年6月出版 / 估价:89.00元

文化传媒类

传媒竞争力蓝皮书
中国传媒国际竞争力研究报告（2016）
著(编)者:李本乾 刘强
2016年11月出版 / 估价:148.00元

传媒蓝皮书
中国传媒产业发展报告（2016）
著(编)者:崔保国 2016年5月出版 / 估价:98.00元

传媒投资蓝皮书
中国传媒投资发展报告（2016）
著(编)者:张向东 谭云明
2016年6月出版 / 估价:128.00元

动漫蓝皮书
中国动漫产业发展报告（2016）
著(编)者:卢斌 郑玉明 牛兴侦
2016年7月出版 / 估价:79.00元

非物质文化遗产蓝皮书
中国非物质文化遗产发展报告（2016）
著(编)者:陈平 2016年5月出版 / 估价:98.00元

广电蓝皮书
中国广播电影电视发展报告（2016）
著(编)者:国家新闻出版广电总局发展研究中心
2016年7月出版 / 估价:98.00元

广告主蓝皮书
中国广告主营销传播趋势报告 NO.9
著(编)者:黄升民 杜国清 邵华冬 等
2016年10月出版 / 估价:148.00元

国际传播蓝皮书
中国国际传播发展报告（2016）
著(编)者:胡正荣 李继东 姬德强
2016年11月出版 / 估价:89.00元

纪录片蓝皮书
中国纪录片发展报告（2016）
著(编)者:何苏六 2016年10月出版 / 估价:79.00元

科学传播蓝皮书
中国科学传播报告（2016）
著(编)者:詹正茂 2016年7月出版 / 估价:69.00元

两岸创意经济蓝皮书
两岸创意经济研究报告（2016）
著(编)者:罗昌智 董泽平 2016年12月出版 / 估价:98.00元

两岸文化蓝皮书
两岸文化产业合作发展报告（2016）
著(编)者:胡惠林 李保宗 2016年7月出版 / 估价:79.00元

媒介与女性蓝皮书
中国媒介与女性发展报告(2015~2016)
著(编)者:刘利群 2016年8月出版 / 估价:118.00元

媒体融合蓝皮书
中国媒体融合发展报告（2016）
著(编)者:梅宁华 宋建武 2016年7月出版 / 估价:79.00元

全球传媒蓝皮书
全球传媒发展报告（2016）
著(编)者:胡正荣 李继东 唐晓芬
2016年12月出版 / 估价:79.00元

少数民族非遗蓝皮书
中国少数民族非物质文化遗产发展报告（2016）
著(编)者:肖远平（彝） 柴立（满）
2016年6月出版 / 估价:128.00元

视听新媒体蓝皮书
中国视听新媒体发展报告（2016）
著(编)者:国家新闻出版广电总局发展研究中心
2016年7月出版 / 估价:98.00元

文化创新蓝皮书
中国文化创新报告（2016）NO.7
著(编)者:于平 傅才武 2016年7月出版 / 估价:98.00元

文化建设蓝皮书
中国文化发展报告（2016）
著(编)者:江畅 孙伟平 戴茂堂
2016年4月出版 / 估价:108.00元

文化科技蓝皮书
文化科技创新发展报告（2016）
著(编)者:于平 李凤亮 2016年10月出版 / 估价:89.00元

文化蓝皮书
中国公共文化服务发展报告（2016）
著(编)者:刘新成 张永新 张旭 2016年10月出版 / 估价:98.0

文化蓝皮书
中国公共文化投入增长测评报告（2016）
著(编)者:王亚南 2016年4月出版 / 定价:79.00元

文化蓝皮书
中国少数民族文化发展报告（2016）
著(编)者:武翠英 张晓明 任乌晶
2016年9月出版 / 估价:69.00元

文化蓝皮书
中国文化产业发展报告（2015~2016）
著(编)者:张晓明 王家新 章建刚
2016年2月出版 / 定价:79.00元

文化蓝皮书
中国文化产业供需协调检测报告（2016）
著(编)者:王亚南 2016年5月出版 / 估价:79.00元

文化蓝皮书
中国文化消费需求景气评价报告（2016）
著(编)者:王亚南 2016年5月出版 / 估价:79.00元

文化品牌蓝皮书
中国文化品牌发展报告（2016）
著(编)者:欧阳友权　2016年4月出版 / 估价:89.00元

文化遗产蓝皮书
中国文化遗产事业发展报告（2016）
著(编)者:刘世锦　2016年5月出版 / 估价:89.00元

文学蓝皮书
中国文情报告（2015～2016）
著(编)者:白烨　2016年5月出版 / 估价:69.00元

新媒体蓝皮书
中国新媒体发展报告NO.7（2016）
著(编)者:唐绪军　2016年7月出版 / 估价:79.00元

新媒体社会责任蓝皮书
中国新媒体社会责任研究报告（2016）
著(编)者:钟瑛　2016年10月出版 / 估价:79.00元

移动互联网蓝皮书
中国移动互联网发展报告（2016）
著(编)者:官建文　2016年6月出版 / 估价:79.00元

舆情蓝皮书
中国社会舆情与危机管理报告（2016）
著(编)者:谢耘耕　2016年8月出版 / 估价:98.00元

地方发展类

安徽经济蓝皮书
芜湖创新型城市发展报告（2016）
著(编)者:张志宏　2016年4月出版 / 估价:69.00元

安徽蓝皮书
安徽社会发展报告（2016）
著(编)者:程桦　2016年4月出版 / 估价:89.00元

安徽社会建设蓝皮书
安徽社会建设分析报告（2015～2016）
著(编)者:黄家海 王开玉 蔡宪
2016年4月出版 / 估价:89.00元

澳门蓝皮书
澳门经济社会发展报告（2015～2016）
著(编)者:吴志良 郝雨凡　2016年5月出版 / 估价:79.00元

北京蓝皮书
北京公共服务发展报告（2015～2016）
著(编)者:施昌奎　2016年2月出版 / 定价:79.00元

北京蓝皮书
北京经济发展报告（2015～2016）
著(编)者:杨松　2016年6月出版 / 估价:79.00元

北京蓝皮书
北京社会发展报告（2015～2016）
著(编)者:李伟东　2016年7月出版 / 估价:79.00元

北京蓝皮书
北京社会治理发展报告（2015～2016）
著(编)者:殷星辰　2016年6月出版 / 估价:79.00元

北京蓝皮书
北京文化发展报告（2015～2016）
著(编)者:李建盛　2016年4月出版 / 定价:79.00元

北京旅游绿皮书
北京旅游发展报告（2016）
著(编)者:北京旅游学会　2016年7月出版 / 估价:88.00元

北京人才蓝皮书
北京人才发展报告（2016）
著(编)者:于淼　2016年12月出版 / 估价:128.00元

北京社会心态蓝皮书
北京社会心态分析报告（2015～2016）
著(编)者:北京社会心理研究所
2016年8月出版 / 估价:79.00元

北京社会组织管理蓝皮书
北京社会组织发展与管理（2015～2016）
著(编)者:黄江松　2016年4月出版 / 估价:78.00元

北京体育蓝皮书
北京体育产业发展报告（2016）
著(编)者:钟秉枢 陈杰 杨铁黎
2016年10月出版 / 估价:79.00元

北京养老产业蓝皮书
北京养老产业发展报告（2016）
著(编)者:周明明 冯喜良　2016年4月出版 / 估价:69.00元

滨海金融蓝皮书
滨海新区金融发展报告（2016）
著(编)者:王爱俭 张锐钢　2016年9月出版 / 估价:79.00元

城乡一体化蓝皮书
中国城乡一体化发展报告•北京卷（2015～2016）
著(编)者:张宝秀 黄序　2016年5月出版 / 估价:79.00元

创意城市蓝皮书
北京文化创意产业发展报告（2016）
著(编)者:张京成 王国华　2016年12月出版 / 估价:69.00元

创意城市蓝皮书
青岛文化创意产业发展报告（2016）
著(编)者:马达 张丹妮　2016年6月出版 / 估价:79.00元

创意城市蓝皮书
青岛文化创意产业发展报告（2016）
著(编)者:马达 张丹妮　2016年6月出版 / 估价:79.00元

创意城市蓝皮书
台北文化创意产业发展报告（2016）
著(编)者:陈耀竹 邱琪瑄　2016年11月出版 / 估价:89.00元

创意城市蓝皮书
无锡文化创意产业发展报告（2016）
著(编)者:谭军 张鸣年　2016年10月出版 / 估价:79.00元

创意城市蓝皮书
武汉文化创意产业发展报告（2016）
著(编)者:黄永林 陈汉桥　2016年12月出版 / 估价:89.00元

创意城市蓝皮书
重庆创意产业发展报告（2016）
著(编)者:程宇宁　2016年4月出版 / 估价:89.00元

地方法治蓝皮书
南宁法治发展报告（2016）
著(编)者:杨维超　2016年12月出版 / 估价:69.00元

福建妇女发展蓝皮书
福建省妇女发展报告（2016）
著(编)者:刘群英　2016年11月出版 / 估价:88.00元

福建自由贸易区蓝皮书
中国（福建）自由贸易区实验区发展报告（2015~2016）
著(编)者:黄茂兴　2016年4月出版 / 定价:108.00元

甘肃蓝皮书
甘肃经济发展分析与预测（2016）
著(编)者:朱智文 罗哲　2016年1月出版 / 定价:79.00元

甘肃蓝皮书
甘肃社会发展分析与预测（2016）
著(编)者:安文华 包晓霞 谢增虎　2016年1月出版 / 定价:79.00元

甘肃蓝皮书
甘肃文化发展分析与预测（2016）
著(编)者:安文华 周小华　2016年1月出版 / 定价:79.00元

甘肃蓝皮书
甘肃县域和农村发展报告（2016）
著(编)者:刘进军 柳 民 王建兵
2016年1月出版 / 定价:79.00元

甘肃蓝皮书
甘肃舆情分析与预测（2016）
著(编)者:陈双梅 张谦元　2016年1月出版 / 定价:79.00元

甘肃蓝皮书
甘肃商贸流通发展报告（2016）
著(编)者:杨志武 王福生 王晓芳
2016年1月出版 / 定价:79.00元

广东蓝皮书
广东全面深化改革发展报告（2016）
著(编)者:周林生 涂成林　2016年11月出版 / 估价:69.00元

广东蓝皮书
广东社会工作发展报告（2016）
著(编)者:罗观翠　2016年6月出版 / 估价:89.00元

广东蓝皮书
广东省电子商务发展报告（2016）
著(编)者:程晓 邓顺国　2016年7月出版 / 估价:79.00元

广东社会建设蓝皮书
广东省社会建设发展报告（2016）
著(编)者:广东省社会工作委员会
2016年12月出版 / 估价:99.00元

广东外经贸蓝皮书
广东对外经济贸易发展研究报告（2015~2016）
著(编)者:陈万灵　2016年5月出版 / 估价:89.00元

广西北部湾经济区蓝皮书
广西北部湾经济区开放开发报告（2016）
著(编)者:广西北部湾经济区规划建设管理委员会办公室
广西社会科学院广西北部湾发展研究院
2016年10月出版 / 估价:79.00元

巩义蓝皮书
巩义经济社会发展报告（2016）
著(编)者:丁同民　2016年4月出版 / 定价:58.00元

广州蓝皮书
2016年中国广州经济形势分析与预测
著(编)者:庾建设 沈奎 谢博能　2016年6月出版 / 估价:79.

广州蓝皮书
2016年中国广州社会形势分析与预测
著(编)者:张强 陈怡霓 杨秦　2016年6月出版 / 估价:79.00

广州蓝皮书
广州城市国际化发展报告（2016）
著(编)者:朱名宏　2016年11月出版 / 估价:69.00元

广州蓝皮书
广州创新型城市发展报告（2016）
著(编)者:尹涛　2016年10月出版 / 估价:69.00元

广州蓝皮书
广州经济发展报告（2016）
著(编)者:朱名宏　2016年7月出版 / 估价:69.00元

广州蓝皮书
广州农村发展报告（2016）
著(编)者:朱名宏　2016年8月出版 / 估价:69.00元

广州蓝皮书
广州汽车产业发展报告（2016）
著(编)者:杨再高 冯兴亚　2016年9月出版 / 估价:69.00元

广州蓝皮书
广州青年发展报告（2015～2016）
著(编)者:魏国华 张强　2016年7月出版 / 估价:69.00元

广州蓝皮书
广州商贸业发展报告（2016）
著(编)者:李江涛 肖振宇 荀振英
2016年7月出版 / 估价:69.00元

广州蓝皮书
广州社会保障发展报告（2016）
著(编)者:蔡国萱　2016年10月出版 / 估价:65.00元

广州蓝皮书
广州文化创意产业发展报告（2016）
著(编)者:甘新 2016年8月出版 / 估价:79.00元

广州蓝皮书
中国广州城市建设与管理发展报告（2016）
著(编)者:董皞 陈小钢 李江涛 2016年7月出版 / 估价:69.00元

广州蓝皮书
中国广州科技和信息化发展报告（2016）
著(编)者:邹采荣 马正勇 冯 元 2016年8月出版 / 估价:79.00元

广州蓝皮书
中国广州文化发展报告（2016）
著(编)者:徐俊忠 陆志强 顾涧清 2016年7月出版 / 估价:69.00元

贵阳蓝皮书
贵阳城市创新发展报告•白云篇（2016）
著(编)者:连玉明 2016年10月出版 / 估价:89.00元

贵阳蓝皮书
贵阳城市创新发展报告•观山湖篇（2016）
著(编)者:连玉明 2016年10月出版 / 估价:89.00元

贵阳蓝皮书
贵阳城市创新发展报告•花溪篇（2016）
著(编)者:连玉明 2016年10月出版 / 估价:89.00元

贵阳蓝皮书
贵阳城市创新发展报告•开阳篇（2016）
著(编)者:连玉明 2016年10月出版 / 估价:89.00元

贵阳蓝皮书
贵阳城市创新发展报告•南明篇（2016）
著(编)者:连玉明 2016年10月出版 / 估价:89.00元

贵阳蓝皮书
贵阳城市创新发展报告•清镇篇（2016）
著(编)者:连玉明 2016年10月出版 / 估价:89.00元

贵阳蓝皮书
贵阳城市创新发展报告•乌当篇（2016）
著(编)者:连玉明 2016年10月出版 / 估价:89.00元

贵阳蓝皮书
贵阳城市创新发展报告•息烽篇（2016）
著(编)者:连玉明 2016年10月出版 / 估价:89.00元

贵阳蓝皮书
贵阳城市创新发展报告•修文篇（2016）
著(编)者:连玉明 2016年10月出版 / 估价:89.00元

贵阳蓝皮书
贵阳城市创新发展报告•云岩篇（2016）
著(编)者:连玉明 2016年10月出版 / 估价:89.00元

贵州房地产蓝皮书
贵州房地产发展报告NO.3（2016）
著(编)者:武廷方 2016年6月出版 / 估价:89.00元

贵州蓝皮书
贵州册亨经济社会发展报告 (2016)
著(编)者:黄德林 2016年3月出版 / 定价:79.00元

贵州蓝皮书
贵安新区发展报告（2016）
著(编)者:马长青 吴大华 2016年4月出版 / 估价:69.00元

贵州蓝皮书
贵州法治发展报告（2016）
著(编)者:吴大华 2016年5月出版 / 估价:79.00元

贵州蓝皮书
贵州民航业发展报告（2016）
著(编)者:申振东 吴大华 2016年10月出版 / 估价:69.00元

贵州蓝皮书
贵州民营经济发展报告（2016）
著(编)者:杨静 吴大华 2016年3月出版 / 定价:79.00元

贵州蓝皮书
贵州人才发展报告（2016）
著(编)者:于杰 吴大华 2016年9月出版 / 估价:69.00元

贵州蓝皮书
贵州社会发展报告（2016）
著(编)者:王兴骥 2016年5月出版 / 估价:79.00元

海淀蓝皮书
海淀区文化和科技融合发展报告（2016）
著(编)者:陈名杰 孟景伟 2016年5月出版 / 估价:75.00元

海峡西岸蓝皮书
海峡西岸经济区发展报告（2016）
著(编)者:福建省人民政府发展研究中心
福建省人民政府发展研究中心咨询服务中心
2016年9月出版 / 估价:65.00元

杭州都市圈蓝皮书
杭州都市圈发展报告（2016）
著(编)者:董祖德 沈翔 2016年5月出版 / 估价:89.00元

杭州蓝皮书
杭州妇女发展报告（2016）
著(编)者:魏颖 2016年4月出版 / 估价:79.00元

河北经济蓝皮书
河北省经济发展报告（2016）
著(编)者:马树强 金浩 刘兵 张贵
2016年5月出版 / 估价:89.00元

河北蓝皮书
河北经济社会发展报告（2016）
著(编)者:郭金平 2016年1月出版 / 定价:79.00元

河北食品药品安全蓝皮书
河北食品药品安全研究报告（2016）
著(编)者:丁锦霞 2016年6月出版 / 估价:79.00元

河南经济蓝皮书
2016年河南经济形势分析与预测
著(编)者:胡五岳 2016年2月出版 / 定价:79.00元

河南蓝皮书
2016年河南社会形势分析与预测
著(编)者:刘道兴 牛苏林 2016年4月出版 / 定价79.00元

河南蓝皮书
河南城市发展报告（2016）
著(编)者:谷建全　王建国　2016年5月出版 / 估价:79.00元

河南蓝皮书
河南法治发展报告（2016）
著(编)者:丁同民　闫德民　2016年6月出版 / 估价:79.00元

河南蓝皮书
河南工业发展报告（2016）
著(编)者:龚绍东　赵西三　2016年5月出版 / 估价:79.00元

河南蓝皮书
河南金融发展报告（2016）
著(编)者:河南省社会科学院　2016年6月出版 / 估价:69.00元

河南蓝皮书
河南经济发展报告（2016）
著(编)者:张占仓　2016年3月出版 / 定价:79.00元

河南蓝皮书
河南农业农村发展报告（2016）
著(编)者:吴海峰　2016年4月出版 / 估价:69.00元

河南蓝皮书
河南文化发展报告（2016）
著(编)者:卫绍生　2016年3月出版 / 定价:78.00元

河南商务蓝皮书
河南商务发展报告（2016）
著(编)者:焦锦淼　穆荣国　2016年4月出版 / 估价:88.00元

黑龙江产业蓝皮书
黑龙江产业发展报告（2016）
著(编)者:于渤　2016年10月出版 / 估价:79.00元

黑龙江蓝皮书
黑龙江经济发展报告（2016）
著(编)者:朱宇　2016年1月出版 / 定价:79.00元

黑龙江蓝皮书
黑龙江社会发展报告（2016）
著(编)者:谢宝禄　2016年1月出版 / 定价:79.00元

湖南城市蓝皮书
区域城市群整合（主题待定）
著(编)者:童中贤　韩未名　2016年12月出版 / 估价:79.00元

湖南蓝皮书
2016年湖南产业发展报告
著(编)者:梁志峰　2016年5月出版 / 估价:98.00元

湖南蓝皮书
2016年湖南电子政务发展报告
著(编)者:梁志峰　2016年5月出版 / 估价:98.00元

湖南蓝皮书
2016年湖南经济展望
著(编)者:梁志峰　2016年5月出版 / 估价:128.00元

湖南蓝皮书
2016年湖南两型社会与生态文明发展报告
著(编)者:梁志峰　2016年5月出版 / 估价:98.00元

湖南蓝皮书
2016年湖南社会发展报告
著(编)者:梁志峰　2016年5月出版 / 估价:88.00元

湖南蓝皮书
2016年湖南县域经济社会发展报告
著(编)者:梁志峰　2016年5月出版 / 估价:98.00元

湖南蓝皮书
湖南城乡一体化发展报告（2016）
著(编)者:陈文胜　刘祚祥　邝奕轩　等
2016年7月出版 / 估价:89.00元

湖南县域绿皮书
湖南县域发展报告 NO.3
著(编)者:袁准　周小毛　2016年9月出版 / 估价:69.00元

沪港蓝皮书
沪港发展报告（2015～2016）
著(编)者:尤安山　2016年4月出版 / 估价:89.00元

京津冀金融蓝皮书
京津冀金融发展报告（2015）
著(编)者:王爱俭　李向前　2016年3月出版 / 定价:89.00元

吉林蓝皮书
2016年吉林经济社会形势分析与预测
著(编)者:马克　2015年12月出版 / 定价:79.00元

吉林省城市竞争力蓝皮书
吉林省城市竞争力报告（2015）
著(编)者:崔岳春　张磊　2016年3月出版 / 定价:69.00元

济源蓝皮书
济源经济社会发展报告（2016）
著(编)者:喻新安　2016年4月出版 / 估价:69.00元

健康城市蓝皮书
北京健康城市建设研究报告（2016）
著(编)者:王鸿春　2016年4月出版 / 估价:79.00元

江苏法治蓝皮书
江苏法治发展报告 NO.5（2016）
著(编)者:李力　龚廷泰　2016年9月出版 / 估价:98.00元

江西蓝皮书
江西经济社会发展报告（2016）
著(编)者:张勇　姜玮　梁勇　2016年10月出版 / 估价:79.00元

江西文化产业蓝皮书
江西文化产业发展报告（2016）
著(编)者:张圣才　汪春翔　2016年10月出版 / 估价:128.00元

经济特区蓝皮书
中国经济特区发展报告（2016）
著(编)者:陶一桃　2016年12月出版 / 估价:89.00元

辽宁蓝皮书
2016年辽宁经济社会形势分析与预测
著(编)者:曹晓峰　梁启东
2016年1月出版 / 定价:79.00元

拉萨蓝皮书
拉萨法治发展报告（2016）
著(编)者:车明怀　2016年7月出版 / 估价:79.00元

洛阳蓝皮书
洛阳文化发展报告（2016）
著(编)者:刘福兴 陈启明　2016年7月出版 / 估价:79.00元

南京蓝皮书
南京文化发展报告（2016）
著(编)者:徐宁　2016年12月出版 / 估价:79.00元

内蒙古蓝皮书
内蒙古反腐倡廉建设报告 NO.2
著(编)者:张志华 无极　2016年12月出版 / 估价:69.00元

浦东新区蓝皮书
上海浦东经济发展报告（2016）
著(编)者:沈开艳 周奇　2016年1月出版 / 定价:69.00元

青海蓝皮书
2016年青海经济社会形势分析与预测
著(编)者:陈玮　2015年12月出版 / 定价:79.00元

人口与健康蓝皮书
深圳人口与健康发展报告（2016）
著(编)者:陆杰华 罗乐宣 苏杨
2016年11月出版 / 估价:89.00元

山东蓝皮书
山东经济形势分析与预测（2016）
著(编)者:李广杰　2016年11月出版 / 估价:89.00元

山东蓝皮书
山东社会形势分析与预测（2016）
著(编)者:涂可国　2016年6月出版 / 估价:89.00元

山东蓝皮书
山东文化发展报告（2016）
著(编)者:张华 唐洲雁　2016年6月出版 / 估价:98.00元

山西蓝皮书
山西资源型经济转型发展报告（2016）
著(编)者:李志强　2016年5月出版 / 估价:89.00元

陕西蓝皮书
陕西经济发展报告（2016）
著(编)者:任宗哲 白宽犁 裴成荣
2015年12月出版 / 定价:69.00元

陕西蓝皮书
陕西社会发展报告（2016）
著(编)者:任宗哲 白宽犁 牛昉
2015年12月出版 / 定价:69.00元

陕西蓝皮书
陕西文化发展报告（2016）
著(编)者:任宗哲 白宽犁 王长寿
2015年12月出版 / 定价:69.00元

陕西蓝皮书
丝绸之路经济带发展报告（2015~2016）
著(编)者:任宗哲 白宽犁 谷孟宾
2015年12月出版 / 定价:75.00元

上海蓝皮书
上海传媒发展报告（2016）
著(编)者:强荧 焦雨虹　2016年1月出版 / 定价:79.00元

上海蓝皮书
上海法治发展报告（2016）
著(编)者:叶青　2016年5月出版 / 估价:69.00元

上海蓝皮书
上海经济发展报告（2016）
著(编)者:沈开艳　2016年1月出版 / 定价:79.00元

上海蓝皮书
上海社会发展报告（2016）
著(编)者:杨雄 周海旺　2016年1月出版 / 定价:79.00元

上海蓝皮书
上海文化发展报告（2016）
著(编)者:荣跃明　2016年1月出版 / 定价:79.00元

上海蓝皮书
上海文学发展报告（2016）
著(编)者:陈圣来　2016年5月出版 / 估价:69.00元

上海蓝皮书
上海资源环境发展报告（2016）
著(编)者:周冯琦 汤庆合 任文伟
2016年1月出版 / 定价:79.00元

上饶蓝皮书
上饶发展报告（2015～2016）
著(编)者:朱寅健　2016年5月出版 / 估价:128.00元

社会建设蓝皮书
2016年北京社会建设分析报告
著(编)者:宋贵伦 冯虹　2016年7月出版 / 估价:79.00元

深圳蓝皮书
深圳法治发展报告（2016）
著(编)者:张骁儒　2016年5月出版 / 估价:69.00元

深圳蓝皮书
深圳经济发展报告（2016）
著(编)者:张骁儒　2016年6月出版 / 估价:89.00元

深圳蓝皮书
深圳劳动关系发展报告（2016）
著(编)者:汤庭芬　2016年6月出版 / 估价:79.00元

深圳蓝皮书
深圳社会建设与发展报告（2016）
著(编)者:张骁儒 陈东平　2016年6月出版 / 估价:79.00元

深圳蓝皮书
深圳文化发展报告(2016)
著(编)者:张骁儒　　2016年5月出版 / 估价:69.00元

四川法治蓝皮书
四川依法治省年度报告 NO.2（2016）
著(编)者:李林 杨天宗 田禾
2016年3月出版 / 定价:108.00元

四川蓝皮书
2016年四川经济形势分析与预测
著(编)者:杨钢　　2016年1月出版 / 定价:98.00元

四川蓝皮书
四川城镇化发展报告（2016）
著(编)者:侯水平 陈炜　　2016年4月出版 / 定价:75.00元

四川蓝皮书
四川法治发展报告（2016）
著(编)者:郑泰安　　2016年5月出版 / 估价:69.00元

四川蓝皮书
四川企业社会责任研究报告（2015～2016）
著(编)者:侯水平 盛毅　　2016年4月出版 / 估价:79.00元

四川蓝皮书
四川社会发展报告（2016）
著(编)者:郭晓鸣　　2016年4月出版 / 估价:79.00元

四川蓝皮书
四川生态建设报告（2016）
著(编)者:李晟之　　2016年4月出版 / 估价:79.00元

四川蓝皮书
四川文化产业发展报告（2016）
著(编)者:向宝云 张立伟　　2016年4月出版 / 定价:79.00元

体育蓝皮书
上海体育产业发展报告（2015～2016）
著(编)者:张林 黄海燕　　2016年10月出版 / 估价:79.00元

体育蓝皮书
长三角地区体育产业发展报告（2015～2016）
著(编)者:张林　　2016年4月出版 / 估价:79.00元

天津金融蓝皮书
天津金融发展报告（2016）
著(编)者:王爱俭 孔德昌　　2016年9月出版 / 估价:89.00元

图们江区域合作蓝皮书
图们江区域合作发展报告（2016）
著(编)者:李铁　　2016年4月出版 / 估价:98.00元

温州蓝皮书
2016年温州经济社会形势分析与预测
著(编)者:潘忠强 王春光 金浩　　2016年4月出版 / 估价:69.0

扬州蓝皮书
扬州经济社会发展报告（2016）
著(编)者:丁纯　　2016年12月出版 / 估价:89.00元

长株潭城市群蓝皮书
长株潭城市群发展报告（2016）
著(编)者:张萍　　2016年10月出版 / 估价:69.00元

郑州蓝皮书
2016年郑州文化发展报告
著(编)者:王哲　　2016年9月出版 / 估价:65.00元

中医文化蓝皮书
北京中医药文化传播发展报告（2016）
著(编)者:毛嘉陵　　2016年5月出版 / 估价:79.00元

珠三角流通蓝皮书
珠三角商圈发展研究报告（2016）
著(编)者:王先庆 林至颖　　2016年7月出版 / 估价:98.00元

遵义蓝皮书
遵义发展报告（2016）
著(编)者:曾征 龚永育　　2016年12月出版 / 估价:69.00元

国别与地区类

阿拉伯黄皮书
阿拉伯发展报告（2015～2016）
著(编)者:罗林　　2016年11月出版 / 估价:79.00元

北部湾蓝皮书
泛北部湾合作发展报告（2016）
著(编)者:吕余生　　2016年10月出版 / 估价:69.00元

大湄公河次区域蓝皮书
大湄公河次区域合作发展报告（2016）
著(编)者:刘稚　2016年9月出版 / 估价:79.00元

大洋洲蓝皮书
大洋洲发展报告（2015～2016）
著(编)者:喻常森　　2016年10月出版 / 估价:89.00元

德国蓝皮书
德国发展报告（2016）
著(编)者:郑春荣 伍慧萍
2016年5月出版 / 估价:69.00元

东北亚黄皮书
东北亚地区政治与安全（2016）
著(编)者:黄凤志 刘清才 张慧智 等
2016年5月出版 / 估价:69.00元

东盟黄皮书
东盟发展报告（2016）
著(编)者:杨晓强 庄国土　　2016年3月出版 / 定价:89.00元

东南亚蓝皮书
东南亚地区发展报告（2015～2016）
著(编)者:厦门大学东南亚研究中心　王勤
2016年4月出版 / 估价:79.00元

俄罗斯黄皮书
俄罗斯发展报告（2016）
著(编)者:李永全　2016年7月出版 / 估价:79.00元

非洲黄皮书
非洲发展报告 NO.18（2015～2016）
著(编)者:张宏明　2016年9月出版 / 估价:79.00元

国际形势黄皮书
全球政治与安全报告（2016）
著(编)者:李慎明　张宇燕
2015年12月出版 / 定价:69.00元

韩国蓝皮书
韩国发展报告（2016）
著(编)者:牛林杰 刘宝全
2016年12月出版 / 估价:89.00元

加拿大蓝皮书
加拿大发展报告（2016）
著(编)者:仲伟合　2016年4月出版 / 估价:89.00元

拉美黄皮书
拉丁美洲和加勒比发展报告（2015～2016）
著(编)者:吴白乙　2016年5月出版 / 估价:89.00元

美国蓝皮书
美国研究报告（2016）
著(编)者:郑秉文 黄平
2016年6月出版 / 估价:89.00元

缅甸蓝皮书
缅甸国情报告（2016）
著(编)者:李晨阳　2016年8月出版 / 估价:79.00元

欧洲蓝皮书
欧洲发展报告（2015～2016）
著(编)者:周弘 黄平 江时学
2016年7月出版 / 估价:89.00元

日本经济蓝皮书
日本经济与中日经贸关系研究报告（2016）
著(编)者:王洛林 张季风
2016年5月出版 / 估价:79.00元

日本蓝皮书
日本研究报告（2016）
著(编)者:李薇　2016年5月出版 / 估价:69.00元

上海合作组织黄皮书
上海合作组织发展报告（2016）
著(编)者:李进峰 吴宏伟 李伟
2016年7月出版 / 估价:98.00元

世界创新竞争力黄皮书
世界创新竞争力发展报告（2016）
著(编)者:李闽榕 李建平 赵新力
2016年5月出版 / 估价:148.00元

土耳其蓝皮书
土耳其发展报告（2016）
著(编)者:郭长刚 刘义　2016年7月出版 / 估价:69.00元

亚太蓝皮书
亚太地区发展报告（2016）
著(编)者:李向阳　2016年5月出版 / 估价:69.00元

印度蓝皮书
印度国情报告（2016）
著(编)者:吕昭义　2016年5月出版 / 估价:89.00元

印度洋地区蓝皮书
印度洋地区发展报告（2016）
著(编)者:汪戎　2016年5月出版 / 估价:89.00元

英国蓝皮书
英国发展报告（2015～2016）
著(编)者:王展鹏　2016年10月出版 / 估价:89.00元

越南蓝皮书
越南国情报告（2016）
著(编)者:广西社会科学院 罗梅 李碧华
2016年8月出版 / 估价:69.00元

越南蓝皮书
越南经济发展报告（2016）
著(编)者:黄志勇　2016年10月出版 / 估价:69.00元

以色列蓝皮书
以色列发展报告（2016）
著(编)者:张倩红　2016年9月出版 / 估价:89.00元

中东黄皮书
中东发展报告 NO.18（2015～2016）
著(编)者:杨光　2016年10月出版 / 估价:89.00元

中亚黄皮书
中亚国家发展报告（2016）
著(编)者:孙力 吴宏伟　2016年8月出版 / 估价:89.00元

皮书起源

“皮书”起源于十七、十八世纪的英国，主要指官方或社会组织正式发表的重要文件或报告，多以“白皮书”命名。在中国，“皮书”这一概念被社会广泛接受，并被成功运作、发展成为一种全新的出版形态，则源于中国社会科学院社会科学文献出版社。

皮书定义

皮书是对中国与世界发展状况和热点问题进行年度监测，以专业的角度、专家的视野和实证研究方法，针对某一领域或区域现状与发展态势展开分析和预测，具备原创性、实证性、专业性、连续性、前沿性、时效性等特点的公开出版物，由一系列权威研究报告组成。

皮书作者

皮书系列的作者以中国社会科学院、著名高校、地方社会科学院的研究人员为主，多为国内一流研究机构的权威专家学者，他们的看法和观点代表了学界对中国与世界的现实和未来最高水平的解读与分析。

皮书荣誉

皮书系列已成为社会科学文献出版社的著名图书品牌和中国社会科学院的知名学术品牌。2011 年，皮书系列正式列入“十二五”国家重点出版规划项目；2012~2015 年，重点皮书列入中国社会科学院承担的国家哲学社会科学创新工程项目；2016 年，46 种院外皮书使用“中国社会科学院创新工程学术出版项目”标识。

中国皮书网

www.pishu.cn

发布皮书研创资讯，传播皮书精彩内容

引领皮书出版潮流，打造皮书服务平台

栏目设置：

- □ 资讯：皮书动态、皮书观点、皮书数据、皮书报道、皮书发布、电子期刊
- □ 标准：皮书评价、皮书研究、皮书规范
- □ 服务：最新皮书、皮书书目、重点推荐、在线购书
- □ 链接：皮书数据库、皮书博客、皮书微博、在线书城
- □ 搜索：资讯、图书、研究动态、皮书专家、研创团队

中国皮书网依托皮书系列“权威、前沿、原创”的优质内容资源，通过文字、图片、音频、视频等多种元素，在皮书研创者、使用者之间搭建了一个成果展示、资源共享的互动平台。

自 2005 年 12 月正式上线以来，中国皮书网的 IP 访问量、PV 浏览量与日俱增，受到海内外研究者、公务人员、商务人士以及专业读者的广泛关注。

2008 年、2011 年，中国皮书网均在全国新闻出版业网站荣誉评选中获得“最具商业价值网站”称号；2012 年，获得“出版业网站百强”称号。

2014 年，中国皮书网与皮书数据库实现资源共享，端口合一，将提供更丰富的内容，更全面的服务。

皮书大事记
（2015）

☆ 2015年11月9日，社会科学文献出版社2015年皮书编辑出版工作会议召开，会议就皮书装帧设计、生产营销、皮书评价以及质检工作中的常见问题等进行交流和讨论，为2016年出版社的融合发展指明了方向。

☆ 2015年11月，中国社会科学院2015年度纳入创新工程后期资助名单正式公布，《社会蓝皮书：2015年中国社会形势分析与预测》等41种皮书纳入2015年度“中国社会科学院创新工程学术出版资助项目”。

☆ 2015年8月7~8日，由中国社会科学院主办，社会科学文献出版社和湖北大学共同承办的“第十六次全国皮书年会（2015）：皮书研创与中国话语体系建设”在湖北省恩施市召开。中国社会科学院副院长李培林，国家新闻出版广电总局原副总局长、中国出版协会常务副理事长邬书林，湖北省委宣传部副部长喻立平，中国社会科学院科研局局长马援，国家新闻出版广电总局出版管理司副司长许正明，中共恩施州委书记王海涛，社会科学文献出版社社长谢寿光，湖北大学党委书记刘建凡等相关领导出席开幕式。来自中国社会科学院、地方社会科学院及高校、政府研究机构的领导及近200个皮书课题组的380多人出席了会议，会议规模又创新高。会议宣布了2016年授权使用“中国社会科学院创新工程学术出版项目”标识的院外皮书名单，并颁发了第六届优秀皮书奖。

☆ 2015年4月28日，“第三届皮书学术评审委员会第二次会议暨第六届优秀皮书奖评审会”在京召开。中国社会科学院副院长李培林、蔡昉出席会议并讲话，国家新闻出版广电总局原副局长、中国出版协会常务副理事长邬书林也出席本次会议。会议分别由中国社会科学院科研局局长马援和社会科学文献出版社社长谢寿光主持。经分学科评审和大会汇评，最终匿名投票评选出第六届“优秀皮书奖”和“优秀皮书报告奖”书目。此外，该委员会还根据《中国社会科学院皮书管理办法》，审议并投票评选出2015年纳入中国社会科学院创新工程项目的皮书和2016年使用“中国社会科学院创新工程学术出版项目”标识的院外皮书。

☆ 2015年1月30~31日，由社会科学文献出版社皮书研究院组织的2014年版皮书评价复评会议在京召开。皮书学术评审委员会部分委员、相关学科专家、学术期刊编辑、资深媒体人等近50位评委参加本次会议。中国社会科学院科研局局长马援、社会科学文献出版社社长谢寿光出席开幕式并发表讲话，中国社会科学院科研成果处处长薛增朝出席闭幕式并做发言。

皮书数据库
www.pishu.com.cn

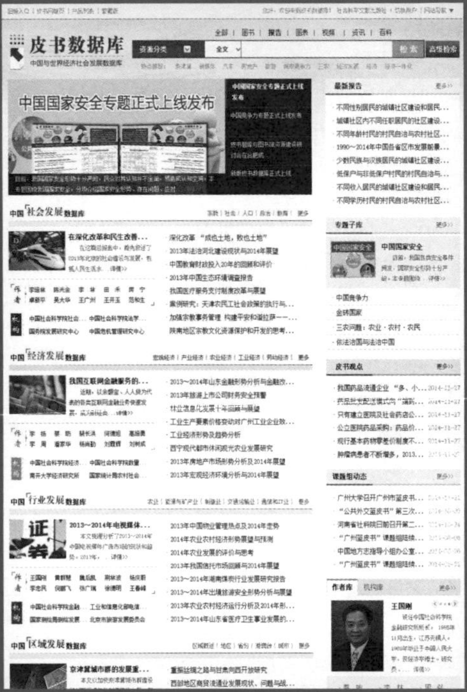

皮书数据库三期

- 皮书数据库（SSDB）是社会科学文献出版社整合现有皮书资源开发的在线数字产品，全面收录“皮书系列”的内容资源，并以此为基础整合大量相关资讯构建而成。

- 皮书数据库现有中国经济发展数据库、中国社会发展数据库、世界经济与国际政治数据库等子库，覆盖经济、社会、文化等多个行业、领域，现有报告30000多篇，总字数超过5亿字，并以每年4000多篇的速度不断更新累积。

- 新版皮书数据库主要围绕存量+增量资源整合、资源编辑标引体系建设、产品架构设置优化、技术平台功能研发等方面开展工作，并将中国皮书网与皮书数据库合二为一联体建设，旨在以“皮书研创出版、信息发布与知识服务平台”为基本功能定位，打造一个全新的皮书品牌综合门户平台，为您提供更优质更到位的服务。

更多信息请登录

中国皮书网
http://www.pishu.cn

中国皮书网的BLOG [编辑]
http://blog.sina.com.cn/pishu

中国皮书网
http://www.pishu.cn

皮书微博
http://weibo.com/pishu

皮书博客
http://blog.sina.com.cn/pishu

皮书微信
皮书说

请到各地书店皮书专架 / 专柜购买，也可办理邮购

咨询 / 邮购电话： 010-59367028　59367070　　**邮　　箱：** duzhe@ssap.cn
邮购地址： 北京市西城区北三环中路甲29号院3号楼华龙大厦13层读者服务中心
邮　　编： 100029
银行户名： 社会科学文献出版社
开户银行： 中国工商银行北京北太平庄支行
账　　号： 0200010019200365434
网上书店： 010-59367070　qq：1265056568
网　　址： www.ssap.com.cn　　www.pishu.cn

子库介绍

Sub-Database Introduction

中国经济发展数据库

涵盖宏观经济、农业经济、工业经济、产业经济、财政金融、交通旅
商业贸易、劳动经济、企业经济、房地产经济、城市经济、区域经济
领域，为用户实时了解经济运行态势、把握经济发展规律、洞察经济
势、做出经济决策提供参考和依据。

中国社会发展数据库

全面整合国内外有关中国社会发展的统计数据、深度分析报告、专家
读和热点资讯构建而成的专业学术数据库。涉及宗教、社会、人口、
治、外交、法律、文化、教育、体育、文学艺术、医药卫生、资源环
等多个领域。

中国行业发展数据库

以中国国民经济行业分类为依据，跟踪分析国民经济各行业市场运行
况和政策导向，提供行业发展最前沿的资讯，为用户投资、从业及各
经济决策提供理论基础和实践指导。内容涵盖农业，能源与矿产业，
通运输业，制造业，金融业，房地产业，租赁和商务服务业，科学研
环境和公共设施管理，居民服务业，教育，卫生和社会保障，文化、
育和娱乐业等 100 余个行业。

中国区域发展数据库

以特定区域内的经济、社会、文化、法治、资源环境等领域的现状与
展情况进行分析和预测。涵盖中部、西部、东北、西北等地区，长三
珠三角、黄三角、京津冀、环渤海、合肥经济圈、长株潭城市群、关中
天水经济区、海峡经济区等区域经济体和城市圈，北京、上海、浙江
河南、陕西等 34 个省份。

中国文化传媒数据库

包括文化事业、文化产业、宗教、群众文化、图书馆事业、博物馆事
档案事业、语言文字、文学、历史地理、新闻传播、广播电视、出版
业、艺术、电影、娱乐等多个子库。

世界经济与国际政治数据库

以皮书系列中涉及世界经济与国际政治的研究成果为基础，全面整合
内外有关世界经济与国际政治的统计数据、深度分析报告、专家解读
热点资讯构建而成的专业学术数据库。包括世界经济、世界政治、世
文化、国际社会、国际关系、国际组织、区域发展、国别发展等多个子库